KB211012

전환시대
농촌의길

전환시대 농촌의 길

초판 1쇄 발행 2025년 2월 25일
지은이 박상일
펴낸이 민상기
편집장 이숙희
편집자 민경훈
펴낸곳 도서출판 드림북
인쇄소 예림인쇄 **제책** 예림바운딩
총판 하늘유통

·**등록번호** 제 65 호 **등록일자** 2002. 11. 25.
·경기도 양주시 광적면 부흥로 847 경기벤처센터 220호
·Tel (031)829-7722, Fax(031)829-7723

·잘못된 책은 교환해 드립니다.
·이 출판물은 저작권법에 의해 보호를 받는 저작물이므로 무단 복제할 수 없습니다.
·독자의 의견을 기다립니다.
·드림북은 항상 하나님께 드리는 책, 꿈을 주는 책을 만들어 갑니다

전환시대
농촌의 길

둠벙마을
관계인구
가치농업

박상일 지음

농업 · 농촌이 시대변화에 조응할 실사구시 담론

생활자치와 순환경제의 극상 생태계 / 둠벙마을
농촌 밀물시대의 물꼬 트기 / 관계인구
가족 중 · 소농 중심 지속가능한 농업 / 가치농업

드림북

곁든 글

구분하고 단절되지 않는 마을공동체를 위하여

농촌마을활동가인 우리는 보고 따라갈 선배어른이 적다고 한탄하기도 한다. 마을운동의 영역에서 보면 연구자들이나 원로 교수님들은 많이 계시지만 농사도 지으면서 마을활동을 올곧게 이어가시는 선배어른이 부족한건 사실이다. 나는 박상일 님을 감히 선배님이라 부른다.

그는 실력 있는 생태농민이고 따뜻한 마을사람이며 원로 농촌활동가이다. 그의 언어는 오랜 활동으로 단련되어 강하기도 하지만 우리 동네 사람들과 바로 만나 이야기하듯 생생하고 따뜻하여 공감을 불러일으킨다.

'전환시대 농촌의 길'에는 선배님의 지론인 둠벙마을, 관계인구, 가치농업의 세박자 운동이 체계적으로 잘 엮여 있다. 그중 역사, 문화, 사회적 경제의 영역에서 마을공동체의 기원과 전래 그리고 순환까지의 과정을 눈여겨 보았다. 노쇠한 농촌공동체에 활력을 불어넣기 위해 관계인구를 소환하신 것에 관심이 끌렸다. 박제된 농촌문화 전시관에 관객으로 오는 관계인구가 아닌 마을공동체로 재생한 생태공동체를 지지하고 응원하는 뒷배의 관계인구여서 귀한 접근이다.

이 책은 나 같은 마을활동가들에게 또 하나의 길잡이가 되어줄 것이다.

지속가능한 농업·농촌에 대해 고민하며 자연을 거슬리지 않는 상생의 먹거리를 생산하는 농부들에게, 그리고 지역생태계 선순환구조를 만들어 가려는 공동체 활동가들에게도 함께 읽기를 권한다.

박진숙 (곡성군 죽곡농민도시관 관장)

이 책과 더불어 울림을 꾀할 일이다

마을마다 동구 밖이나 어귀에 이런 둠벙들이 있었던 것은 수천 년 이어온 우리네 공동체의 생태 기술이자 과학이었다. 박상일 선생이 내놓은 이 책이 무엇보다 귀한 것은, 하찮다고 여겨 메워버렸던 둠벙에서 지혜를 찾고 이를 관계인구와 가치농업으로 잇고 있다는 점에 있다. 둠벙 마을과 가치농업이라는 개념을 창안하고 몸소 실천해온 것은 농어촌뿐만 아니라 우리네 공동체의 주민자치를 보다 근원적인 생태계로 복원하고자 하는 의지 때문이다.

농민운동가, 농촌혁신운동가, 가치농업운동가 등 그에게 수여된 많은 이름이 이를 말해 준다. 발로 뛰고 몸으로 실천하여 얻어 낸 현장의 이론이자 실현 가능한 방법론이라는 점에서 이 책의 의미가 웅숭깊다. 내가 늘 박상일 선생께 배우는 지점이기도 하다. 내 전공 분야로 바꾸어 말하자면 도깨비들(농촌문화)의 서식처를 살리는 문화실천가라고나 할까?

도깨비들이 사는 곳이 사실은 둠벙과 늪과 마을 숲과 갯벌, 그러니까 우리가 하찮다고 여겨 지워버렸던 우리네 공동체의 마음이었음을 알아차릴 때, 이 책이 전하는 메시지의 비중을 비로소 실감하게 될 것이다. 악기의 진솔한 울림을 위해 오수 둠벙에 나무판을 담그듯, 땅도 살리고 사람도 살리는 물을 위해 논배미마다 둠벙을 파듯, 이 책의 둠벙에 마음을 담가 장차 이를 문명전환 시대의 공명(共鳴) 곧 더불어 울림을 꾀할 일이다.

이윤선(전, 한국민속학술단체연합회 이사장 / 민속학)

농촌주민에 의한, 주민을 위한, 주민의 새 운동론

21세기 문명교체기에 한국사회에서 전개되고 있는 거대 담론들이 기득권을 놓고 싶지 않은 지배 집단의 탐욕으로 얼룩지고 있는 현실에서, 삶의 현장에 뿌리를 박고 실천하며 체득한 지혜를 풀어내는 저자의 이야기는 큰 울림을 준다.

그동안 농촌·농업을 살린다는 구호 아래, 선진국에서 전개된 각종 정책과 이론으로 포장된 정책자금이 천문학적으로 투하되었지만 왜 농촌·농업은 점점 더 쇠락의 길로 가고 있을까? 어느 전문가도 제대로 답하지 못한 문제에 대해, 저자는 '농촌현장과 겉도는 농촌정책'을 적나라하게 지적하고 있다. 현실과 동떨어진 정책을 주도하는 주체는 중앙집권 세력만이 아니라 중앙의 보조금에 의지해 지방에서 제왕적 권능을 누리려는 자치단체장과 지방의원 그리고 지방관료들, 그리고 이들과 유착하여 이득을 취하는 지역유지들임을 고발하고 있다.

저자는 모순된 현실을 고발하는 데 그치지 않고, 제4차 산업혁명과 기후위기가 전개되는 21세기 농촌의 나아갈 길을 고민하고 대안을 모색한다. '둠벙마을', '관계인구', '가치농업'을 전환시대 농촌의 열쇳말로 제시한다. 그리고 현장중심의 농촌·농업 살리기가 성공하려면 이 세 가지 열쇳말을 바탕으로 농촌주민에 의한, 주민을 위한, 주민의 운동을 발전시켜야 한다고 강조한다.

자치분권운동을 함께 해온 25년 세월, 흔들리지 않는 원칙과 행동을 실천 해온 저자에게 동지로서 고뇌의 시간에 대한 위로와 고마움을 함께 전한다.

이재은 (전, 경기대학교 부총장 / 경제학)

농촌과 도시에 활력을 줄 국민농업 지침서

21세기 인류 앞에는 기후위기의 어두운 그림자가 드리우고 있다. 이는 곧 식생태(食生態)의 위기로 이어지기 마련이다. 때문에 국제사회는 무게 중심을 지속가능성에 두면서 농업·농촌 살리기를 서두르고 있다.

우리나라에서는 전·후 산업화 과정에서 농촌이 나락으로 내 몰렸고. 위정자들은 위기타령을 해대면서 수많은 정책을 쏟아 냈다. 하지만 위기타령은 있었지만 바늘허리에 실을 묶어 바느질 하는 모양새였다. 농민을 주체로 세우지 않기 때문에 그 정책들은 헛구호가 되고, 그 돈은 밑 빠진 독에 물 붓기였다.

21세기 인류가 문명사적 대 전환기에 들면서 농업·농촌도 그 영향권에 들고 있다. 이런 때 평생 농업·농촌 현장에서 살아온 해남 땅벗 박상일 님이 '전환시대 농촌의 길'이란 책을 냈다.

그는 둠벙마을운동, 관계인구운동, 가치농업운동을 전환기 농촌의 3대 운동으로 제시하고 있다. 물론 각 운동별 합리적인 실전방안도 제시하고 있다. 특히 가치중심시장과 관계인구시대 조류에 맞춘 가치농업이 눈에 들어온다. 이는 농촌의 활력원이자 도시민의 고장 난 밥상을 고칠 기회다.

저자가 농촌다움과 먹거리 가치를 가치농업의 핵심요소로 들고 있는 바 국민식생활교육운동을 하는 나로선 원군을 만난 기분이다.

이 책이 전환시대 농업·농촌의 큰 울림이 되고, 국민농업시대의 지침서가 되리라 기대한다. 부디 '새 시대의 꿈을 농촌활동가들과 함께 공유하고자 책을 냈다'고 밝힌 저자의 뜻이 오롯이 꽃피길 빈다.

황민영 (전, 참여정부 농어업·농어촌특별위원회 위원장 / 국민식생활교육가)

이제는 돌아앉아 색다른 이야기를 시작할 때

생명의 뿌리이면서 사람다운 '미래'를 담고 있는 농촌은 바벨탑의 가장 아래층에서 '위'만 바라보며 내일을 상상하기를 멈추었다. 오히려 '소멸 담론'으로 배제를 당연시하고 '메가시티'로 몇 방울 남지 않은 에너지조차 끌어다 소진하겠다는 후안무치함이 나날이 커가고 있다.

이제는 단호하게 돌아앉아 '다른 삶'에 대한 이야기를 나눌 때가 되었다. 세계화보다 '지역화', 성장보다 '성숙', 큰 것보다 '작은 행복', 빠름보다는 '얼굴이 보이는 관계', 그리고 국가보다는 '마을' 이야기를 할 때다.

농민운동, 풀뿌리 저널리즘, 자치운동, 농촌혁신 운동에 헌신해온 저자가 마을에서 오래된 미래를 담금질하여 조곤조곤 풀어내는 이야기는 21세기에도 19세기 근육을 사용하는 우리 사회에 깊은 울림을 주고 있다.

책이 아니라 삶과 실천에서 직조하고 지식의 전시가 아니라 번득이는 통찰을 일상의 우리 삶과 밀도 있게 연결하는 그의 이야기는 농촌 주민의 관계 밀도에서 마을 자치로, 주민 자발성이 농업의 가치와 순환 경제로, 다른 삶의 방식이 마침내 허물어진 도시에 다다르는 흥미진진한 대하소설과 같다.

이 책은 담론을 위한 담론이 난무하는 시기, 몰이해를 더 큰 행동으로 정당화하려는 운동의 관행 앞에 새로운 운동의 길을 제시하고 있다. 작은 자치가 숨쉬는 농촌이 우리가 해방된 다른 삶을 만드는 '오래된 미래'임을 보여줄 것이다. 작은 것은 아름답다기보다는 새로운 것이다.

황종규 (전, 동양대학교 부총장 / 행정학)

여는 글

적반하장식 지방소멸론에 휩싸인 농촌

2014년 일본 총무대신 마스다 히로야가 지방소멸론을 들고나오자 우리나라는 이를 직수입했다. 그후로부터 농촌지역들은 지방소멸 쓰나미에 휘말렸다.

마스다는 가임여성 비율이 정점인구의 50% 이하로 떨어지면 소멸위기라고 했고, 우리나라에서는 거기에다 노인인구비율을 덧씌웠다. 이 소멸잣대를 2024년 우리나라에 대면 기초자치단체 중 57%가 소멸위험지역으로, 모든 농촌지역은 소멸고위험지역으로 분류된다.

이로 인해 우리나라 농촌지역들은 30년짜리 소멸 시한폭탄을 안게 되었다. 이 소멸 시한폭탄은 농촌지역들이 마무리 발버둥 치더라도 폭탄시계를 멈추게 할 수 없도록 되어 있다. 도리어 이 폭탄의 폭발 시한은 매년 당겨지는 현상을 나타내고 있다.

이는 지방소멸 잣대의 구조적 문제 때문이다. 인구이동의 원인진단 없이 과소현상만 쫓는 방식이라서 이 소멸잣대를 대는 한 농촌지역이 인구과소문제를 스스로 풀기 어렵게 되어 있다.

지방소멸론은 진실성이 크게 결여되어 있다. 농촌인구 과소현상은 서울

일극주의 빨대에 의한 것일 뿐 농촌 내부 조건과 무관하다. 때문에 지방소 멸론은 성장·발전론자들이 국가균형발전 실패 상을 그들 방식으로 꿰맞 춘 궤변일 뿐이다.

지방소멸론자들 잣대대로라면 농촌은 3,40년 전에 소멸되었어야 했다. 196,70년대 대(大) 이농기 때 농촌인구의 절반이상이 빠져나갔지만 소멸된 지역은 하나도 없다. 그럼에도 농촌에 대고 소멸 경보 사이렌을 울려대는 것은 국가균형발전정책의 실패 책임을 감추려고 한다는 의심을 지울 수 없다. 게다가 지방소멸문제를 야기 시킨 쪽이 아무 잘못도 없는 농촌한테 지방소멸 대응책을 내 놓으라고 하는 것은 도둑이 주인한테 책임을 돌리 는 적반하장 논리나 다름없다.

농촌현장과 겉도는 중앙농촌정책

2000년대 들어 유럽과 일본에서 유행하던 농촌개발 정책들이 쏟아졌 다. 사회적경제, 마을 만들기, 주민자치, 지역화폐, 도시재생 등이 그것이 다. 여기에다 6차형농업, 강소농, 로컬푸드 등 선진적인 가족 중·소농 정 책과 관계인구 정책도 더해졌다.

뜻은 좋았다. 이 정책들은 포스트 포드주의 시대 변화와 맞닿고, 내생적 발전과 사회자본을 중시하는 유럽 선진국들 정책과도 결이 맞았다. 이런 정책은 198,90년대 선진적 농촌운동가들이 바라던 바와도 흡사했다.

그런데 하나같이 문제투성이로 나타났다.

사회적경제 정책은 국가 지원에 의존하는 좀비기업을 양산시키고 있 다. 마을 만들기는 마을 공동체를 깨는 역기능을 내고 있다. 주민자치회 는 주민자치와 먼 유지자치, 관제자치 쪽으로 치닫고 있다. 자치단체 주

도 지역화폐는 지역 내생적발전과 순환경제와 겉도는 '상품권 할인사업'
으로 전락하고 있다. 자원봉사센터는 봉사를 사고파는 돈거래 장으로 변
질되고 있다.

농촌신활력플러스사업, 도시재생사업, 농촌협약 등 상향식을 표방하는
정책들도 당초 뜻과 어긋나고 있다. 대부분은 농기업들의 나눠먹기 사업
이 되고, 자치단체, 토목 건설업체, 컨설팅 업체들 간 이익공유사업이 되
고 있다.

세계가 가족 중·소농을 지속가능한 농업으로 꼽고 있지만 우리나라는
가족 중·소농 힘 빼기로 일관했다. 가족 중·소농 중심의 강소농, 6차형농
업 정책은 농가들을 유혈경쟁시장 늪으로 내몰고, 결과 중심 친환경농업
인증제는 비생태적, 비유기적 친환경농업을 양산시켰다.

최근 지방소멸문제가 사회쟁점으로 떠오른 가운데 시행된 지방소멸대
응기금 정책도 퇴행하고 있다. 겉으로는 지역주도 정책을 표방하면서도
실상은 중앙주도성을 강하게 드러내는 주객전도 상이다.

농촌 뺄셈구조를 고착시키는 자치단체들

농촌자치단체들은 농촌이 좌절의 늪에서 허우적대는 모습과는 딴판이
다. 겉으로는 인구과소, 농촌소멸의 위기를 말하지만 안을 들여다보면 농
촌소멸에 직면한 절박함이 느껴지지 않는다. 해마다 자치단체 금고에 돈
이 쌓이고 돈을 빨리 쓸 곳을 찾느라 바쁘다. 곳곳마다 청사 규모가 커가
고, 공무원 수가 늘고 있다.

농촌자치단체 재정 규모는 날로 커지지만 주민의 행복도는 날로 떨어지
고 있다. 자치단체 살림살이가 주민의 삶의 질과 겉도는 것이다. 많은 자

치단체장들은 중앙정부 돈을 눈 먼 돈으로 여기면서 곳간 불리기식 재정 분권만 외치고 있다. 많은 자치단체장들은 중앙보조금을 제왕적 권능을 누릴 기회로 여기고 있다.

지역 내생적발전을 도모할 혁신사업을 유치해 놓고도 지역혁신체계 구축은 아랑곳하지 않는다. 주민참여예산제, 지역 공론장은 형식화 되고, 수많은 행정위원회는 거수기위원회로 전락되고 있다.

대부분 농촌자치단체들은 자치분권 시계를 거꾸로 돌리고 있다.

농촌자치단체들은 행정서비스 공급을 최고의 덕목으로 여기고, 행정서비스 영역을 넓히는 것을 자치발전이라고 말한다. 그러나 행정서비스 영역의 확장은 주민자치발전과 반비례하고 있다. 주민자치 영역을 관제자치 영역으로 흡수해 버린다. 주민들이 스스로 할 일을 행정이 도맡아 하면서 주민의 자주의식을 떨어뜨리는 것이다.

지방소멸대응계획은 농촌소멸대응 공론장에서 만들어 져야 하지만 이를 실천하는 지역은 찾기 힘들다. 농촌소멸대응기금마저 중앙 돈을 타낼 기회로 여긴다. 대부분 자치단체들은 관계인구와 연동지어야 할 고향사랑기부제를 출향인 대상 관제사업으로 벌인다.

문명 전환기, 농업·농촌을 둘러싼 환경이 변화하고 있다.

21세기 세계는 문명사적 대 전환기를 맞았다. 포스트포드주의 시대 도래는 산업자본주의 역사를 크게 바꾸고 있다. 규격화, 표준화, 소품종다생산 생산체계가 탈규격화, 비표준화, 다품목소량생산으로 바뀌고 있다. 수직성, 획일성, 경직성의 경제조직체계가 수평성, 다양성, 유연성으로 바뀌고 있다. 중앙집중화, 하향식, 수탈식 국가운영방식이 지방분권, 상향식,

포용국가 방향으로 바뀌고 있다. 세계가 지식정보화 흐름 가운데 4차 산업혁명기를 맞고 있다.

이런 시대 조류와 초유의 기후위기는 농업·농촌을 둘러싼 시대환경을 크게 바꾸고 있다.

하나는 농업·농촌 다원적 기능의 대두다. 농업·농촌 다원적 기능은 1990년대 세계자유시장경제의 대응논리로 떠서 2000년대에는 세계 농업·농촌 보호 논리로 발전했다. 이는 농업·농촌이 사회유지에 필요한 공익기능을 제공하는 의미로서 사회(국가)가 농촌에 진 빚을 갚아야 하는 책무로 발전하고 있다.

하나는 자치분권시대의 도래다. 자치분권시대는 지역이 중앙집권체제에서 벗어나 자치·자율·혁신의 힘을 얻게 한다. 이는 농촌지역들이 획일적 울타리에서 벗어나 자기 특성을 살릴 수 있는 계기가 되고 있다.

하나는 가치중심시장과 관계시장 대두다. 포스트 포드주의 도래 함께 가격중심에 묶여있던 시장이 가치중심시장으로 바뀌고 있다. 이는 가치 먹거리가 날개를 달 기회이자 유대와 신뢰 바탕의 관계시장이 활성화 될 기회가 되고 있다.

하나는 관계인구시대의 도래와 어메니티 자원의 부각이다. 시대변화는 인구개념을 정주인구 중심에서 관계인구로 변화시켜 주었다. 이는 농촌과 도시가 상생하는 상리공생시대로의 변화다. 이는 썰물살을 탔던 농촌이 밀물살을 탈 기회로 작용한다.

하나는 기후위기로 인한 농업·농촌의 위상변화다. 기후위기로 식량안보가 더욱 절박한 과제로 떠오르고, 농촌 환경보전의 당위성이 더욱 선명해졌다. 이 같은 변화는 지속가능한 농업을 위해 농촌과 도시가 손잡도록 하고, 국민농업시대를 열 공감대를 형성시켜 준다.

농업·농촌이 전환시대 훈풍을 타려면?

이제는 농촌이 전환시대가 요구하는 새 사조에 어떻게 조응하느냐가 관건이다. 농촌이 시대변화의 바람을 맞아 희망의 돛을 올리기 위해서는 다음 네 가지 요소를 품어야 한다.

첫째, 공동체 기반 주민자치 길로 간다.

농촌은 생산과 생활의 복합터전으로서 스펀지 같은 공동체 집합구조를 이루고 있다. 때문에 농촌 주민자치는 생활자치와 순환경제를 아우르는 구조 속에서 생명력을 얻는다. 이는 전통마을 대동계와 생활협동계 병립구조 속에 잘 녹아 있고, 협동조합에 기반 한 스위스 자치구조와 맞닿아 있다. 따라서 공공서비스 공급자 역을 하는 시·군·구와 다른 자치모델이 요구된다. 주민 공동체 기반의 읍·면자치 모델이 그것이다. 이는 농촌 순환경제, 내생적가치혁신, 관계인구를 일으키는 '공동체 생태계 자치'를 의미한다.

둘째, 농촌 순환경제와 내생적혁신을 일으킨다.

농촌자원은 작고 다양함과 서로 지지하고 유기하는 특성을 가지고 있다. 그런데 전·후 산업화시대 농정은 다양성을 죽이고, 분절화 시켜 농촌자원의 생명력을 떨어뜨렸다. 농촌자원의 생명력을 살리려면 다양성과 유기성을 회복시켜야 한다. 주민생활 유대범위에서의 고장화폐, 공동체 돌봄, 공유경제, 어메니티 개발, 로컬푸드 등이 농촌의 다양성과 유기성을 살리는 기폭제가 될 수 있다. 여기에 주민 공론장, 공동체 미디어 같은 사회소통구조가 더해지면 내생적혁신이 나래를 펼 수 있다.

셋째, 농촌다움에 의한 관계인구를 확장시킨다.

농촌은 지난 60여 년간 썰물살을 탔다. 사람과 많은 가용자원이 썰물살에 쓸려 나갔다. 썰물살은 농촌주민들의 마음까지 쓸어 갔다. 촌놈이라고 스스로 비하하고 패배의식과 절망감에 휩싸였다. 이제 농촌은 관계인구 시대라는 새로운 반전기회를 맞고 있다. 농촌이 이 기회를 살리려면 농촌 다움을 회복해야 한다. 공동체문화를 살리고, 전통문화를 새롭게 전승하고, 환경공생형 문화를 살리고, 고유 경관을 되살리는 일 등이 과제다. 아울러 농촌과 도시인 간 관계인구 만들기와 농촌 내생적 관계인구 만들기가 맞닿는 관계인구운동을 더한다.

넷째, 가족 중·소농을 가치농업 전위대로 세운다.

썰물시대 농촌은 가족 중·소농을 잃었다. 산업농이 농촌 지지대가 될 것이라고 했지만 그 결과는 비참했다. 식량자급률이 급락했고, 마을공동체가 해체되었고, 농촌환경이 파괴되었고, 먹거리 다양성을 잃었다. 농촌이 회생하려면 가족 중·소농이 서야 한다. 새롭게 뜬 가치중심시장은 가족 중·소농을 되살릴 기회다. 이를 위해 농촌의 특성과 사회자본이 만나는 가치농업을 창안한다. 이와 함께 지역농업을 가치농업 진지로 삼고 가족 중·소농을 그 중심에 세운다.

이 책은?

이 책은 농업·농촌에 닥친 문제를 전환시대 관점에서 진단하고, 이를 풀어나갈 해법을 제시하고자 한다. 이 책은 둠벙마을[1], 관계인구[2], 가치농업[3]을 전환시대 농촌의 열쇳말로 내 세우고 이를 각 편의 주제어로 삼았다.

1) 둠벙마을은 논에 물을 대려고 판 둠벙이 스스로 생태를 유지하는데서 착안한 공동체 생태계형 주민자치체로서 필자가 지은 새 개념어다. 필자는 둠벙마을을 주민자치(대동계)와 공동체(협동계)가 병립하는 전통마을 구조에서 착안했다.
2) 관계인구는 2016년 일본에서 농촌과 도시인이 상리공생관계를 이루는 새 인구계념이 창안되었고, 우리나라에서는 2023년 생활인구라는 개념으로 제도화 되었다. 하지만 우리나라 생활인구는 관계인구 본질과 엇박자를 치고 있기 때문에 이 책에서는 관계인구를 주로 내세운다. 아울러 농촌과 도시민이 가치관계를 이루고, 농촌주민들끼리 관계밀도를 높이는 '안팎의 관계인구'에다 방점을 찍었다.
3) 가치농업은 가치중심시장에 조응한 새 농업양식으로서 필자가 지은 새 개념어다. 가치농업은

1편 '둠벙마을이 새 활력원이다'는 농촌을 둘러싼 파행적 자치분권역사를 비판하고, 주민자치시대로 나아갈 새 사조를 도출한다. 이를 바탕으로 둠벙마을을 새 개념의 농촌자치 터전으로 제시한다. 둠벙마을은 생활자치와 순환경제를 아우르는 개념으로서 대동계와 생활협동계가 순치하는 전통마을 자치방식이다. 따라서 여기에서는 둠벙마을을 읍·면단위 유대범위의 생활자치체 개념으로 제시한다.

　2편 '관계인구가 밀물시대 물꼬를 튼다'는 전·후기 산업화시대에 썰물살을 탔던 농업·농촌이 밀물살을 탈 계기에 이른 것에 방점을 찍었다. 이는 가치중심시장과 관계인구를 농촌밀물시대의 전령으로 삼는다. 그러면서 우리나라 생활인구 정책이 관계인구 본질에 어긋난 문제를 비판하고, 관계인구시대가 올바로 나아갈 바를 제시한다. 아울러 농촌다움이 관계인구시대의 원동력임을 강조한다.

　3편 '가치농업으로 새 희망을 쓴다'는 우리나라 먹거리시장이 가격중심시장에서 가치중심시장으로 전환되는 흐름을 주목한다. 먼저 가치지향적 소비문화와 먹거리 가치중심시장의 흐름을 살펴보고, 이에 조응할 가치농업을 개념 지었다. 이어 가족 중·소농을 가치농업의 주체로 성격지우고, 가족 중·소농이 지속가능한 농업을 꾸려 나갈 바를 제시한다. 아울러 가치농업을 블루오션 농업으로 가치혁신 할 바를 제시한다.

농촌 밀물시대를 꿈꾸며...

　필자는 줄곧 농업·농촌문제에 매달려 왔다. 농민운동가로, 지역 공동체 신문운동가로, 농촌혁신운동가로, 농촌 자치분권운동가로, 가치농업운동

고장의 자연적, 인문사회적 환경을 배태한 먹거리와 어메니티 자원, 사회자본을 포괄한 개념이다..

가로 살았다. 그러면서 관계인구 전도사와 제철진미 전도사를 자처해 왔고, 농촌 생태운동과 농촌 문화운동에도 몸 담았다.

이렇듯 농촌·농민·농업운동을 두루 경험하면서 농촌·농민·농업문제를 보는 통합적인 시각이 형성되었다고 자부한다. 이런 가운데 전환시대를 맞은 농촌이 순환경제와 주민자치를, 농업과 사회자본을, 농업생산과 주민생활을, 일과 문화를, 공동체와 복지를 결합하는 운동의 장이 되어야 한다고 느꼈다.

그 고민의 결과, 농촌 전통마을에 답이 들어 있다는 것을 알게 되었다. 마을에 촘촘히 뿌리내린 생활협동계는 주민 삶의 지지대이자 자치의제의 산실이었다. 마을 대동계는 생활협동계들의 연합체이자 생활과 순환경제를 결합한 주민자치체였다. 이런 전통마을 자치정신에 따라서 생활자치운동과 순환경제운동을 결합한 농촌 마을 모델을 둠벙마을이라고 개념 지었다. 여기에 가치농업과 가치혁신을 더하고, 관계인구를 더하면 전환시대 농촌이 새 희망을 얻을 것을 것이라는 결론을 가지게 되었다.

농촌이 전환기 시대조류를 잘 타려면 농업·농촌 운동이 새 시대가치의 깃발을 들어야 한다. 새 술은 새 부대에 담아야 하듯 전환시대 꿈을 품은 새 운동 창안이 긴요하다.

새 운동은 시대가치 중심 운동이어야 한다. 여기에는 공동체와 주민자치, 순환경제와 내생적 혁신, 농도상생과 관계인구가 녹아져야 한다.

새 운동은 지역중심 운동이어야 한다. 여기에는 농촌주민의 생활터전, 고장의 특성에 의한 지역농업이 녹아져야 한다.

새 운동은 지속가능한 농업·농촌 만들기 운동이어야 한다. 여기에는 환경공생, 가족 중·소농 살리기, 농촌다움 회복이 녹아져야 한다.

이를 위해 필자는 새 시대를 위한 3대 운동을 제안한다. 둠벙마을운동과 관계인구운동과 가치농업운동이 그것이다. 이 3대 운동에 시대 변화에 조응하는 시대가치와 손에 잡히는 실사구시 꿈이 담겨 있다고 생각 한다.

필자는 이런 새 시대 꿈을 농촌활동가들과 공유하고자 이 책을 냈다. 이 책이 농촌 새 사조 토론장의 발제글이 되면 좋겠다는 생각이다.

필자는 농촌·농민·농업운동을 하면서 가슴에 켜켜이 쌓아온 고민의 결과물을 풀어 썼다. 그렇다고 책 내용이 다 옳고, 모든 현장의 답이 될 수는 없다. 지역적 특성과 처한 상황 상황마다 답이 다르기 마련이다.

다만 이 책이 농업·농촌운동에 대한 고민의 새 단초가 되고, 새 의지를 불러일으키는 작은 불씨가 되길 바랄 뿐이다.

이 책이 쓰여 지기까지 여러분이 도움을 주셨다. 한국 자치분권의 큰 어른인 이재은 님(전, 수원시정연구원장, 전, 경기대학교 부총장), 실사구시 주민자치 학자인 황종규 님(전, 동양대학교 부총장), 문화자치 전도사를 자처하는 이윤선 님(전, 한국민속학술단체연합회 회장), 완주군 농촌혁신을 이끈 이근석 님(전, 완주사회적경제네트워크 이사장), 농촌 주민자치의 새 사례를 써가는 박진숙 님(곡성군 죽곡농민도서관 관장)이 그 분들이다. 이 분들이 집담회와 수차례 개별자문을 통해 책의 방향과 내용을 잡아 주셨다. 교정 작업은 민일 님이 맡아주셨다.

이 책을 농업·농촌 현장에서 고군분투하는 농촌 활동가들에게 바친다.

목 차

곁든 글 • 4

여는 글 • 10

1편 | 둠벙마을이 새 활력원이다

1장 농촌과 엇박자 친 자치분권 흑역사 • 23

    1. 중앙정치 덫에 걸린 자치분권 • 25

    2. 주민자치와 딴 길이 된 단체자치 • 29

    3. 궤도를 이탈한 자치분권 • 41

    4. 누구를 위한 재정분권인가? • 45

    5. 농촌혁신을 수렁에 빠뜨리는 오적(五敵) • 55

2장 주민자치시대를 열 새 사조 • 65

    1. 지방소멸론의 불편한 진실 • 67

    2. 지방소멸 프레임에 걸려든 농촌 • 75

    3. 분별없는 광역통합과 메가시티는 농촌소멸을 부채질한다. • 79

    4. 규모화 망령에서 벗어나야 농촌이 산다 • 90

    5. 주민자치시대는 새 사조를 요구한다 • 96

    6. 주민 행복표 자치가 싹트려면? • 104

3장 둠벙마을에서 활력바람이 인다 • 119

    1. 농촌역사는 공동체역사다 • 121

    2. 농촌공동체들은 안녕하신가? • 129

3. 마을이 살아야 공동체가 살고 농촌이 산다 • 140

4. 새 농촌자치를 둠벙마을로 구현하자 • 150

5. 둠벙마을 터 닦기 • 157

6. 둠벙마을 생태계 만들기 • 167

2편 | 관계인구가 농촌 밀물시대 물꼬를 튼다

1장 농촌밀물시대 싹이 움트고 있다 • 185

1. 썰물 살에 빨려든 농촌 • 187

2. 인구 개념이 시류를 타고 변하고 있다 • 193

3. 관계인구는 농촌의 인구과소 해소책으로 떴다 • 198

4. 관계인구 쪽으로 부는 시대바람 • 203

5. 농업·농촌을 보는 도시인의 시각이 달라졌다 • 211

6. 관계인구시대에 거는 기대 • 217

2장 관계인구가 농촌회생의 발판이 되려면? • 225

1. 붕어빵식 모방정책이 농촌을 해친다 • 227

2. 첫 단추부터 잘못 끼운 생활인구 정책 • 233

3. 관계인구는 제 특성을 살려야만 힘이 생긴다 • 239

4. 관계인구는 꿰어야 보배다 • 248

5. 관계인구시대를 여는 열쇠 • 260

3장 향기가 있으면 벌은 모여든다 • 269

1. 농촌향기의 터무니를 찾자 • 271

2. 농촌 어메니티는 관계인구의 보물창고다 • 274

3. 농촌향기는 어디에서 생기는가? • 281

4. 농촌향기의 샘 만들기 : 향기 나는 농촌관광개발 • 296

5. 농촌향기의 샘 만들기 : 관계인구를 부풀게 해 주는 지역축제 • 305

6. 농촌향기 샘 만들기 : 철따라 향기를 뿜는 제철진미 • 313

7. 농촌향기를 잘 뿜으려면? • 320

3편 | 가치농업으로 새 희망을 쓴다

1장 시대변화가 가치농업을 부른다 • 335

　　1. 가까이하기엔 너무 먼 시장 • 337

　　2. 대안시장으로 뜬 먹거리 가치중심시장 • 341

　　3. 가치중심시장을 떠받히는 시장 조류 • 347

　　4. 먹거리 가치척도 변화가 가치농업을 부른다 • 355

　　5. 이제는 가치농업이다 • 364

2장 가치농업이 가족 중·소농을 일으킨다 • 367

　　1. 가족 중·소농이 살아야 농촌이 산다 • 369

　　2. 가족 중·소농 죽이기 반세기 • 380

　　3. 가족 중·소농을 어떻게 살릴까? • 385

3장 농업·농촌에 가치를 더하고 곱하기 • 397

　　1. 이젠 농촌 가치혁신이다 • 399

　　2. 농촌자원의 특성과 가치혁신 • 406

　　3. 가치농업 융·복합과 가치혁신 • 410

　　4. 가치농업과 CCC 마케팅전략 • 418

　　5. 현장중심 직거래 플랫폼과 가치혁신 • 427

1편

둠벙마을이
새 활력원이다

1. 중앙정치 덫에 걸린 자치분권

1) YS, DJ, JP 분할통치와 지방자치 부활

1990년 10월 평화민주당 김대중 총재는 내각제 포기, 지방자치 전면 실시, 보안사와 안기부의 정치사찰 중지 등을 요구하며 단식투쟁에 들어갔다. 단식투쟁 13일 만에 노태우 정권으로부터 지방자치 실시 약속을 받아냈다. 이렇게 보면 우리나라 지방자치 부활은 김대중 전 대통령의 공으로 돌릴 만하다. 그러나 당시 시대 배경과 그 후 상황을 비춰 보면 달리 해석될 수 있다.

1990년 1월 민주정의당, 통일민주당, 신민주공화당이 내각제 개헌을 내세우며 3당 합당을 했다. 이는 노태우 정권이 야권을 품에 안아 통치기반을 강화한 사건처럼 보이지만 내막은 달랐다. 1987년 대통령직선제 개헌 이후 민주화의 봇물이 터지면서 군부독재세력의 힘이 크게 약화되었다. 김영삼(통일민주당)과 김종필(신민주공화당)이 이 틈을 비집고 권력 중심부로 들어간 것이 3당 합당이었다.

그 상황에서 김대중(평화민주당)은 지방자치란 색다른 정치판을 내세워 합의를 이끌어냈다. 즉, 김대중의 지방자치 의제는 김영삼, 김종필의 수용 조건이 무르익은 상황에서 던진 것이었다. 지방자치가 중앙정치판에 등장하면서 YS, DJ, JP 중심의 지역 맹주정치시대가 열렸다. 영남 맹주인 김영삼과 호남 맹주인 김대중과 충청 맹주인 김종필은 군부정권을 문민정권으로 변화시킨 한편 지역분할통치를 낳았고, 중앙정치에 의한 지방자치 지배를 고착화시켜 버렸다.

1990년대 대부분 정치선거판은 이들 지역맹주들의 쟁탈전이었다. 지역 맹주 세력이 선거전에 나서면 지역주민들은 몰표로서 충성을 표시했다. 총선이든 지방선거든 인물 됨됨이 평가와 공약이 실종됐고 지역 맹주세력만이 유일한 선택지였다. 이런 묻지 마 선거판 때문에 '막대기만 꽂아도 당선 된다'라는 말이 나왔다. 지방선거 중 기초의원 선거에서는 정당공천제가 실시되지 않았지만 내천이란 '변종 공천'이 횡행했다.

지역 맹주는 선거전이 불리할 때면 어김없이 '우리가 남이냐'라는 구호로 자기지역 사람들을 단결시켰다. 상대적으로 수적 열세인 충청지역 맹주 김종필은 캐스팅보트 역을 하면서 자원을 따내어 충청지역에 대한 지배력을 다졌다. 지역발전의 비전보다 정당의 이념보다 자원쟁탈전에 나서는 맹주가 우위였다.

이렇듯 30년 만에 부활한 지방자치는 중앙정치 지배변화의 도구로 악용되었다. 지방자치란 간판만 내세웠을 뿐 그 안은 온통 딴판이었다. 사무권한과 재정권한은 과거와 다를 바 없었고, 자치의 본질인 주민 결정권마저 주어지지 않았다. 그나마 주어진 선출권 마저 사실상 중앙정치판의 놀음이었다. 이 같은 모습은 중국 춘추전국시대를 주름잡던 군웅할거 정치와 흡사했다.

2) 노무현의 오판이 부른 자치분권 퇴행

비주류 정치인으로 천신만고 끝에 대통령이 된 고(故) 노무현 대통령은 역대 누구보다 자치분권에 대한 애정과 공이 컸다. 그런 그가 한 번의 오판으로 자치분권 역사에 큰 오점을 남겼다.

노대통령은 2006년 지방선거를 집권 후반기 통치력 회복의 기회로 삼으려고 했다. 지역할거주의 청산을 대한민국 정치의 으뜸 과제라 여겼던 그는 지방선거의 중선거구제가 지역할거주의 타파의 기회가 될 것으로 생각했다. 그는 당시 제1 야당인 한나라당에 2002년 광역의회 의원 선거에 도입된 중선거구제를 기초의회 의원 선거에도 확대 도입하자면서 기초의원 정당공천제를 미끼로 던졌다. 한나라당은 이를 수용했고, 2006년 5월 31일 전국동시지방선거가 이 방식으로 치러졌다.

결과는 노 대통령의 뜻과 정반대였다. 당시 여당인 열린우리당은 전북을 제외한 모든 지역 광역단체장 선거에서 졌다. 아성으로 여겼던 광주광역시와 전남의 광역단체장 선거에서도 민주당에 패했다. 반면 한나라당은 12개 광역단체장 후보를 당선시켰고, 전국 230개 기초단체장 중 155명을 차지하는 대승을 거두었다.

선거결과 노 대통령과 열린우리당이 내건 지역할거주의 타파 구호는 무용지물이 되었다. 한나라당은 호남을 제외한 대부분 지역에서 압승하여 지방자치의 1당 독재시대를 열었다. 광역의원의 경우 서울은 106석 중 102석을, 경기도는 119석 중 115석을, 인천은 33석 중 32석을 한나라당이 차지했다. 전국 2,888명을 뽑은 기초의원 선거에서 한나라당은 56.1%인 1,621석을 가진데 비해 열린우리당은 21.8%인 630석을 건진데 불과했다.

2000년 초 중앙정치판에서 광역맹주들의 힘이 빠지자 지방자치 일선에서는 변화의 바람이 일기 시작했다. 광역맹주들 영향 아래 있던 지방자치에 탈중앙화 바람이 일었고, 전국 기초단체장들의 대다수가 '기초단체장 정당공천제 폐지' 목소리를 내기 시작했다. 기초단체장들은 여·야 정당 간 차이를 떠나 기초단체장 공천제 폐지에 한 목소리를 냈다. 직·간접적으로 중앙정치의 굴레를 썼던 기초의원들 사이에도 탈중앙화 바람이 거세게 일었다. 이는 우리나라 지방자치가 빠른 성장할 토대가 되었다.

그런데 5.31 지방선거를 앞두고 기초의원 정당공천제가 시행되자 지역 쪽으로 기울던 자치정치 균형추가 빠르게 중앙정치 쪽으로 이동했다. 기초의원들은 공천권을 쥐고 있는 지역구 국회의원이나 지구당 위원장 쪽으로 줄을 섰다. 지역구 국회의원이나 지구당 위원장들은 기초의회 의정활동을 자신들 입맛에 맞도록 간섭했고, 기초의원들을 자신들 정치활동의 하수인으로 취급해 갔다.

기초의원 공천제 시행은 탈중앙화의 기류를 탄 기초단체장들의 발목을 잡았다. 중앙정치 올가미에서 벗어나야 한다던 기초단체장들이 다시금 중앙정치 쪽으로 줄 서기 시작했다.

결국 5.31 지방선거는 기초의원 정당공천제로 지방자치가 중앙정치에 압사당한 사건이었다. 기초의원 정당공천제 한방에 탈중앙화 꿈이 스러졌고, 지방자치가 중앙정치에 더 깊게 예속되는 결과를 낳았다. 노무현 전 대통령은 역대 대통령 중 지방분권과 균형발전에 가장 공이 컸었지만 기초의원 공천제라는 뼈아픈 실책을 범했다.

2. 주민자치와 딴 길이 된 단체자치

1) '중앙집권형 지방자치'와 기형적 단체자치

흔히 우리나라 지방자치 성격을 말할 때 단체자치와 기관대립형을 특징으로 든다. 단체자치는 자치단체가 주도하는 지방자치고, 기관대립형은 집행부와 의회가 분리된 자치형태를 말하는데 이를 대한민국형 지방자치라고도 한다.

지방자치 교과서는 지방자치를 단체자치형과 주민자치형으로 분류한다. 단체자치는 국가 하부단위의 지방자치단체(시·도 혹은 시·군·구)가 국가로부터 부여받은 자치권을 가치고 행정사무와 자치사무를 하는 것이라고 한다. 주민자치는 지역사회 문제 해법을 주민들이 발의하고 주민들의 자주적인 참여를 통해 실행하는 것이라고 한다. 쉽게 말하자면 단체자치는 자치단체가 주도하는 지방자치고 주민자치는 주민이 주도하는 지방자치라고 말한다.

그러나 오늘날 대부분 자치분권선진국들은 지방자치를 단체자치와 주민자치로 분리하지 않는다. 지방자치 사무를 수행하는 자치단체가 지방자치를 주도한다는 건 말로도, 이론으로도 모순이기 때문이다. 그리고 중앙의 통치행위를 자치단체가 위임받는다는 것은 오늘날 민주주의 이념과 전면 배치된다.

자치란 주민 스스로의 통치를 의미하는 것으로서 지방자치를 지역주민 주도의 주민자치로 등치시키는 것이 보편적인 추세다. 나라마다, 지역마다 차이는 있을지라도 주민이 주인이 되고, 주인노릇을 하도록 하는 것을 지방자치 원리로 삼는다.

때문에 오늘날에는 단체자치=기관대립형, 주민자치=기관통합형이란 등식도 존재하지 않는다. 집행부와 의회가 분리된 기관대립형과 내각제형의 기관통합형은 지역사회의 선택사항이다. 즉, 지역 실정에 따라 기관대립형을 선택할 수도, 기관통합형을 선택할 수 있도록 하는 것이 세계추세다. 최근 우리나라에서도 이런 세계추세를 수용하려는 움직임을 보이고 있다.

이렇듯 오늘날 세계는 단체자치와 주민자치를 등치시키는 추세고 나아가 주민자치를 우위가치로 여긴다. 이런 관점에서 우리나라 지방자치를 되짚어 보자.

우리나라는 강력한 중앙집권국가라는데 이론의 여지가 없다. 역대 통치권자들은 남북이 휴전상태인 분단국가이기 때문에, 전쟁후 가난에서 벗어나기 위해서, 땅이 좁은 나라이기 때문에 중앙집권국가가 불가피하다고 했다. 이를 추종하는 사람들 중에는 대한민국을 'Seoul Korea'라는 도시국가로 인식하는 이들도 있다. 이들은 대한민국이 강력한 중앙집권국가였기 때문에 고도성장을 이루어 선진국 반열에 올라섰다고 말하기도 한다.

이의 논박을 떠나 우리나라 지방자치는 이런 현대 통치구조와 무관하지 않다. 식민지배, 6·25전쟁, 군부독재가 이어지는 가운데 시행된 국가주도의 경제개발 정책은 중앙중심의 수직계열화를 공고히 했다. 서울 일극주의는 지역의 정치, 경제, 문화, 사회, 행정 등 모든 분야를 빨아들이는 블랙홀이 되었고, 지역은 급기야 중앙(서울)의 식민지로 전락했다. 게다가 오늘날 지방자치는 지역의 자주적 노력과 무관하게 중앙정치 이해구조 속에서 파생되었다.

이렇듯 중앙정치 종속적 구조와 서울 일극구조 하에서 부활한 지방자치는 매우 불안전한 조건이었다. 게다가 돈과 권한을 중앙정부가 쥐고 있는 상태라서 무늬만 있는 지방자치였다. 중앙 종속적 구조에다 자치단체장과 지방의원만 뽑는 기형적인 지방자치로서 이를 굳이 표현하자면 '중앙 집권적 지방자치'라고 말할 수 있다. 이런 '중앙집권적 지방자치'구조 하에서의 자치단체는 중앙정부의 하급기관이면서 자치사무를 하는 이중적 성격을 지녔다. 이 때문에 우리나라 자치성격을 단체자치형으로 분류하는 것은 모순이다.

이런 구조적 모순은 자치단체 행정집행에 직접 영향을 미치고 있다. 자치단체가 본예산을 편성하려면 중앙 예산지침에 따르고, 중앙 예산편성 결과에 따라 예산을 편성한다. 자치단체 공무원들은 중앙정부와 연관된 사무는 물론 자치단체 고유사무 영역까지도 중앙지침과 중앙 정책매뉴얼에 따르곤 한다.

지방자치가 시행된 지 30년이 지난 오늘날까지도 일부 자치단체에서는 권위주의시대 청사 배치 방식을 답습하고 있다. 청사 입구 좌·우측에는 총무과 재무과가 자리하고, 사업부서는 먼 곳에 배치되어 있다. 자치사무의 지원부서가 되어야 할 총무과, 재무과가 구태적 통제부서를 답습하는 형국이다. 또한 자치사무의 꽃이 되어야 할 사업부서가 한직부서로 취급을 당하는 모양새다.

2) '관제자치'로 탈바꿈한 '관치행정'

기존 관점에서 보자면 농촌은 도시보다 자치분권의 조건이 매우 열악하다. 자치는 자기통치를 의미하는데 농촌은 전·후기 산업화 과정에서 자주적 통치할 기반을 잃어버렸다. 농촌다움은 크게 훼손되었고, 젊은 인력은 도시에 빼앗겼고, 뺄셈의 덫에 걸려 자주역량은 크게 떨어졌다. 급기야 재정자립도는 10%로 안팎까지 떨어져 외부 의존도만 높아졌다.

때문에 농촌은 도시에 비해 행정의 영향력이 매우 세다. 시장재보다 공공재 비중이 높기 때문에 주민들은 자치단체가 투입하는 행정서비스 자원에 크게 의지한다. 농업이든, 관광산업이든, 농공산업이든 행·재정적 지원이 없으면 불이 일기 어렵고, 문화든, 복지든, 환경이든 행정력이 미치지 않는 곳이 없을 정도다.

따라서 농촌자치단체가 좋은 자치분권을 지향하려면 중앙으로부터 돈과 권한을 지역으로 되돌리는 일과 더불어 내적 자주역량을 키우는데 힘을 써야 한다. 자치분권과 혁신이란 두 마리 토끼를 잡으려면 농촌 자치분권은 행정 중심이 아닌 주민의 삶의 질 쪽을 지향해야 옳다.

지방자치시대가 열리면서 시·군·구는 중앙정부의 대리점행정에서 서비스행정으로 바뀌었다. 주민들이 통치대상에서 행정서비스 대상으로 탈바꿈한 것이었다. 서비스행정에서 주민은 서비스의 수요자이자 고객으로 자리매김 되었다. 이때 자치단체 공무원에게는 주민에 대한 '친절 · 봉사'가 으뜸 덕목이 되었다. 이때 주민들은 행정서비스를 잘 이용하고, 공무원을 잘 부려먹는 것이 상수라는 인식으로 변해 갔다.

주민 입장에서 보면 파격적인 변화였다. 주민들이 읍·면사무소에 들어가려고 해도 가슴 졸이던 1980년대에 비하면 천지개벽 같은 변화였다. 때문에 주민들은 서비스 행정이 주는 변화에 만족스러워했다. 이런 가운데 행정서비스는 주민생활 저변까지 촘촘하게 뻗쳐 갔다.

그런데 행정서비스가 좋아질수록 도리어 주민들의 자주역량은 퇴보했다. 마을 뒷산에 불이 나도 주민들은 강 건너 불 보듯 했고, 홍수 때 집 앞 수챗구멍이 막혀도 공무원들을 불러댔다. 모든 길은 로마로 통한다는 것처럼 모든 일은 행정으로 통한다는 인식이 팽배했다. 주민들의 행정 의존도가 높아가는 만큼 주민들의 자주력이 떨어지는 자치의 반비례 현상이었다.

자치단체 중심, 공급자 중심 자치분권으로 자치행정 공무원들의 손길이 바빠졌고, 그만큼 공무원들의 활동영역도 넓혀졌다. 주민들이 스스로 하던 문화 · 복지 영역도 공무원들의 손길에 의지했다. 지역 배태문화를 내세워야 할 지역축제는 공무원축제가 되었다. 그런 가운데 새로운 관제문화가 농촌을 지배하게 되었다.

농촌자치단체들은 자치분권의 수용역량에 별 관심을 보이지 않는 편이다. 중앙으로부터 돈과 권한을 되돌려 받은 만큼 지역의 혁신역량을 높여야 하건만 중앙집권체제의 중앙 바라기 의식을 쉽게 버리지 않고 있다. 아직껏 중앙정부와 자치단체 사이 재정구조와 사무권한 관계가 본질적으로 변하지 않았기 때문에 주민들이 자치분권을 체감하지 못하는 것이다.

게다가 지역에서는 주민자치와 지역 거버넌스가 크게 활성화되는 듯 보이나 질적 발전은 매우 더디다. 대다수 주민자치위원회나 주민자치회는 주민자치의 제 궤도에 올라서지 못하고 있고, 주민과 행정의 간 가교역할을 해야 할 중간지원조직들은 행정의 들러리 역에 그치기 일쑤다. 또한 자치단체에 설치된 각종 행정위원회들도 행정의 거수기 수준에 머물고 있는 것이 현실이다.

결국 자치단체 중심의 자치분권은 자치단체 주도의 자치문화를 낳고, 자치단체주도의 자치문화는 '관제자치'를 낳고 있다. 이 관제자치는 농촌혁신의 힘을 빼는 원흉이 되고 있다.

3) 제왕적 단체장을 양산시킨 자치분권

고려·조선 시대 주(州)·부(府)·군(郡)·현(縣) 각 고을을 맡아 다스리던 지방관을 원님(혹은 수령)이라고 불렀다. 고을 원님은 일반 행정에다 군정, 치안, 교육, 징세, 소송, 풍속까지 관장했다. 원님은 고을의 모든 일을 주관하기 때문에 늘 바빴고, 그 만큼 원님 뵙기가 어려웠다.

요즘 농촌자치단체장도 고을 원님 못지않게 뵙기 힘들다. 자치단체장의 대내외 출장과 회의 일정을 피하여 자치단체장실을 찾아가도 한참 기다려야 하고, 그것도 1, 2분 만나는 것이 고작이다. 자치단체장의 부속실이 결제 받으려는 공무원과 민원인들로 문전성시를 이루기 때문이다.

자치단체장들은 한결같이 "민원의 홍수에서 헤어나기 어렵다"고 고충을 토로한다. 주민들은 마을 숙원사업 하나하나까지 자치단체장에게 호소한다. 어쩌다 절차를 밟는답시고 담당공무원을 찾으면 "우리가 무슨 힘이 있습니까? 군수실(자치단체장실)로 가는 것이 빠릅니다"라고 말하기도 한다.

농촌자치단체장은 도시자치단체장들과 비교할 수 없을 정도의 권한을 누리고 있다. 도시 기초자치단체는 복지분야 등 씀씀이가 정해진 경직성 재정비율이 높기 때문에 자치단체장의 권한이 그리 크지 않다. 이에 비해 농촌 기초자치단체는 지역개발분야 등 자율성 재정비율이 높기 때문에 자치단체장의 권한이 지역사회에 크게 미친다. 도시자치단체장들은 주민생활에 미칠 행정자원이 미미하지만 농촌자치단체장들은 주민생활에 영향이 큰 행정자원 배분권을 쥐고 있다.

농촌자치단체장은 예산, 사업, 인사 등 자원배분권을 사실상 독점하고 있다. 구조상 중앙정부의 예산편성 후 자치단체의 예산을 편성하기 때문에 민주적인 예산편성이 어렵게 되어 있다. 자치단체 지역개발 사업의 60% 이상이 매칭 펀드[1] 방식이어서 민주적 자원배분이 어렵게 되어 있다.

사정이 이렇다 보니 자치단체 행정조직은 식물처럼 수동적인 조직으로 전락했다.

부단체장은 재무관과 인사위원장을 맡고 있지만 형식일 뿐 자치단체장 입맛에 맞춰 사무를 집행한다. 부단체장이 부서 간 행정을 조율고해야 하지만 이를 수행하는 자치단체는 거의 없다. 자치단체 사무 절반 이상의 전결권을 가지고 있는 실·국·과장들은 자치단체장의 입맛에 맞추려고 중요 전결권을 포기하는 경우가 많다.

지방의회도 자치단체장의 전횡을 견제할 만한 힘을 발휘하지 못한다. 지방의회가 예산심의권을 가지고 있지만 변죽만 울릴 뿐 별 힘을 못 쓴다. 농촌자치단체 중요 예산은 대부분 중앙정부와 매칭 펀드 식으로 엮어져 지방의회가 쉽게 손대지 못한다. 매칭 펀드 식으로 엮인 예산을 삭감했다가는 중앙지원 예산을 삭감한 결과가 되기 때문에 지방의원들의 부담이 클 수밖에 없다. 지방의회의 감사권도 고유사무의 범위에 국한된 데다 지방의원들이 지역구 민원을 해결하기 위해서는 자치단체장에게 아쉬운 소리를 해야 할 처지인지라 자치단체장의 전횡을 제대로 견제하지 못한다.

농촌자치단체장이 제왕적 권능을 가진 것은 자치분권의 구조적 모순 때문이다.

---

[1] 매칭 펀드(Matching Fund)란 중앙정부가 지방자치단체나 민간에 예산을 지원할 때 자구노력에 연계해 자금을 배정하는 방식을 말한다. 우리나라 정부는 1993년 지방 중소기업 지원 사업에서 이 매칭 펀드를 처음 도입했다. 지방이 무조건 중앙정부에 예산을 달라고 요구할 것이 아니라 먼저 자체적으로 노력을 하면 그에 상응한 지원을 하겠다는 취지이다.[출처 : 매일경제용어사전]

하나, 결정권 없는 지방자치의 한계 때문이다.

2022년 개정된 지방자치법 제28조(조례) 1항은 '지방자치단체는 법령의 범위에서 그 사무에 관하여 조례를 제정할 수 있다. 다만, 주민의 권리 제한 또는 의무 부과에 관한 사항이나 벌칙을 정할 때에는 법률의 위임이 있어야 한다.'라고 되어 있다. 이를 풀면 지방자치단체의 조례는 법률의 위임이 있어야만 주민의 의무·강제조항을 넣을 수 있다. 주민의 의무·강제조항이 없는 조례란 사실상 지방자치의 결정권을 뺀 결과로서 실효성이 크게 떨어진다. 이 때문에 지역사회와 지방의회가 자치단체장의 제왕적집행에 제동을 걸 장치를 만들지 못 한다. 제왕적 단체장이 결정권 없는 주민 위에 군림하기 딱 좋은 환경이다.

하나, 매칭 펀드 식 예산편성 때문이다.

중앙정부는 재정력이 떨어진 자치단체에 교부세를 통해 행정재원을 보내는데 이는 농촌자치단체 재정의 절반 이상을 차지한다. 이 돈은 씀씀이의 꼬리표가 없는 자율재정이기 때문에 지역 특성에 맞는 살림살이에 요긴하다. 하지만 농촌자치단체들은 이 돈의 대부분을 중앙정부 재정을 끌어들이는 매칭 펀드 명목에다 쓴다. 농촌자치단체가 중앙사업비의 30~50%를 대고 중앙사업을 따면 50~70%의 재정 증가의 효과가 있기 때문이다. 그러나 중앙정부에 엮인 사업의 집행권은 오롯이 자치단체장에게 넘어가 전횡을 불러일으킨다.

농촌자치단체장은 자치단체가 투여하는 행정자원 배분에 절대적인 영향을 미친다. 혁신적 단체장은 이 권한을 농촌혁신의 밑불로 쓰지만 많은 자치단체장은 제왕적 권한의 단맛에 도취 되곤 한다. 이런 구조는 지역을 지배하려는 중앙정부와 제왕적 자치단체들 간 '악어와 악어새' 관계를 만들어 주고 있다.

4) '관제자치' 손을 들어준 '지방자치법 전부개정'

우리나라는 1988년 개정된 지방자치법에 의해 지방자치제가 부활되었다. 돌이켜 보면 지난 세월 자치분권을 둘러싼 세상은 상상할 수 없을 만큼 변했다. 포스트 포드주의 도래와 함께 세계가 자치분권을 시대적 과업으로 삼았다. 이런 가운데 우리나라 지방자치의 위상도 크게 높아졌고. 자치분권을 위한 다각적인 노력도 경주되었다. 지역의 자치분권 수용 조건도, 행정수요도 크게 달라졌다.

문제는 낡은 지방자치 제도에 있었다. 그래서 1988년에 전면 개정된 낡은 지방자치법을 크게 손 봐야 할 필요성이 제기되었다. 개헌을 통해 자치분권의 기틀을 세우면 금상첨화지만 그렇지 못할 바에는 지방자치법이라도 잘 손질하면 '꿩 대신 닭'의 효과를 거둘 것이라고 기대했다. 민선 지방자치 출범 이후 변화된 자치행정 환경을 반영하여 새로운 시대에 걸맞은 주민 중심의 지방자치를 구현한다는 데 관심이 모아졌다.

2022년 1월 지방자치법이 32년 만에 전면 개정되었다. 개정의 핵심은 ▲주민권 강화 ▲지방자치단체의 자율성 강화와 책임성 확보 ▲지방자치단체 기관구성 다양화 ▲특별지방자치단체 설립 ▲중앙·지방 협력회의 설치 ▲지방의회의 인사권 독립 등이다.

여기서 눈여겨볼 몇 대목을 살펴보자. 중앙정부가 사무배분을 일방적으로 하지 못하도록 지역성이 깊은 사무를 지역에 우선 배분하도록 보충성 원칙을 규정했고, 법령에서 자치단체 조례에 위임하는 사항을 하위법령이 위임하는 범위를 제한하지 못하도록 했다. 지금까지 지방자치단체는 집행부와 의회가 나누어진 기관대립형에 국한되어 있었는데 앞으로는 의원내각제 형식으로 의회 의장이 단체장이 된다거나 외부의 CEO를 단체장으로 초빙할 수도 있도록 제도의 기초가 마련되었다. 행정구역을 넘어선 광역행정 수요에 대응하도록 광역자치단체나 기초자치단체가 더 여러 지역 자치단체들과 상호 협력체계를 꾸릴 특별지방자치단체 구성이 가능해졌다. 자치단체장이 행사하던 지방의회 사무직원에 대한 인사권이 지방의회 의장에게 넘어가고 지방의원의 전문성 강화를 위한 전문인력을 둘 수 있게 되었다.

하지만 개정 내용을 뜯어보면 실망감이 크다. 지방자치법 전면개정을 주관한 문재인 정부는 주민의 조례 발안제도 도입, 조례 제ㆍ개정 청구요건 완화, 주민감사 청구인 수 완화, 주민투표제도 개선, 주민소환제도 개선 등을 들어 주민주권 실현이라고 의미 부여했지만 내용을 뜯어보면 속 빈 강정이다. 주민참여 관련법은 기존의 내용을 조금씩 바꾸거나 자치의 주체인 주민 위상을 분발라 놓는데 그쳤다.

주민참여가 지방자치의 꽃이지만 우리나라에서는 그다지 큰 성과를 보이지 못하고 있다. 자치단체들이 행정정보공개, 주민감사청구제, 주민참여예산제 등을 시행하고 있지만 실제 주민참여율은 매우 낮은 실정이다. 이는 자치단체 자원배분 등 자치의 핵심 요소들이 주민들과 동떨어진데다 주민의 결정권마저 주어지지 않기 때문이다. 돈과 권한을 수반한 실질적인 지방분권을 빼고서 주민참여 제도를 앞세우는 것은 그림의 떡이나 다름없다.

새 지방자치법에 '법령에서 조례로 정하도록 위임한 사항은 그 법령의

하위 법령에서 그 위임의 내용과 범위를 제한하거나 직접 규정할 수 없다.'고 규정한 것을 두고 자치단체의 입법권이 강화된 것이라고 하는 것도 타당치 않다. 이 법 28조 1항 단서조항에 '다만, 주민의 권리 제한 또는 의무 부과에 관한 사항이나 벌칙을 정할 때에는 법률의 위임이 있어야 한다.'고 입법권의 발목을 잡고 있기 때문이다. 지역주민들이 그들에 필요한 일을 결정할 수 없도록 만들어 놓고서 주민권을 강화했다고 말하는 것은 어불성설이다.

새 지방자치법에 주민자치회 관련 조항을 넣지 못한 것도 주민자치와 동떨어진 반증의 하나다. 2010년 지방행정체제개편특별법이 제정된 후 주민자치회 설립 붐이 일어났다. 이 법에서 읍·면·동에 주민자치회를 설립할 근거가 마련되었고, 행정안전부가 시범사업을 통해 행·재정적 지원을 하기 시작했다. 전국의 기초자치단체들이 주민자치회 지원조례를 앞 다투어 제정하고 있는데 2023년 7월 현재 전국 1,411개의 주민자치회가 운영되고 있다. 이들 주민자치회는 아직 관제형 자치와 유지자치의 한계를 벗어나지 못하고 있지만 주민자치로 발전할 가능성을 보이고 있다. 때문에 정부의 지방자치법 전부개정안에는 주민자치회 설립 조항이 들어 있었으나 국회 상임위 심의 과정에서 빠졌다.

특히 권위주의 시대의 자치단체 위상을 그대로 둔 채 주민이 주체가 되는 지방자치 2.0시대 지방자치법이라고 말하는 것은 앞뒤가 맞지 않는다. 자치단체는 국가의 통치권 아래에서, 국가 영토의 일부에 대한 자치권을 부여받아 그 구역 내의 주민을 법률의 범위 안에서 통치할 수 있는 권한을 가진 단체 즉, 사단(社團)이다. 그렇다면 자치단체는 주민구성체이기 때문에 응당 주민이 주체가 되어야 하지만 권위주의 시대에 뿌리를 둔 지방자치법은 주민을 통치 대상으로 여길 뿐이다. 실제 지방자치법의 성격을 규정하는 1장 총강은 자치단체에 관한 내용으로 국한되어 있으니 지방자치법은 지방자치단체법이라 해도 과언이 아니다.

　지방자치의 목적은 주민의 행복과 이익을 증진시키는 데 있다. 그런데 '지방자치법' 제1조에는 '지방자치단체의 종류와 조직 및 운영, 주민의 지방자치행정 참여에 관한 사항과 국가와 지방자치단체 사이의 기본적인 관계를 정함으로써 지방자치행정을 민주적이고 능률적으로 수행하고, 지방을 균형 있게 발전시키며, 대한민국을 민주적으로 발전시키려는 것을 목적으로 한다'라고 되어 있다. '지방자치법' 어디에도 주민이 주인이라는 것이나 주민복리를 규정한 내용은 찾아볼 수 없다. 우리나라 지방자치는 단체자치란 지형을 띠고 있어서 지방자치법도 자치단체를 지방자치 주인공으로 삼고 있는 것이라고 설명할 수는 있겠지만 지방자치 원리에 비춰보면 크게 뒤틀린 모습이다.

　개인의 삶이든 사회든 목적과 수단의 짜임새가 중요하다. 그러나 목적과 수단이 뒤틀리면 화를 겪게 된다. 조직 원리로 보자면 자치단체의 주인은 주민이고, 자치단체는 주민의 이해와 요구를 수행하는 수단이다. 그런데 우리나라 지방자치는 이런 원리와 동떨어져 있다. 자치단체가 지방자치의 주인이고, 주민은 행정서비스의 수혜 대상으로 되어 있다. 2022년 지방자치법 전면개정은 지방자치의 시대적 요구를 담지 못했고, 도리어 '관제자치'를 유지시켜준 결과였다.

3. 궤도를 이탈한 자치분권

1) 혁신 힘을 빼버린 자치분권 추진체계

2003년 12월 지방분권 특별법, 국가균형발전 특별법, 신행정수도건설 특별법이 포함된 지방분권 3대 특별법이 만들어졌다. 그 후 국가균형발전위원회와 정부혁신 지방분권위원회라는 대통령 직속기구가 만들어졌다. 낙후지역의 균형발전을 위한 균형발전특별회계가 세워지고, 전국적인 지역혁신운동체가 만들어져 중앙정부와 지방정부가 지방분권 협업 대호를 이루는 듯했다. 하지만 참여정부 후반기 노무현 대통령이 탄핵의 도마 위에 오르자 자치분권 추진동력이 크게 떨어졌다.

그 후 이명박, 박근혜 정부 때는 지방분권 동력이 더 떨어져 존재감을 찾기 힘들었다. 지방분권 정책의 핵심동력인 지역발전위원회(이명박 정부 때 국가균형발전위원회를 개칭), 지방분권위원회의 활동은 유명무실해졌다. 지역발전위원회는 지역 주도력을 높이는 지역혁신과 담쌓고서 중앙 주도력이 강한 지역개발 쪽으로 변절하였고, 지방분권위원회는 전문가들 정책세미나장 수준으로 전락하였다.

참여정부 계승을 내건 문재인 정부가 들어서자 지방분권에 대한 기대감이 한껏 부풀었다. 그도 그럴 것이 문대통령이 '연방제에 준하는 지방분권 실현'이라는 파격적인 대선공약을 내걸었기 때문이었다. 문재인 정부는 '내 삶을 바꾸는 지방분권'이라는 상큼한 구호를 내걸면서 지방분권 개헌의 밑불을 질렀다. 하지만 야당의 반대로 개헌 추진이 좌절되자 지방분권의 추진동력도 함께 침몰했다. 그 후 문재인 정부 자치분권위원회가 주도하여 '지방자치법 전면개정'을 이루고, 중앙정부 권한을 지역에 돌리는 '지방일괄 이양법'을 제정했다. 하지만 '지방자치법 전면개정'과 '지방일괄 이양법'은 소기의 성과를 거두지 못했다.

윤석열 정부는 국가균형발전위원회와 자치분권위원회를 동질의 기구라 판단하여 지방시대위원회로 통합했다. 이와 함께 광역자치단위에 설치한 지역혁신협의회와 지방분권위원회도 통합했다. 하지만 지방시대위원회는 자치분권과 균형발전 어느 것 하나도 제대로 챙기지 못하고 공전을 거듭하고 있다.

이렇듯 역대 정권에서 자치분권 개혁의제가 제대로 서지 못한 것은 대통령들의 추진 의지와 중앙관료들의 저항이 적지 않은 문제였다. 특히 자치분권을 핵심 국정과제로 내세웠던 참여정부와 문재인 정부에서 조차 자치분권의 실효를 거두지 못한 것은 뼈아픈 실책이었다.

참여정부와 문재인 정부의 자치분권 추진체계 실책을 되짚어 보자.

무엇보다 중앙 추진체계를 잘못 설계한 것이 화근이 되었다. 참여정부는 국가균형발전위원회(이하 균발위)와 정부혁신지방분권위원회(이하 분권위)라는 수레의 양 바퀴 같은 대통령 직속기구를 만들었다. 균발위는 균형발전 정책과 지역혁신을, 분권위는 중앙정부 혁신과 지방분권을 맡았다. 균발위는 공공기관 이전, 혁신도시 건설 등 중앙주도적 정책과 지역주도적 지역혁신 정책을 함께 폈다.

그런데 균발위가 중앙주도 정책과 지역주도 정책을 같이 추진하다 보니 중앙주도 정책만 살고 지역주도 정책은 힘이 빠졌다. 지역혁신을 통해 내생적발전의 동력을 일으켜야 할 시·도지역혁신협의회들이 본의를 떠나 공공기관 이전과 혁신도시 유치 같은 외생적발전 의제 쪽으로 쏠려 버린 것이다.

분권위는 중앙정부를 컨트롤하는 정부혁신과 지역 주체를 세우는 자치분권을 함께 추진했다. 그런 가운데 정책의 무게추가 정부혁신 쪽으로만 쏠렸고, 자치분권 쪽은 힘이 빠졌다.

결국 균발위나 분권위는 균형발전과 자치분권 과업을 제대로 챙기지 못한 채 중앙의제를 만지작거리다 만 결과를 초래했다. 양 기구가 상호 모순된 일을 벌이면서 가장 중요한 자치분권과 지역혁신 힘을 빼버린 꼴이다. 이는 운전자가 자동차의 엑셀 페달과 브레이크 페달을 같이 밟는 모습과 흡사했다.

애초 균발위는 작은 정부로의 혁신과 국가자원을 분산시키는 균형발전을, 분권위는 중앙의 돈과 권한을 지역으로 돌리는 자치분권과 지역 살리기를 위한 지역혁신을 담당해야 했다. 그런데 참여정부가 첫 단추를 잘 못 낀 자치분권 추진체계를 문재인 정부도 똑 같이 답습하여 자치분권의 파행을 자초했다.

2) 상전 노릇에 도취한 광역자치단체

광역자치단체 공무원들은 관할구역 기초자치단체를 하급기관으로 여기고, 시·군의회조차 하급기관 범주로 여긴다. 이는 중앙집권시대에 썼던 잣대다. 중앙집권시대에는 광역자치단체가 많은 부분의 중앙정부 기능을 대행했기 때문에 기초자치단체의 상급기관으로 불림 받았다. 그런데 자치분권시대인 오늘에도 구태 상을 청산하지 못하고 있다.

광역자치단체와 기초자치단체 간 수직적 지배 상은 광역시(市)와 구의 관계보다 광역도(道)와 시·군과 관계에서 두드러진다. 광역도와 농촌 시·군의 관계는 더 큰 문제다. 광역도의 고유사무나 광역도가 매칭하여 재정을 투여하는 시·군 사무에 간여하는 것은 상식적으로 이해할 수 있다. 하지만 광역도 고유사무가 아니고 광역도의 돈을 한 푼도 쓰지 않은 기초자치단체 사무까지 간여하는 경우가 비일비재하다.

실예로 농촌신활력플러스사업은 국비 70 : 지방비 30의 사업으로서 광역도는 한 푼도 내지 않는다. 하지만 광역도들은 관할지역 시·군 계획을 사전 심사하는 등 직접적으로 간여한다. 농촌신활력플러스사업은 전형적인 지역혁신사업으로서 광역도의 기능과는 거리가 먼 분야다. 광역도들은 또 전형적 근린행정 영역인 마을 만들기 사업에도 상전노릇을 한다. 광역도들은 도(道)산하에 '마을 만들기 지원센터'를 두고 시·군 마을 만들기 사업들을 호령한다. 뿐만 아니라 광역도들은 지역 내생적발전 동력을 세우는 사회적경제사업에도 간여하여 일을 그르치기도 한다.

광역도는 농업, 관광 분야에서도 관할 시·군 정책방향과 겉도는 사업을 벌여 혼돈을 주기도 한다. 주민 생활편익과 관련된 보건 분야에서도 시·군 행정을 무시하기 일쑤다.

광역자치단체들은 기초자치단체들에 비해 지방분권의 수혜를 톡톡히 누렸다. 자치분권의 핵심과제인 재정분권은 광역자치단체에 70%, 기초자치단체에 30% 배속되었다. 광역시에 비해 지역개발비 등 비경직성 재정비율이 높은 광역도들은 상대적으로 재정분권 열매를 많이 따 먹었다. 이는 자치기능과 행정수요에 걸맞은 일이 아닐 수 없다.

2020년 1월 시행된 지방이양일괄법[2]에서도 광역자치단체들은 중앙사무 이양권의 62%를 차지했다. 이 법에서는 이양된 400개 사무 중 기초자

---

2) 지방이양일괄법은 '중앙행정권한 및 사무 등의 지방 일괄 이양을 위한 물가안정에 관한 법률 등 46개 법률 일부개정을 위한 법률'이다. 이 법률은 국가의 권한 및 사무의 지방이양을 위해 필요한 법률 및 조문을 한 개의 법률로 종합하여 한꺼번에 개정한 것이다.

치단체로의 이양은 150개에 불과했고, 250개는 광역자치단체로 돌아갔다. 그것도 중앙이 직접 관장한 사무는 대부분 광역자치단체에 넘긴데 비해 신고, 등록, 검사명령 등 단순 사무만 기초자치단체에 이양했다.

이렇듯 지방분권의 추가 광역자치단체 쪽으로 기울고 있지만 광역도들의 혁신의지는 상대적으로 낮은 편이다. 광역도들은 높아진 권한에 비해 지방분권시대를 대하는 준비 의식이 취약하다. 지방분권시대를 맞아 광역도가 지역을 어떻게 살릴지 고민하는 모습도 체감하기 힘들다.

광역도는 1896년 관찰사 관할 행정구역으로 만들어졌고, 시·군은 1914년 일제강점기 때 수탈 수단으로 만들어졌다. 그러다 보니 우리나라 광역도는 연방제국가의 주 형태도 아니고, 지역일체성이 강한 자치통합형 도시와도 거리가 멀다. 자치분권의 궤로 말하자면 문화적 사회적 일체성이 필요하지만 이와도 거리가 있다. 엄밀히 말하자면 지금의 광역도는 자치분권의 가치와 겉도는 '옥상옥' 같은 존재다.

4. 누구를 위한 재정분권인가?

1) 돈 쌓이는 농촌자치단체

2021년 12월 2일자 ≪한겨레신문≫에 '자치단체 곳간에 129조 쌓였다'란 기사가 보도되었다. 이 신문은 '2020년 전국 자치단체 세입 예·결산을 비교한 결과 전국 17개 광역자치단체와 226개 기초자치단체는 지난해 세입 규모를 345조 197억 원으로 예상했지만 실제 세입은 474조 259억 원으로 129조 259억 원의 초과 세수가 발생한 것으로 나타났다'라고 밝혔다.

이는 자치단체들이 예상한 세입액과 실제 세입액의 차이로서 이 돈은 그해에 쓰지 못한 채 고스란히 다음 연도로 넘어간다. 이렇게 못 쓰고 쌓인 돈이 2020년 전국 평균 37.4%에 달했다. 그런데 자치단체들이 돈을 못 쓰고 이월시키는 현상은 농촌자치단체들에서 두드러졌다. 전남 진도군이 84.5%를, 경기도 연천군이 83.4%를 못 쓰고 이월시킨 것만 보아도 그 심각성을 짐작하게 한다.

이는 농촌자치단체들이 세입추계에 맞춰 세출규모를 정하는 균형재정 원칙을 무시한 결과다. 중앙의존도가 높은 농촌자치단체들이 적정한 쓰임새와 무관하게 중앙 돈을 한 푼이라도 더 많이 확보하려 하므로 불균형 재정이 심화된다. 농촌자치단체장들은 "재정자립도가 낮은 조건에 비해 행정수요는 날로 증가하기 때문에 중앙 재정을 끌어들이는 데 온 힘을 기울이게 된다"라고 항변하지만 농촌자치단체 금고에 못 쓴 돈이 해마다 쌓여가는 것은 상식 밖의 일이다.

2018년부터 전남 해남군은 '1조 원대 예산 달성'을 슬로건으로 내 걸었다. 주민들은 해남군 1년 예산이 1조 원대로 올라서면 지역에 활력이 솟아날것이라고 기대했다. 마침내 2020년 해남군 세입 결산액이 1조 1천 100억 원으로 불어 예산 1조 원대 군으로 등극했다.

지방소멸의 빨간딱지가 붙은 농촌자치단체의 연간 살림 규모가 1조 원대로 올라섰다는 소식은 가뭄 속 단비와 같았다. 인구감소 상황에도 불구하고 해남군 재정은 큰 증가세를 나타냈다. 해남군 세입 결산 통계를 보면 인구가 75,121명이던 2016년 세입액은 8천 962억 원이었는데 인구가 65,831명으로 12.3% 감소한 2022년 세입액은 1조 3437억 원으로 6년 만에 49.9%나 증가했다. 이를 다시 주민 1인당 재정규모로 환산해보면 2022

년 1인당 재정규모는 2,041만 원이었는데 6년 전 1,361만 원보다 71.1%나 증가했다.

그런데 최근 들어 농촌자치단체와 도시자치단체 간의 재정 역(逆)격차 현상이 두드러지고 있다. 해남군과 광주광역시 북구를 비교해 보자. 북구의 2022년 세입 결산액은 1조 2,313억 원으로서 같은 해 해남군 세입 결산액보다 1,124억 원이 적다. 해남군이 인구 6.4배를 가진 북구보다 더 부자가 된 셈이다. 농촌 시·군들은 지방교부세와 국고보조금이 많은 데 비해 대도시 구들은 복지 분야 같은 경직성 예산이 많기 때문에 같은 재정규모라도 농촌자치단체 살림이 훨씬 넉넉하기 마련이다. 그런데도 농촌 시·군들의 재정규모가 대도시 구들 재정 규모보다 더 큰 것은 농촌자치단체와 도시자치단체 간 재정 역(逆)격차가 아닐 수 없다.

농촌자치단체와 도시자치단체의 재정규모를 주민 1인당 재정규모로 환산·비교해보면 더 놀라운 결과가 나타난다.

경북 울릉군과 서울 용산구를 비교해 보자. 용산구는 울릉군 인구보다 23.9배 많은 자치단체인데 2023년 세입 결산액을 비교해 보면 용산구는 7,926억 원이고, 울릉군은 3,415억 원으로서 용산구가 2.3배 많다. 그런데 자치단체 주민 1인당 재정규모를 보면 울릉군은 3,763만 원이고, 용산구는 365만 원이다. 이는 울릉군민 한 사람이 용산구민 한 사람보다 10.3배의 세금을 쓴다는 계산이다.

농촌자치단체들은 자치분권 바람을 타고 엄청난 재정 팽창을 가져왔다. 농촌자치단체들은 돈의 질보다 양을 선호하는 편이다. 중앙재원의 성격에 상관없이 일단 지역으로 많은 돈을 가져오는 것이 상수라는 생각이다. 그러다 보니 농촌자치단체들은 중앙정부 돈을 눈먼 돈으로 여기고 먼저 따낸 쪽이 임자란 의식이 팽배해 있다.

농촌자치단체장들은 해마다 예산 철이 되면 중앙정부를 향해 로비전을 벌인다. 국고보조 사업을 쥔 중앙부처의 서기관, 사무관까지 연고를 찾고, 지역 출신 국회의원은 물론 국회 상임위원회 쪽에도 줄을 댄다. 중앙예산을 얼마나 많이 따내느냐가 자치단체장 능력의 가늠자가 되기 때문에 중앙로비에 열을 올린다.

그런데 이 같은 로비전을 통해 지역에 요긴한 사업을 유치하면 좋지만 예산 덩치만 컸지 실상 먹자 것 없는 사업을 유치하는 경우가 많다. 특히 SOC사업이나 복지사업은 중앙정부가 맡아야 할 영역인데 이를 자치단체에 넘기면 자치단체 예산 규모만 커질 뿐 도리어 자치 살림에 큰 부담을 준다. 자치단체들이 이런 국고보조사업에 손을 대면 그만큼 자율재정을 축 내기 때문이다.

농촌자치단체장들의 이런 속성은 자치분권 제도개혁 과정에서도 적나라하게 드러났다. 농촌자치단체장들은 재정분권에 가장 높은 관심을 보이는데, 재정분권을 중앙정부 돈을 많이 따내는 구실로 여긴다. 재정분권은 중앙이 쥔 지역사무와 그에 드는 재정을 이양 받고, 지방세를 확충하여 자주적인 지역 살림을 잘 꾸리도록 하는 것이 핵심인데 재정분권을 아전인수 격으로 여기는 것이다. 문재인 정부 들어 재정분권이 쟁점으로 떠오르자 농촌자치단체장들은 열악한 자치재정을 해소할 기회로 여겨 지방교부세 인상 등 세입분권 쪽의 제도와 정책개선을 집중적으로 요구했었다.

2) 주민 삶의 질과 동떨어진 자치단체 살림살이

농촌자치단체들은 역대 없는 재정의 풍요를 누리고 있다. 돈이 많아 주체 못할 정도란 말이 터져 나올 정도다. 그렇다면 이 같은 재정증가세가 지역경제와 주민의 삶의 질 향상 쪽으로 이어지는가? 울릉군민 1인당 재정규모가 용산구민 1인당 재정규모의 10.3배인 만큼이나 울릉군민들 삶의 질이 나아지는 것일까? 문제는 농촌자치단체들의 재정 팽창 흐름만큼 주민의 삶의 질이 나아지지 않는 데 있다. 농촌자치단체들 살림살이가 주민들 삶의 질과 동떨어진 현상을 한 발 더 들어가 살펴보자.

하나는, 농촌자치단체들 재정규모가 날로 커가면서 일선 공무원들은 돈 쓰기 경쟁을 벌인다.

자치단체들이 그해에 돈을 쓰지 못한 채 쌓아두는 것이 문제점으로 떠오르자 돈을 잘 쓰는 공무원을 우대하는 촌극이 벌어지고 있다. 자치단체들이 해마다 예산 조기 집행 실적을 놓고 근무 평점을 먹이니까 공무원들이 돈 쓰기 실적을 올리기 위해 골머리를 앓는다. 이런 가운데 돈을 아껴쓰면 능력 없는 공무원으로 찍히니까 아무렇게든 쓰고 보자는 풍조가 만연해 갔다. 때문에 자치단체 주변에는 눈먼 돈이 많아지고 덩달아 선심성 집행도 횡행한다.

하나는, 자치단체 덩치가 날로 커간다.

최근 들어 청사를 신축하는 시·군들이 부쩍 눈에 띈다. 청사 규모를 크게 늘리는 가운데 이왕 짓는 청사를 지역 랜드마크로 만들자는 분위기가 강해지는 추세다. 그런 가운데 농업기술센터, 보건소, 읍·면사무소 등도 건물과 시설 늘리기 경쟁을 벌이고 있다.

이런 가운데 자치단체들은 공무원 수를 크게 늘리고 있다. 주민 수가 줄어 소멸의 경보등이 켜졌다는 말과는 딴판이다. 2020년 '지방공무원 정원 및 인건비 현황' 자료에 따르면 지방공무원 정원은 2014년 29만5,587명에서 2019년 34만6,236명으로 5만1,049명 늘었다. 같은 기간 공무원 인건비는 4조6,000억 원 불었다. 해가 갈수록 공무원 1인 대비 주민 수는 줄어들고 있는데 인구 5만 미만 자치단체 공무원 1인당 주민 수는 50명을 밑돈다.

하나는, 토목·건설사업이 크게 는다.

농촌자치단체들은 도시자치단체들에 비해 지역개발사업 비중이 높기 때문에 토목·건설사업 예산이 많다. 도로, 하천, 항만 등 SOC분야에 투여되는 돈 규모는 도시지역과 비교할 수 없을 정도다. 이런 특성을 고려하더라도 농촌자치단체들이 토목·건설사업에 돈을 쓰는 것은 상식선을 뛰어 넘는다.

도시재생사업은 평균 80% 이상, 농촌개발사업은 평균 60% 이상을 시설사업에 쓴다. 농어촌종합개발사업이든, 중심지 개발사업이든 회관, 센터 등 시설·건물을 짓는데 수십억 원을 들인다. 이렇다 보니 마을 개발사업도 우산각, 마을공원, 둘레길 등 토목·시설사업이 중심을 이룬다. 이렇게 쓰는 토목·건설사업비 예산은 농촌자치단체마다 기천 억 원에 이른다. 하지만 이렇게 쏟아 부은 토목·건설사업의 결과물은 주민 삶의 질에 별 도움이 안 된다. 극소수 주민만 이용하는 시설이 많고, 완공 후 전기요금도 충당 못 해 문 닫은 시설도 적지 않다.

자치단체 금고에 돈이 쌓이는 세입 오차율은 재정자립도가 낮은 농촌자치단체들에서 흔히 나타난다. 그만큼 중앙정부의 영향을 많이 받는다는 방증이다.

기초자치단체는 매년 8월께 중앙정부로부터 '예산편성 운영기준'이 오면 이를 토대로 다음 연도 예산의 기틀을 잡는다. 그러고는 10월께 중앙정부로부터 다음 연도 자치단체가 벌일 사업비에 대한 중앙정부 '가예산'이

오면 비로소 본격 예산 짜기에 들어간다. 하지만 예산 짜기가 이렇게 끝나는 것은 아니다. 중앙정부 예산이 국회 심의를 거치기 때문에 국회 예산통과 최종 기일인 12월 2일을 넘기며 예산 짜기를 한다.

예산은 들어올 돈을 설정하고 씀씀이를 계획한다. 그런데 들여올 돈이 12월 초까지도 확정되지 않기 때문에 쓸 돈을 계획하기 어려울 수밖에 없다. 권위주의 시대에 썼던 '예산편성 지침'이 '예산편성 운영기준'으로 바뀌었을 뿐 중앙과 지역 간 종속관계는 달라진 것이 없다. 때문에 자치단체 공무원들은 중앙정부 지침을 법처럼 여긴다. 이런 구조 속에서 만들어진 주민참여예산제가 온전할 리 없다. 중앙 종속적 예산 짜기 구조 속에서 자치단체들이 꿰맞추기 식 고무줄 예산 짜기를 하니까 세입오차 같은 부실 예산이 나오는 것이다.

게다가 국가보조금 사업이 중앙정부 추가경정예산으로 편성되어 오면 기초자치단체의 재정운영은 더욱 혼란을 겪는다. 내려올 국가보조 사업 규모에 따라 매칭 펀드에 넣을 돈을 챙겨야 하므로 중앙정부 눈치를 봐가며 돈 맞춰 넣기를 한다.

중앙정부와 자치단체 간의 재정 불균등 구조는 자치단체가 살림을 주체적으로 꾸리기 어렵게 만든다. 특히 농촌자치단체들은 국가보조사업 의존도가 높기 때문에 세입 오차율이 높아 제 때 돈을 쓰기 어렵다. 재정의 예측 가능성이 적으면 적을수록 알뜰한 살림살이가 어려워져 헛된 지출이 많아진다. 이런 구조가 지속되는 한 농촌자치단체들의 재정 팽창과 주민의 삶의 질은 겉돌 수밖에 없다.

3) '눈먼 돈' 부채질하는 국고보조금

우리나라는 중앙정부가 국가적 사업을 시행할 때 자치단체에 사업 시행을 위임하고 그 사업비의 일부를 지원하는 국고보조금 정책을 펴고 있다. 2023년 국고보조금의 총액은 122.1조 원인데 중앙정부는 이중 68.1%인 83.1조 원을 부담했고, 자치단체들은 31.9%인 39조 원을 부담했다. 이 국고보조금은 2019년부터 2023년까지 5년 간 40.2%가 불어날 정도로 빠른 증가세를 보이고 있다. 2019년부터 2023년까지 지방예산 증가율이 7.65%였는데 국고보조금 중 지방비는 이보다 0.69% 높은 8.34%의 증가세를 보였다.

이런 흐름만큼이나 농촌자치단체들은 국고보조금을 선호한다. 적은 돈을 들여 큰돈을 가져올 수 있고, 그 돈을 쓰기까지 지역 내 간섭을 적게 받기 때문에 자치단체장이나 공무원들이 좋아한다. 하지만 국고보조금은 자치단체가 선호하는 만큼 선한 존재가 아니다. 도리어 농촌 자치분권 발전에 많은 해악을 끼치고 있다.

그간에 나타난 국고보조금 문제점들을 조목조목 짚어 보자.

첫째, 국고보조금사업은 자치단체의 자율재정을 깎아 종속재정을 키우는 존재다. 국고보조금은 중앙정부와 자치단체 간 매칭 펀드 개념이라서 자치단체가 일정비율의 돈을 대는데 2023년 기준 자치단체 부담비율은 31.9%다. 자치단체가 국고보조금을 많이 타오면 타올수록 자치단체 부담 비율만큼이나 자율재정 규모가 줄어들게 된다. 예컨대 어떤 자치단체가 1천억 원 규모의 국고보조금을 타오려면 자율재정 319억 원을 대기 때문에 지역 특성에 맞는 자치행정을 펼 일이 줄어들고 그만큼 중앙정부에 예속되게 된다.

둘째, 국고보조금은 자치단체의 부실예산을 낳아 알뜰한 살림살이를 저해시킨다. 국고보조금은 지역의 특성과 무관하고, 지역이 필요로 하는 때와 상관없이 중앙정부가 일방적으로 정한다. 때문에 지역의 특성과 행정수요에 맞도록 예산을 짜려는 자치단체 입장과 배치된다. 중앙정부는 그들의 입맛대로 사업을 펼치기 때문에 자치단체들은 국고보조금이 결정되기까지 기다린 뒤에 지역 필요에 따른 자주예산을 편성한다. 때문에 자치단체들은 주객이 전도된 짜 맞추기식 예산편성을 하게 된다.

셋째, 이렇게 타오는 국고보조금은 자치단체들을 중앙바라기형으로 만든다. 매년 자치단체장들은 국고보조금을 늘리려고 안간힘을 쓴다. 공무원들에게 진급과 포상을 내걸면서 공모사업 따내기 경쟁을 부추긴다. 때문에 자치단체 공무원들과 중간지원센터 직원들은 중앙부처 인터넷 홈페이지를 뒤지기 일쑤다. 그러다 보니 자치단체 공무원들은 따온 사업을 알차게 만드는 일보다 새로운 공모사업 쪽으로 눈을 돌리게 되고, 주민의 삶의 질보다 중앙정부 입맛에 맞추는데 익숙하게 된다.

넷째, 국고보조금은 자치단체 공무원들과 주민들에게 눈먼 돈이라는 인식을 심어 예산낭비를 부추긴다. 자치단체들은 공무원들에게 국고보조금을 많이 타오는 일만큼이나 돈을 빨리 쓰는 의무감을 준다. 중앙정부는 사업의 소기 성과보단 사업비 집행률을 우선시하면서 자치단체를 다그친다. 때문에 공무원들은 사업의 질적인 성장보다 돈을 쉽고 빨리 쓰는 집행률 높이기를 선호하게 된다. 예컨대 주민역량 강화 등 소액 분산된 소프트웨어 농촌개발사업은 사업비를 한데로 묶어서 농어촌공사처럼 집행이 편한 쪽과 일괄 계약하곤 한다. 또 민간 사업자가 수년간 쓸 민간에 대한 경상적 보조 사업비를 한꺼번에 내주기도 한다. 이 같은 집행률 높이기 경쟁은 수많은 국고보조 농촌개발사업들을 부실사업으로 내몰아 버린다.

다섯째, 국고보조금은 제왕적 농촌자치단체장들을 만들고, 토호세력 입에 빵 넣어주는 폐습을 키운다.

국고보조금은 중앙정부 지배력을 키우는 한편 농촌자치단체장의 지배력도 키워준다. 국고보조금은 국비와 지방비 매칭 펀드방식 사업이므로 지방의회 심의 등 간섭에서 자유롭다. 게다가 국고보조금은 중앙의 입맛 맞추기만 성립되면 집행의 꼬리표가 없기 때문에 자치단체장이 전횡하기 딱 좋다. 지역사회 견제와 간섭이 적은 국고보조금은 지역 토호세력이 준동하기에 좋은 여건이다.

제왕적단체장 쪽에서 보자면 국고보조금은 중앙정부 돈을 많이 타내서 치적 쌓기 좋고, 그 돈을 집행할 때 지방의회 등의 견제를 피할 수 있어 전횡하기도 좋으니 양수겸장(兩手兼將)의 일인 셈이다. 이렇듯 중앙정부와 제왕적 자치단체장들은 국고보조금을 통해 악어와 악어새 관계를 이룬다.

여섯째, 국고보조금은 중앙정부의 농촌 지배력을 높여준다.

국고보조 사업이 해마다 증가하는 것은 중앙정부와 제왕적 자치단체장들의 이해가 맞아떨어지는 점도 있지만 중앙정부의 이해와 잘 부합된 점을 주목할 필요가 있다. 국고보조 사업은 국가가 100% 부담하여 시행할 사업을 70% 정도만 부담하니까 엄청난 예산절감이 된다. 또한 국가와 지역 이해가 섞인 사업을 중앙정부가 생색내면서 콩 놔라 팥 놔라 호령할 수 있으니 꿩 먹고 알 먹기인 셈이다. 중앙정부는 돈을 적게 들이면서 인심 쓰고, 지역 통제까지 하니 일석삼조 재밋거리가 아닐 수 없다.

5. 농촌혁신을 수렁에 빠뜨리는 오적(五敵)

자치분권은 중앙으로부터 돈과 권한을 지역으로 되돌리는 것이 핵심이다. 그러나 그 돈과 권한이 소수 특권세력에게 돌려지고, 주민의 삶의 질과 동떨어진다면 자치의 역행이 된다. 따라서 자치분권의 목적은 농촌 살리기와, 농촌에 활력을 가져올 지역혁신에 있다. 때문에 중앙으로부터 되돌아오는 돈과 권한은 농촌혁신의 동인이 되어야 하고, 농촌혁신에 적합한 방식에 적용되어야 옳다.

그런데 대부분 농촌지역에서는 혁신이 잘 일어나지 않았다. 일부 지역에서 혁신이 일어날 듯 하다 가도 금세 수렁에 빠져버렸다. 농촌혁신 정책이 있었지만 수박 겉핥기 정책으로 둔갑하고, 엄청난 돈이 뿌려졌지만 눈먼 돈이 되기 일쑤였다. 농촌혁신의 불이 타오를 밑불구조가 고장 나 있기 때문이다. 중앙집권체제에서 길들여진 구태, 관치행정과 관제자치의 파행적 행태가 농촌혁신의 발목을 잡아버린 결과다.

지금까지 자치단체들이 농촌혁신의 힘을 어떻게 뺐는지 살펴보자.

1) 신발에 발을 맞추라는 '민간에 대한 자본적 보조금'

행정이 주민들을 계도하려면 동기 부여가 필요한데 먼저 이해·설득시키는 교육을 하고, 그다음에는 일정한 사업보조금을 지원하는 것이 통상적인 방법이다. 하지만 사업보조금은 양날의 칼처럼 좋은 성과를 낼 수도 있지만 잘 못 쓰면 역효과를 내는 경우가 허다하다.

사업보조금은 주민이 쓰기 편하고, 주민에게 힘을 주는 방식이 있는가 하면 공무원이 일하기 쉽고 주민의 힘을 빼는 방식이 있다. 공무원이 일하기 쉬우면서 주민의 힘을 빼는 방식은 무엇일까?

　권위주의시대 행정은 결과 내기에 치우쳤다. 행정지원의 결과물을 나타내기 쉬운 것은 시설사업이다. 집이든, 비닐하우스든, 기계든, 시각적으로 확실하게 드러나는 일에 지원하는 방식이다. 그러나 이런 시설사업은 주민들의 실정을 반영하기보단 공무원들이 집행·관리하기 쉽도록 용도, 재원, 규모를 최대한 단순화시킨다. 주민들은 품목에 따라, 기술에 따라, 사업규모에 따라, 기존 시설의 호환조건에 따라, 농가 경영방법에 따라 다르지만 행정에서 정한 표준방식에 맞추자니 입맛에 맞을 리 없다.

　이런 시설지원 보조 사업은 대개 일회적 사업이기 때문에 농촌주민들 경영구조와 엇박자를 이룬다. 사업을 펼쳐나갈 연차별 계획이 있을지라도 내년에 지원 사업이 없을지 모르니 우선 따내고 보자는 식이 허다하다. 또한 대개 시설사업은 신청에서 결정되는 기간이 1,2개월에 불과하기 때문에 충분한 검토·계획을 하기 어려워 부실계획이 되기 십상이다. 새로운 품목에 대한 재배기술, 시설운영, 유통 등에 대한 계획을 1,2개월 안에 짜야 한다는 건 큰 무리가 아닐 수 없다.

　이런 보조 지원방식은 전적으로 행정 편의에 치우친 방식이다. 이런 방식을 민간 자본적보조 방식이라 하는데 민간의 자본형성을 위하여 민간이 추진하는 사업을 권장할 목적으로 민간에게 직접 지급하는 보조금이라 정의한다. 민간의 자본형성이란 시설사업을 뜻하는 것으로서 공무원들이 가장 선호하는 방식이다. 이는 민간의 사업 현장보다 공무원의 책상이 중심이 되는 사업으로써 민간을 관리·감독의 대상으로 여긴다.

　민간 자본적 보조 방식은 신발에다 발을 맞추는 방식에 비유된다. 주민들이 자신의 실정은 뒤로 하고, 지원하는 쪽의 획일적인 잣대에 따르는 방식이다. 만약 그 사람이 발에 안 맞는 신발을 신고서 달리기 경주에 나선다면 어떻게 될까? 보나마나 경주에서 뒤처질 것이고, 신발을 안 신으니만 못한 결과를 내게 될 것이다. 그러니 주민이 민간 자본적 보조 방식으로 지원받으면 실패율이 높기 때문에 그 돈을 귀히 여기지 않게 된다.

1980~90년대 일본에서 성행한 오이타(大分縣)현 일촌일품운동은 아예 보조금을 없앤 정책으로 유명하다. 잘못된 보조금은 민간의 혁신의지를 꺾고 아까운 돈을 낭비하고 만다는 일촌일품운동 교훈을 곱씹어 볼 일이다.

2) 주민을 동원 대상으로 여기는 공직문화

자치단체 공무원들은 민원을 가장 꺼린다. 공무원이 어떤 민간 지원 사업을 관장할 경우 그 사업의 성공을 위해 힘쓰는 것보다 그 사업으로 인해 뒤탈이 나지 않는 쪽에 관심을 더 둔다. 사업 성공으로 인한 보람보다 민원에 시달리는 후환을 꺼리는 것이 보편적인 공직자 상이다.

공무원들은 주민들을 대할 때 '안 되는 쪽으로' 답하는 의식이 강하다. 법 해석이 애매한 경우는 물론 제도적으로 허용되는 일까지도 부정적으로 대하는 것이 습성화 되어 있다. 건축이나 인·허가 사업 등 여러 가지 일이 중첩된 복합민원의 경우 공무원들은 '되는 일'보다는 '안 되는 일'에 우선의 잣대를 대는 것이 상례다. 공무원들은 민원을 지뢰밭이라 여기는지라 애초부터 민원의 소지를 없애려 하는 의식이 이렇게 만든다.

공직사회에는 단기적 성과주의가 만연해 있다. 주민들이 숙의를 통해 갈등을 해소하고, 자발적인 참여를 통해 생활의제를 발굴하는 절차민주주의는 배부른 논리로 치부된다. 주민들의 유대관계 속에서 필요의제가 싹

트고, 그 의제 수행의 수단이 공공사업이건만 공무원들은 사업을 펴서 한 방에 주민들을 엮으면 공동체가 된다는 식이다.

공무원들은 행정 영역과 민간 영역을 구분하면서 민간을 자신들 영역 밖의 존재로 취급한다. 주민과 섞이지 못하는 공직의식 속에서 행정편의주의가 싹텄다. 일의 의미나 성과보다 행정을 펴기 쉬운 쪽을 택하는 의식이다. 때문에 자치단체 공무원들이 민관협치를 위한 수많은 행정위원회, 민간 지원을 위한 중간집단까지도 공직사회 들러리로 만들어 버리곤 한다.

이런 현상은 지역축제장에서 여실히 드러난다. 지역축제는 자치단체장들이 정치적 의미에서 즐겨하는 일로서 공무원들에게는 여간 큰 부담을 준다. 자신의 고유 업무 외의 축제장 뒤치다꺼리 일에 동원된다는 것은 별로 유쾌할 바 아니다. 그런데도 공무원들은 축제장 일을 민간에 넘기려 하지 않는다. 기획력이나 능률면에서 민간이 앞서고 주민참여란 의미에서도 민간의 자발적 참여가 중요하지만 공무원들은 축제의 주도권을 놓지 않으려 한다. 대부분 공무원들은 사람을 많이 동원하면 성공 축제가 된다는 의식 가운데 읍·면, 마을단위까지 뻗힌 관변조직과 행정력을 이용하여 주민 동원에 열을 올린다.

농촌자치단체 공무원들은 지역에서 매우 영향력이 크다. 농촌에서 1천여 명의 젊은 엘리트들이 강고한 조직을 이루고 있는데다 공공서비스 공급을 실행하는 집단이기 때문에 사회적 영향력이 크기 마련이다. 하지만 층층의 수직적 조직으로 엮인 데다 파행적 자치구조 속에서 지내기 때문에 보수성향이 강하다.

오늘날에도 공무원들 사이에 청렴성과 친절·봉사가 통용되는 것은 보수적 공무원상의 단면이다. 청렴성 잣대는 주민을 다스리고 베풀 대상으로 여기는 전근대논리다. 친절·봉사를 강조하는 것은 주민을 행정서비스 수요자로 여기는 근대논리다. 자치단체들이 공무원의 청렴성과 친절·봉사를 구호로 내세우는 것은 공무원들이 아직까지 전근대의식과 근대의식에 매여 있다는 방증이다. 이는 주민자치를 뒷바라지하는 자치분권 선진국 공무원상과 대조를 보인다.

이 같은 구태적 공직문화는 주민의 혁신의지를 꺾어버리기 십상이다. 공무원들은 좀처럼 성과주의 행정의 끈을 놓지 않으려고 한다. 도리어 그들은 성과주의를 행정의 존재적 가치를 높이는 수단으로 써먹으려 한다. 하지만 공무원들의 이런 성과주의 의식은 농촌 지역혁신 시계를 거꾸로 돌려버린다. 성과주의 행정은 단발적인 겉치레 성과를 낼 수 있지만 지속력이 떨어질 뿐만 아니라 주민 간, 과제 간 그물코가 형성되지 않아 혁신으로 이어지지 않는다. 게다가 공무원들의 보신주의 의식은 '실패의 관용'을 용납하지 않고, 행정편의주의는 주민을 동원 대상화 한다.

자치단체공무원들의 이런 현상은 시대조류에 엇박자 치는 파행적 자치분권과 권한과 책임이 비례하지 않은 전근대적 행정구조 속에서 파생된 문화다. 게다가 그들은 제왕적 자치단체장 문화에서도 영향을 크게 받는다. 자치단체 공직사회가 관제자치와 제왕적 자치단체장 틈바구니에서 병들어 가고 있다.

3) 토호세력 배 불리는 개발주의 행정

지역에는 토호세력의 역사가 깊다. 고려 시대에는 경제력과 군사력을 갖춘 지역 토착세력을 호족이라고 했다. 조선 시대에는 유향소(留鄕所) 같은 자치조직을 통해 지역 지배세력으로 성장하기도 했다. 그래서 중앙정치세력은 그들을 그리 달갑게 여기지 않았다. 그들이 돈과 군사력을 가지고 있으면서 중앙지배세력을 견제하기 때문에 가원불가근의 존재로 여겼다. 게다가 그들이 돈과 군사력에다 민심을 업고, 지역 간 연대의 힘을 가지면 큰 정치세력이 되기 때문에 중앙세력은 토호세력을 견제 대상으로 여겼다.

토호세력은 일제강점기와 해방 후 정치 격변기를 지나면서 크게 약화되었다. 일제강점기 때 민족자본의 기반이 무너지면서 전통적인 토호세력의 힘이 떨어졌다. 그런데 5.16 군사정권이 들어서면서 토호 세력이 지배 권력과 결탁한 모습으로 뒤바뀌기 시작했다. 전통적으로 유지해온 마을 중심 공동체조직이 지배 권력에 의한 조직으로 탈바꿈하고, 읍·면 단위에는 재건국민회의 촉진회, 새마을조직 등이 관변조직으로 득세하게 된다. 이런 관변조직의 득세 흐름을 타고 토호세력이 새롭게 재편되었다. 지역사회 지지를 받아 뿌리 내렸던 전통적 토호세력과 달리 현대 토호세력은 지역적 영향력을 기반으로 중앙주의 세력과 결탁하였다.

1980년대 말 농협 조합장 직선제가 시행되고, 곧이어 지방자치제가 시행·하면서 농촌에는 선거 열풍이 불었다. 각 협종조합 조합장 선거에다 6대 지방선거, 총선, 대선에 이르기까지 선거들이 줄이어졌다. 각 협동조합장 선거에 영향을 주는 협동조합 이·감사 선거까지도 농촌을 들썩이게 한다. 이런 선거들은 토호세력이 준동하기 딱 좋은 환경이 되었다. 토호세력이 직접 입후보하거나 선거에 영향을 주는 과정에서 농촌 자원배분권이 곁 따라간다. 지역정치와 결탁하여 공공자원 배분 등의 이익을 취하는 특권층이 형성된 것이다.

1970년대 새마을운동과 함께 농촌에 개발주의 바람이 불었다. 그때부터 농촌에는 길 닦고, 다리 놓고, 회관·센터 짓는 일이 발전의 상징이 되었다. 토호세력들이 지역개발의 깃발을 들면, 자치행정이 이에 화답하는 모양새가 많았다. 토목·건설사업이 지역개발사업의 대종을 이루고, 수억 원에서 수백억 원에 이르는 단위사업이 즐비하자 토호세력들은 토목·건설사업 쪽으로 쏠렸다. 그런데다 개별 농가에 지원되는 사업들도 대부분 시설 쪽으로 쏠리자 토호세력의 보폭은 날로 커져갔다.

자치분권 바람과 함께 농촌자치단체들의 재정이 크게 팽창되자 토호세력들이 더욱 활기를 띠었다. 농촌개발사업 집행권의 80% 가량이 자치단체장의 영향 하에 있는 것이 토목·건설사업을 하는 토호세력들의 호재로 작용했다. 게다가 많은 농촌자치단체들이 지역 한정형 토목·건설업 입찰방식을 취하자 한 업자가 10개, 20개 업체를 거느리는 문어발 사업이 활개 치고 있다.

이런 개발주의 편향 행정은 토호세력들 준동을 확장시키고 지역 재정을 누수 시키는 원인이 되고 있다. 이는 지역혁신의 발판이 되는 소프트웨어 개발과 주민의 삶의 질 중심의 자치행정을 약화시켰다. 토목·건설 중심 개발주의는 농촌다움을 망가뜨리고, 주민의 자주적 의지를 꺾고, 농촌혁신의 싹을 잘라버리고 있다.

4) 주민과 동떨어진 행정중심 자치분권

우리나라 자치분권은 첫 단추부터 잘 못 끼웠다. 30년 만에 부활된 지방자치는 지역주민들이 영문도 모른 채 중앙정치권의 협상에 의해 만들어졌다. 그도 돈과 권한은 중앙정부가 쥔 채 시장·군수와 지방의원만 뽑는 파행적 방식이었다. 그 뒤 중앙정부가 쥐고 있던 돈과 권한이 조금씩 지역으로 돌려졌다. 하지만 이도 주민의 삶의 질과 동떨어진 행정놀음이었다. 주민들은 지역으로 돌려지는 돈과 권한에 대해 영문을 몰랐고, 그게 자치분권에 어떤 영향을 끼치는지 알 턱이 없었다.

　우리나라 자치분권은 중앙정부와 자치단체 간 거래의 역사였다. 자치분권은 자치단체를 활성화 시키는 데 목적을 두었기에 자치단체를 주인공으로 삼았다. 자치단체의 구성원인 주민은 행정 서비스의 수혜 대상일 뿐 자치분권의 주체로 여겨지지 않았다.

　자치분권 3대 특별법이 만들어져 자치분권이 본격화된 지 20년이 지났다. 그동안 자치분권의 가장 큰 수혜자는 광역자치단체, 지역정상배와 토호세력, 농촌 공직사회였다. 중앙정부의 자치분권 댐 문이 열린 후 그 물꼬의 물이 광역자치단체, 지역정상배와 토호세력, 농촌 공직사회 쪽으로 흐르기 시작했다. 하지만 자치분권의 물꼬는 아직껏 주민 쪽을 향하고 있지 않다.

　주민의 삶을 향해 있는 유럽의 자치분권과 확연하게 대비된다. 그들의 자치분권은 주민 개개인의 삶의 질을 최우선시 여기고 이를 지지하고 도모하는 데 목적을 둔다. 때문에 그들은 주민생활과 가까운 곳에서 자치분권 물꼬를 만들어 간다.

　그에 비하면 우리는 자치분권의 수단이 목적이 되고, 목적이 대상이 되는 본말전도의 모습이다. 이런 상황에서 주민참여 예산제를 하고, 주민참여 행정위원회를 운영하고, 행정의 감시·견제를 위한 주민권 제도가 만들어졌지만 주민들에겐 그림의 떡이었다.

　기초자치단체들은 말만 자치분권을 외칠 뿐 주민 삶과 맞닿은 지점은 중앙정부 대리점행정 시대와 별다르지 않다.

　농업은 자연환경의 영향을 크게 받고, 그에 따른 특색 있는 농업양식을 발달시키기 때문에 지역농업의 역할이 중요하다. 때문에 농가들은 지역 특색에 맞는 농업에 관심을 기울이고, 그에 적합한 기술개발과 마케팅전략 세우기에 나선다. 하지만 농촌 대부분 자치단체들은 이런 문제를 나 몰라라 하면서 중앙지침서만 뒤적거린다. 이렇듯 자치분권시대 농업자치(분권)와 겉도는 것이 농촌자치단체들의 실상이다.

지역마다 고유한 문화 색깔을 가지고 있다. 삶의 지지대가 되는 자연환경이 다르고, 이를 일구고 향유하는 양식이 다르기 때문에 지역마다 개성 있는 전통이 만들어진다. 이런 지역문화의 특색과 개성은 지역 정체성으로 이어지고 자치분권시대의 핵심 동력으로 여긴다. 하지만 자치단체마다 문화정책이 있지만 이런 자치분권시대 문화자치의 초석을 놓는 일에는 관심이 없다. 지역마다 축제개발과 관광개발이 차고 넘치지만 지역문화 뿌리에 접목하는 일은 드물다. 문화자치(분권)가 뒷전으로 물러나 있는 것이다.

예로부터 농촌마을은 복지의 그늘이 없었다. 마을마다 상부상조 문화와 사회적 약자 배려문화에 의한 공동체 돌봄이 발달되었기 때문이다. 하지만 복지가 발달되었다는 오늘날 농촌은 복지의 그늘이 많다. 공동체 돌봄의 수평적 구조가 깨지고 요소투입형 수직적 구조가 지배한 결과다. 행복지수가 높은 선진국들이 지역사회 중심형 따뜻한 복지를 지향하는 것과 대조적이다. 이는 중앙주의 복지에 눈 어두운 자치단체들이 복지자치(분권)을 외면하는 실상이다.

이밖에 환경, 에너지, 보건 등의 분야도 중앙주의 구태에서 벗어나지 못하고 있다. 농촌자치단체들이 행정중심 자치분권에 매달린 채 주민 생활현장의 자치분권을 외면하는 것이다.

지역혁신은 주민 삶의 질과 꿰져야 생기가 돈아난다. 농촌자치단체들이 주민생활의 이해·요구와 맞닿지 않은 행정중심 자치분권에 매달리기 때문에 지역혁신 바람을 일으키지 못한다. 주민 삶의 질과 동떨어진 행정중심 자치분권은 지역혁신의 독이다.

5) 주민의 숙의과정을 묻어버리는 공모주의 행정

농촌에는 사업주의가 만연해 있다. 중앙정부나 자치단체가 공공서비스 사업을 주민들에게 투여하는 일들을 일컬어 '사업'이라 통칭한다. 그런데 이 사업을 나름 공정하게 나눈다고 만든 배분방식이 공모다. 공모는 사람들에게 널리 공개하여 모집하는 공개모집의 약자인데 이젠 관주도 서비스 배분의 상징어가 되었다.

공모사업은 초등학교 운동회 때 단골로 등장하는 '사탕 따먹기' 시합에 비유된다. 아이들이 뛰어가서 긴 막대기 줄 끝에 달린 사탕을 입으로 따먹고 되돌아오는 시합이었다. 그러나 그 게임은 막대기를 쥐고 있는 사람에 의해 아이들의 등위가 갈렸다. 아이가 아무리 빨리 뛰어갈지라도 막대기 든 사람이 사탕을 입에 넣기 힘들게 만들면 헛수고가 되었다. 막대기 든 사람의 놀음에 의해 아이들은 희화 대상이 되어 버렸다.

공모사업은 사업배분의 공정성과 선의 경쟁을 통한 질적 상승을 꾀한다는 명분을 가지고 있다. 하지만 공모사업 지침에는 공모사업을 시행하는 행정의 입장이 고스란히 녹아있다. 공모사업의 내용, 사업 추진절차, 집행방법이 대부분 행정 편의적이다. 사업의 내용은 행정에서 내건 성과 목표를 달성하는데 충실하도록 한다. 사업 추진절차는 주민들의 숙의 · 숙성 과정과 다른 행정시간표에 따르도록 한다. 사업집행은 주민들이 편한 방식이 아니라 공무원들 업무가 편한 방식을 내건다. 정해진 선 안에 조각을 찾아 넣은 퍼즐 맞추기 게임과 흡사하다.

이런 행정 잣대는 주민들의 거짓 계획서 짜기로 이어지기 십상이다. 주민들은 공모사업을 따내기 위해 수단과 방법을 가리지 않는다. 지역적 특성과 주민의 역량은 뒷전에 미루어 둔 채 사업 따내기에만 골몰한다. 때문에 주민들은 공모사업 계획서를 컨설팅 업체 같은 기술자 손에 맡기고, 그들이 쓴 계획에 동의 해 주는 방식을 취한다. 주민들은 컨설팅 업체가 가르쳐 준 대로 연출사진에 동원되고, 현수막 퍼레이드도 해 준다. 이렇게 만들어진 계획서에 주민의 꿈과 공동체의 자양분이 담기기 쉽지 않다.

공모사업은 절차민주주의나 주민의 숙의·숙성 과정을 깡그리 빨아버리는 블랙홀이다. 마을이든, 읍·면이든, 시·군이든 공모사업 우선주의다. 공모사업이 떴다 하면 지역의 모든 생활의제는 뒷전으로 밀린다. 공모사업에 이해가 걸린 주체들이 선동에 나서고, 거리마다 관변단체들의 현수막이 걸리고, 지역신문들이 경쟁 분위기를 한껏 돋운다. 공모사업 주체들은 공모사업을 따면 지역이 만사형통할 것처럼 극한의 분위기를 조성하기도 한다. 어떤 사람이 공모사업 내용의 사전 숙의와 절차민주주의를 말하면 물정 모른 사람으로 매도당하기 일쑤다.

이처럼 공모사업이 난마처럼 얽히자 농촌에는 한탕주의, 형식주의, 요령주의가 판치고 있다. 대개의 공모사업들은 일회성이라서 주민들은 '먼저 본 사람이 임자'란 생각에 물들어 있다. 젊고, 물정에 밝은 주민일수록 공모사업 유혹에 빠져들기 쉽다. 돈이나 인적기반이 취약할지라도 반짝이는 아이디어만 있으면 여러 공모사업을 따낼 수 있다는 생각이 일기 쉽다. 선하고 좋은 일을 도모하려고 공모사업에 뛰어든 젊은이들이 공모사업 따내기 수렁에 빠지는 모습도 드물지 않다.

1. 지방소멸론의 불편한 진실

1) 인구 약탈극에 휘말린 농촌

사망자가 출생아 수보다 많아지면서 인구가 감소하는 현상을 인구 데드 크로스(Dead Cross)라고 한다. 때문에 우리나라 지방소멸론자들은 노인인구와 가임기 여성인구의 비율을 지방소멸 지표로 사용한다. 하지만 그 지표 논리는 우리 현실과 동떨어졌다.

2023년 전국 시군구 합계출생률 순위를 보면 상위 1위는 전남 영광군(1.65명), 2위는 전남 강진군(1.47명), 3위는 경북 의성군(1.41명), 4위는 전북 김제시(1.37명), 5위는 전남 해남군(1.36명)이었다. 합계출생률 최상위 10개 지역은 모두 농촌지역이었다. 이에 비해 최하위 10개 지역은 모두 대도시인데 이중 서울 기초자치단체들이 8개나 들어 있다. 이들 최상위 10개 지역 평균 합계출생률 1.266명으로서 최하위 10개 지역 평균 합계출생률 0.361명 보다 3.5배나 높다.

그런데 이상하게도 합계출생률이 높은 지역들은 모두 지방소멸위험지역이고 농촌지역이다. 합계출생율이 가장 낮은 지역들은 지방소멸과 무관하다. 여기에 지방소멸론의 함정이 있다.

지방소멸과 인구이동의 상관관계도 이상하다.

전국 광역지역들의 인구 증감과 인구이동 통계를 살펴보자. 통계청 KOSIS 자료에 의하면 지난 2012년부터 2021년까지 10년간 인천 인구 는 3.7% 증가했지만 부산(-5.3%), 대구(-4.8%), 대전(-4.7%), 울산(-2.2%), 광주 (-1.9%) 등 비수도권 광역시는 모두 감소했다. 또 비수도권 지역의 인구가 외지로 빠져나가는 1,000명당 순이동율을 보면 2017년에는 -0.62, 2018년 에는 -2.31, 2019년에는 -3.21, 2020년에는 -3.42로 해가 갈수록 빠져나가 는 폭이 크다.

이는 수도권이 빨아내는 인구빨대가 지역 인구감소에 가장 큰 영향을 준다는 것을 말한다. 2019년 수도권에 순유입한 8만 3천 명 중 1인 가구가 95%였다는 통계도 비수도권 젊은이들이 수도권으로 얼마나 많이 빨려 나 가는지 말해준다.

통계는 지방 가임여성들이 일자리를 찾아 서울로 빠져나감으로써 지방 소멸이 가속화되는 현상을 가리킨다. 또한 통계는 가임여성이 농촌에 살 때는 1.3명 내외의 출생률을 보이지만 이들이 서울로 가면 출생률이 농촌 의 3분1 이하로 떨어지는 현상을 가리킨다. 위의 두 현상을 비교하면 서울 이 지방소멸의 원흉이자 대한민국 인구 단절의 블랙홀이란 결론이 나온 다. 이는 지방의 일자리 감소 → 서울로 이주 → 서울의 과밀화 → 출생률 저하 → 인구 단절 가속화라는 인구 악순환 현상으로 풀이된다. 이는 또 농촌 인구가 수도권의 빨대구조에 휘말린 것이고, 농촌이 수도권의 인구 약탈극에 희생되었다는 결론이 나온다.

2) 농촌에 짐을 떠넘기려는 속셈이 아닌가?

신문기자들은 '사실과 진실 사이'에 대해 논쟁을 벌이곤 한다. 우리 사회에는 사실이지만 진실과 먼 일들이 존재 하는데 신문들이 사실을 앞세워 진실을 왜곡시키는 일이 자주 일어나기 때문이다. 요즘 같은 미디어 홍수 시대에는 사실이 아닌 가짜 뉴스를 구별하는 것만큼이나 진실하지 않은 뉴스를 가려보는 눈이 절실하다.

국어사전은 사실을 '실제로 있었던 일이나 현재에 있는 일'이라 하고, 진실은 '거짓 없이 바르고 참됨'이라 한다. 세상에는 분명 사실이지만 진실이 아닌 것이 참 많다. 사실은 조명하는 방향에 따라, 사실관계를 서술하는 순서에 따라, 사실들을 재단하는 방식에 따라 진실의 순도가 전혀 다르게 나타난다.

그래서 사실과 진실 사이를 뜯어 볼 때 '맥락'을 중요하게 여긴다. 사실들의 복합성과 연관성이 맥락이기 때문에 이 맥락을 잘 보아야만 진실을 발견할 수 있다. 특히 사회구조가 복잡한 오늘날에는 사실의 함정이 많으므로 '맥락이 없는 사실'을 경계할 필요가 있다.

그렇다면 지방소멸론은 과연 진실한가?

농촌에서는 1960년대 후반부터 이농 바람이 불기 시작했고 1970년대와 1980년대에 극점을 이뤘다. 그 후 농촌은 급속히 노령화가 진행하면서 젊은이들의 일자리가 줄고, 생활여건이 나빠져 도시로의 행렬이 이어졌다. 1965년에 23만 명이던 해남군 인구가 2024년 4월 현재 6만4천 명이 되었다. 지방소멸론자들은 정점인구 대비 인구규모가 절반이상 감소하는 것을 소멸현상이라 한다. 이 잣대로 보자면 해남군은 30년 전에 소멸현상이 나타났고, 정점인구의 28% 아래로 떨어진 지금은 소멸단계를 지났다고 해야 맞다.

그렇다면 1960~1980년대 인구감소와 오늘날 지방소멸은 어떤 차이가 있을까? 일본 마스다 히로야가 설정한 지방인구 3단계 감소기를 우리나라에 대입시켜 보면 1단계(70~80년대)는 산업화 시기, 2단계(90년대)는 고도성장 시기, 3단계(2000년 이후)는 저성장 시기로 구분할 수 있다. 이를 풀면 1단계, 2단계는 수도권의 고용 흡수력에 의해 빨려나간 풀(PULL) 현상이고, 3단계는 지역의 일자리와 생활여건 악화에 따라 도시로 탈출하는 푸시(PUSH) 현상이다.

그런데 우리나라 농촌이 겪었던 인구 감소율을 보자면 3단계 푸시(PUSH) 현상 때보다 1, 2단계 풀(PULL) 현상 때가 훨씬 컸다. 해남군 인구가 연평균 1만 명 이상 줄어들던 1970~1980년대와 연평균 1천 명 줄어드는 2000년대를 산술적으로 비교하면 지금의 인구감소는 1970~1980년대와 비교가 안 된다. 그런데도 지방소멸론자들은 도시로 탈출하는 푸시(PUSH)현상의 지금을 더 큰 문제로 여기고 있으니 그 속셈이 궁금하다.

세상 어떤 일이든지 원인 없는 결과는 없다. 또한 결과를 누구 입장에서 분석하느냐에 따라 미래의 방향이 갈린다. 지방소멸의 원인 분석과 지방소멸 위험에 달한 결과 분석이 통했을 때 지방소멸론이 진실하다고 말할 것이다. 하지만 지방소멸론은 진실성에 큰 문제가 있다.

농촌의 지방소멸문제는 농촌 외부에 의해 발생했다는 것은 자명한 사실이다. 그런데 왜 지금에 이르러 농촌소멸을 말하는 것일까? 이는 소멸위험에 빠진 쪽 사정보다는 소멸의 원인을 제공하는 쪽 사정을 고려한 논리가 아닌지 의심이 든다.

농촌소멸의 원인을 제공한 수도권 입장을 보자. 고도성장기 때에는 인력(노동력), 값싼 농산물 등 단물을 빨아내기 때문에 농촌인구 급감현상은 관심사항이 아니었다. 그런데 저성장기로 접어든 오늘날 농촌은 더 이상 먹잘 것 없는 짐만 되는 존재가 되었다. 이 때문에 수도권에서는 소멸이란 잣대를 들어 짐을 덜고자 하는 것은 아닌지 의심을 떨쳐버리기 힘들다.

3) 성장 · 발전론자들이 띄운 지방소멸론

지방소멸론에 대해 농촌주민들보다 농촌자치단체 공무원들이 민감하게 반응하고 있다. 왜일까? 지방소멸론의 정보가 주민들보다 공직사회에 먼저 착륙한 까닭도 있지만 공무원들이 지방소멸의 피해를 크게 받을 것이라는 우려 때문이다. 공무원들은 지역 인구가 줄고, 인근 자치단체와 통폐합되면 자치단체의 공무원 숫자가 줄 것이라는 우려감을 가지고 있다.

일본 마스다 히로야가 지방소멸론을 세상에 내놓은 것은 도시의 성장 발전론에 뿌리를 두고 있다. 마스다는 젊은 시절 주로 건설관련 부서에서 일했기 때문에 응당 도시문제에 관심이 많았다. 건설관련 공무원은 도시의 성장 쪽에다 잣대를 대기 마련이라서 성장·발전론의 쪽 속성을 지니고 있다. 그의 지방소멸론이 2014년 일본 창성회의 인구감소 문제 검토 분과에서 발표한 내용도 그렇다. 그는 '성장을 계속하는 21세기를 위해 스톱 저출생 · 지방 건강전략' 원고를 기초로 지방소멸론을 만들었는데 이는 그가 뼛속까지 성장·발전론자라는 걸 말해준다. 때문에 지방소멸론은 도시 성장·발전론자들이 말하는 '우려의 시각'이라는 해석도 가능하다.

지방소멸론을 도시계획 관점에서 짚어보자. 도시는 20년 미래를 예측

하면서 5년 주기로 도시의 개발계획을 세우는데 이것을 도시계획이라 한다. 그런데 이 도시계획은 그 도시 인구가 연 평균 6% 이상 불어난다는 전제를 깔고 있다. 그 도시의 인구 증가에 대비한 토지이용이나 기반시설의 물량산정을 위주로 계획을 수립하기 때문에 무조건 도시 팽창에다 잣대를 댄다. 그 도시의 인구가 줄더라도 도시계획은 인구증가를 좇고 있으니 황당한 논리가 아닐 수 없다.

농촌지역 도시계획의 기본 잣대가 해당 도시와 무관한 외부적 시각에서 만들어진다는 점도 우스운 일이다. 도시계획은 그 도시 주민의 삶의 질이 준거가 되어야 하는데 도리어 서울이나 대도시 도시 틀에 맞춰 그 도시의 미래를 설계한다. 지방의 소도시나 농촌의 읍은 수도권 도시와 정반대의 조건인데 수도권 도시논리를 농촌지역 도시계획에다 적용한다면 어떻게 되겠는가?

그도 그럴법한 또 한 이유가 있다. 일본이나 우리나라나 지방소멸론 주창자들은 대부분 도시계획학자들이다. 일본의 마스다 히로야가 그랬고, 대한민국에서 지방소멸론을 크게 내세우는 학계 인사들 이력에는 도시개발 분야가 들어있다. 우리나라 지방소멸론 분야를 총괄 연구하는 국책연구기관이 대한민국개발연구원이란 것도 이런 사정과 무관하지 않다. 대한민국개발연구원은 개발과 건설에 무게 중심을 둔 성장ㆍ발전론자들 본 거지다.

4) 인구가 축소되면 지역이 소멸된다고?

지방소멸 고위험지역으로 분류되는 경북 의성군은 2010년부터 2015년까지 인구는 5만 9천 명에서 5만 4천 명으로 5천 명 감소했다. 그러나

2010년 999억 원이던 지역내 총생산은 2015년 1127억 원으로 128억 원 증가했다. 이를 다시 1인당 지역내 총생산으로 환산해 보면 2010년 1억 6094만 원이던 것이 2015년 2억 88만 원으로 3994만 원 증가했다.

이를 분석해 보면 의성군 인구는 5년간 9.2% 감소했지만 지역내 총생산은 인구감소세보다 높은 12.8% 증가했고, 같은 기간 1인당 지역내 총생산은 무려 24.8%나 증가했다. 이는 인구감소가 지역경제 파탄을 불러 올 우려는 적다는 결과다.

앞서 살펴본 바와 같이 지금의 농촌인구 감소는 1960~1970년대 대(大)이농기에 비할 바 아니다. 지금 농촌 시·군에서는 연간 평균 1000~1500명이 감소하고 있지만 대(大)이농기에는 연간 1만 명 안팎이 농촌을 빠져 나갔다. 지금 지방소멸론 잣대를 1960~1970년대에다 댔으면 농촌은 진즉 소멸되었다. 농촌인구가 썰물처럼 빠져 나가면서 농촌의 활력이 떨어지고 마을들이 크게 축소되었지만 소멸된 마을은 찾기 힘들다. 이농으로 빈집이 늘어나기도 했지만 다랑이 논·밭을 빼고는 노는 논·밭은 찾기 힘들다.

농촌은 대(大)이농기부터 인구감소 문제에 대한 대응학습을 했다. 농촌 주민들은 수많은 집들이 폐가되는 현장에서 살았고, 농촌학교의 70% 이상이 폐교되는 상황을 직접 겪었다. 그러면서 농촌주민들은 노령화되어 가는 마을에서 살아갈 바를 찾아 갔고, 외국인 노동자들을 통해 부족한 일손을 메우는 것을 터득해 갔다. 귀농·귀촌인들을 받아 들여 소멸되어 가던 가족 중·소농에 생기를 불어 넣고 있다.

농업은 여느 산업보다 자생력이 강한 산업으로서 농업이 생존하는 한 농촌은 소멸되지 않는다. 더욱이 기후변화는 세계 식량위기를 불러오기 때문에 농업·농촌에 대한 사회적 관심도는 더욱 높아질 것이다. 농촌은 시대변화의 흐름을 타고 새 옷으로 갈아입고 새로운 생존의 길을 가기 마련이다.

그런데도 지방소멸론자들은 인구감소 → 자치단체 세입감소 → 재정압박 → 지방소멸로 이어진다고 말한다. 인구감소가 농촌소멸을 부른다는 억지논리를 펴고 있다. 앞서 본 것처럼 지방소멸론은 고도성장과 인구 팽창기 시각에서 만들어진 논리다. 경제는 성장해야 하고, 인구는 늘어나는 것이고, 도시는 팽창해야 한다는 고정된 시각에서 본 논리다. 때문에 지방소멸론은 성장·발전론자들이 그들 입장에서 도식적으로 설정한 하나의 가설에 불과하다.

정작 소멸의 칼끝이 농촌을 겨누고, 소멸 시한폭탄 시계가 돌아가고 있다는 농촌에서는 소멸의 긴장감을 느낄 수 없다. 도리어 농촌인구가 빨려나가도록 조장하고, 농업을 도탄에 빠뜨린 중앙정부가 농촌소멸을 앞장서 외치는 형국이다.

지방소멸론자들이 말하는 지방소멸문제는 농촌 내부에서 기인되는 문제가 아니라 농촌인구를 빼가는 수도권의 빨대구조가 원흉이라는 것은 자명한 사실이다. 이런 상황에서 농촌에서 아무리 아이를 많이 낳은들 젊은 이들을 수도권으로 빼가는 구조가 바로 잡히지 않으면 아무 소용이 없다. 인구소멸로 내모는 원흉을 내버려둔 채 소멸현상만 강조하는 것은 타당치 않다. 게다가 중앙정부가 지방소멸의 원흉인 서울 일극정책을 거두지 않고서 농촌지역에게 스스로 소멸대응을 하라는 것은 적반하장이다. 이렇듯 논거나 전후 맥락상 모순이 많은 지방소멸론이 무분별하게 채용되는 것은 실패한 국가균형발전정책을 감추려는 음모로 의심을 살만 하다.

2. 지방소멸 프레임에 걸려든 농촌

1) 병주고 약주기식 지방소멸 대응 정책

전기 산업화 때부터 일던 이농행렬은 후기 산업화 때까지 이어졌다. 전기 산업화 땐 청·장년층 노동력이 이농하는 모양이었다면 후기 산업화 땐 농촌 자녀들을 도시 인력으로 교육시켜 내보내는 모양이었다. 그런데 이때 사람만 나가는 것이 아니었다. 주민들 마음이 쏠려 나갔고, 농촌의 돈이 쏠려 나갔다. 농촌이 거대한 썰물살에 빠져든 형국이었다.

이처럼 농촌지역 인구가 속절없이 감소하는 가운데 지방소멸론이 대두되었다. 지방소멸론은 막연하게 생각하던 지역인구문제를 정량화하여 지방소멸이란 종착역을 찍어주면서 사회적 파란을 일으켰다. 지방소멸론은 농어촌 오지→ 농촌 전반→ 지방 소도시→ 지방 대도시로 번져가는 인구감소 도미노현상이란 데 사회적 충격을 더해 주었다. 지방소멸이 오지농촌의 소멸로 끝나는 것이 아니라 건재 하는 듯 보이는 지방 대도시까지 영향을 끼치고 종국에는 나라 인구축이 흔들린다니 충격이 아닐 수 없었다. 지방소멸론이 이렇게 논리를 세우자 농어촌 오지가 소멸의 시작점이자 소멸의 전염병을 퍼뜨리는 진원지인 것처럼 비춰졌다. 하지만 농촌지역에서는 지방소멸론에 대한 반응이 엇갈린다.

주민들은 소멸론에 무관심한 편이다. 지방소멸의 칼끝이 목 앞까지 다가오는 걸 체감하지 못한다. 주민들은 지난 60여 년간 인구 하강곡선에 이골이 난지라 지방소멸론이란 말에 둔감한 것이다. 1960~70년대 겪었던 대이농에 비하면 요즘의 인구감소 현상은 유가 아니라는 것이다. 게다가 농촌은 대이농기 이후 40년 넘도록 줄곧 인구 썰물을 타왔기 때문에 주민들은 농촌소멸이란 말에 쉽게 동의하지 않는다.

이에 비해 자치단체 공무원들의 반응은 다르다. 공무원들이 모이는 교육장이나 정책토론장마다 지방소멸론이 약방 감초처럼 등장한다. 대민업무를 하는 공무원들은 업무의 문제 진단부터 처방까지 지방소멸론을 인용하곤 한다. 그런 가운데 지방소멸론은 공무원들 업무의 주제어가 되었다. 이들은 지방소멸론을 업무상의 주제어 이상으로 여긴다. 지방소멸론이 농촌자치단체 공무원들 앞날에 미칠 영향에 대해 고민하는 것이다. 지방소멸→ 자치단체 통폐합→ 공무원 일자리 감소로 나타날 것이란 위기의식 때문이다.

지방소멸론이 시한폭탄처럼 떠오르자 중앙정부가 대책마련에 나섰다.

2021년 중앙정부는 연 1조 원씩 10년간 10조 원을 지방소멸 대응사업에 쓰기로 했다. 광역자치단체 15개, 기초자치단체 107개 지역을 지원대상으로 삼았고, 기초자치단체 지원대상은 인구감소지역 89개, 관심지역 18개로 분류하여 지원하기로 했다. 10조 원 중 7조 5천억 원은 기초자치단체에, 2조5천억 원은 광역자치단체 지원 몫으로 나누었다. 기초자치단체 몫의 95%는 인구감소지역에, 5%는 관심지역에 배분할 참이다. 광역자치단체 몫 90%는 인구감소지역 관활 시·도에, 10%는 인구와 재정여건에 따라 배분하기로 했다.

각 자치단체 배분액은 투자계획에 대한 평가와 심의위원회를 거쳐 결정된다. 기초자치단체 몫의 경우 각 지역이 지역별 여건을 분석하고, 투자계획을 수립하여 심의위원회에 제출하면 전문가들이 참여하는 평가단의 평가를 받는다. 투자계획 평가에서는 ▲지방소멸 대응 목표와의 부합성 ▲사업 간 연계성 ▲추진체계 구성의 적절성 등을 주로 보게 된다.

2) 모순투성이 돈 뿌려서 지방소멸 대응한다고?

중앙정부는 세 방향에서 지방소멸위험지역을 지원한다는 방침이다. 하나는 지방소멸 대응기금과 지역활성화 투자펀드를 통한 재정지원이다. 하나는 인구감소지역의 맞춤형 특례 발굴 등의 행정지원이다. 하나는 생활인구 맞춤형지역의 특성 통계를 제공하는 지역역량강화 지원이다.

하지만 이 같은 지방소멸대응지원은 언 발에 오줌 누기란 회의적인 시각이 지배적이다. 특히 핵심지원 사업인 지방소멸대응기금운영은 많은 문제를 내포하고 있다.

첫째, 재원의 성격과 운영의 앞뒤가 맞지 않는다.

지방소멸대응기금이 자치단체 곳간에 들어올 때는 지방교부세로 구분된다. 지방교부세는 국세의 일부를 떼어 자치단체 재정을 채워주는 자율재정이다. 즉 지방교부세로 들어온 돈은 중앙정부의 간섭을 받지 않고 지역실정에 따라 마음대로 쓸 수 있는 것이다.

그런데 지방소멸대응기금으로 들어온 돈은 자치단체가 지역 실정에 맞게 소멸대응사업에 쓸 수 없도록 했다. 중앙정부 입맛에 맞게 돈을 쓰도록 공모사업 형식을 채용하고 있다. 뿐만 아니라 지방교부세는 자치단체가 당해 쓰지 못하고 이월시키더라도 간섭을 받지 않지만 이 기금은 집행실적에 따라 벌칙을 가하도록 하고 있다.

둘째, 자치단체들의 소멸대응투자계획을 중앙정부 입맛에 맞게 짜도록 강요하고 있다.

중앙정부는 지방소멸 대응기금정책을 지역주도의 상향식 정책이라고 강조하고 있다. 하지만 중앙정부가 자기들 입맛에 맞는 심의 기준에 따라 평가를 하여 차등 지원하는 등 중앙주도의 하향식 정책으로 펴고 있다. 중앙정부가 이 기금을 공모사업 방식으로 쓰면서 자치단체들의 소멸대응투자계획을 직·간접적으로 간섭하는 것이다.

지방소멸이 수도권 '인구 빨대현상'과 중앙정부의 국가균형발전정책 실패에 기인한데도 자치단체들 대응정책을 간섭하는 건 형용모순이다. 이런 지원방식이 소멸대응사업이 형식화될 우려를 낳고 있다.

나라살림연구소가 조사한 바에 따르면 2022년 기초자치단체들 400개 사업 집행률은 37.6%이고, 62개 사업 집행률은 0%였다. 이는 자치단체들이 공모사업을 따오려고 형식적인 계획을 수립했다는 방증이다. 중앙정부가 자치단체들이 지방소멸대응투자계획을 형식적으로 작성하도록 방조하는 것은 심각한 정책오류가 아닐 수 없다.

셋째, 중앙정부가 기초자치단체를 광역자치단체보다 차별대우하고 있다.

중앙정부는 기초자치단체들에게는 공모사업 방식의 잣대를 대지만 광역자치단체들에게는 이런 절차를 일절 생략하고 있다. 중앙정부는 광역자치단체들이 작성한 투자계획에 대해선 심의를 하지 않고 지원하는 것이다. 이는 중앙정부가 같은 기금을 집행하면서 같은 법인격의 자치단체를 차별하는 모순이 아닐 수 없다.

게다가 중앙정부는 지방소멸대응기금 운영과 관리의 난맥상을 보이고 있다. 중앙정부는 17개 광역자치단체들이 설립한 대한민국지방재정공제회에 지방소멸대응기금의 운영 관리권을 위탁했다. 중앙정부가 기초자치단체들 투자계획을 심의해 놓고 최종결정은 대한민국지방재정공제회의

의결기구에 넘기고 있다. 이는 기초자치단체들이 중앙정부의 간섭과 광역자치단체들의 이중간섭을 받도록 하는 모양새다.

그럼에도 불구하고 농촌자치단체들은 중앙정부의 입맛에 맞춰서 지방소멸기금을 타내려 안간힘을 쓰고 있다. 때문에 이런 계획은 중앙지원금을 타내려는 '계획을 위한 계획'이 되고, 지방소멸대응의 절박성은 온데간데없이 증발해 버릴 소지가 높다. 많은 자치단체들은 이 돈을 중앙에서 타오는 여러 재원 중 하나로 여기고 기존의 재정집행과 다름없이 쓰고 있다.

이렇듯 중앙정부의 지방소멸대응정책은 모순의 집합정책이다. 재원성격을 일탈한 집행방식, 상향식 명분을 일탈한 하향식 정책, 주객이 전도된 옥상옥 관리구조는 지방소멸대응정책의 목적성을 혼란스럽게 한다. 이 정책에 참여하는 농촌자치단체들 모습에서는 지방소멸의 시한폭탄으로부터 벗어나려는 긴장이 읽혀지지 않는다. 결국 중앙정부는 지방소멸 대응에 애쓴 것처럼 포장하고, 정책실패의 결과를 지역 탓으로 돌리려는 것이 아닌지 의심스럽다.

3. 분별없는 광역통합과 메가시티는 농촌소멸을 부채질한다.

1) 정치놀음판으로 떠 오른 광역행정통합

2000년대 초까지만 해도 몇몇 지역의 국지적 의제였던 지역행정통합 논의는 2015년 후에는 광역행정통합론으로 바뀌어 전국으로 확산되었다. 광역행정통합론은 메가시티 바람과 함께 고개를 들기 시작했고, 일본에서 지방소멸론이 뜬 후 탄력을 받기 시작했다. 먼저 부산·경남, 대구·경북, 광주·전남 등이 통합 대상으로 떠올랐다.

그런 가운데 2024년 10월 행정안전부장관, 지방시대위원장, 대구시장, 경북도지사가 대구·경북 통합을 위한 공동합의문에 서명했다. 이는 인구 240만 명인 대구와 인구 260만 명인 경북이 인구 500만 명 규모로 바뀌는 것이다. 공동합의문에는 ▲새로 생기는 대구경북특별시는 서울특별시급 위상으로 추진 ▲기존 시·군 자치사무 유지 ▲권역별 특색 있는 성장을 추진 ▲대구청사와 안동시·포항시의 경북 청사 활용 ▲부시장 직급은 서울특별시에 준하는 위상 부여 ▲대구경북특별시 소재지는 양 의회 합동 의원총회에서 결정 ▲시·도의회 의견 청취 원칙과 주민 의견 수렴 노력 등이 담겨있다.

대구·경북이 통합의 급물살을 타자 타 지역들도 통합추진의 의지를 보이고 있다. 대구·경북의 통합 합의는 메가시티 만들기를 추진하다가 2022년에 좌절했던 부산, 울산, 경남에 자극제가 되고 있다. 2020년부터 부·울·경 메가시티 추진체가 가동되었고, 2022년 통합의회를 구성할 즈음 울산과 경남이 불현듯 발을 빼는 바람에 좌절된 바 있다.

광역행정통합론은 사람과 돈이 수도권으로 쓸려 나가는 것을 막기 위한 지역 자구책으로 대두되었다. 지역이 수도권에 맞서려면 인구 500만 정도의 초광역단위 경제공동체를 만들어 자족기반을 구축할 수 있다는 발상이다. 광역단위 경제공동체가 지역 내 순환경제 구조를 이루고, 인구 역외유출을 막는 인구댐 역할을 할 것이라는 생각이다.

그런데 대부분 지역에서는 광역단체장들과 중앙정치권의 정치논리에 큰 영향을 받고 있다. 때문에 광역행정통합의 명분으로 내세우는 비전도 주민들 손에 잡히지 않는 뜬구름 잡기 식 탁상 비전 일색이다. 대게 광역행정통합의 타당성 연구를 광역자치단체들이 만든 지방연구원들이 맡기 때문에 진실성에 의문이 갈 수밖에 없다. 더욱이 통합주체들이 주민설문조사를 할 때 통합의 장점만 부각시킨 경우가 많아 설문조사의 공정성 시비도 일고 있다.

광역행정통합 절차도 문젯거리다. 주민투표법(제8조 제1항)에는 중앙정부 장관이 필요하다고 인정하는 때 광역자치단체장에게 주민투표를 요구할 수 있도록 하고 있다. 또 다른 조항(동법 제9조 제1항)에는 광역자치단체장이 직권으로 주민투표에 붙일 수 있다고 규정하고 있다. 이는 광역행정통합을 주민투표에 붙일 수도, 안 붙일 수도 있다는 것이다. 때문에 해당 광역자치단체장들은 정치적 부담이 있는 주민투표 과정을 피하면서 광역행정통합 논의 장을 독식하려 한다.

광역행정통합이 주민의 삶의 질에 큰 영향을 미치지만 해당지역 주민들이 광역행정통합의 결정과정에 참여하기는 수월치 않다. 게다가 해당지역 기초자치단체들도 광역행정통합과 깊은 이해관계를 가지고 있지만 광역자치단체장들의 전횡을 막기에는 역부족이다.

광역행정통합은 지방 중심 대도시들이 선도적으로 이끄는 편이다. 이에 비해 중·소도시나 농촌지역은 광역행정통합에 소극적이다. 이는 중소도시와 농촌지역들이 대도시의 놀음에 들러리가 되거나 대도시 쪽 쏠림이 나타나 큰 피해를 당하지 않을까 걱정하는 것이다. 그 기저에는 지방대도시들이 인근 지역들 자원을 빨아내는 '기착형 빨대' 구실을 할 뿐 중·소도시와 농촌지역의 상생발전에 인색했다는 불신도 깔려있다.

게다가 농촌 기초자치단체들은 광역행정을 곱지 않게 보는 터라서 광역행정의 비전에 쉽게 동의하지 않는 편이다. 그간 광역행정이 서울일극의 중앙주의 문제를 극복하려는 노력보다 일선 시·군들의 상전 노릇에 쏠려

온 데에 불신이 쌓여 있다. 때문에 농촌지역에서는 광역행정통합을 옥상
옥으로 여기는 인식이 강하다.

대부분 지역에서는 메가시티와 광역행정통합을 한 덩어리로 여긴다. 때
문에 광역자치단체장들은 그때그때 정치적 시류 상황에 따라 이걸 내놨
다 저걸 내놨다 하는 식이다. 메가시티와 광역행정통합은 새 도시 규모를
1,000만 명으로 잡을까 500만 명으로 잡을까의 차이일 뿐 규모화 논리는
똑같다고 보는 편이다. 메가시티와 광역행정통합은 과정, 기능, 운영방식
이 다르므로 명확한 목적 설정이 중요하다. 하지만 대부분 지역에서는 메
가시티와 광역행정통합을 정치논리로 여겨 혼용하는 모습이다.

2) 우후죽순처럼 불거진 메가시티

2020년 전후 문재인 정부 때 갑자기 메가시티[1] 바람이 불기 시작했다.
문재인 정부가 메가시티를 공들여 불 지른 것이었다. 문재인 정부는 2021
년 지방자치법 전면개정 때 메가시티 추진을 위한 특별지방자치단체 설치
규정을 만들었다. 2개 이상의 지방자치단체가 특정목적을 위하여 광역적
으로 사무를 처리할 필요가 있을 때 특수형태의 지방자치단체를 만들 수
있도록 메가시티의 법적 바탕을 만들었다. 아울러 문재인 정부는 메가시
티 추진을 적극 지원하고자 나섰다.

이에 따라 먼저 부산, 울산, 경남이 기존 산업 인프라를 활용하는 신사업
공동생태계를 통해 지역활력을 꾀하기로 했다. 부·울·경 메가시티 추진체
가 구성되었고 이를 토대로 2022년 내 통합의회를 구성할 예정이었다. 이
런 분위기를 타고 대구·경북이, 광주·전남·전북·제주가, 대전·세종·충남·충

---

1) 메가시티란 핵심도시를 중심으로 일일 생활이 가능하도록 기능적으로 연결된 대도시권. 글로
  벌 비즈니스 창출이 가능한 경제규모를 갖춘 인구 1000만명 이상의 거대도시를 지칭한다.

북이 메가시티 구성논의에 들어갔다.

하지만 선도적으로 추진하던 부산·울산·경남에서 급브레이크가 걸렸다. 메가시티를 추진하던 광역자치단체장들이 선거에서 낙마하자 상황이 급반전하였다. 특히 세 군데 광역자치단체장들의 소속 정당이 바뀌면서 부·울·경 메가시티도 지배정당의 영향을 받게 된 것이다. 부산·울산·경남에서 급브레이크가 걸리자 대구·경북, 광주·전남·전북·제주 등 여타지역 메가시티 추진도 풀이 죽었다. 지역발전을 꾀한다는 메가시티가 외부환경 변화에 따라 왔다 갔다 하는 것이다.

메가시티는 대도시를 둘러싼 도시들이 제각각의 도시를 유지한 채 기능적으로 닮은꼴을 이루어 협동하는 협업 도시다. 서로 그물망처럼 협업한다 해서 네트워크 시티라고도 한다. 이는 인구 5백만~1천만 명 규모의 협업도시를 이루어 수도권으로 쓸려나가는 인적, 물적 자원의 댐을 만들자는 뜻이 강하다.

메가시티는 구(舊)소련 붕괴 후 대두된 세계자유무역경제 물결과 유관하다. 세계 무역질서를 유지하던 국가라는 경계 둑이 터지자 초광역도시가 대비책으로 떠올랐다. 규모화된 초광역도시가 기업의 보호막을 이루고, 경제적 댐을 이루면 세계자유무역경제 시대를 순항할 것으로 봤다. 이는 중국, 인도 등 개발도상국들의 처지와 맞닿았다. 2010년 UN도시화 보고서에 따르면 당시 세계 21개 메가시티 중 17개가 중국, 인도, 러시아, 파키스탄 등 개발도상국에서 일어났다. 2020년 추진 중인 35개 메가시티를 보더라도 중국, 인도, 브라질, 방글라데시, 파키스탄, 나이지리아, 콩고, 필리핀, 아르헨티나, 이집트, 콜롬비아, 페루, 러시아 등이 두드러진다.

그런데도 우리나라는 선진국들의 메가시티와 거리가 먼 개발도상국들

메가시티 모델에 눈 두고 있다. 메가시티에 열을 올리는 중국, 인도는 우리나라 실정과 전혀 다르다. 국가체제, 자치분권 구조, 지방도시 기능 등이 우리나라 지방도시와 딴판이다. 이럴진대 그들이 추구하는 메가시티 방식을 우리나라 지방 도시에 옮겨놓으면 어떻게 될까?

개발도상국들의 메가시티는 대부분 중심도시의 구심력을 키우는 쪽을 지향하고 있다. 주변도시의 자원을 중심도시로 빨아들여 경쟁력을 높이려는 것이다. 이렇게 중심도시 경쟁력이 높아지면 주변도시들은 낙수효과를 거둘 것이라고 기대하고 있다.

선진국들에서도 메가시티가 추진되고 있다. 11개 도시가 결합된 영국의 광역맨체스터연합기구, 파리를 중심으로 한 프랑스의 그랑 파리, 오사카를 중심으로 12개 도시가 결합한 일본의 간사이광역연합 등을 대표적 사례로 든다. 하지만 선진국들의 메가시티는 개발도상국들의 메가시티와는 질적으로 다르다. 개발도상국들은 규모화를 좇는 형국이지만 선진국들은 대도시를 스마트하게 리모델링하는 모양새다. 선진국 메가시티들은 지식경제시대 사조에 맞도록 도시 기반과 서비스 혁신에 주력하고 있다. 여기에 IT융복합, 친환경 기술을 바탕으로 4차 산업혁명시대를 대비하는 발상이다.

하지만 우리나라에서는 초광역도시에 대한 충분한 연구과정을 거치지 않은 채 서두르는 양상이다. 서울일극 정책으로 인한 피해가 심한 상태에서 지방소멸론이 대두되니까 급한 불을 끄고 보자는 식이 강하다. 심지어 옆 동네서 하니까 우리도 하자며 부화뇌동하는 지역들도 적지 않다.

3) 설익은 메가시티·광역통합은 농촌 재앙꺼리다

메가시티나 광역행정통합은 서울일극에 대항하기 위한 자구적 대응방법으로 떠올랐다. 지역자원들이 서울일극 수직계열화의 빨대작용에 휘말리기 때문에 이를 극복하기 위한 색다른 구조를 만들어야 한다는 당위에서 출발했다. 지역의 물적·인적 자원의 수평적 협력체계를 광역단위로 엮으면 서울에 대적할 힘이 생긴다는 발상이다.

그렇다고 광역행정통합을 하면 초광역경제공동체가 저절로 만들어질까? 광역행정통합이라는 댐을 만들면 서울일극을 향해 있던 지방의 수직구조가 금세 고쳐질 것이란 것은 어리석은 생각이다. 시·군들끼리 결합도가 극히 낮고, 산업·기업 간 네트워크가 단절되어 있고, 산업적 자립기반이 취약한 조건이 금세 고쳐질 것이라고 보는 것은 무지한 발상이다.

앞서 살펴본 것처럼 광역자치단체들은 중앙정부의 지배권한을 위임받아 시·군들을 호령해 왔다. 광역도들은 시·군들을 하급기관으로 취급하는 편이 강하다. 이런 관성 때문에 광역자치단체들은 광역행정통합의 선결조건인 지역 내 수평적 협력구조 만들기에 별 관심을 두지 않는다. 서울일극 규모화에 대항할 규모화 논리 쌓기에 바쁠 뿐 시민적 숙의 과정은 건성으로 취급한다.

초광역도시는 글자 그대로 도시가 주제어다. 모든 잣대를 도시적 시각에서 대고 모든 지역을 도시화 시키려고 한다. 때문에 도시와 성격이 다른 농촌에는 부정적인 영향이 클 수밖에 없다. 농촌을 잘 배려한다 해도 상대적 소외가 발생할 터인데 광역자치단체들이 물리적 통합만 앞세우면 농촌은 더 큰 어려움을 겪기 마련이다.

지금부터는 초광역도시 만들기로 인해 발생할 농촌문제를 살펴본다.

하나는 농촌이 새로운 수직계열화의 희생양이 될 수 있다.

초광역도시와 메가시티 효과를 극대화 하려면 중심도시를 콤팩트시티[2]로 변환시키기 마련이다. 교통, 주거, 상업, 서비스 시설을 그 도시의 중심권으로 집약화 하고, 이를 광역범위로 확장시키려 한다. 이와 함께 초광역도시와 메가시티는 주변도시와 농촌지역을 대상으로 광역단위 콤팩트시티 잣대를 댄다. 때문에 농산어촌보다는 중·소도시가, 중·소도시보다는 대도시가 비교우위 조건을 쥐게 된다.

이 같은 도·농 간 비교우위 잣대는 메가시티 정책의 우선순위에 영향을 미쳐 농촌 열위문제를 야기 시킨다. 농업·농촌문제는 초광역도시의 부차적인 문제로 전락하여 정책 우선순위에서 밀리게 된다. 상대적으로 인구가 적은 농촌은 정치적 힘도 약하기 때문에 농촌 열위문제를 막기란 쉽지 않다.

2021년 충청권 메가시티 전략수립 연구용역 보고서가 발표되었다. 이 보고서에 따르면 ▲초광역 혁신 클러스터 조성 ▲4차 산업혁명 시대 소재 부품산업 육성 ▲글로벌 인적자원 육성 ▲초광역 교통네트워크 구축 ▲초광역 생활권 서비스 기반 구축 ▲문화관광 향유 네트워크 구축 ▲문화관광 국제화 경쟁력 강화 ▲문화, 체육 진흥 등 9개 전략과 30개 핵심사업이 제시되었다. 하지만 여기에서도 농업과 농·산·어촌의 비전을 담은 내용은 찾아볼 수 없다.

하나는 농촌 순환경제와 내생적발전이 직격탄을 맞아서 혁신동력을 잃

---

2) 콤팩트시티란 도시를 팽창시키지 않고 공간적으로 압축한(Compact) 형태로 개발하는 방식. 주거·상업·서비스 등의 기능을 도심 내에서 집약적으로 개발해 도시의 무분별한 확산으로 인한 환경파괴를 막고 경제적·사회적·환경적으로 지속가능한 도시 형태를 구현한다는 개념이다. 하지만 도시 내 개발 거점과 비거점 간의 불균형이 발생하기 때문에 이를 해결하는 일이 과제다. (네이버 지식백과 내용을 발췌)

는다.

그간 메가시티 구상을 보면 도시순환 급행열차 같은 중심부 외곽교통망 확충이 약방 감초처럼 등장한다. 중심부 도시와 외곽도시 간 도로·교통망을 확충하여 1시간 생활대를 이룬다는 것이다. 그간 농촌지역과 인근 도시 간 큰 도로가 생기면 농촌 면단위는 물론 읍단위 상권에도 부정적인 영향이 컸다. 지방과 서울 간 KTX 고속열차가 개통된 후 수도권으로의 쏠림이 커진 것도 익히 아는 사실이다. 이럴진대 메가시티로 인한 외곽교통망 확충은 농촌 상권의 몰락을 부른다.

농촌이 도시의 주변부로 편입되면 농촌의 모든 경제·문화·사회 활동도 도시의 주변부 활동에 편입된다. 유대권역을 중심으로 유지되던 경제, 문화, 사회적 관계구조가 대도시 쪽을 향하는 구심력에 의해 무너지는 것이다.

이런 변화는 농촌 내생적발전의 저하를 부른다. 돈과 자원이 도는 순환 경제가 무너지면 농촌 특색을 기반으로 하는 자원들의 힘도 떨어진다. 농촌의 내적 가치전선이 무너지면 가치혁신의 의지도 무너져 혁신동력을 잃게 된다.

하나는 보충성 원칙[3]을 추구하는 주민자치가 사그라진다.

주민자치는 주민 각자 각자의 행복을 위한 연합전선이다. 주민 개개인 행복을 지향하는 공공의 힘이 곧 주민자치다. 주민자치가 발전하려면 주민생활 근저의 협동구조가 만들어져야 하고 그 협동구조들이 스펀지처럼 작은 공극의 군집을 이루어야 한다.

---

3) 보충성 원칙이란 행동의 우선권은 언제나 '소단위'에 있는 것이고, '소단위'힘만으로 처리될 수 없는 사항에 한해서 '차상급단위'가 보충적으로 개입할 수 있다는 것이다. (출처 : 위키백과)

주민 개개인의 행복도를 높이고, 주민의 협동구조를 키우는 힘은 보충성 원칙에서 나온다. 때문에 세계가 보충성 원칙을 자치분권의 으뜸 가치로 여긴다. 오뚜이가 넘어지지 않고 바로 서는 것은 무게 중심이 아래에 있는 것과 같은 이치다. 지역의 모든 가치가 주민행복의 수단이 되도록 하는 것이 보충성 원칙에 맞는 주민자치다.

하지만 초광역도시는 속성상 보충성 원칙을 깰 공산이 크다. 초광역도시는 규모화와 효율화를 추구하기 때문에 보충성 원칙과 반대로 작용할 우려가 크다. 주민공론의 숙의·숙성과정을 효율화의 걸림돌로 여기고, 다양한 농촌자원의 가치를 규모화 물결 속에 파묻어 버릴 공산이 크다.

이는 여러 지역들이 메가시티와 광역행정통합을 추진하는 과정에서 주민투표를 기피하는 현상도 그렇다. 여러 지역들이 주민을 메가시티와 초광역도시의 주인으로 여기지 않는 것이다. 이 같은 무분별한 메가시티와 광역행정통합은 서울일극 중앙주의 모순을 신(新)중앙주의로 대체시키는 것이나 다름없다.

하나는 신(新)개발주의 바람에 농촌이 초토화 된다.

부·울·경 메가시티는 당초 부산을 아시아와 유럽을 잇는 북극항로 기착지로 삼자는 비전 가운데 떴다. 부산이 북극항로 기착지가 되면 기존 수에즈운하를 통한 운항보다 7,000km의 단축효과를 내서 아시아와 유럽을 통하는 해운물류의 70%를 점하게 될 것이라고 했다. 이는 21세기 실크로드에 비견할 일로서 울산과 경남이 배후도시의 덕을 톡톡히 볼 것이라고 했다.

이렇듯 메가시티와 초광역도시는 메가톤급 개발을 부른다. 정치인들은 뭔가 큰 비전을 통해 지역주민들의 환심을 사려 한다. 자원의 분산보다 선택과 집중에 의한 파급효과를 노리려고 한다. 그런데 그 정치인들은 지역에 내재된 자원보다 외부자원을 통한 개발을 선호한다. 지역에 내재된 자원은 도출 과정에서 트러블이 생길 수 있기 때문에 외부자원에 눈길을 두는 편이 강하다.

최고·최대를 쫓는 개발주의 바람은 농업·농촌에 치명상을 입힌다. 이는 농촌의 모든 가치체계를 최고·최대 쪽으로 바꾸어 버린다. 이는 작고 다양함과 고유한 가치를 혁신시키려는 가치농업과 전면 배치되고, 생활자치와 순환경제를 통합하는 주민자치 시계를 거꾸로 돌려 버린다.

메가시티와 초광역도시는 농촌에 투기바람을 일으켜 농업환경을 황폐하게 만든다. 만약 평당 7만 원짜리 밭이 평당 30만 원으로 오르면 토지용역비가 그만큼 상승하여 농업 생산비를 끌어 올린다. 땅값 폭등으로 주민들이 부자가 되고 행복해지는 것이 아니라 이농을 촉진시키고, 역외유출을 심화시킨다. 농촌주민이 오른 땅값을 받고 논·밭을 파는 순간 탈농을 하는 것이고, 누군가 그 땅을 사거나 임대하여 농사를 지으려면 엄청난 토지용역비 부담을 안게 된다.

메가시티와 초광역도시는 조건 불리지역인 농산어촌에 심각한 타격을 입힌다. 가치중심시장과 관계인구시대 도래로 내생적혁신의 기회를 맞은 농촌을 외생적발전 쪽으로 뒤바꿔 버린다. 농촌 인구를 지방대도시 구심력에 휘말리게 하여 농촌소멸 시한폭탄 시침을 더 빨리 돌게 할 것이다. 그렇지 않아도 기울어진 미끄럼틀에다 기름을 칠하는 꼴이 된다.

4. 규모화 망령에서 벗어나야 농촌이 산다

1) 일본 시·정·촌 대합병이 주는 의미

2000년대 일기 시작한 우리나라 지역통합 바람은 다분히 일본의 영향 때문이다. 1990년대부터 일기 시작한 일본의 지역합병 바람을 직수입한 모양새였다. 일본은 1999년부터 10년간 기초자치단체인 시·정·촌[4] 3,232개를 1,727개로 합병했다.

그렇다면 일본의 기초자치단체 대합병은 어떤 성과를 거두었을까?

일본 총무성은 ▲주민의 생활행동권에 맞춘 행정서비스의 광역화가 실현되어 주민생활의 편리성이 향상 ▲전문적 지식을 갖춘 직원을 확보함에 따라 보다 전문화되고 고도화된 행정서비스 제공 ▲인구감소, 고령화 시대에 맞는 행·재정적 기반 구축 ▲교통기반과 공공시설 정비를 통한 광역도시조성 등을 대합병 성과라고 밝혔다.

하지만 일본 변호사연합회는 합병에 대한 새로운 분석방법을 통해 총무성의 평가를 뒤엎었다. 2019년 11월 일본 변호사연합회가 발표한 '헤이세이 대합병과 지속가능한 사회'보고서에 따르면 일본정부가 자치단체 합병을 인구감소, 재정 축소, 지역경제 약화, 노령화 등 문제 해소의 명분으로 삼았지만 대부분 결과는 거꾸로 나왔다.

인구감소율은 비합병 지역보다 합병한 지역에서 높았고, 노령화는 합병한 지역이 비합병 지역보다 빠르게 진행된 것으로 나타났다. 주민 1,000명 당 자치단체 직원수는 비합병지역이 증가하였고, 비합병지역의 세출재정은 감소했지만 지방채가 감소하고 적립금이 증가하여 합병지역보다 재

---

4) 일본의 시·정·촌은 기초자치단체로서 우리나라 읍·면과 비슷한 규모다.

정 건전화가 높게 나타났다. 또한 비합병지역은 경상수지 비율과 수지 흑자도 상대적으로 높았다. 도·소매, 요식·숙박업, 교육·학습지원업, 복합 서비스업, 공무 등 취업자 수는 합병지역에서 더 낮게 나타났다. 합병지역은 행정조직 축소가 지역진흥 원동력을 잃는 결과를 초래했고, 지역 공공서비스의 질적 저하로 나타났다.

일본변호사연합회는 중앙정부가 주도하는 물리적 합병은 지방분권과 지방자치의 질적 저하를 부르고, 주민참여를 떨어뜨려 주민자치를 약화시켰다고 지적했다. 또한 자치단체의 규모화는 공공서비스의 최종수요자인 주민의 삶의 질과 겉돌 수 있다고 했다. 시·정·촌 합병은 개인과 가족→지역 공동체→시민단체, 민간기업→기초자치단체→광역자치단체→국가로 이어지는 보완·지원구조(보충성 원칙)의 파괴를 몰고 올 수 있다고 경고했다.

2) 작은 자치에서 행복이 영근다

긍정심리학의 아버지라 부르는 마틴 셀리그먼(Martin Elias Peter Seligman)은 다섯 가지 행복조건을 들었다. ▲긍정적 의식, ▲몰입, ▲좋은 관계, ▲의미 있는 활동, ▲성취가 그것이다. 여기서 자기혼자 노력하여 꾸릴 행복조건은 긍정적 의식, 몰입, 성취다. 하지만 좋은 관계와 의미 있는 활동은 혼자 노력한다고 꾸려지는 것이 아니라 그 조건에 알맞은 환경과 대상이 있어야만 누릴 수 있다.

그렇다면 좋은 관계와 의미 있는 활동의 조건은 무엇일까? 그것은 지역사회와 유대관계가 가장 적합한 조건이다. 사람은 누구나 자기가 사는 고장의 일에 관심을 기울이고, 그 고장에 봉사하고 기여하는 일에 큰 보람을 느끼기 마련이다. 때문에 유대관계 돈독한 지역공동체가 행복조건의 필수요소인 셈이다.

UN산하 자문기구인 지속가능발전해법네트워크(SDSN)가 세계 143개국을 상대로 조사한 '2024 세계행복보고서'에 따르면 1위는 핀란드, 2위는 덴마크, 3위는 아이슬란드, 4위는 스웨덴이었다. 이 보고서는 6개 평가항목으로 행복지수를 조사하는데 국내총생산, 사회적 지지, 기대수명, 선택의 자유, 관용, 부정부패 등이다. 여기서 대한민국은 52위를 기록했는데 국내총생산과 기대수명은 상위였지만 사회적 지지, 선택의 자유, 관용, 부정부패 항목에서는 평균 이하 점수를 얻었다. 그런데 여기서 10위권 내 8개국을 유럽 국가들이 차지한 점을 눈여겨볼 일이다.

세계적으로 행복지수가 높은 나라들은 자치분권이 발달하고 사회자본이 융성한 공통점이 있다. 이 나라들의 자치분권은 자치규모가 작은 점과 상통한다. 지역의 면적과 인구가 사람들의 유대범위를 넘어서면 주민의 참여율이 떨어지고 지역사회 통합의식이 낮아져 자치가 발달할 수 없다. 행복지수가 높은 선진국들은 작은 자치를 통해 사람들의 유대를 돈독히 하는 것이다.

기초자치단체 인구규모로 보자면 독일의 게마인데는 평균 6,500명이고, 프랑스 코뮌은 평균 1,800명이고, 미국의 시티는 평균 1,500명 정도다. 직접민주주의가 발달한 스위스의 경우 광역자치단체인 칸톤은 평균 2만 명이고 기초자치단체인 게마인데는 대부분 4,000명 미만이다. 심지어 인구 11명인 꼬마 게마인데도 있다.

이런 나라들에 비해 우리나라 자치조건은 크게 다르다. 자치규모를 보자면 기초자치단체 평균 인구는 2024년 기준 22만 7천 명으로서 77개 농촌의 군 단위 평균 인구는 5만 명이다. 이 중 5만 명 이상인 군은 28개고, 5

만 명 이하인 군은 49개다. 우리나라 기초자치단체 인구규모를 유럽 주요 국 기초자치단체에 비교 하자면 영국의 1.44배, 네덜란드의 5.78배, 스웨덴의 6.84배, 독일의 33.34배, 프랑스의 126.81배이다. (정세욱 명지대 명예교수 대한민국행정연구원 발간'행정포커스'기고 글 참조)

삶의 질이 높은 선진국들은 인구 중심, 규모화의 경제 논리를 벗어나 있다. 선진국 지역들은 인구밀도보다 삶의 질과 경제력을 우선하고 있기 때문에 저성장시대, 인구 축소시대가 도래해도 그리 놀라지 않는다. 서유럽의 살기 좋은 도시들의 평균 인구가 2만 명 안팎이란 것은 이를 방증한다.

작은 자치에서 자치분권이 발달한 것은 작은 자치에서 주민의 유대관계가 발달하기 때문이다. 서로 간 생활조건이 다르고 낯 설은 사람들끼리는 관심사가 잘 통하지 않는다. 서로 간 관심사가 잘 통하는 자치조건은 유대범위와 밀접하다. 유대범위가 가까울수록 생활문제를 풀어 가는 동질의식이 높아 상호 협력관계로 발전하기 쉽다.

인구가 5만 명의 농촌자치단체가 반경 25km 규모라면 주민의 생활권을 크게 벗어난 범위다. 자치단체 끝단에 사는 주민들은 반대쪽 끝단 주민들과의 유대관계는 0에 가깝다. 그 범위를 상시적으로 이용하는 사람은 정치인이나 공무원, 상인 등 극소수에 불과하다. 대다수 주민끼리는 같은 시·군민 일 뿐 상호 유대감은 거의 없는 것이다. 주민 간 유대관계가 낮으면 낮을수록 주민자치가 싹틀 조건도 낮아진다.

선진국들 사례에서 나타난 것처럼 자치구역과 자치 인구규모가 작을수록 자치가 발달되고 행복도가 높아지는 것은 주지의 사실이다. 자치와 사회자본과 주민의 삶의 질은 한길로 통한다. 행정규모가 커질수록 행정서비스는 떨어지고, 지역범위가 커질수록 사회자본은 시들어지고, 유대구조가 약화될수록 주민의 행복도는 떨어지는 법이다. 그런 면에서 우리나라 기초자치단체 규모는 선진국들에 비해 지나치게 커서 유대관계에 의한 주민자치의 힘이 생겨나지 못한다.

작은 자치에 무슨 마법의 힘이 도사리고 있기에 주민 행복을 꽃 피우고, 지역 경쟁력의 활력원이 되는 것일까?

작은 자치는 고장의 선순환 구조를 발전시킨다.

작은 자치는 주민들 간 유대관계가 활발한 단위의 자치 터다. 우리나라 시·군처럼 큰 자치 단위에서는 이런 일상생활의 요소가 따로따로 존재한다. 그러나 작은 자치 터에서는 일터, 학교, 시장, 나눔과 돌봄, 친교의 장이 유기적으로 작용한다. 재화를 서로 나누는 마을화폐, 필요자원을 공유하는 공유경제, 공동체 돌봄과 연동되는 사회적농업 등이 유대관계 속에서 싹 트고 자란다. 작은 자치는 나눔과 돌봄을 통해 따뜻한 복지의 질량을 키우고, 주민들이 직접 기획·연행·향유하는 문화 선순환을 활성화시킨다.

작은 자치는 고장의 융·복합력을 극대화 시킨다.

작은 자치를 농촌 읍·면 단위를 기준으로 삼아보자. 읍·면 단위는 기온, 토양, 바람 등 자연의 조건이 비슷하여 특색 있는 농업양식을 꾸리기 용이하다. 여기에서는 먹거리의 고유한 특색이 있어 색다른 가치농업을 창안하기 용이한 조건이다.

때문에 주민들끼리 작목반 짓기 등 협업활동을 하기 좋고, 농업 특성에 맞는 먹거리 공유가공, 직거래 등 관계시장을 열기도 용이하다. 게다가 고장의 생태환경과 연동하는 생태농업과 전통문화와 연동하는 문화농업·농촌관광을 도모하기도 용이한 조건이다. 또한 자치 틀 안에 농업, 문화, 복지, 생태 등을 다원적으로 융합시키면 시너지 효과를 높일 수 있다.

작은 자치는 주민 간 신뢰도를 높여 사회자본을 키운다.

영국 싱크탱크 레가툼이 발표한 '2023 번영지수 보고서'에 따르면 우리나라 사회 신뢰도는 조사대상 167개국 중 107위로 나타났다. 사회 신뢰도는 사회자본 지수로 나타내는 데 유럽 각국들이 최상위를 기록했다. 그런데 우리나라는 동아시아-태평양 18개국 중 15위였고 베트남(19위), 필리핀(22위), 태국(28위), 중국(31위)보다도 크게 뒤진 결과였다.

우리나라의 낮은 사회 신뢰도는 높은 불행지수와 연관이 깊고 서울 일극, 대기업, 압축성장 등 수직계열화 구조와 유관하다. 압축성장 과정에서 사회적 수평관계 구조가 무너진 것이 가장 큰 원인이다.

주민들은 생활권 공간에서 자신들의 이해와 요구를 드러낸다. 서로 다른 이해와 요구로 불편을 겪기도 하지만 공론장에서 서로 머리 맞대고 숙의하는 가운데 상대를 인정하고 존중하게 된다. 때론 공론장이 갈등 분출의 장이 되고, 이해 충돌의 장이 되기도 하지만 숙의민주주의 과정에서 서로 다름의 가치를 깨닫고 더 깊은 신뢰를 쌓게 된다. 이런 공론 과정이 켜켜이 쌓이면서 그 고장은 점차 포용적 사회로 발전하게 된다. 이렇듯 작은 자치는 주민 간의 수평적 관계를 활성화 시켜 사회자본을 증강시키고 사회적 신뢰도를 높인다.

혹자들은 노령화되고 인구가 줄고 있는 농촌 읍·면 단위에서의 자치가 영양가가 있을까에 대해 의문을 제기한다. 하지만 자치분권 선진국 사례를 보면 우리나라 읍·면 단위가 결코 작은 규모가 아니고, 농촌노령화 조건이 자치의 큰 걸림돌이 되지 않는다. 주민들의 유대관계 속에서는 주민 모두가 협력자원이 된다.

5. 주민자치시대는 새 사조를 요구한다

1) 자치분권 2.0시대 조류를 탄다

우리나라 자치분권을 시대로 구분 짓자면 단체자치시대를 자치분권 1.0 시대로, 주민자치시대를 자치분권 2.0시대라고 한다. 자치분권 1.0시대에는 지방자치제도를 부활시켜 정치, 행정 틀을 자치분권의 방향으로 바꾸는 것이 핵심 과업이었다. 지역 대표를 뽑고 대의민주 기관을 만들어 지역 내 민주적 기초 체계를 세우는 일로의 변화였다. 여기에 중앙정부 자원을 지역(주민)에 배달하던 대리점 격 지역행정을 공공서비스를 재생산하여 주민들에게 공급하는 자치행정으로 변화되었다.

자치분권 추진법이 만들어지고 추진 기구가 뜬 지 20년간 자치분권 정책 테이블에는 중앙정부와 자치단체(광역과 기초)만 앉았다. 그 테이블에 올라온 핵심요소는 돈과 권한이었다. 중앙정부가 쥐고 있던 돈과 권한을 어떻게 자치단체에 되돌려 주느냐가 주된 의제였다. 여기에는 주민이 없었다. 주민권을 실현했다는 지방자치법 전면개정에도 주민은 들러리로 등장했고, 지금까지 추진되고 논의되었던 재정분권에도 주민은 배제되었다.

여태까지 자치분권의 주체는 자치단체였다. 자치단체가 중앙정부가 쥐고 있는 일부 돈과 일부 권한을 돌려받아 지역에 행정서비스의 공급망을 편 모양새였다. 즉, 자치분권 1.0시대는 지방자치단체를 주인공으로 삼는 것을 말한다. 주민들은 자신들이 선출한 대표들에게 권한을 위임한 대신 그 대표들이 생산한 공공서비스를 공급받는 처지였다.

그 결과 농촌자치분권은 본말이, 주객이 전도되는 파행적 자치분권으로 치달았다. 재정분권으로 엄청난 재정팽창을 가져왔지만, 주민의 삶의 질과 겉돌았고 지역자원의 대외 유출은 더욱 가속화되었다.

이런 공급자 중심의 자치분권을 수요자 중심의 자치분권으로 바꾸는 것이 자치분권 2.0이다. 그러기 위해선 자치단체 중심의 자치분권을 주민중심의 자치분권으로 바꾸어야 한다. 주민들이 자치분권의 주체가 되는 주민자치가 그것이다. 하지만 주민자치시대를 연다는 것이 말처럼 쉽지는 않다. 때문에 지역사회가 자치분권 2.0시대에 맞는 새 이념을 품어야 하고, 그 시대를 밀고 나갈 새 이념을 품어야 한다.

자치분권 2.0시대는 다른 말로 주민권시대다. 주민권은 생명권, 행복추구권, 재산권 신장 같은 국민의 기본권과 다르다. 주민권은 주민에게 부여된 사회·정치적 권리가 아니라 주민에 의한, 주민을 위한, 주민의 자치를 실현할 주민의 권력을 의미한다. 통상적인 권력은 사람들을 복종시키거나 지배하는 수직적 권력이지만 주민의 권력은 공론장에서 서로의 생각을 녹여 결정하고, 함께 실행하는 수평적 권력이다.

2) 농촌다움과 지역주의로 중앙주의를 극복한다

순수 우리말 중에 '아름답다'란 말이 있다. 이 말은 '아름'과 '답다'가 붙여진 것인데 여기서 '아름'은 '나'라는 주체를 뜻한다. 때문에 '아름답다'는 '나답다'란 말과 같다. 자기다움을 구현하며 사는 사람은 행복도가 높고, 저절로 향기 내며 살아가기 마련이다.

그렇다면 우리 농촌은 아름다운가? 외적으로 보이는 풍광은 아름다운 편이다. 그런대로 농촌다움이 유지되기 때문이다. 그런데 농촌 안을 들여다보면 아름답지 않은 면이 많다. 농촌다움의 원류인 공동체문화가 크게 훼손된 것이 원인이다. 농촌주민들의 생각이 아름답지 못한 면도 있다. 이는 농촌주민들의 생각에 농업·농촌의 처지와 입장이 녹아있지 않기 때문이다. '촌스럽다'란 통념어를 농촌주민들조차 스스럼없이 쓰는 비참한 현실이다.

농촌이 농촌다움을 상실한 것은 1960년 생겨난 현대 중앙주의[5]의 침탈이었다. 현대 중앙주의는 권위주의적 통치문화, 국가주도 독점자본주의, 서울 일극주의 아래서 자리매김 되었다. 중앙주의는 정치, 경제, 사회, 문화 전반의 주도가치가 되었고, 좌·우파 등 이념을 뛰어넘는 신종 지배이념이 되었다. 독재권력의 통치 수단으로 싹튼 중앙주의는 농촌의 가용자원을 빼가고, 주민의 의식과 문화까지 통제하고 억압하는 내국적 식민주의가 되었다.

중앙주의는 정치문화와 함께 날개 달았고, 농촌다움의 지역주의를 왜곡시켰다.

1960년대 군사독재정권은 자원배분권을 가지고 지역을 지배하기 시작했다. 중앙정부가 예산을 틀어쥐고 지역에 찔끔찔끔 나누어 주면서 지역 간 자원쟁탈전을 불러일으켰다. 남의 떡이 크게 보인다는 말처럼 타 지역이 자원을 더 많이 타 갔다는 인식 가운데 배타적인 지역감정이 피어올랐다.

---

5) 중앙주의는 강력한 중앙정부를 바탕으로 국가가 생산수단과 경제활동을 통제해야 경제적 번영을 이룰 수 있다고 주장하는 사상이다 (출처 : 제이위키)

그런데 중앙주의 세력은 그들이 이렇게 불붙인 자원쟁탈전을 지역주의라 했다. 지역주의는 지역주민의 아전인수적 의식으로부터 나온 것이라고 규정했다. 1980년대 말 김영삼(YS), 김대중(DJ), 김종필(JP) 등 광역맹주들은 지역주의를 더욱 퇴색시키고 악용했다. 그들은 수시로 자기 정치권역 사람들을 배타적으로 단결시켰다. 이와 함께 그들은 중앙정치판을 지역 간 자원쟁탈전 장으로 만들고 지방자치를 중앙정치 지배권에 편입시켰다. 그들은 지역주의를 지역 지배수단으로 악용하면서도 밖으로는 "지역주의 타도"를 외쳤다.

우리 사회에서 사회악으로 지목하고 있는 것은 지역할거주의의 오용이다. 지역주의(Regionalism)와 지역할거주의(Sectionalism)는 질이 전혀 다르다. 지역주의는 지역 특성을 바탕으로 지역의 자주성을 유지하면서 지역 간의 연대와 협력을 촉진하지만, 지역할거주의는 자기네 이익을 위해 수단과 방법을 가리지 않고 사회를 이간질해 분란을 조장하는 술수로 나타난다. 흔히 사회적 악행의 상징으로 회자되는 지역주의는 지역할거주의와의 몰이해에서 비롯된 것이다.

지역할거주의는 지역 내부에서 발생한 것이 아니라 지역 외부에서 발화되어 지역민들의 의식을 포박한다. 중국 춘추전국시대 각 지역출신 인사들이 지역을 지배하면서 장안에서 영웅행세를 한 할거정치와 흡사하다. 지역지배 수단으로 만들어진 지역할거주의가 지역의 선의적 지역주의를 오염시킨 것이다.

지역주의는 지역 공동체주의에 기반한 이념이다. 사람들이 생활유지를 위해 상호협력을 영위하면서 생겨난 의식이다. 지역할거주의는 자원배분 경쟁 같은 외부적 조건에 의해 생성되지만 지역주의는 지역 안에서 서로 상부상조하고 협력관계를 다지면서 생성된다. 때문에 지역할거주의는 밖으로 배타적인 감정을 들어내지만 지역주의는 상호 협력관계를 확장하는 상생적 발전을 지향한다.

농촌에서 지역주의가 되살아나려면 농촌다움의 의식화가 필요하다. 조상들의 문화유산을 오늘의 관점에서 재조명하고, 재해석한다. 옛것의 고루함이 문화자긍심으로 살아나고, 문화정체성을 일깨운다. 아울러 농촌이 품은 자연생태를 재조명하고, 재해석한다. 거기서 자연과 공생·공존할 가치를 찾고, 생태적 농촌가치를 재인식한다. 농촌에 산재한 가치자원을 찾아 가치농업에 접목시킨다.

자치헌장조례와 주민헌장에 지역주의 가치를 담아 농촌다움 의식화의 지표로 삼을 필요가 있다. 자치헌장조례에는 농촌자치의 목적, 주민자치 이념, 주민주체적 고장의 지향성, 자치구성과 협력체계 등을 담는다. 주민헌장에는 주민들의 문화정체성을 확립하고 공동체 가치를 드높이기 위한 실천 강령을 담는다. 자치헌장조례와 주민헌장은 주민공론장에서 기초하고, 다듬고, 공감대를 이루는 과정이 중요하다.

이렇듯 농촌 지역주의는 농촌이 내국적 식민지화된 중앙주의 굴레에서 벗어나려는 신종 독립운동이다. 이를 통해 농촌다움, 농촌 아름다움을 찾아 주민의 문화정체성을 확립하는 일로 삼는다.

3) '내생적혁신'으로 농촌활력의 밑불을 지핀다

주지하다시피 1960년대부터 농촌에는 국가권력의 힘이 크게 작용하기 시작했다. 전통적 자치조직을 국가통치적 조직으로 대체시킨 가운데 관 주도형 농촌개발사업이 물밀듯이 자리 잡았다.

농촌을 둘러싼 일련의 변화는 농촌주민들의 의식을 크게 바꾸었다. 생활 언저리 문제를 스스로 해결하던 것을 잊어갔고 점점 외부 의존적 의식으로 바뀌어 갔다. 농촌에는 돈도, 사람도, 자원도, 기술도 없다는 생각이 지배적이었다. 게다가 1990년대부터는 정부보조 사업이 농촌을 지배하면서 주민들의 자주의식은 더욱 떨어졌다. 농촌공동체의 언덕이 되어온 마을기구가 행정기관의 말단조직에 편입되자 농촌은 외생적 지역발전[6] 논리에 휩싸였다.

이런 가운데 2000년대 들어서는 농촌에 녹색관광, 농·도교류, 마을 만들기, 마을기업 등의 국가 정책사업이 만들어 지고, 6차형 농업[7]도 널리 보급되었다. 참여정부 때 시행한 농촌신활력사업은 농촌개발의 새로운 사조를 던져 주었다. 농촌신활력사업은 일본의 고향창생운동을 벤치마킹한 사업으로서 지역특색에 맞는 상향식 개발사업을 지향했다. 신발에다 발을 맞추라던 농촌개발사업을 발에 신발을 맞추는 방식으로 바꾸려는 내생적 지역발전논리였다.

내생적 지역발전은 지역에 내재된 자원을 중심으로 지역주민들이 주체적으로 개발하는 방식이다. 이는 1980년대 중반부터 이탈리아를 비롯한 유럽에서 성행했고, 1990년대 일본에서 활성화되었다. 일본의 마을 만들기, 농촌관광 등은 대표적인 내생적 지역발전 사업이었다.

외생적 지역발전과 내생적 지역발전을 비교하자면 외생적발전은 외부 주도적으로서 외부자원이 주를 이루고, 지역특색을 무시한 획일적인 경우가 많고, 관주도적 단발성 개발사업이 대종을 이루고, 최고 · 최대란 구호

---

6) 외생적 지역발전은 국가나 지역 외부의 세력에 의해 주도되고, 지역 외부자원과 자본에 의존하는 지역발전 이론.

7) 6차형 농업이란 생산(1차산업), 가공(2차산업), 유통·서비스(3차산업)를 아우르는 신개념의 농업양식을 말함

가 내 걸리곤 한다. 또한 외생적 지역발전은 규모의 경제를 지향하면서 도시를 성장축으로 여긴다.

이에 비해 내생적 지역발전은 사회발전의 축을 국가가 아닌 지역으로 설정하고, 지역의 물적, 인적 제 자원을 토대로 자립을 꾀한다는 논리로서 지역 주도적이고, 지역특색 살리기를 지향한다. 또한 범위의 경제와 지역 내 자원 간 연계·순환하는 융·복합개발과 주민참여형을 지향한다.

그런데 1990년대 말에는 학계에서 내생적 지역발전의 문제점이 지적되기 시작했다. 내생적 지역발전이 강조하는 지역이라는 공간은 공간을 뛰어넘는 지식정보화시대 추세와 배치된다고 했다. 또 지역개발 주체를 지역주민으로 한정 지으면 지역개발사업이 산업적 확장력의 한계가 있고 종국에는 지역개발의 질을 떨어뜨리는 결과를 낳는다고 했다. 이런 문제들이 제기 되면서 학계는 보다 유연한 의미의 신(新)내생적발전이란 개념으로 바꾸었다.

내생적 지역발전은 국가가 지역 활성화를 도모하려는 지역개발전략으로 만들어졌다. 때문에 이를 시행하는 나라의 정책조건과 그 나라 농촌지역의 수용조건에 따라 다르기 마련이다.

내생적 지역발전의 원조격인 유럽은 농공병진형(農工竝進型) 산업화와 협동조합운동의 토대 속 자치분권을 발달시켰다. 순환경제에다 생활자치를 얹은 것이다. 게다가 그들은 1980년대부터 가족농 살리기와 농촌다움을 위한 어메니티운동의 기반을 쌓은 상태에서 내생적 지역발전 정책이 시행되었다. 일본은 1980년대 말부터 지역주도형 고향창생운동을 범정부적으로 추진했다. 그들은 이 고향창생운동 정책을 30년 넘게 지속하면서 내생적 지역발전의 뿌리를 탄탄하게 했다. 일본은 농촌 혁신의 밭에다 도시의 가치소비를 얹은 관계인구 방식이었다.

　이에 비해 우리나라는 공업 중심, 서울일극을 지향하면서 농업·농촌을 희생양으로 삼았고, 농촌을 외생적 지역발전 정책으로 다스렸다. 그러다가 참여정부 때부터 내생적 지역발전 정책을 펴 왔지만 갓 쓰고 자전거 타기식이 되었다. 중앙정부가 내생적 지역발전(상향식) 정책과 외생적 지역발전(하향식)을 병행했기 때문에 농촌지역에서는 어느 장단에 춤출지 몰랐다. 농촌지역들은 내생적이냐 외생적이냐를 가리기보단 중앙에서 따오는 같은 돈으로만 여겨 내생적 지역발전 정책마저 외생적 지역발전 정책처럼 다루기 일쑤였다.

　이렇듯 내생적 지역발전이든 신(新)내생적 지역발전이든 농촌의 수용구조를 잘 만들기에 성패가 갈린다. 때문에 농촌 자치분권이 내생적 지역발전을 능동적으로 수용할 동인으로 작용해야 한다. 농촌 자치분권으로 밭을 일구면서 내생적발전의 씨를 뿌려야 한다는 것이다. 즉, 농촌지역이 스스로 변화하려는 움직임 가운데 내생적 지역발전을 수용해야 약발이 생긴다.

　따라서 이젠 '내생적혁신'((Endogenous Innovation)을 농촌 자치분권의 기본이념으로 삼아야 한다. '내생적혁신'은 지역사회가 주체가 되어 농촌에 내재된 인적·물적·문화 자원을 혁신시키는 개념이다. 이는 경제는 물론 사회, 문화, 정치, 복지, 환경 등 제 분야와 통하면서 다원적으로 선순환작용을 한다.

　내생적 지역발전은 지역·주민주도를 앞세우지만, 정책의 열쇠를 국가가 쥐는 공급자중심 속성을 지니고 있다. 이런 속성은 정책의 단기적 성과에 치우쳐 혁신을 일으키기 어렵다. 때문에 내생적 지역발전 정책은 농촌 내생적혁신의 보조적 기능으로 자리매김 한다. 주민들이 지역개발을 하기 위해 자원을 발굴하고, 숙의·숙성하는 과정을 뒷바라지 하는 기능이어야 한다. 주민들이 스스로 내생적발전의 비전을 세운 후 국가나 자치단체의 포괄적 지원[8]을 수용하는 방식도 효과적이다.

자치분권과 혁신은 수레의 양 바퀴와 같다. 자치분권으로 돈과 권한이 주어지면 그것을 주민 삶의 질로 치환시키는 것은 혁신의 몫이다. 때문에 농촌 혁신의 바퀴가 빠진 가운데 시행되는 자치분권은 토호세력 입에 빵 넣어 주는 꼴이 되고 만다.

내생적혁신은 썰물살 농촌을 밀물살 농촌으로, 지속가능한 농촌으로 바꾼다. 사람과 돈과 자원이 밖으로 쓸려나가는 농촌을 돈과 자원이 지역에서 돌고 주민들 사이에 훈기가 나는 농촌으로 바꾸는 일이 내생적혁신의 핵심과제다. 주민 생활 언저리 작은 공동체들이 흡수력을 키우고 주민들 간 나눔과 돌봄의 질량을 키우는 것도 내생적혁신의 일이다. 주민들이 농촌 어메니티 자원을 일구고 농촌다움의 향기를 내서 좋은 관계인구를 형성시키는 것도 내생적혁신의 일이다.

6. 주민 행복표 자치가 싹트려면?

1) 보충성 원칙이 행복자치를 이끈다

사고는 예고 없이 발생하기 때문에 사고가 난 후 골든타임 때 사람들이

---

8) 포괄적 지원 방식은 주민들이 국가나 자치단체가 정한 혁신사업 메뉴를 따먹는 방식과 달리 주민들이 자기 실정에 맞는 비전을 세우고 국가나 자치단체로부터 이를 수행할 재원을 지원받는 방식으로서 문재인 정부 때 개발한 농촌협약 정책이 이 꼴에 든다.

어떻게 대응하느냐가 가장 중요하다. 그런데 우리나라의 세월호 침몰사건과 미국 허드슨 강 여객기 불시착 사건의 골든타임 대응은 극명하게 대비되었다.

2014년 4월 16일 세월호 침몰 신고가 된 후 현장에 출동한 목포해양경찰은 청와대 지침만 기다리면서 골든타임을 허비했다. 세월호가 기울 때 인근에 200여 척의 배들이 있었지만 구조 활동을 할 수 없었다. 해양경찰은 빠른 구조 활동을 해야 할 시간에 청와대에 보고할 영상과 사진자료를 챙기는데 시간을 보냈다. 그렇게 두세 번 보고와 지시가 오가는 사이에 세월호는 구조불능의 상태로 빠졌고 304명의 인명 희생을 부르고 말았다.

2009년 1월 15일 155명이 탄 여객기가 허드슨 강에 불시착했다. 불시착 3분 만에 북허드슨 소방구조대 구조선과 민간 페리선박들이 도착했고, 곧바로 구조활동에 들어갔다. 이어 뉴욕소방국 화재구조선, 해안경비대 구조선들이 도착하여 구조활동에 참여했고 불시착 24분 만에 탑승객들을 전원 구조했다. 이 사건은 현장기관인 북허드슨 소방구조대장이 현장 지휘를 맡았고, 뒤늦게 도착한 구조인력은 이를 돕는 역할을 했다. '재난 발생 시 현장을 잘 아는 사람이 지휘를 맡는다'는 현장 지휘권 제도 때문이다.

여기에서 또한 사례를 보자. 2014년 9월 전남 신안군 홍도 앞바다에서 109명이 탄 유람선 1척이 암초에 부딪혀 좌초되었다. 이 소식은 인근의 유람선과 어선들에게 전해졌고 침몰 직전 인근을 지나던 다른 유람선과 어선에 의해 탑승객 전원이 구조되었다. 구조가 모두 끝난 후 해양경찰이 왔다. 만약 해양경찰이 구조 전에 도착하여 또다시 민간구조를 저지시켰다면 어떤 일이 벌어졌을까?

세월호 참사 사건 후 중앙정부는 제도를 손 보고, 행정체계를 손 보면서 재발 방지를 약속했다. 그런데 그 후로도 참사는 이어졌다. 메르스 사태,

이태원 참사, 오송지하도 참사 등 수많은 참사가 줄이었다. 하지만 이 사건들은 공권력이 잘못 개입함으로써 참사로 확대된 공통점이 있다. 허드슨 강의 기적과 홍도 유람선 침몰사건처럼 사건 현장과 가장 가까운 구조대나 민간이 구조를 주도했더라면 그토록 골든타임을 허비하지 않았을 것이다. 자치분권 선진국들이 골든타임을 허투루 허비하지 않는 것은 보충성 원칙 때문이다.

자치분권 선진국들이 있는 유럽에서는 보충성 원칙(Principle of Subsidiarity)을 바이블처럼 여긴다. 유럽의 각 나라, 지방정부(州) 등은 보충성 원칙을 자치분권 제도와 정책에 대한 1차적 가늠자로 여긴다. 1985년에 만든 유럽지방자치헌장 제4조 3항에 보충성 원칙을 강제화하고 있다. 오늘날 보충성 원칙은 유럽뿐만 아니라 세계 자치분권의 최상위 지도 원리로 자리매김되었다.

보충성 원칙이란 모든 민생의 공공사무는 지방정부가 담당하고 국가는 이를 지원·보충하는 역할을 한다는 개념이다. 또 지방 사무는 지방정부 중 주민 생활과 밀착해 있는 기초자치단체가 우선하고, 광역자치단체는 기초자치단체가 수행할 수 없는 사무만 담당하도록 한다. 즉, 모든 민생의 의사결정은 개개 주민과 가까운 자치단체에서 행해져야 하고, 광역단위와 국가단위에서는 기초단위가 못한 부분만 보조·보충해야 한다는 원리다.

세계가 보충성 원칙 쪽으로 눈 돌리는 것은 기능과 당위 면에서 가장 으뜸의 요소이기 때문이다. 주민생활과 밀착한 자치단체가 주민생활의 문제를 푸는 최적의 열쇠라는데 공감대가 형성되어 있다. 또 보충성 원칙은 주민들의 유대관계가 활발한 자치단위에서 주민주도의 자치가 똬리 틀어야 한다는 당위성과도 부합된다.

그럼에도 불구하고 우리나라에서는 보충성 원칙을 형식적으로만 적용하고 있다. 우리나라 지방자치법 제11조(사무배분의 기본원칙) 2항에는 '국가는 제1항에 따라 사무를 배분하는 경우 지역주민생활과 밀접한 관련이 있는 사무는 원칙적으로 시·군 및 자치구의 사무로, 시·군 및 자치구가 처리하기 어려운 사무는 시·도의 사무로, 시·도가 처리하기 어려운 사무는 국가의 사무로 각각 배분하여야 한다'라고 되어 있다. 그러나 이것을 뜯어보면 보충성 원칙은 지방자치의 기본원리로 작동하지 않고 '사무배분의 원칙'으로만 국한되어 있다. 그도 돈과 권한을 따로 떼어 사무배분하거나 기초자치단체를 도외시 하는 사무배분을 하는 것도 보충성 원칙의 본뜻에 어긋난다. 그런 면에서 보자면 우리나라는 자치분권의 후진국에 속한다.

보충성 원칙은 국가나 자치기관 간 사무배분 뿐만 아니라 자치단체와 주민의 관계에서도 매우 중요하게 작용한다.

경남 함양군이 2004년부터 벌인 '1억 버는 농업인 100명 만들기' 시책은 보충성 원칙에 부합된 사례였다. 여느 농촌자치단체들이 이런 사업을 벌인다면 자치단체가 1억 원 벌만한 소득작물을 발굴하고, 그 작물 재배에 필요한 시설 자금을 보조 사업으로 내세웠을 것이다. 그러나 함양군은 1억 원을 벌 기술과 의지가 있는 농업인을 대상으로 공모사업을 폈다. 함양군은 농업인들의 1억 원을 벌 계획이 신실한지 가려서 농업인들 실정에 맞게 지원하는 역할을 했다. 때문에 이 시책은 담당 공무원 책상머리가 아닌 농업인들 사업현장이 중심지가 되었다. 그런 가운데 농업인들은 보조사업비를 한 푼이라도 아껴 쓰려고 했고, 자기 주도로 계획한 사업의 성과를 위해 한층 노력을 기울였다.

함양군의 '1억 버는 농업인 100명 만들기'시책은 보충성 원칙이 주는 효율성을 보여준다. 이는 자치행정이 공급자 중심에서 수요자주민 중심, 현장 중심으로 바꾸면 혁신의 힘이 배가된다는 것을 가르쳐 준다.

　보충성 원칙은 고장의 집단갈등 같은 위기관리에도 효용성이 뛰어나다. 민주화 과정에서는 권리의식이 분출하면서 사회적 갈등상을 빚곤 한다. 지역에서도 여러모로 이해 충돌 요소가 두드러지기 때문에 지역사회가 갈등의 몸살을 겪는다. 그러나 지역사회에서 보충성 원칙이 적용되면 갈등상이 한결 쉽게 풀린다.

　보충성 원칙은 사회적 무게 중심이 아래로, 현장으로 쏠리면서 주민들에게 권리와 책임의 균형의식을 준다. 이런 균형의식은 공론장에서 서로 다름을 존중하는 의식을 발전시켜 공론의 공감대 형성을 도모한다. 때문에 보충성 원칙은 주민 간 갈등상을 공동체 발전상으로 되 바꾼다.

2) 재정분권을 주민 삶의 질 쪽으로 바꾼다

　돈을 나누는 재정분권은 자치분권의 핵심요소다. 세금을 거둬 만든 나랏돈은 국가살림 곳간과 지방살림 곳간으로 나누고 이를 다시 자치단체들 곳간에 채우는 일이 재정분권의 원리다. 재정분권은 역대 정부에서 쭉 이행되다가 자치분권 3대 특별법 제정된 2004년 이후 더욱 속도를 냈는데 문재인 정부에서 가장 큰 변화를 이루었다. 참여정부는 균형발전특별회계를 통해 농촌지역(조건불리지역) 쪽으로 물꼬를 트는 역할을 했고, 문재인 정부는 더 나아가 국세와 지방세 비율 조정 등 구조적 측면까지 발전했다.

　재정자립도가 취약한 농촌자치단체들은 나랏돈에 큰 관심을 기울였다. 여러모로 재정수요가 많은 농촌자치단체들은 나랏돈을 지역개발의 핵심 동력으로 여겼다. 하지만 농촌개발의 초석이 되어야 할 재정분권이 많은 역기능을 불러일으켰다. 잘 못 나눠진 나랏돈이 건강한 자치분권 발전에 해악을 끼치는 일까지 빚었다.

그렇다면 농촌자치단체 재정분권의 바른 방향은 무엇일까?

첫째, 세입분권과 세출분권의 균형을 세운다.

상속 분쟁으로 가족공동체가 깨지는 경우가 적지 않다. 부모로부터 물려받은 재산이 자식들 살림 자립의 밑거름이 되어야 할 텐데 오히려 자식 간 싸움의 불씨가 되고, 형제간 우의를 깨트리는 원인이 되기도 한다. 그렇듯 개인 돈이든 나랏돈이든 돈을 어떻게 나누느냐에 따라 그 돈이 선용의 싹이 되기도 하고, 악용의 싹이 되기도 한다.

부모가 자식을 분가시켜 딴살림을 차려줄 땐 응당 자식의 자립을 돕는 기능을 하기를 바란다. 만약 분가한 자식이 살림 밑천을 흥청망청 쓴다거나 지속적으로 부모한테 의존하려 한다면 실패한 분가가 된다. 때문에 재정분권은 자치단체들의 자율과 책임을 주어야 한다. 자식이 부모의 간섭으로 벗어나 살림을 꾸리듯 자치단체도 중앙정부의 간섭으로부터 벗어나게 하고, 자율을 누리는 만큼 살림살이의 책임을 지도록 한다.

하지만 그간 재정분권은 자치단체들 곳간만 채워주는 기형적인 세입분권(歲入分權)[9] 쪽으로 쏠려 있었다. 그로 인해 지난 20년 동안 자치단체들은 엄청난 재정팽창을 가져왔다. 가난했던 자치단체 빈 곳간이 채워지면서 많은 돈은 눈먼 돈이 되고, 제왕적단체장의 폐습을 키우고, 농촌혁신의 힘을 빼는 쪽으로 작용했다. 돈 보따리 키우는 데만 힘쓸 뿐 그에 상응한 책

---

[9] 세입분권이란? 지방정부가 자율적으로 세원을 확보하는 권한이고, 세출분권은 지방정부가 자율적으로 세금을 지출할 수 있는 권한을 말한다. 하지만 우리나라에선 세입·세출분권이 근본적으로 막혀있기 때문에 자치단체들이 세입분권을 곳간 채우는 수단으로 오용하고 있다.

임의 추가 작동하지 않은 결과다.

때문에 주민자치시대 재정분권은 자율과 책임이 서도록 세입분권과 세출분권이 균형을 이루어야 한다. 8:2의 국세와 지방세 비율을 7:3 나아가 6:4까지 개선하여 지역 자주성을 높이려는 취지는 좋으나 이를 기계적으로 접근하면 지역 간 빈익빈 부익부를 부르고, 세원이 빈약한 농촌지역은 크게 희생당할 수 있다. 때문에 국세축소에 대응할 지방교부세율 인상과 더불어 지역 간 격차를 줄여줄 지역 간 수평적재정조정제도 시행을 바탕에 깔아야 한다.

둘째, 농촌형 세원을 개발한다.

우리나라와 서구의 자치분권 질적 차이는 과세구조에서 나타난다. 서구는 내가 내는 세금이 나의 행복과 고장 발전의 밑거름이 되기 때문에 주민들은 세금을 많이 내는 것을 자랑으로 여긴다. 반면 우리나라는 내가 내는 세금의 대부분은 국가 곳간에 채워지고 그 돈의 씀씀이를 알지 못한다. 때문에 우리나라에서는 세금을 뜯기는 돈으로 여겨 조금이라도 덜 내는 쪽으로 관심을 기울인다. 이렇듯 자치단체의 과세권은 자치분권 질적 발전의 원동력이지만 우리나라는 중앙정부가 과세권을 독점하고 있다.

오랜 중앙집권체제를 지내온 동안 자치단체들은 과세권을 탐탁지 않게 보는 경향이 있다. 중앙재원을 따오는 데 길들여진 자치단체들은 주민들 호주머니를 터는 과세권은 나 몰라라 하는 것이다. 많은 자치단체장과 지방의원은 과세권이 자신들의 표를 떨어뜨리는 일이라 여기는 터다. 중앙정부가 탄력세율제도[10]를 통하여 제한적으로나마 자치단체의 세율결정

---

[10] 탄력세율제도는 정부가 법률로 정한 기본세율을 탄력적으로 변경하여 운영하는 세율을 말한다. 지방세에서 탄력세율의 적용가능 범위를 지방세법에서 규정하여 그 범위 안에서 지방자치단체의 조례에 의해 자율적으로 세율을 규정하도록 하고 있다. (발췌 : 시사경제용어 사전)

권을 부여하고 있지만 농촌자치단체들은 탄력세율제도를 한 건도 활용하지 않았다.

그럼에도 불구하고 세입분권과 세출분권의 균형을 이루려면 자치단체의 과세자주권이 필수적이다. 혹자들은 재정자립도가 10% 안팎에 머무는 농촌자치단체들에게 과세자주권을 준들 실효성이 있겠느냐는 의문을 제기한다. 하지만 농촌이 혁신의 기운을 입기 위해서는 적은 액수라도 지방세를 확충하는 노력을 보이지 않으면 안 된다.

이를 위해 농촌실정에 맞는 농촌형 세원 개발에 머리를 맞댈 필요가 있다. 일본의 법정외세[11](목적세) 사례 등을 검토하고, 2023년부터 시행하고 있는 고향사랑기부제를 확대 응용할 필요도 있다. 예컨대 농촌에 널려진 전통문화와 생태환경의 보전을 주제로 하는 '고향사랑 납세제' 개발도 고민할 만하다. 주민들의 전통문화와 농촌 생태환경 보전 활동이나 마을 공동체 돌봄활동 등을 환산하는 비현금성 세원으로 개발한다면 농촌의 사회자본 융성을 도모하는 한편 자주적 자치혁신을 꾸리는 효과를 기대할 수 있겠다. 이를 위해서는 시대 추세와 맞지 않은 조세법률주의도 손 봐야 한다.

셋째, 국고보조금제와 광역우선주의 재정분권을 개혁 한다.

국고보조금은 순기능보다 역기능이 훨씬 큰 패악제도다. 국고보조금은 농촌자치단체의 자주재원을 갉아먹고, 지역 자주성을 떨어뜨리고, 중앙의 지역 지배력만 키우는 반(反) 분권적 제도다. 따라서 지역 이해가 큰 사무와 그에 드는 돈은 지역으로 이양하고, 그에 따른 책임도 부여하는 것

---

11) 일본 법정외세제도는 지방자치단체에 대하여 법정세목 이외에 그 스스로 세원을 발굴하고 세율을 정하여 주민에게 부과할 수 있는 권한을 주는 제도다. (발췌 : 법제처의 '일본의 법정외세 제도' 법제 논문)

이 마땅하다. 다만 농촌 생활환경 개선이나 생활밀착형 복지사업처럼 중앙과 지역의 이해가 중첩되는 사업이나 지역혁신의 지렛대가 되는 사업은 중앙정부와 자치단체 간 협약에 의한 보조방식으로 개선할 필요가 있다.

이를 위해서는 광역 우선주의 재정분권을 보충성 원칙에 의한 재정분권으로 개선해야 한다. 지금껏 지방분권은 광역자치단체 쪽으로 쏠려 있다. 중앙사무 이양도 광역 쪽으로 쏠려 있고, 재정분권도 7할 이상을 광역 쪽에 주고 있다. 광역시(市)에 비해 대부분 농촌이 속한 광역도(道)는 자치분권 개혁을 역행한다. 농업·농촌과 관련된 공공의 일들은 대부분 기초자치단체에 속해 있지만 광역도들은 상전노릇을 하느라 지역 간 상생 협력과 광역단위 보완기능을 방기하고 있다. 광역도는 자치성격상 농촌 지역혁신과 거리가 먼 입장인데도 자꾸만 개입하여 일을 망치기 일쑤다. 때문에 광역도는 농업·농촌관련 기본정책에서 손을 떼고, 품목별, 권역별 상생협력과 기초자치단체를 지원하는 쪽으로 자리매김해야 한다.

넷째, 재정분권을 주민의 삶의 질 중심으로 바꾼다.

지금껏 자치분권은 나침판 없는 배와 같았다. 지역 살리기와 주민 삶의 질 높이기 수단이 되어야 할 자치분권이 기본 방향을 상실해 왔다. 때문에 자치분권 제도와 정책은 공급자 중심 논리에 묶였다. 중앙정부가 자치단체를 대하는 것이나 자치단체가 주민들을 대하는 것도 공급자 중심이었다. 이런 구조하에서 시행되는 재정분권은 모순일 수밖에 없었다.

농촌자치단체들은 중앙정부의 대리점 기능에 길들여진 나머지 주민들을 대상화 하는데 익숙해 있다. 농촌에 투여되는 대부분의 예산이 하향식 정책사업으로서 농촌주민들의 자주력을 떨어뜨리고 농촌사회를 뺄셈구조로 내몬다.

압축성장기 경제개발 모델은 요소투입형이었다. 자본, 노동, 기술 등을 집약적으로 투입하여 생산성을 극대화 시키려는 목적이었다. 중앙정부는 이런 요소투입형 개발방식을 농촌개발사업에 적용시켰는데 아직까지 그 잔재가 남아 있다. 농업은 전업농 중심 거품 정책을, 관주도 생산 일변도 정책을 폈다. 농촌복지는 시혜성 짙은 현금급부 정책을, 농촌문화는 주민들을 구경꾼으로 전락시키는 정책을 폈다.

자치분권 2.0시대 재정분권은 공급자 중심을 수요자 중심으로 바꾸는 일이다. 문재인 정부가 내건 구호처럼 '내(주민) 삶을 바꾸는 자치분권'을 지향해야 옳다. 재정분권이 주민의 삶과 통하려면 기존의 공공자원(서비스) 배분방식을 개혁해야 한다. 아울러 재정분권을 요소투입형에서 혁신주도형으로 탈바꿈시킨다. 농업은 공동체 기반형을, 융·복합형을, 관계시장형을 지향하고, 농촌복지는 지역사회 중심형 따뜻한 복지를, 농촌문화는 주민 주도적 공동체문화를 지향한다.

이를 위해 주민들에게 꼬리표를 뗀 포괄 재정을 대폭 늘리고, 주민들이 스스로 계획하고, 선택한 일을 뒷바라지하는 방식으로 바뀌어야 한다. 지역 특성과 주민 실정을 우선하는 민간의 경상적 보조방식을 지향한다. 아울러 농촌주민 생활에 직접 공급하는 직접지불을 확대시킨다.

3) 행정분권 일변도를 생활분권 쪽으로 바꾼다

자치분권은 지난 20년간 정치직으로 크게 떴다. 자치분권은 한 때 개헌의 중심 의제가 되기도 했다. 헌법에 '대한민국은 지방분권국가다'라고 못 박고, 양원제 국회, 자치입법권 보장, 보충성의 원칙, 수평적 재정조정제 등을 개헌에 포함시키자는 목소리가 중앙정치권에 널리 퍼지기도 했다.

문재인 전 대통령은 한술 더 떠서 연방제 수준의 지방분권 시행을 대통령 선거 중심공약으로 내걸었다. 2018년 5월에는 자치분권 의제가 다수 포함된 10차 개헌안이 대통령에 의해 발의되었다가 야당의 반대로 폐기되기도 했다.

자치분권은 그간 행정의제로도 크게 떴었다. 자치분권 관련 특별법이 두 차례 제정되었고, 역대 정부마다 자치분권 추진기구를 설치했다. 문재인 정부 때는 지방자치법 전면개정 되었고, 중앙사무를 지방에 넘기는 일괄이양법이 제정되기도 했다. 문재인정부는 균형발전특별회계를 통한 재정분권의 물꼬를 트기 시작했고, 8:2이던 국세와 지방세 비율을 7:3으로 개선하기도 했다.

이런 가운데 자치분권은 지역과 농촌 살리기의 적극적인 대안운동으로 떴다. 자치분권은 지역과 농촌을 지배하는 서울일극 굴레로부터 벗어나고, 지역과 농촌의 활력원을 되찾아 오려는 시대적 가치운동으로 주목되었다.

그런데 자치분권 의제가 정치ㆍ행정적으로 크게 떴지만, 대다수 지역주민들은 무관심하다. 지역에서는 자치단체장, 지방의원 등 지역정치인들과 일부 지역시민사회운동가들만 관심사로 여길 뿐 대다수 지역주민들에게는 먼 나라 이야기이다. 자치분권운동이 지역민들의 지지를 바탕으로 공정과 상식을 바라는 사회적 공감의 장이 되어야 할 터인데 그렇지 못했다. 지난 20년간 자치분권은 행정분권이 주를 이루었다. 돈과 권한을 둘러싼 중앙정부와 자치단체들 간 줄다리기였다. 중앙정부는 돈을 찔끔찔끔 주면서 지배구조를 유지할 방법을 좇았고, 권한을 넘겨주되 핵심권한을 뺀 채 넘겨주려 했다. 자치단체들은 을의 입장을 견지하면서 돈을 많이 따오는 쪽에 무게 중심을 두었다. 이런 자치분권 덕에 농촌자치단체의 곳간이 채워졌지만 실상 주민들에게는 그림의 떡이었다.

지난 20년 자치분권은 주민 생활과 거리가 먼 엇박자 치기였다. 자치분권으로 따온 많은 돈은 허울 좋은 발전과 개발논리로 치환되어 써졌다. 이런 돈은 낭비를 불렀고, 먼저 본 사람이 임자라는 비도덕심을 흩뿌렸다. 주민 삶의 질과 동떨어진 자치분권은 급기야 주민의 자주력을 떨어뜨렸고, 지역혁신 의지를 꺾어 버리기 일쑤였다.

자치분권 2.0시대는 자치분권이 주민의 삶의 질과 통해야 한다. 자치분권이 주민의 삶의 질과 통하려면 행정중심 자치분권이 주민 생활중심으로 전환되어야 한다. 자치분권 의제가 주민 생활과 맞닿으면 주민들은 이를 수용할 바를 찾아 나서게 된다.

지금부터는 주민들이 흡수 이용할 자치분권, 주민들 손에 잡히는 생활분권 요소들을 살펴보자.

하나는 문화분권이다

농촌은 주민들이 오래도록 유대관계를 누려온 터전인지라 골골이 문화전통의 질감이 두텁다. 마을마다 자연을 영위하고, 주민끼리 협력하는 문화를 향유하는 양식이 다르다. 마을을 넘어선 면단위나 면단위를 넘어선 군단위마다 문화전통의 색깔이 다르다.

주지하다시피 농촌문화는 산업화 전·후기를 거치는 동안 크게 훼손되었다. 조국근대화 깃발 아래 획일적 문화가 휩쓸면서 농촌다움이 크게 훼손되었고, 농촌지역의 심지가 되었던 자기 정체성마저 상실해 갔다.

주민자치는 주민들 유대관계 속에서 발전한다. 지역문화는 그런 유대관계의 삶의 양식이 켜켜이 쌓이면서 만들어진다. 때문에 지역문화는 지역

전통을 이어 받은 얼이 되고 지역 정체성이 된다.

자치분권 2.0시대에는 지역문화를 일으켜 세우는 일이 우선 과제다. 지역문화 정체성을 품지 않고서 온전한 지역비전을 세울 수 없다. 지역전통을 더듬어 얼을 찾고, 지역문화 정체성을 세우고, 지역의 앞날을 밝힐 문화비전을 꾸린다.

농촌지역에는 중앙문화 아류들이 판친다. 지역에는 중앙권력의 통치문화 잔재들이 남아 있다. 아직껏 많은 마을회관에는 태극기와 새마을기가 나부낀다. 지방자치시대 시·군을 상징하는 깃발보다 70년대 군부정권이 만든 새마을 깃발이 우선시 되는 것이다. 1960~1980년대 중앙주의 세력이 통치문화의 나팔수로 만든 시·군 문화단체들과 관제단체들이 자치분권시대 조류로 갈아타지 않고 있다. 이는 중앙주의세력이 농촌을 지배하고자 만든 식민지문화다.

자치분권 2.0시대는 중앙주의 촉수문화와 외생적발전 의식을 극복해야 한다. 정치축제로 변질된 지역축제를 지역문화 배태형 축제로 바꾸어 나간다. 지역 전통문화, 식문화, 생태문화 등을 통해 농촌다움의 볼륨을 키우고, 문화 융·복합을 통해 관광과 농업 발전을 도모한다. 도로명주소로 잊히는 전통지명을 되살리고, 중앙기관이 가져간 지역문화재를 환수해 간다. 지역 문화유산은 지역주민의 조상들로부터 물려받은 주민의 얼 자산이다. 때문에 문화유산은 오늘을 사는 주민들의 자긍심으로, 삶의 좌표로 되살아나야 한다.

하나는 농업분권이다

농업은 국민 식량을 담당하고, 농업·농촌이 환경적, 문화적, 사회적 공익기능을 담당하기 때문에 국가가 자국의 농업을 보호해야 마땅하다. 또한 농산먹거리는 수요와 공급에 따라 가격진폭이 큰데다 국제 먹거리 시장의 영향을 크게 받기 때문에 중앙정부가 가격 보호에 나서야 한다. 그뿐만 아니라 농업이 국제무역질서 속에서 희생양이 될 수 있기 때문에 중앙정부가 자국 농업보호에 나서는 것이 마땅하다.

하지만 농업은 지역의 고유한 자연조건과 이를 활용하는 노동과 기술 조건을 통해 영위하기 때문에 지역성이 강한 특성을 가지고 있다. 자연조건은 지역마다 천차만별이다. 똑같은 품목일지라도 토양, 기온, 바람, 햇빛, 강수 등 자연조건에 따라 전혀 다른 맛과 영양을 나타내고, 이를 활용하는 기술과 상품화 방법도 다르기 마련이다. 가치를 중시하는 오늘날에는 농업의 지역적 특성을 더욱 중시한다.

뿐만 아니라 농업은 땅을 기반으로 영위하기 때문에 지역 공간 조건과 불가분의 관계다. 또한 농업은 노동의 집약조건과 지연적 조건이 필수적이어서 마을과 지역사회 유지와도 밀접한 관계를 가지고 있다. 게다가 농촌은 생태환경의 부양 공간도 되기 때문에 지속가능 의제의 터가 된다. 때문에 농촌은 먹거리 생산과 주민생활이 결합된 터전이자 지역사회 유지의 고리고, 주민과 자연환경의 공생 터전이다.

그간 농촌은 중앙정부의 획일적 우산 아래 있었다. 농촌지역의 자연적, 사회적, 문화적 특성은 무시되었다. 중앙정부는 농촌을 국민 먹거리 공급의 수급산지란 개념으로 덧씌워 수급 안정화의 관리대상으로 여겼다. 때문에 농촌에서 생산되는 먹거리의 가치보다 시장에 공급되는 물량을 중심에 놓은 셈법을 썼다.

이런 가운데 중앙정부는 농촌자치단체를 중앙자원을 뿌려주는 배달꾼으로 여겼다. 중앙정부가 획일적으로 시행하던 정부지원 사업이 2000년대 들어 맞춤형 사업으로 바뀌었다고 하지만 본색은 변하지 않았다. 농림축산식품부의 지원 사업은 시·군·구 → 시·도 → 중앙으로 이어진 각 단위 농정심의회를 거쳐 결정된다. 지원 사업이 세분화 되어있지만, 이는 어디까지나 중앙정부가 정한 메뉴여서 중앙정부 주도적 사업이란 속성을 벗어나지 못한다. 때문에 시·군·구 농정심의회는 중앙지침에 따라주는 거수기 역할을 벗어나지 못한다.

자치분권 2.0시대에는 중앙에 예속된 농업을 분권화 시켜야 한다. 중앙정부는 국민식량 공급, 농업·농촌 다원적 기능의 보전, 농촌주민의 삶의 질 안전망 등의 일을 맡고 나머지는 농촌자치단체에 다 맡겨야 한다. 농촌자치단체는 중앙 보고용 농어촌발전계획을 지역 자주적 계획으로 바꾸고, 지역농업정책을 꾸릴 협치 체계를 세워야 한다. 지역 농업회의소를 만들고, 지역농협을 지역농업의 주체로 보듬는다.

가족 중·소농은 지역농업의 핵심동력원이다. 가족 중·소농은 농촌공동체와 마을유지의 핵심자원이자 농업·농촌의 사회적, 문화적, 환경적 공익기능의 중심체다. 가족 중·소농은 농촌다움을 수반한 지역 가치농업과 농촌 내생적혁신의 중추체이기 때문에 농업분권의 핵심과제로, 지역농업 비전으로 잘 동여야 한다.

하나는 복지분권이다

2000년대 들어 농촌복지는 양적인 면에서 비약적으로 발전했다. 2004년 농어업인 삶의 질 향상 및 농어촌 지역개발 촉진에 관한 특별법 제정을 기점으로 농촌복지정책은 더욱 체계화되었다. 이 법을 근거로 농촌주민의 삶의 질 향상 기본계획이 수립되었고 다양한 복지정책이 시행되었다. 공적연금, 건강보험, 노인요양보험 등 사회보험 분야나 국민기초생활보장제도, 경로연금, 경영이양직접지불제 등의 공공부조나 노인, 여성, 장애인, 영·유아 대상 사회복지서비스도 크게 향상되었다.

  그렇다면 이 같은 복지정책의 발달은 농촌 주민들에게 행복감을 심어 주었을까? 복지서비스의 양적 성장에 비해 복지서비스의 질은 그다지 성장하지 않았다는 것이 일반적인 평가다. 투여되는 돈에 비해 주민들의 복지체감도는 매우 떨어졌다. 거기에는 크게 두 가지 문제가 도사리고 있었다.

  먼저 복지주체와 겉도는 요소투입형 복지의 문제를 들 수 있다.

  우리나라 농촌복지는 사회보험, 공공부조, 사회복지서비스가 중심을 이루고 있는데 이들 복지는 대부분 요소투입형을 띠고 있다. 차상위층이든 노인이든 농촌여성이든 복지대상을 선택하여 공공기구에서 현물·현금·서비스를 제공하는 방식이다. 이는 공급자 중심 복지를 띠고, 주민들은 대상화 시켰다.

  그러다 보니 복지의 주체가 되어야 할 주민들은 복지의 수혜 대상이 되었고, 주민의 복지를 바라지해야 할 공공기구가 복지의 주체가 되는 본말전도 현상을 낳았다. 농촌복지는 복지정책이나 복지사업을 펴는 사람들의 놀음에 빠져들었다. 농촌주민들은 복지사, 의료·요양기관, 복지사업체들의 잣대에 따르도록 되어 갔다. 때문에 그들이 펴는 복지정책과 복지사업은 주민의 행복과 동떨어질 수밖에 없었다.

  다음에는 농촌 실정과 동떨어진 복지체계를 들 수 있다.

  그간의 복지정책은 중앙집권형을 띠었다. 농촌자치단체들은 중앙정부가 만든 획일적인 정책을 일방적으로 수행·집행했다. 복지조건은 농촌과 도시가 다르고 지역마다 다르지만, 복지정책은 이런 현장성을 무시했다.

  예컨대 2018년에 중앙정부가 공동체 돌봄(커뮤니티 케어) 선도사업을 시행하면서 8개의 시범사업지구를 선정했는데 농촌은 2개 지역만 선정했다. 공동체 돌봄은 공동체문화의 토대 위에 돌봄 체계를 얹는 일이다. 그런데 중앙정부는 이런 조건과 동떨어진 도시를 중심으로 정책을 펴겠다고 했고, 농촌공동체 돌봄에다 도시 잣대를 대는 우를 범했다.

주민자치시대에는 주민에 의한 주민의 복지를 지향한다. 전통마을의 상부상조 정신을 복지분권의 중심가치로 되살린다. 주민들은 복지의 주체가 되고 자치행정은 이를 뒷바라지 하는 지역중심의 따뜻한 복지를 구현한다.

마을마다 어르신들이 공유텃밭과 공유부엌을 통해 공동체 돌봄의 기운을 북돋운다. 보건행정이 치료중심 보건에서 예방중심 보건으로 탈바꿈하여 농촌공동체 돌봄의 지렛대 역할을 한다. 지역 먹거리체계가 건강한 밥상문화를 일으킨다. 주민들이 고독과 갈등 문제의 해결주체가 된다. 이렇듯 주민자치시대에는 주민의 행복을 향하는 행복분권을 지향한다.

이 밖에도 자치분권 2.0시대에는 환경분권, 에너지분권, 교육분권 등에도 힘을 쏟는다. 환경분권의 경우 관리 중심인 자연공원을 주민과 생태의 공생 터전으로 바꾼다. 에너지분권의 경우 중앙이 독점하는 에너지관리체계를 지역에너지 관리체계로 바꾼다. 교육분권의 경우 중앙집중화, 도시화 되어 있는 교육을 지역사회중심형 교육으로 바꾼다.

1. 농촌역사는 공동체역사다

1) 집단주의에 포박된 공동체주의

농촌이 개발독재 통치구조 편제에 들면서 농촌공동체문화가 속절없이 무너졌다. 1960년대 농촌에는 공동체문화가 밀려난 자리에 새로운 집단문화가 자리 잡기 시작했다. 중앙정부 자원을 두고 지역 간 자원쟁탈전이 벌어지면서 지역할거주의가 판치기 시작했다. 지역할거주의 판은 영·호남 간, 시·도 간, 시·군·구 간, 읍·면 간, 마을 간 쟁탈전으로 불붙었다. 주민들의 애향 깃발이 집단주의로 변색되어 갔다.

1990년 들어 지방자치가 부활하자 농촌에는 또 다른 집단주의 문화가 일었다. 농협 선거에다 지방자치 선거가 더해지자 농촌에는 집단주의 바람이 거세졌고, 주민들을 학연, 지연, 혈연의 관계로 옭아맸다. 면 단위의 활동력 있다는 주민이라면 기본적으로 20개 정도의 혈연, 지연, 학연 모임에 가담했다. 농촌공동체가 물러나간 자리에 집단주의가 똬리를 트는 형국이다.

이렇듯 집단주의가 횡행하는 농촌에 공동체 정책들이 밀려들자 공동체를 오용하는 일들이 횡행하고 있다. 그중 공동체를 집단주의로 오해하는 경향이 많다. 이는 마을 만들기를 주도하는 이장이나 마을 리더들이 주민들을 계도하고 이끌어 빠른 성과를 보이려 할 때 두드러진다. 또 사회적 경제 리더들이 배타적 울타리를 높여 사업성과를 높이려 할 때도 두드러진다. 공동체 사업이 관주도적으로 벌어지면서 기존 집단주의 문화에 먹히는 현상이다.

한편 공동체를 개인주의의 반대 개념으로 오해하는 이들도 많다. 이는 주로 젊은 층에서 두드러진다. 이들은 공동체를 개인의 개성을 침해하는 일로 오해한다. 때문에 이들은 공동체를 '꼰대의 논리'나 '지배의 논리'로 오해하면서 '엮이기 싫다'는 반감으로 대하곤 한다.

그렇다면 공동체주의와 집단주의는 어떤 차이가 있을까?

공동체주의는 사람들 개개인이 속한 집단 전체의 입장을 뜻한다. 공동체주의에서는 각자 각자의 다름을 인정하고 그들의 개성을 존중하면서 구성원 전체의 이해와 행복을 추구한다. 때문에 공동체주의는 다양성이 통하고, 개개인의 의사가 녹아지는 숙의민주주의와 통한다.

이에 비해 집단주의는 개개인의 다양한 입장보다는 공통된 다수의 뜻을 중시 여기고 구성원들이 그에 따르기를 추구한다. 집단주의에서는 '남에게 폐가 될까?' 걱정하고 집단에 거스르지 않으려는 체면을 앞세운다. 때문에 '우리가 남이냐' 같은 단결력을 자발적인 연대 의식으로 오인하곤 한다.

공동체주의는 개개인의 존엄과 의사가 민주적으로 결합되는 것을 추구하고, 집단주의는 개개인의 입장보다 집단의사를 중시 여기고 집단이해를 관철하기 위한 단결을 강조한다. 그런 점에서 보자면 오늘날 농촌은 공동체주의보다 집단주의 성향이 강하다. 각종 단체들은 상생과 협력보다는 자신들 이해와 입장을 관철시키는 수단으로, 각 작목조직들은 공공지원금을 많이 따내려는 쟁탈전의 수단으로, 마을조직은 공공지원의 파이프로 인식한다.

공동체주의 기저에는 개인주의가 깔려있다. 개인주의는 개개인의 권리와 자율적 의식을 존중한다. 때문에 개인주의는 자신의 존엄을 중시 하는 만큼이나 타인의 권리나 의사를 침해하지 않으려고 한다. '내 맘대로', '내 멋대로'를 개인주의 의식이라는 것은 개인주의에 대한 오해다.

집단주의 기저에는 이기주의가 깔려있다. 이기주의는 타인의 입장이나 의사보다 나 자신을 중시 여긴다. 내 이익을 위해서라면 남에게 피해를 주든 말든 상관하지 않는 자기 우선주의다. 이기주의는 때로 타인과 협력관계를 갖기도 하지만 그건 어디까지나 내 이익을 관철할 목적에다 방점을 찍는다.

개인주의는 개인의 존엄을 중시 여기면서 타인의 존엄을 존중하는 쪽을 지향한데 비해 이기주의는 개인의 입장과 이익에 집착한다. 그러므로 공동체주의는 개인주의와 통하고, 집단주의는 이기주의와 통한다. 공동체는 개개인의 의사를 민주적으로 결합시켜 공동의 문제 해결에 나서지만, 집단주의는 집단의 이익을 위해 배타적 감정의 날을 세우고, 개개인의 다름을 몰인정하는 속성을 지닌다.

흔히 "서양 사람들은 개인주의에 젖어 있어 공동체의식이 약하다"라고 말하는 건 앞뒤가 맞지 않은 말이다. 또한 요즘 일부 청년들이 공동체를 '엮이는 관계' 같은 구속적 의미로 치부하는 것도 공동체에 대한 오해에서 비롯된 말이다. 따라서 농촌사회가 상호 다름의 가치를 존중하면서 공동의 선을 추구하려면 퇴행적 집단주의와 이기주의를 극복하고 건강한 개인주의와 공동체주의를 품어야 옳다.

2) 공동체는 농촌의 세포 같은 존재다

예로부터 공동체는 농촌에서 발달하였다. 도시는 시장이 발달하여 협력관계보다는 경쟁문화가 발달하였고, 일터와 생활공간이 분리되어 있다. 하지만 농촌은 생산현장으로서 상생과 협력의 문화가 발달하였고, 일터와 생활현장이 같은 공간에 있어 도시보다 공동체문화가 발달할 수밖에 없었다.

농촌은 생활상 유대관계와 생산의 협동관계로 이루어져 있어 공동체가 필수 요소다. 생활의 유대공간은 전통적인 자연마을이나 읍·면 또는 시·군 범위로서 주민들이 일상을 영위하는 생활권이다. 오늘날은 교통, 통신의 발달로 생활권이 예전보다 확장되었고, 온라인 등 가상공간도 일상의 범주에 들기 때문에 유대관계도 훨씬 다양해졌지만, 공간적 조건은 무시하지 못한다.

농촌은 종횡으로 엮인 인보적관계, 지역문화의 특성에 의한 생활양식의 동질성, 기후, 지형 등 환경적 특성이 복합되어 있어 유대공동체가 발달하기 용이하다. 게다가 농촌은 도시보다 열악한 환경을 극복하기 위해 공동체가 필요한 면도 있다. 때문에 농촌공동체는 주민생활의 지렛대와 같은 존재로서 주민의 삶의 질에 직접적인 영향을 끼친다. 공동체문화가 발달하면 할수록 주민의 행복지수가 높아진다는 의미다.

농촌은 구조상 소생산자들이 대다수를 이루기 때문에 사람들끼리의 협력관계가 중요하다. 소생산자인 가족 중·소농이 농업생산을 영위하려면 협업·협동이 필수적이다. 이들은 생산과정의 일을 혼자 감당할 수 없기 때문에 타인과의 협력관계를 지어 해결하고자 한다. 마을단위별, 품목별 작목반이나 친환경농업별, 작기별 생산활동도 협업·협동 관계 속에서 이루어진다. 먹거리 가공이나 유통과정에서도 상생활동을 수반한다. 가공은 시설, 기술, 원료의 공유를 통해서 경쟁력이 유지된다. 가족 중·소농들은 협력관계를 통해서 유통문제를 해결할 수 있다. 로컬푸드, 공공급식을 활성화 시키는 일이나 생협, 꾸러미 직거래, 크라우드 펀딩도 공동체적 기반과 밀접하다.

농촌공동체는 농촌의 자원 간 유기성을 살려 내생적발전을 도모하게 된다. 농촌자원은 다양성과 유기성의 특성이 있는데 농촌공동체는 이들 자원을 꿰어 그물코를 짓고, 자원순환의 매개체 기능을 하게 된다. 뿐만 아니라 농촌공동체는 관계인구와도 밀접하다. 농촌공동체들은 농·도교류의 창을 열고, 관계마케팅의 첨병이 되기 때문에 관계인구 만들기의 실질적 주체다.

노령화가 심화되는 상황에서 농촌공동체가 무슨 의미가 있을까? 의문을 표하는 이들도 있다. 하지만 농촌노인들이 가진 유대관계, 농업 기술·경영 능력, 제철진미 역량 등을 기반으로 공동체 돌봄을 창안한다면 계산이 달라진다. 이는 농촌 노인들의 생활을 풍성하게 하고, 이들이 갈망하는 재촌 황혼생활로 이어져 농촌공동체의 활력소가 될 수 있다.

이렇듯 농촌공동체는 생물 체의 세포와 같은 존재다. 생활경제와 가치혁신의 초석이고, 지역사회 중심 따뜻한 복지의 근간이다. 또한 공동체는 절차민주주의와 숙의민주주의를 발전시키고, 갈등·재난 등 사회위기를 잘 극복하도록 만들어 준다.

3) 농촌자치는 공동체 속에서 싹 튼다

농사를 짓는 토양에서는 미생물이 매우 중요한 존재다. 토양미생물[1]은 식물 양분의 재순환, 토양 유지, 오염물질 분해, 해충방제까지 해준다. 이는 토양 속 유기물을 분해하여 작물에 영양소를 공급해주고, 무기원소를 산화시켜 토양 물질순환을 도우니 토양에 꼭 필요한 존재다.

때문에 유기농업을 하려면 토양미생물을 증식시키고 관리하는 일이 필수적이다. 토양미생물은 매우 다양한 종류가 있는데 기능에 따라 필요량이 잘 활동하도록 관리하는 것이 중요하다.

토양미생물이 건강한 토양을 만들어 주듯 공동체는 농촌자치를 싹 틔워주는 역할을 한다. 미생물이 영양분을 분해하여 재순환시키는 것이나, 토양의 물질순환을 돕는 것이나, 오염물질과 병해충을 막아주는 역할이 농촌의 공동체 역할과 똑 닮았다.

농촌공동체 기능을 토양미생물 기능에 대입시켜 보자.

첫째, 농촌공동체는 농촌의 자원순환을 이끈다.

농촌에는 작은 자원들이 널려져 있어 헐겁게 버려질 수 있지만 이들이 가진 유기성은 살리면 큰 효력이 된다. 작은 자원들을 소재로 한 각각의 공동체들이 자원 간 복·융합을 일으켜 자원의 선순환구조를 이룬다. 이런 공동체들은 경제적 이익뿐만 아니라 생활상 나눔과 공유의 장으로 확장하고, 나아가 공동체 돌봄과 지역문화 창달의 힘으로 발돋움한다.

둘째, 농촌공동체는 농촌의 가치를 분해시키고 증식시킨다.

---

1) 토양미생물(soil microorganism)이란? 지표 혹은 토양 속에 생존하는 미생물의 총칭으로서, 세균이나 사상균, 방선균 외에 조류(藻類), 원생 동물 등 종류가 다양하다. 세균은 가장 많이 생식하고, 그 수는 토양 1g 속에 수십 억에 달한다고 한다. 사상균은 세균에 비해 수는 적지만 생체의 중량에 있어서는 가장 많고, 방선균은 세균 다음으로 많다. [네이버 지식백과]

농촌에는 대대로 이어온 문화유산과 자연을 지지대로 삼는 생태문화가 있고, 특색 있는 물산자원들이 널려져 있다. 이 자원들은 개인이 활용하기에는 범위가 너무 넓어 손에 잡히지 않지만, 공동체는 이런 자원들이 유익되게 실용화 시켜준다. 그런 과정에서 문화유산을 오늘의 관점에서 재해석하고, 자연생태를 공생의 가치로 재조명한다. 또한 물산자원의 환경적 특성을 분석하고, 특산물, 축제, 관계마케팅, 관계인구 등으로 실용할 바를 찾는다. 이런 과정에서 추상적인 농촌다움의 가치가 손에 잡히는 가치로 재탄생하고, 가치의 확대 재생산의 길을 타게 된다.

셋째, 농촌공동체는 농촌의 독소를 해소시키고 통합을 촉진시킨다.

농촌은 생산과 생활의 복합공간이기 때문에 여러 가지 독소가 발생하기 마련이다. 빈부 차별, 이익분쟁, 문화충돌 등이 그것이다. 오늘날은 자치행정의 자원배분 과정에서의 갈등, 귀농·귀촌인과 토착주민 간 갈등, 환경피해를 둘러싼 갈등, 어장 등 공유자원 이용을 둘러싼 갈등 등으로 갈등상이 더 다양해지고 있다. 공동체는 고장의 공론장을 발전시켜 농촌의 독소 해소를 도모한다. 농촌공동체는 타 공동체를 경쟁 대상보다는 서로 유익을 끼쳐주는 상생관계로 여기기 때문에 뺄셈의 농촌문화를 덧셈의 농촌문화로 변환시키는 힘이 된다. 따라서 공동체는 농촌 독소해소와 함께 농촌의 통합화를 이끈다.

토양에 미생물이 죽어 가면 어떻게 될까? 토양이 병들어 수많은 바이러스에 감염되고, 물 순환과 양분 순환 구조가 깨진다. 땅이 병들어 땅 힘이 떨어지는 만큼 화학비료·화학농약 의존도도 높아져 악순환 일로에 빠져든다. 그로 인해 그 토양에서 생산된 먹거리들이 오염되어 국민 밥상이 병든다.

이 같은 토양미생물의 기능상 원리는 농촌자치에도 그대로 적용된다.

첫째, 농촌에 공동체가 없으면 주민의제가 만들어지지 않는다.

주민의제란 주민의 생활상 필요한 일로서 주민자치에 있어서 가장 중요한 요소다. 하지만 지금까지 관제자치 구조에서는 주민의제가 잘 만들어지지 않았다. 어쩌다 공론의 자리에 주민생활상 필요사항이 오르더라도 '기타 건의사항' 정도로 치부될 뿐이다.

농촌자치는 주민의제를 먹고 자란다. 하지만 주민의제가 없으면 주민의 필요사항을 풀 농촌자치가 필요치 않게 된다. 농촌공동체는 주민의제를 싹틔우는 온상이다. 농촌공동체는 주민의 필요사항을 실행하는 주체로서 주민의제를 달고 존재한다. 때문에 농촌공동체들이 주체적으로 참여하지 않은 농촌자치는 주민의제를 담지 않은 가짜자치일 뿐이다.

둘째, 농촌공동체가 없으면 관제자치와 유지자치만 성행한다.

전통마을이 무너지고 주민 유대 범위를 벗어난 시·군이 기초자치의 주체로 부상한 후 주민의제가 설 자리는 없었다. 그 사이 농촌자치와 공동체의 산실이던 농촌마을이 말단행정에 편입되어 버렸기에 주민의제가 싹트기 어려워졌다. 농촌에 주민의제가 설 자리를 잃자 읍·면 단위든 시·군 단위든 행정의제가 지배했다.

행정의제는 시대에 따라 변천했는데 1980년대까지는 통치와 계몽의제가, 지방자치가 부활한 1990년대부터는 개발과 발전의제가 중심을 이루었다. 이때 주민은 행정서비스의 수요자로, 개발행정의 대상으로 자리매김했다. 2020년대 전후 농촌에서는 공동체 활성화 정책이 활기를 띠는 듯 보이지만 대부분은 관제자치 그늘에서 공동체 본질을 벗어나 있다. 공동체에 기반한 농촌자치는 온데간데없고 자치단체 틀에 갇힌 관제자치와 유지자치만 성행하는 것이다.

셋째, 공동체가 없으면 농촌은 '뺄셈구조'에 빠진다.

농촌공동체문화가 사그라지면서 그만큼 주민들 자주의식이 떨어졌다. 급기야 주민들이 생활문제를 스스로 해결하던 방법을 잊어갔고 그만큼 대외 의존도가 높아갔다. 작은 일도 스스로 해결하지 못하고 자치단체에 의탁하는 경우가 빈번해졌다. 농촌은 공동체 소멸 → 자주력 저하 → 행정의존도 상승 → 자치력 감소란 악순환 구조에 빠져들었다.

이렇게 되자 농촌은 외생적발전 논리에 사로잡혔고, 자원을 순환시키는 내생적발전과 담쌓았다. 농촌은 자원순환이 안 되는 만큼 자원의 대외유출이 심화되었고, 지역경제의 자립토대는 더욱 곤궁해져 갔다. 게다가 주민 간 협력관계가 느슨해지면서 주민 간 불신이 높아져 갈등상에 의한 사회적 비용도 증가했다. 결국 농촌은 공동체 중심의 '덧셈구조'를 망가뜨리고, 주민과 자원이 역행하는 '뺄셈구조'에 빠져들었다.

2. 농촌공동체들은 안녕하신가?

공동체는 생산양식에 따라, 생활양식에 따라 끊임없이 발전한다. 똑같은 협력관계라도 시대 변천에 따라 가치를 공유하는 방식을 변형시키지만, 공동체의 본질은 바뀌지 않았다. 농촌공동체는 시대 물결을 타고, 삶의 질을 윤택하게 하고, 생산성을 높여주는 만능열쇠다. 그렇다면 공동체는 어떤 성질을 가지고 있을까?

첫째, 내생성이다. 공동체는 외부의 요구에 의해 하향식으로 만들어지지 않고 주민 스스로의 필요에 의해 주민 자주적으로 만들어진다. 때문에 외부자원보다 내부자원을 우선시 여기면서 상호 협력을 증진시킨다.

둘째, 개방성이다. 공동체는 생활의 필요에 의해 만들어지기 때문에 매우 실용적이다. 생활의 필요성과 연관된 다른 공동체와 협력관계를 맺고 공동체들끼리 상생의 관계를 발전시킨다. 이런 개방성은 공동체들이 유기적으로 결합하는 힘을 키워 공동체 생태계를 이룬다.

셋째, 민주성이다. 공동체는 상호 협력을 위한 관계이기 때문에 민주성과 평등성이 강한 특성이 있다. 구성원 중 개성이 강한 사람이 있을지라도 서로 협력관계를 잇기 위해 상호 존중해 간다. 공동체는 유대관계 속에서 싹트기 때문에 서로 배려하는 성향이 강하다.

넷째, 지속성이다. 공동체는 생활에 필요한 일로 엮이기 때문에 그 필요성이 존재하는 한 지속되는 특성이 있다. 공동체는 필요한 일의 방식이 달라지더라도 실정에 맞게 변화한다. 때문에 전통마을에서는 한 공동체가 수백 년 전통을 잇는 것은 흔한 모습이다.

다섯째, 현존성이다. 공동체는 과거 이야기가 아니다. 우리 농촌이 수백, 수천 년간 공동체문화를 발전시켰을지라도 지금 손에 잡히지 않으면 박제화된 공동체일 뿐이다. 때문에 공동체는 지금 나에게 필요한 협력관계를 요구한다.

1) 가짜투성이인 농촌공동체

1990년대만 해도 공동체는 진보운동권에서나 쓰는 낯선 말이었다. 그런데 오늘날 농촌사회에서는 보편적으로 통용되는 말이 되었고, 외견상 공동체 숫자도 부쩍 늘고 있다. 농촌 시·군마다 500~1,000개 정도의 공동체가 있고, 해마다 공동체 수가 급증하고 있으니 외견상으론 공동체 황금시대가 되었다.

그렇다면 농촌공동체들은 안녕할까?

아쉽게도 농촌에는 안녕치 못한 공동체들이 태반이다. 마을 만들기와 관련된 공동체들은 공모사업 등 지원 사업을 따내기 위해 문서화시킨 '페이퍼 공동체'들이 많고, 지원 사업을 따온 후에도 형식상 존재하는 공동체들도 적지 않다. 농촌 사회적 경제의 경우 제자리를 잡은 경영체들이 극히 드물다. 동전을 넣고 통화를 하다가 시간이 차면 다시 동전을 넣던 주화식 공중전화처럼 행정의 지원에 의존하는 경영체들이 태반이다. 지역개발사업과 관련된 공동체들도 사업계획서를 쓰기 위한 공동체들이 태반이고, 한 공동체가 여러 지원 사업에 중복 등장하는 사례들도 많다.

농촌에는 "사업 한다"는 말이 유행하고 있다. 일반적으로 '사업'은 영리를 목적으로 한 경제활동이라고 뜻하는데 농촌에서 말하는 사업은 행정의 '지원 사업'을 뜻하고, '사업 한다'는 행정의 '지원 사업'을 따내기 위해 요건을 만드는 행위를 말한다. 그 요건에 약방의 감초처럼 등장하는 것이 공동체다. 주민들이 '지원 사업'을 따내려면 최소한 비영리인가 이상의 공동체를 만들어 관계기관에 제출한다.

이렇듯 농촌공동체는 대부분 자치단체 등의 지원 사업으로 인해 만들어진다. 대개는 5명 이상이 모여 지원 사업에 필요한 계획서를 쓰면 공동체의 기본 요건에 든다. 게다가 농촌신활력플러스사업처럼 시·군단위 규모의 사업계획에는 수십 개의 농촌공동체들이 등장하고, 그 사업을 통해 기백 개 공동체를 만든다는 것을 성과 목표로 제시한다. 농촌공동체를 일으키기 위한 마중물 정책이 도리어 가짜공동체를 양산하는 폐단이 되고 있다. 때문에 농촌에는 어쩌다 진실된 공동체가 있을지라도 가짜공동체와 '한물에 썬 고기'라는 오명을 쓰곤 한다.

더욱이 이런 공동체 정책은 농촌주민들의 행정 의존도를 높이고, 그만큼 자주성을 떨어뜨린다는 지적이 높다. 대다수 주민들은 공동체를 보조 사업 따내기 위한 요식행위로 여긴다. 때문에 마을 이장이나 농촌 활동가들이 보조 사업을 따온다고 하면 주민들은 거기에 형식적으로 동참해 준다. 그러고는 전리품을 나누는 것처럼 보조 사업을 나눠 먹는데 익숙해졌다.

2) 공동체 허상을 좇는 농촌지역들

2010년대 들어 마을 만들기 사업이 지역개발정책의 중심으로 떠오르면서 농촌공동체 쪽으로 관심이 쏠렸다. 그 뒤 공모사업이 정부 지역개발사업의 불티역할을 하면서 농촌공동체가 지역개발사업의 필수과목으로 자리 잡았다. 거기에다 농촌공동체와 연동된 정부의 사회적 경제 지원 사업, 도시재생사업, 마을기업지원 사업 등이 이어졌고, 2020년대에는 주민자치사업이 전개되면서 농촌공동체가 더 활기를 띠는 형국이다.

정부 부처들과 광역자치단체들이 자치단체와 주민들을 대상으로 연간 수백 종의 공모사업을 쏟아내면서 지역에서는 이를 따내기 위한 공동체 기획 경쟁이 뜨겁다. 이런 가운데 자치단체마다 마을 만들기, 사회적 경제, 도시재생, 주민자치를 전담하는 행정조직이 생기고, 이들 분야마다 중간지원센터가 생기고 있다. 일부지역에서는 이들 공동체사업을 통합하는 부서나, 통합 관리하는 빅텐트형 지원센터를 만들어 운영하고 있다.

■ 가짜 공동체를 양산하는 공모사업들

농촌자치단체들은 공모사업을 매우 요긴한 정책으로 여긴다. 자치단체들은 노력 여하에 따라 연간 30건, 50건을 따올 수 있고, 수백억 원에서 수천억 원의 중앙지원금을 확보할 수 있다고 생각한다. 이처럼 자치단체들이 공모사업을 지역역량의 가늠자로 여기는 터라 자치단체장이 공무원들을 닦달할 명분을 가진다.

공모사업 열풍이 불면서 인터넷에서는 중앙공모사업 검색기가 뜨고, 공모사업 응모를 부추기는 학습프로그램까지 등장하고 있다. 때문에 지역 젊은이들 사이에서는 '모든 길은 공모사업으로 통한다'는 유행어까지 떠돈다. 그들은 계획서만 잘 쓰면 한 방에 수억 원에서 수십억 원의 사업과 자산을 확보할 수 있다는 유혹에 사로잡히게 된다.

이런 가운데 한 사람이 5개의 공모사업을 따는 경우도 있고, 10개 이상 공모사업에 연계된 사람들도 있고, 아예 공모사업에 목을 거는 공모족까지 나타나고 있다. 최근에는 자치단체들이 직접 벌이는 공모사업도 많은데 사회적 경제, 주민자치, 마을 만들기, 농촌신활력플러스사업 등 비슷한 테마의 공모사업이 남발되면서 2중, 3중 중복 지원도 많다.

이런 공모사업은 주로 농산어촌개발사업, 사회적 경제, 마을 만들기, 주민자치 쪽에 많이 깔린다. 하지만 지역 내생적발전과 연관되고, 농촌공동체를 수반한 사업들에서 부작용이 속출하고 있다. 지역 내생적발전이 왜곡되고, 농촌공동체가 오용·오염되기를 반복하고 있는데 이런 일이 대부분 자치단체들의 묵인 하에서 자행되고 있다.

많은 농촌자치단체들은 공모사업을 일회용 사업으로 여긴다. 공모사업을 지역 혁신과 농촌 활력원으로 여기기보다 중앙 재원을 많이 확보할 수단으로 여길 뿐 그 사업을 잘 키워 선용할 생각에는 인색하다. 마치 낚시꾼이 물고기를 낚을 때까지는 온갖 노력을 기울이지만 마침내 잡고 나면 그 물고기에 대한 관심을 거두고 또 다른 고기 잡기에 여념 없는 모습과 흡사하다.

이렇듯 자치단체들은 공모사업을 따온 후 그 사업에 대한 관심사를 다르게 나타낸다. 소기의 성과보다는 사업이 민원 없이 집행되는 것과 집행 실적을 내기 쉬운 쪽에 방점을 찍는 것이다. 이런 과정에 공모사업이 탈바꿈하는 경우가 발생한다. 담당공무원들은 그 사업들의 집행계획에 깊숙이 개입하게 되는데 행정적인 성과지표를 사업집행의 우선 잣대로 삼으려고 한다. 이 때문에 당초 취지는 오간데 없어지고, 사업은 산으로 가게 된다.

■ 공동체 본질에서 엇나간 사회적 경제 사업

자치단체들은 사회적 경제를 아직껏 고용사업으로 여긴다. 중앙정부가 취약층 일자리 사업으로 규정한 것만 따르려고 하기 때문이다. 사회적 경제의 일자리는 결과적으로 얻는 열매일 뿐 목적과 기능은 이와 결이 다르다. 여기에서 말하는 사회란 유대 범위의 지역사회 즉 커뮤니티이고, 여기서 말하는 경제는 시장재가 아닌 지역공공재로서 기존의 시장경제에서 뛰는 기업들과는 질이 전혀 다르다. 특히 농촌은 시장재가 적고 열등한데 비해 공공재가 많고 중요하기 때문에 사회적 경제체가 활동하기 용이하고, 지역사회 기여도도 크기 마련이다. 하지만 많은 자치단체들은 사회적 경제를 기존의 시장경제와 다를 바 없게 접근하여 좀비기업을 양산하고 있다.

농촌 공공재 자원은 작고 다양하면서 유기적인 성격이 강하기 때문에 농촌 사회적 경제에서는 이런 유기성을 살리는 일이 매우 중요하다. 하지만 많은 자치단체들은 이런 문제의식을 갖지 않는다. 사회적 경제의 생태계를 유지하고 이를 위해 네트워크 체계를 구축하라는 중앙지침을 수동적으로 접수한다. 공급자인 중앙정부 공무원들은 농촌 공공재 가치와 자원 간 유기성 가치를 제대로 인식할 리 없다. 때문에 수요자인 자치단체들이 중앙의 잣대와 다른 지역의 잣대로 보고 수용하는 자세가 필요하다. 그런데도 자치단체들이 중앙사업을 수동적으로 수용하기 때문에 본말전도 되고, 일은 절단이 나는 것이다.

■ 마을공동체를 사지로 내모는 마을 만들기 사업

많은 농촌자치단체들은 마을 만들기의 의미를 제대로 인식하지 못한다. 이 또한 중앙이나 광역자치단체 지침에만 의존하기 때문이다. 마을 만들기를 하드웨어 사업으로 오해하는 지역들도 적지 않다. 때문에 도랑 막고, 마을안길 포장하는 소규모 지역개발사업으로 여기면서 건설과 같은 하드웨어 부서에 배속시킨다. 최근 들어 일부 자치단체들은 마을 만들기, 사회적 경제, 주민자치 등 농촌공동체분야를 떼어 새 통합부서를 만들기도 하지만 마을 만들기를 하드웨어 사업으로 여기기는 변함이 없다.

오늘날 대부분 농촌 자연마을은 공동체를 기반으로 자치·자율을 꾀했던 전통마을과는 딴판이다. 때문에 마을 이장을 비롯한 지도부는 주민자치보다는 행정의 자원을 따오는 파이프 기능에 쏠려있다. 이런 구조에서 마을 만들기 사업은 행정의 보조 사업을 따오는 구실일 뿐이다. 농촌마다 마을단위 꽃밭 가꾸기, 마을공원 만들기, 저수지 둘레길 만들기 등을 상징적인 마을 공동체사업으로 여기지만 공동체 기능은 작동되지 않는다.

2020년대 들어 읍·면주민자치회가 성행하면서 마을자치에 대한 관심도 높아졌다. 주민자치회가 유지자치로 전락되지 않도록 마을자치를 발판으로 삼사는 논리였다. 이를 위해 일부 자치단체들은 마을마다 자치회를 구성하고 그 대표들이 주민자치회 위원이 되는 것을 조례에다 명시했다. 하지만 이는 행정의 말단조직으로 변질된 오늘날 마을구조와 어긋난 발상이었다. 이는 결국 이장들의 사회적 위상만 높여주는 '고무다리 침놓기'였다.

■ 농촌공동체에 초 치는 광역자치단체들

광역자치단체들이 내생적발전 관련 정책을 주관하는 것은 광역자치단체 위상과 전혀 어울리지 않는다. 광역자치단체는 자치단체 성격상 주민단위가 아니라 산업과 정책단위로서 광역자치단체가 대민사업에 관여하는 것은 간섭일 뿐 도움이 되지 않는다. 주민들의 참여 가운데 벌어지는 내생적발전 정책은 근린행정단위인 기초자치단체의 고유 영역으로서 광역자치단체가 직접 관여할 바 아니다.

그런데 광역자치단체들은 격에 걸맞지 않게 사회적 경제 통합지원센터나 마을공동체만들기지원센터 등을 운영하고 있다. 광역자치단체들은 지원이라는 명분을 내세우지만, 내용적으로는 상전노릇을 하고 있다. 이런 센터들은 기초자치단체들의 내생적발전의 축을 흔들고, 수요자 주민들의 올바른 활동을 그르치게 한다.

사회적 경제 분야의 경우 사회적 경제기업 재정지원 사업 공모, 사회적 경제기업 스타기업 공모, 사회적 경제 소셜셀러 육성 공모, 사회적 경제기업 사업개발비 지원 사업 공모 등 수많은 사업을 직영하고 있다. 광역자치단체들은 마을 만들기 사업도 주관하고 있는데 2023년 전라남도는 연간 씨앗단계 375개 마을, 새싹단계 30개 마을, 열매단계 10개 마을을 선정했다.

3) 내생적발전에 후진기어 넣는 중앙정부

주지하다시피 내생적발전은 ▲주민들의 자주적인 참여 ▲지역자원을 통하여 ▲자원 간 선순환구조 ▲지속가능한발전 지향을 기본 요건으로 삼는다. 공동체는 내생적발전을 위한 내생적 혁신의 동력원이다. 때문에 공동체가 어긋나면 농촌 내생적 혁신은 허공에 뜨고 만다.

그런데 공동체가 주민의 자주적인 참여와 지역자원에 의하지 않고, 자원 간 선순환구조를 지향하지 않고, 지속가능한 발전을 지향하지 않으면 어떻게 될까? 그건 빈껍데기 공동체일 뿐 더 이상 농촌을 살릴 공동체라 말할 수 없다. 지금껏 중앙정부의 공동체 만들기 정책이 겉도는 것은 내생적발전을 지향하지 않거나 내생적 혁신을 일으킬 알맹이가 빈약하기 때문이다. 그런 점에서 중앙정부는 농촌공동체들이 퇴행의 길로 빠져든 1차적인 책임이 있다.

중앙정부가 농촌공동체 쪽으로 눈을 돌린 것은 참여정부 때부터다. 참여정부는 내생적발전을 지향한 일본의 고향창생운동을 벤치마킹했고 신활력사업 등을 통해 신개념의 지역개발사업을 펼쳤다. 하향식 지역개발사업을 지역 특성에 의한 상향식으로 바꾸려고 지원재정의 꼬리표를 뗀 포괄적 재정지원에 나섰다. 아울러 지역혁신협의회를 통해 지역혁신 동력을 만들고 주민공동체를 육성하기 시작했다. 마을 만들기도, 사회적기업도 이때 씨뿌리기 시작했다. 그러나 참여정부는 농촌 내생적발전을 착근시키지 못한 채 내생적발전의 당위성을 알리는 수준에서 끝났다.

그 후 정부가 바뀌고는 참여정부 때 지향했던 방향이 엇나가기 시작했다. 겉으로는 마을 만들기, 사회적 경제를 위시한 농촌공동체 만들기가 활기를 띠는 듯 했지만 속빈 강정이었다. 무늬만 상향식 개발일 뿐 과거의 하향식 개발로 회귀했고, 내생적발전 바다를 항해해야 할 농촌공동체란 배는 산 위 전시물이 되었다. 문재인 정부가 말로는 참여정부의 상향식 지역개발사업 기조를 살린다 했지만, 퇴행을 되돌리지 못한 채 변죽만 울리고 말았다.

　사회적 경제는 지역 주도로, 지역의 물적, 인적 자원을 중심으로 꾸리고, 지역 순환경제와 가치시장을 통해 존재가치를 빛낸다. 때문에 사회적 경제는 농촌 내생적 혁신의 핵심동력원으로서 잠재 가치가 큰일이다. 하지만 중앙정부는 이렇게 뜻이 큰일을 좀비기업 양산 정책으로 만들어 버렸다.

　사회적 경제는 지역자원 간 선순환을 통해 내생적발전을 촉진하는 것이 제격인데 중앙정부가 취약층 일자리사업으로 규정지어 버렸다. 사회적 경제는 사회성 있는 일이 주제어가 되어야 하는데 일자리가 주제어가 되니까 농촌자치단체들은 일자리 늘리기 사업으로 규정지어 집행했다. 게다가 사회적 경제는 철저하게 지역주도로 이루어져야 하는데 중앙주도 사업으로 내리미니까 수동적 사업이 되어 본말이 전도되고 말았다. 대부분 자치단체들은 중앙지침을 기계적으로 적용할 뿐 지역적 특성을 담지 않았다.

　마을 만들기 정책도 하향식 사업으로 펴 농촌공동체에 악영향을 주었다. 마을 만들기 정책은 1990년대 말 일본에서 수입했다. 그것도 '마을 만들기(まちづくり)'란 이름까지 직수입했다. 일본과 우리나라는 마을구조가 다르고 '마을 만들기'정책 환경도 다른데도 기계적으로 모방해 버렸다.

　마을은 본시 공간적 의미보다 사회적 의미가 큰데도 공간적 의미의 1970년대 새마을 가꾸기 식으로 접근했다. 중앙정부 정책가들 의도와 달리 자치단체나 마을현장에서는 새마을 가꾸기 변형사업으로 오인하기 딱 알맞았다. 소규모 개발사업 같은 하드웨어 사업에다 관주도 사업이 그렇게 보였다. 게다가 행정의 말단조직이 된 자연마을 단위로 접근하여 주민의 의타심만 길러줬다.

도시재생사업, 농・어촌뉴딜사업, 농촌마을종합개발사업 등도 농촌공동체에 역작용 했다. 이들 사업은 건물, 시설 등 하드웨어사업에 치우쳐 있는데 여기에도 공동체가 필수적으로 등장한다. 사업의 절차적 정당성이나 모양새를 나타내는 액세서리처럼 말이다. 그런데 이런 사업들은 유치하기 전과 유치한 후가 다르다. 공모사업을 통과하고 사업이 확정되면 마을과 참여 공동체들끼리 서로 자원을 많이 확보하려고 쟁탈전을 벌이는 경우가 많고, 이런 갈등이 농촌사회의 적지 않은 문제가 되고 있다.

중앙정부가 일으킨 공모사업도 공동체를 퇴행시키고 있다. 공모사업은 2011년 중앙정부에 치우친 재정의존도를 낮추고, 자치단체의 책임을 확보한다는 취지로 도입되었다. 중앙정부 쪽에서 보자면 공모사업은 다른 보조 사업보다 적은 돈을 들이면서 자치단체들에 호령할 기회였다. 한편, 자치단체는 정해진 국고지원금 외 웃돈을 따올 기회로 여겼다. 때문에 공모사업 정책이 크게 활기를 띨 수밖에 없었다.

공모사업은 기본적으로 주관자가 칼자루를 쥐고 수요자는 칼날을 쥐는 구조다. 중앙공모사업은 겉으로는 지역 특성을 강조하고, 주민들의 자주적 참여를 단골 메뉴로 제시하지만 심사하는 과정에서는 이런 내용이 형식논리로 치환된다. 활동가들은 지역 특성에 맞고 주민들이 자주적으로 참여하는 진실된 계획서를 쓰고 싶지만 우선 중앙의 입맛에 맞춰서 따놓고 보자는 주변 논리에 고개를 숙여 버린다. 지역 특성을 내세우면 보편적 설득력이 떨어진다 하고, 주민참여와 민주적 절차를 강조하면 집행력이 떨어진다고 하니 우선 점수를 따는 쪽으로 바꾸어 버리는 것이다.

참여정부 때 만들어진 농촌신활력사업은 상향식 개발사업으로 퍼서 주목받았다. 하지만 정권이 바뀌고는 상향식 원칙을 준용했던 지역들이 감사원 감사의 표적이 되었다. 신발에 발을 맞추라던 보조 사업을 발에 신발을 맞추도록 바꾼 혁신적 방법을 문제 삼은 것이다. 때문에 그 후 농촌자치단체 공무원들은 민간에 대한 경상적보조 방식을 기피했고 과거 지역개발 방식으로 회귀해 버렸다. 문재인 정부는 참여정부의 농촌신활력사업을 부활시키려고 농촌신활력플러스사업을 시행했지만 많은 지역에서는 혁신사업으로 위장한 나눠먹기 사업이 되어 버렸다.

3. 마을이 살아야 공동체가 살고 농촌이 산다

1) '마을 만들기'는 수입 과정부터 헛다리 짚었다

주지하다시피 우리나라에서는 2000년대 초 일본 마을 만들기 정책을 수입했다. 2001년 전북 진안군이 일본을 벤치마킹 하여 시작한 마을 만들기 시책이 전국화 되어 오늘에 이르고 있다. 그런데 20여 년 지속된 마을 만들기 정책이 파행을 거듭하고 있다. 이는 우리나라와 일본의 색다른 마을 만들기 조건을 무시한 결과다.

일본은 지난 150년 동안 메이지(明治) 대합병(1888~1889년), 쇼와(昭和) 대합병(1953~1961년), 헤이세이(平成) 대합병(1991~2005년) 등 세 번의 행정구역 대합병이 있었다. 이로 인해 7만 1,300개던 시·정·촌이 1,700개로 줄어들었다. 이 과정에서 일본은 시·정·촌 범위의 마을 만들기 정책을 벌였다. 행정구역 변화에 따라 해이해진 주민의 정체성을 다잡고, 새로운 지역개발 동력원을 만들어야 한다는 논의가 팽배하던 시기다. 이는 대(大)이농기인 1970년대 박정희 군부독재정권이 농촌에 새마을운동을 벌인 것을 연

상케 한다.

일본은 시·정·촌을 마을 만들기 범위로 설정했고 마을 만들기를 마치즈쿠리(まちづくり)라고 불렀다. 이는 마을을 뜻하는 まち(마치)와 만들기를 뜻하는 づくり(즈쿠리)의 합성어다. 일본 마을 만들기는 주로 시·정·촌을 무대로 활동하는 민간단체 등 주민이 주체로 참여하고 있고, 1990년대 초 발원된 고향창생운동과 맞닿아 있다.

그렇다면 일본 마을 만들기와 우리나라 마을 만들기의 조건이 어떻게 다른가?

첫째, 마을 만들기 범위의 조건이 다르다.

앞서 살펴본 것처럼 일본의 마을 만들기 범위는 시·정·촌 단위다. 일본 시·정·촌은 2023년 현재 1,718개인데 평균 인구는 2만 명이다. 이 정도 인구 규모면 우리나라의 읍 수준이다. 이에 비해 우리나라 마을 만들기는 대부분 자연마을을 중심으로 이루어지고 있다. 이 자연마을 인구는 대개 100명 안팎인데 규모면에서는 일본 마을 만들기 범위의 200분의 1 수준이다. 마을 만들기 대상이 200배나 차이가 난다면 그 정책의 기본틀이 근본적으로 다르다고 말할 수밖에 없다.

둘째, 마을 만들기 동력원이 다르다.

일본의 마을 만들기를 일으키는 시·정·촌은 기초자치단체다. 우리나라 시·군·구처럼 자치살림을 꾸리는 자치단체다. 게다가 일본은 우리나라보다 지방분권이 발달 된 나라로서 시·정·촌의 자주성이 우리나라 기초자치단체보다 훨씬 강하다. 이에 비해 우리나라 마을 만들기의 주동력원인 자연마을은 일본과 판이하게 다르다. 우리나라 자연마을은 규모는 물론 자치역량 면에서도 천지차이다. 우리나라 자연마을은 행정의 하급기관으로 전락한데다 주민의 자주력마저 급락하여 주민자치 근거지라는 말을 붙이기조차 민망하다. 자기 결정권과 자기 집행권이 있는 일본의 시·정·촌과 행정의 말단조직이 된 우리나라 자연마을은 비교 불가하다.

셋째, 마을 만들기 전개 과정이 다르다.

일본 마을 만들기는 시·정·촌 단위 NPO 등 민간단체들이 주도하고, 자치단체는 이를 뒷바라지 하는 형태다. 마을 만들기 사업은 소프트웨어 사업이 중심이고, 하드웨어 사업은 보조적이다. 또한 이들은 고향창생운동 전통에 따라 지역자원과 지역특색 중심의 상향식 사업을 견지한다. 이에 비해 우리나라 마을 만들기는 관주도적 하향식 사업으로 벌어지고 있다. 주민주도, 상향식 사업이라는 말은 입에 꿀 바른말에 불과하다. 게다가 많은 자치단체들은 마을 만들기를 1970년대 새마을 사업에 뿌리를 둔 소규모 개발사업으로 인식하여 하드웨어사업에 치중하고 있다.

2) 전통마을에 농촌마을공동체 진수가 들어 있다

수천 년 유지해오던 전통마을은 일제강점기를 거치면서 크게 약화 되었다. 전통마을은 해방 후에도 명맥이 유지되었으나 1960년대 농촌문화 말살정책과 1980년대 농업인층 분화로 그 생명력이 소실되었다.

하지만 시대는 마을공동체를 요구하고 있다. 과학·기술문명이 물질의 풍요를 주고, 교통이 발달하여 생활반경이 넓혀졌고, 정보화 사회 발달로 유대관계도 다양해졌지만, 마을공동체에 대한 열망은 더 높아지는 추세다.

그렇다면 우리에게 알맞은 마을공동체 진수는 어디에서 찾을까? 그것은 우리나라 전통마을에서 답을 찾을 수 있다. 이제부터 전통마을의 자취를 더듬어 마을공동체 DNA를 찾아 농촌공동체와 농촌자치의 새 준거로 삼아보자.

■ 협동계·대동계 복합상은 공동체 생태계의 극상이었다

주지하다시피 우리나라 마을은 청동기시대부터 쌀농사가 시작되면서 쌀농사를 영위하기 위한 최적의 협력관계로 발전했다. 이런 마을공동체는 조선 시대 말기 쌀 농업 기술이 발달하면서 더욱 높은 수준으로 발전했다.

마을공동체는 농산물 생산과 주민 생활을 결합한 공동체다. 주민들이 생산에 필요한 협력관계와 생활에 필요한 협력관계를 동시에 영위한 것이다. 주민들은 들이란 공간과 생활주거 공간의 동질성 속에서 자족적 협력관계를 지속시켰다. 때문에 마을마다 농업조건에 따라, 생활조건에 따라 다양한 협업·협동 양식을 만들어 발전시켰다.

이런 조건에서 발전한 것이 농촌마을 계(契)다. 계는 마을의 농업활동과 생활속에서 꾸려진 협력관계로서 다른 표현으로는 공동체, 혹은 협동조합이라 할 수 있다. 전통마을[2]의 계는 크게 대동계와 일반계로 분류하는데 본고에서는 일반계를 기능적 의미에서 협동계라 부른다.

대동계는 주민생활과 마을공동체 유지를 위한 공공의 일을 논의·결정하고 집행하는 풀뿌리 자치체다. 이는 한해 마을 대소사를 계획하고, 두레 운영을 논의하고, 품삯, 머슴 새경, 당해 쓸 종자도 정한다. 또한 마을조례를 만들어 공공재정을 갹출하고, 상벌을 시행하고, 공공 일을 위해 인력을 동원하고, 마을 세시풍속과 제례 등을 관장했다. 주민총회 같은 단순한 회의체가 아니라 마을의 주민의제를 심의·의결하고, 마을단위 공공의 일을

---

2) 전통마을은 대동계, 두레 등 전통적 농업양식에 의한 마을로서 산업화가 일기 전인 1960년 이전의 농촌을 의미한다.

직접 집행하는 직접민주주의 주체였다.

　대동계는 오랜 전통 속에서 다듬어지고 다져진 자치체로서 오늘날 주민자치의 거울과 같은 존재다. 하지만 수백 년, 수천 년 지속한 마을은 씨족이나 대지주의 영향력 우산을 쓴 경우도 적지 않다. 그런 마을에서는 대동계가 씨족 의제와 토호들 유지의제에 포박될 가능성이 높았다. 그런데 마을공동체에는 대동계가 씨족의제와 유지의제에 휘둘리지 않도록 붙잡아주는 열쇠가 숨어 있었다. 그게 바로 대동계와 협동계의 관계구조다.

　대동계(大同契)는 글자 그대로 여러 작은 계들이 한 덩어리로 뭉친 연합계다. 대동계는 주민 생활 언저리에 촘촘히 박혀 활동하는 작은 협동계들을 규합하여 마을 총의를 만든다. 즉, 협동계들에서 생겨난 주민 생활상 의제가 대동계를 통해 마을 총의를 이루는 것이다. 이는 정치조직인 대동계와 생활조직인 협동계의 병존 의미다. 생활조직를 떠난 정치조직은 관념화, 교조화 되고, 정치조직을 떠난 생활조직은 편익만 좇는 이익집단이 되지만 우리 전통마을에서는 이런 문제를 뛰어넘었다.

　■ 거미줄같은 협동계 구조가 최상의 마을구조다

　마을 협동계는 어떻게 생겼을까? 마을마다 40~50개 정도의 협동계가 있었는데 이 계들이 주민의제의 산실이 되었다. 협동계들은 주민의 농업현장과 생활현장에서 일어나는 필요사항을 대동계의 주민의제로 떠올려 주었다.

　협동계는 오늘날 협동조합 같은 사회적 경제체의 일종인데 농업현장과 생활저변까지 그물처럼 촘촘하게 뻗치고 있는 것이 특징이다. 오늘날 협동계를 말하면 친목계나 일수계 같은 식리계를 떠올리는데 이는 1960년대 이후 협동계가 터전을 잃은 가운데 변질된 계로서 전통마을 계와는 다른 셈이다.

협동계들을 유형별로 보자면 생산, 구매 협동체로는 농계, 보계, 농구계 등이, 복리와 상호부조 협동체로는 혼상계, 혼구계 등이 있었다. 자녀들 교육을 위한 서당계, 학계 등이 있었고, 제사나 동제 목적의 종계, 문중계, 동제계 등이 있었다. 주민 간 친목도모를 위한 계는 동갑계, 문우계, 유산계 등을 꼽을 수 있다.

생산과 관련한 계는 매우 구체적이었는데 농계는 토지의 공동경작을, 우계는 역축의 공동사용을, 제언계는 수리시설의 공동 관리·이용의 협동체였다. 복리관련한 계는 육아를 위해 서로 돕는 젖계, 청상과부들이 친목과 상부상조를 도모하는 청상계 등이 있었다.

협동계는 주민 생활 현장에 거미줄처럼 얽혀 있었기 때문에 주민들은 협동계 활동 속에서 살았다 해도 과언이 아니다. 마을마다 두레, 송계 등 마을을 유지하기 위한 계부터 복지, 교육, 친교 등 생활에 필요한 계들이 널려졌기 때문에 한 가구당 10여개의 협동계에 참여했을 것으로 추정된다.

협동계는 외부 수탈이 심한 시대에 더욱 발달했다. 탐관오리들의 수탈이 심했던 조선 후기와 일제강점기 초기에 극점을 찍었다. 알려지기로는 일제강점기에는 협동계가 380종에 달했다고 한다. 이는 마을 자원이 외부 원심력에 의해 빨려 나가는 것을 막고, 생활조건이 궁핍할수록 구심력을 더 탄탄히 하려는 자구적 협동상으로 풀이된다.

그런데 일제강점기 때 조선총독부는 민초들 생활 깊이 뿌리박은 계를 탄압했다. 농촌에 금융조합을 비롯한 관제형 협동조합을 심어 농촌 협동계들을 탄압했다. '조선놈은 합자하면 망한다'라는 말은 조선총독부가 계를 탄압하면서 퍼뜨린 선무 선전이었다.

협동계는 일제강점기를 거치면서 힘이 떨어져 갔고, 1960년대 군부독재
정권의 조국근대화운동으로 생명력이 바닥으로 떨어졌다. 군부독재정권
은 마을을 통치조직의 하부조직으로 변형시켜 전통적 대동계의 힘을 빼버
렸다. 게다가 많은 협동계를 허례허식으로 규정하여 탄압했다.

4) 전통마을과 오늘날 자연마을은 어떤 차이가 있을까?

전통마을이 아무리 좋다지만 60년, 100년이 지난 문화유산을 지금 다시
되살릴 수는 없다. 그때와 지금은 농업과 생활양식이 판이하다. 보를 막아
물대기 협업을 하던 것을, 모내기 두레작업 하던 것을 오늘에 되살릴 수
없다. 일하면서 부르던 노동요를 오늘날 농기계 작업을 하면서 부를 수 없
고, 공동기원의 상징이던 동제를 종교 다원화된 오늘날 똑같이 재현할 수
없다.

하지만 협동계 원리와 협동계에 서린 의미와, 협동계 정신을 되살리는
것은 필요한 일이다. 이를 위해 전통마을과 오늘날 자연마을을 비교하면
서 차이를 살펴보자

하나, 전통마을에 있던 대동계가 오늘날 마을에는 없다. 대동계는 마을
문제를 숙의하고 결정하여 직접 집행했고, 조례를 만들어 운영했고, 마을
조세를 정하여 징수했다. 때문에 대동계는 마을자치의 꼭짓점이자 마을
의 균형추 역할을 했다. 오늘날에는 마을총회와 개발위원회에서 마을 공
공문제를 논의하고 결정한다고 하지만 속 빈 강정이다. 이런 구조 하에서
마을 공론장과 마을 자치가 상실되고, 주민들의 자주력은 끝없이 추락하
고 있다.

하나, 전통마을에는 협동계가 수두룩했지만, 오늘날 마을에는 대부분 소실되었다. 전통마을에는 협동계가 생활 구석구석 있었다. 주민들은 협동계에 묻어 살았고, 협동계 활동이 일상이었다. 그런데 오늘날에는 그 많던 협동계들이 대부분 자취를 감췄다. 협동계에 의지하던 주민들은 자치 단체 행정력에 의지하고 있다.

하나, 전통마을에는 문화 선순환구조가 살아 있었지만, 오늘날 마을에는 자취만 남아있다. 전통마을에는 연중 절기마다 세시풍속이 있었다. 세시풍속은 절기에 맞춘 축제였고 기념일이었다. 그런데 그 수많은 절기축제는 주민들이 직접 기획했고, 직접 연행했고, 직접 향유했기에 문화 선순환구조가 살아 있었다. 그런데 오늘날 마을에는 그런 문화양식이 많이 사라졌다. 동제를 울려주는 풍물패도 외부에 의존할 정도다. 새롭게 생겨난 경로잔치 풍속은 향토가수들에게 의지한다.

하나, 전통마을에는 복지 선순환구조가 살아있었지만, 오늘날 마을에서는 거의 깨져 있다. 전통마을에는 협동계들이 스펀지처럼 훈기를 만들어 주었다. 서로 당기고 의지하는 구조 속에서 상부상조의 복지 전통이 발달되었다. 마을에서는 노인, 과부, 장애인, 병약자가 차별의 그늘에 노출되지 않도록 배려하는 문화가 있었다. 그러나 오늘날 마을에서는 주민들끼리 만드는 따뜻한 복지가 크게 훼손되었다. 오늘날 마을복지는 노인복지, 여성복지, 장애인복지, 차상위층복지 등으로 분화되어 있고, 대부분은 요소투입형으로 전개되고 있다. 하지만 이런 복지는 주민들을 복지수요자로 내몰아 주민들의 존엄도와 행복도를 떨어뜨리고 있다.

4) 농촌마을 본질과 마을공동체 되살리기

농촌마을은 사람들이 모여 사는 단순한 공간이 아니다. 농촌마을은 농업에 기반한 생존의 터전이자 농촌을 둘러싼 사회·문화·환경의 부양터전이면서 지속가능한 농촌의 에너지원이다. 때문에 이젠 농촌마을을 구태의 고정관념을 벗어나 시대가 요구하는 새로운 사조로 투사해야 한다. 그렇다면 오늘날에 맞는 참된 마을 상은 무엇일까?

첫째, 농촌마을은 생산과 생활의 유기적 결합체다.

예전에는 농업은 농산물을 생산하는 일 즉, 1차 산업이었다. 그러나 오늘날 농업의 범위는 크게 넓혀졌다. 먹거리의 직접생산을 의미하는 1차 산업에다 먹거리를 다양한 형태로 가공하는 2차 산업과 농촌 어메니티 자원을 다각도로 활용하는 3차 산업까지 포괄한다. 게다가 오늘날은 먹거리 생산, 전통문화와 자연생태 보전, 농촌공동체와 마을 유지 등을 농업·농촌의 공익기능으로 삼는다.

이런 변화로 농업에 종사하는 사람의 범위가 생산, 가공, 유통과 서비스 판매까지 포괄하게 되었다. 뿐만 아니라 농업의 다원적 기능과 농촌 어메니티 개발은 농촌에 사는 비농업인들까지 농촌의 이해 범주에 들게 하고 있다.

이는 생산과 생활이 유기적으로 결합될 기회이자 농촌마을이 새롭게 발돋움할 기회다. 농업의 기능이 확장되고, 관계 인구에 의해 장소가치가 재조명되면 농촌은 생산과 생활이 결합되는 모습을 되찾게 된다.

농촌마을은 농업·농촌의 경제·사회·문화·환경적 기능과 주민생활이 유기적으로 결합된 상을 의미한다. 이를 위해서는 순환경제와 생활자치(마을자치)가 융·복합 되어야 한다. 주민들이 로컬푸드를 통해 생산자와 소비자로 만나고, 고장화폐를 통해 주민의 생활이 나눔 구조로 결합되고, 마을축제를 통해 가치자원이 유대의 나래를 탄다.

둘째, 농촌마을은 공동체 생태계의 극상구조다.

자연생태계는 생태천이[3]라는 변화과정을 거쳐 안정된 극상에 이른다. 생태천이 때에는 종들이 피나는 싸움의 시간을 보내지만 극상에 이르면 종들끼리 상리공생을 하는 평화의 시간을 보낸다. 숲도 극상에 이르면 지피식물이든, 관목이든, 교목이든 모두가 제자리를 지키면서 수백 년 안정된 숲을 유지한다.

농촌공동체는 독야청청하지 못한다. 농촌공동체는 공동체 간의 협력이 씨줄, 날줄 엮이면서 생명력을 유지한다. 때문에 농촌공동체들은 서로 협력관계를 유지하는 일이 생명력의 관건이다.

농촌공동체들이 협력관계를 이루고 이를 지속가능하도록 하려면 어떻게 해야 할까? 공동체들이 제자리에서 안정된 협력구조를 이루도록 공동체 생태계를 만들어야 한다. 여기에다 공동체 생태계가 지속되도록 극상구조를 만든다. 전통마을이 수백 년간 공동체 생태계를 유지한 것도 공동체 생태계의 극상구조 때문이다. 자연생태계 극상이 수백 년 지속되는 것처럼 말이다.

공동체 생태계의 극상구조가 바로 마을이다. 마을은 공동체 간의 협력의 끈을 이어주고, 공동체들이 집단주의로 흐르지 않도록 균형추가 되어

---

3) 생태천이란 일정한 지역의 식물 군락이나 군락을 구성하고 있는 종들이 시간의 추이에 따라 변천하여 가는 현상을 말한다. 이것이 계속됨에 따라 생태계의 속성이 변한다. 어떤 군락의 환경에 보다 잘 생활할 수 있는 식물이 침입하여 새로운 군락으로 변해 가는 것을 이른다. 이러다가 해당 지역의 생태적 조건과 맞아 장기간 안정된 상태를 극상(極相)이라고 한다. (출처 : 나무위키)

주고, 공동체들로부터 주민의제가 확대 재생산되도록 도모하고, 농촌의 내적·외적 관계인구의 물꼬를 관리해 준다.

셋째, 농촌마을은 문화·복지 선순환구조다.

우리나라 농촌마을은 노동집약성이 강한 구조를 띠고 있으므로 유대관계가 매우 발달되었다. 이런 유대관계는 마을의 고유한 문화양식과 끈끈한 복지양식을 낳았다.

마을문화는 생산문화와 공동체문화가 결합되었다. 두레, 품앗이, 절기문화 등은 농업생산력과 노동효율성을 높이는 생산문화이고, 상부상조 문화는 공동체문화다. 그러니까 마을문화는 일과 놀이가 결합된 셈이다.

이렇듯 생산문화와 공동체문화가 결합된 마을문화는 돈 내고 굿 보는 상업문화와는 질이 다른 양식이다. 이는 주민이 문화의 생산, 소비, 유통을 직접 주관하는 참여문화(Public Culture Access)로서 관계인구시대에 매우 유용한 가치자원이다. 이는 또한 주민이 문화향유를 통해 삶의 질을 높이는 문화복지적 성격도 강하다.

유대관계를 통한 마을복지는 주민이 복지의 주체가 되는 양식으로서 가치성이 높다. 이는 주민이 복지수요자이자 복지 대상이 된 오늘날 복지 개념과 질 다르다. 유대관계를 통한 마을복지는 선진적인 공동체 돌봄(Community Care)으로서 농촌복지의 좋은 대안이 된다.

4. 새 농촌자치를 둠벙마을로 구현하자

순환경제와 생활자치가 만나고, 공동체 생태계가 극상을 이루고, 문화・복지가 선순환구조를 이루는 마을 상을 어디에서 찾을까? 참다운 농촌마을 상을 풍경화로 감상할 것이 아니라 우리 농촌에 직접 구현할 바를 찾아보도록 한다.

1) 왜 둠벙마을인가?

예부터 쌀을 주곡으로 삼아온 우리나라에서는 물관리가 중요한 일이었다. 저수지가 없던 때는 논 옆에다 작은 저수지를 만들어 필요한 물을 저장하여 쓰곤 했는데 이를 둠벙이라고 했다. 둠벙은 여름철에는 홍수조절 기능을 하고, 가뭄이 드는 봄철에는 물 저장고 기능을 했다. 요즘에는 물 사정이 좋지 않은 천수답이나 상시 물 공급이 필요한 밭농사 지역에서 많이 이용한다.

둠벙은 항상 물이 고여 있는 공간으로서 용수공급 기능뿐만 아니라 농촌 생태환경에 중요한 영향을 끼친다. 둠벙은 어류, 수서무척추동물들 서식처로 중요한 기능을 한다. 국립농업과학원이 2010년부터 3년간 8개 지역 둠벙을 조사한 결과 131종 137,118 개체수에서 무척추동물을 확인하였다. 국내 최고 습지로 꼽는 우포늪 출현종이 135종인 것을 감안할 때 둠벙은 매우 높은 생태적 가치를 보여준다. (농촌진흥청 자료 참조)

생태환경을 중시하는 오늘날에는 생태둠벙을 정책적으로 장려하기도 한다. 친환경농업과 연동하는 생태둠벙을 생태농업 가치로 인정하는 추세다. 이렇듯 둠벙은 스스로 생태계를 유지하면서 인근 논・밭 생태환경과 순환구조를 이루어 농촌 생태환경 보전의 효자 노릇을 한다.

그렇다면 둠벙과 어항의 차이는 뭘까? 어항은 물고기를 기르기 위해 인위적으로 물을 가두는 수조다. 인위적으로 물을 가두는 점은 어항이나 둠벙이나 같다. 다만 자연과 차단하는 수조와 자연에 노출시키는 수조의 차이가 있다. 어항은 수시로 물고기에게 먹이를 주고, 물을 갈아주고, 아프지 않도록 약을 준다. 둠벙은 일부러 동·식물을 기르지 않지만 스스로 생거나 자란다.

생태적인 면에서는 둠벙과 어항이 극명하게 엇갈린다. 둠벙은 수초며 어류며 수서무척추동물들이 스스로 생겨나 자연생태계를 이룬다. 이에 비해 어항은 물, 먹이, 약 등을 인위적으로 공급하여 생명을 유지시키지만 여러 생물에 의한 생태계는 만들어지지 않는다. 둠벙과 어항은 생태계 유지와 생태계 단절이란 점에서 근본적인 차이가 있다.

어항과 둠벙을 농촌자치에 비유해 보자.

어항형 자치는 요소투입형이다. 어항에 물과 물고기와 먹이와 약을 넣어 주듯 어항형 자치는 주민들에게 다양한 행정서비스를 공급해 준다. 어항의 물고기가 관리 대상이듯 어항형 자치는 주민을 행정서비스 대상으로 여긴다. 어항형 자치는 행정 의존도가 높아가면서 스스로 해결할 능력을 잃어간다. 주민들이 자주력을 상실하면서 가치의 확대재생산력을 잃어버린다.

둠벙형 자치는 자주적으로 생태계를 이룬다. 둠벙은 땅을 파서 물만 가두면 저절로 수초가 자라고 동물들이 모여들 듯 둠벙형 자치의 원리도 그렇다. 이는 둠벙 같은 자치환경이 만들어 지면 스스로 자치생태계를 유지한다. 주민들이 상부상조하는 가운데 따뜻한 복지가 이루어지고, 돈과 자원이 도는 순환경제를, 스스로 기획·연행·향유하는 문화순환구조를 이룬다.

둠벙형 자치(이하 둠벙자치)는 순환경제와 생활자치가 결합되는 구조이자,

농촌공동체 생태계의 극상구조이자, 농촌 문화·복지 선순환구조체다. 둠벙자치는 전환기 농촌에 요구되는 자치형태로서 이를 통합적으로 담을 수 있는 그릇이 요구된다. 둠벙자치는 주민의 일상생활과 맞닿고, 주민생활이 녹아지는 자치단위로서 이와 잘 어울릴 그릇이 필요하다.

둠벙자치를 잘 담을 그릇은 둠벙마을이다. 마을은 생활단위 유대관계를 엮고, 유지할 구조로서 생태순환형 자치와 잘 어울릴 안성맞춤 단위다. 둠벙마을은 전통마을 구조를 빼닮은 형태인데다 오늘날 시대 흐름과 잘 어울리기 때문에 농촌의 새로운 희망터전으로 삼을 만하다.

2) 전통마을과 둠벙마을

둠벙마을은 전통마을 자치형태와 빼닮았다. 전통마을 자치 거울 속에서 둠벙마을을 찾아보자.

첫째, 둠벙마을은 공동체 종 다양성을 부양·유지시킨다.

주지하다시피 전통마을에는 협동계가 거미줄처럼 얽혀 있었다. 주민들은 다양한 협동계를 통해 자신들 문제를 해결하고, 서로 간 유대관계를 돈독히 쌓았다. 협동계가 주민들 생활 속에 촘촘히 뿌리내렸고, 협동계 활동이 주민들 생활화되었다.

둠벙마을은 공동체 중심의 자치로서 여러 공동체들이 상생관계를 이룬다. 공동체들이 주민생활 언저리까지 확장되고, 생활 깊숙이 뿌리 내리면 공동체 숫자는 기하급수적으로 불어난다. 둠벙마을은 공동체들이 알에서 잘 깨어나도록 품어주고 줄탁동시(啐啄同時)를 하는 어미닭 역할을 하면서 공동체의 생존율을 높인다.

둘째, 둠벙마을은 고장의 통합력을 향상시킨다.

전통마을 공동체들은 씨줄 날줄 엮여 있었다. 농사를 위한 작은 협동계가 있으면 온 마을이 함께하는 두레와 대동계가 있었다. 두레와 대동계가 날줄이라면 협동계는 씨줄이 되었다. 그러면서 두레와 대동계는 협동계들의 균형추 역할을 했다. 예컨대 협동계가 친한 사람끼리, 조건 유리한 사람끼리만 맺어지면 마을에 불균등, 불평등이 발생하기 마련이다. 때문에 두레와 대동계는 상대적 약자들을 보호하고, 차별의 그늘을 없애주면서 마을 통합력을 향상시켰다.

고장에는 주민 간 갈등과 차별의 요소가 상존한다. 이해 간 다툼이 있는가 하면 문화적 차이와 차별에 따른 반감작용도 있다. 둠벙마을은 주민의 제를 풀도록 공론의 멍석자리가 된다. 주민들이 그 멍석자리에서 서로의 입장을 이해하면서 입장의 차이를 극복해 간다. 또한 둠벙마을은 사회적 약자를 보호하고, 공동체 일원으로 품어주면서 고장의 통합력을 높인다.

셋째, 둠벙마을은 지속가능한 자치생태계를 이룬다.

공동체들은 자칫 이익집단이 되어 집단주의 경향을 보일 수 있다. 주민 생활의 이해와 맞닿아 있는 공동체가 이익을 추구하면서 나타내는 현상이다. 오늘날 경제공동체들이 공공자원을 두고 자원쟁탈전을 벌이거나 가격중심 시장에서 유혈경쟁을 벌이기 때문에 생태계가 잘 만들어지지 않는다.

전통마을은 협동계들이 생활편익을 위한 수평적 조건에서 만들어지기 때문에 협동계 간 협력관계가 잘 움트고, 잘 유지되었다. 협동계들이 서로 부족한 점의 보완재가 되고, 서로 이끄는 융합재가 되었던 것이다.

공동체끼리 유기적으로 결합되어야 생태계가 만들어진다. 둠벙마을은 공동체들끼리 협력관계가 되어 자치구조를 덧셈구조로 만든다. 구슬과 구슬이 꿰지고, 실과 실이 그물코로 지어져 지속가능한 자치생태계로 발전한다.

 넷째, 둠벙마을은 저비용 고효율의 혁신자치를 낳는다.
 전통마을 자치는 효율성이 뛰어났다. 오늘날에는 마을문화행사를 이벤트사에 맡기지만 전통마을에서는 문화도 자급자족했다. 오늘날 주민복지는 복지사 몫이지만 전통마을에서는 주민들이 서로 참여하여 돌봤다. 품앗이 개념 노동은 농업생산성을 높였다. 노인도, 장애인도, 아이들도 각기 참여할 수 있었다.
 둠벙마을은 참여에 의한 창조적 자치를 지향한다. 주민의 이해와 요구에 의한 주민의제는 주민참여의 명약이다. 주민의제는 현학적이거나 관념적이지 않고, 주민들 손에 잡히는 논리로 풀어진다. 때문에 둠벙마을은 비용은 적게 들이면서 효율성이 높은 혁신적 자치를 이룬다.

3) 둠벙마을과 스펀지 모델

 합성수지 다공성 물질인 스펀지는 흥미로운 과학적 원리만큼이나 쓰임새가 다양하다. 스펀지 기능은 크게 흡수성, 보온성, 완충성으로 나눈다. 이 세 가지 기능은 사회적으로 매우 유용한 요소로서 둠벙마을 모델을 설계하기에 잘 부합된다.

■ 스펀지의 흡수성

흡수성은 스펀지가 물을 잘 빨아들이는 기능이다. 스펀지에 연결된 작은 구멍들이 있는데 물이 그 구멍에 들어가면 표면장력에 의해 붙잡히는 모세관현상을 일으켜 물을 흡수한다.

스펀지 흡수성은 둠벙마을의 혁신경제를 뜻한다. 스펀지의 자잘한 공극들은 고장의 공동체들로 비유된다. 스펀지의 자잘한 공극들의 협력관계가 물을 빨아들이는 힘으로 작용하듯 공동체 간의 상생활동이 혁신경제의 힘으로 나타난다.

농촌공동체들이 사람과 돈과 자원을 돌게 하여 순환경제를 이루고, 먹거리 가치가 가치농업을 이루어 가치중심시장의 중핵을 이룬다. 농촌공동체들이 지역자원의 가치를 한층 드높여 내생적 혁신을 일으키는 것이 스펀지 원리와 같다.

■ 스펀지의 보온성

스펀지의 공극들은 그사이 공기층 열을 보전하여 보온력을 발휘한다. 스펀지 공극들은 공기를 많이 품을 수 있는 구조로서 온기를 더해준다.

스펀지의 보온성은 둠벙마을의 따뜻한 복지를 의미한다. 공극들끼리 열을 더하고 보전하는 기능이 둠벙마을에서도 일어난다. 둠벙마을은 주민들의 관심과 참여를 높이고 주민 간 유대관계를 돈독히 하기 때문에 저절로 따뜻한 고장을 이룬다.

둠벙마을에서 지역화폐 같은 나눔 활동과 공유경제 활동이 활성화되면 차별에 의한 사회적 그늘이 없어진다. 둠벙마을은 마을단위 노인들 공동체 돌봄의 봄을 조성한다. 이렇듯 둠벙마을의 공동체 활동은 주민주도의 따뜻한 복지를 이루어 주민 행복도를 한층 드높인다.

■ 스펀지의 완충성

스펀지는 완충성이 매우 뛰어나다. 스펀지는 충격 중에 생성된 에너지를 분산시켜 준다. 때문에 스펀지는 충격을 받는 물체나 사람에게 전달되는 힘을 최소화하여 충격대상을 충격으로부터 보호하는 기능을 한다.

오늘날에는 예측 불가능의 일들이 잦아지고 있다. 자연재난, 전염병, 사고가 빈번하게 나타나면서 위기관리가 중요한 사회의제로 떠오르고 있다. 농촌은 자연과 맞닿아 있기 때문에 자연재난의 노출 빈도수가 높다. 게다가 농촌은 민주화와 함께 주민의 권리의식이 높아진데다 지방자치시대를 맞아 집단 간 갈등 빈도수도 높아가는 양상이다.

둠벙마을은 보충성 원칙에 의한 현장우선주의 문화를 발전시켜 각종 재난과 사고에 능동적인 대응을 부른다. 둠벙마을 공론장은 고장의 절차민주주의를 발전시키고, 생활현장과 공동체를 우선시하는 보충성 원칙을 중시 여겨 사회 통합력을 향상시킨다. 또한 둠벙마을은 고장의 배타적 집단주의를 상생적 공동체주의로 바꾸어 지역사회 갈등을 크게 줄여준다.

5. 둠벙마을 터 닦기

1) 둠벙마을과 읍·면자치

세계 자치분권 선진국들은 대부분 인구 5,000명~1만 명의 기초자치단체를 가지고 있고, 작은 자치가 주민 행복의 척도라는 것이 확인되고 있다. 그에 비해 우리나라 기초자치단체는 선진국들과 비교할 수 없을 정도로 큰 규모다. 중앙집권적 지방자치구조에다 턱없이 큰 자치단체 규모 때문에 자치분권의 동맥경화를 앓고 있다. 게다가 세계가 대의민주주의에서 직접민주주의로 진화하는 가운데 우리나라의 너무 큰 기초자치단체 규모가 민주주의 발전의 걸림돌이 되고 있다.

2000년대 들어 대부분 선진국들은 단체자치를 넘어 주민자치시대로 이행했다. 지방자치가 주민의 행복을 떠올리는 수단으로 작용하는 만큼 행복지수가 올라간다는 것이 증명되었다. 그런 면에서 볼 때 우리나라 기초자치단체의 규모는 주민자치와 거리가 먼 조건이다. 이런 구조는 주민을 행정서비스 대상으로 고착시킬 뿐이다. 자치분권 1.0시대에서 2.0시대로 이행하려면 지금의 구조적 모순을 극복할 새 자치체계가 요구된다.

이 대안으로 떠오른 것이 읍·면·동자치다. 광역시·도, 시·군·구로 된 2단계 자치구조에다 읍·면·동을 더한 3단계 자치구조를 만들자는 목소리가 커가고 있다. 읍·면·동 자치단체론은 학계의 개별 연구를 넘어서 자치분권 토론 주제로, 이 뜻을 공유하는 전문가들의 온라인 소통 주제로 떠올랐다. 최근에는 읍·면·동자치의 당위를 공유하는 수준을 넘어 제도화, 자치분권 운동화를 위한 논의장으로 발전하고 있다.

2024년 10월 현재 읍·면·동은 3,488개고 평균 인구수는 14,846명이다. 2021년 1월 현재 읍의 평균 인구는 2만 1,922명, 면의 평균 인구는 2,940명이다. 이 정도면 자치분권 선진국의 기초자치단체 규모와 엇비슷한 조건이다.

게다가 우리나라는 이미 읍·면자치를 경험했다. 1949년부터 5.16 군부정권이 자치분권을 절단낸 1961년까지 12년간 읍·면자치를 시행했다. 1956년과 1960년 두 번의 읍·면장 선거와 1952년, 1956년, 1960년 세 번의 읍·면의원 선거가 있었다. 심지어 국가행정과 치안이 마비된 6·25

전쟁 중에도 읍·면자치 선거가 치러졌다. 당시에는 지금의 군·구가 빠진 도와 시·읍·면 2단계 자치 구조였고 군·구는 1987년에야 기초자치단체로 되었다.

1960년대 읍·면은 산업화 바람을 타고 현대적 상권이 형성·하면서 지역 물산과 문화교류의 터전으로 자리매김했다. 또한 읍·면마다 농협이 서면서 금융·경제권을 형성되었고 초등학교, 중학교가 서면서 학연관계가 형성되었다. 읍·면은 평균반경 10km 안팎으로서 주민 간 유대관계가 활발한 조건이다. 이런 조건으로 봤을 때 읍·면자치 여건은 충분한 편이다.

하지만 혹자들은 면단위 젊은 인구의 군 소재지로의 쏠림현상과 노령화가 면단위 주민자치의 걸림돌이라고 말한다. 하지만 이는 기우일 뿐이다. 주민자치는 풍요로운 생활 여건보다 궁핍한 여건에서 싹트는 힘이 더 강하다. 주민의 자구적 노력이 생활 편익 향상으로 이어지는 만큼 자치력도 향상되어 간다. 때문에 읍·면자치의 위계·위상을 어떻게 설정하느냐, 어떤 절차·과정을 통해 자치의 성과를 거두느냐, 자치분권 2.0시대와 농촌 살리기의 시대적 과업에 여하히 부합시키느냐가 관건이다.

그렇다면 읍·면자치 부활의 선결과제는 무엇일까?

첫째, 둠벙자치 모델을 읍·면자치의 표상으로 삼는다.

자치분권 선진국인 스위스에는 란츠게마인데(Landsgemeinde)란 제도가 있다. 연중 한번 모든 주민들이 모여 의제에 대해 직접 거수 표결하는 주민총회다. 800년 전통을 이어온 란츠게마인데는 오늘날 전 세계의 이목을 집중하는 직접민주주의 장이 되고 있다. 이는 우리나라에서도 인기를 끌고 있는데 란츠게마인데 광경을 보려는 사람들이 매년 스위스 방문 행사를 열기도 한다.

그렇다면 란츠게마인데 같은 직접민주의의 힘은 어디에서 나온 것일까? 스위스는 협동조합의 나라라고 할 만큼 협동조합이 발달되어 있다. 스위스 협동조합은 주민들 생활 언저리에 촘촘하게 얽혀 있다. 때문에 스위스 협동조합은 스위스를 대표하는 글로벌 기업들의 한 축을 이룬다. 스위스 협동조합은 경제뿐만 아니라 정치문화에도 큰 영향을 미치는데 그 결과물 중 하나가 란츠게마인데다.

스위스는 협동조합 토대 위에서 자치분권이 발달한 나라다. 협동조합이 순환경제를 이루고 생활자치가 내생적발전의 물꼬를 트는 것이다. 협동조합은 란츠게마인데의 주민의제를 생산하는 밭이다. 협동조합을 통해 싹트고, 걸러진 의제가 주민들 관심을 끄는 원동력이다.

우리나라에도 스위스와 같은 직접민주주의 전통이 있었다. 농촌 전통마을의 대동계가 그 주인공이다. 스위스처럼 수백, 수천 명이 모이는 모습은 아니었지만, 대동계의 구조와 운영행태는 스위스를 뺨칠 정도다. 스위스의 협동조합이 란츠게마인데 의제생산의 밭이었듯이 우리 전통마을 생활협동계가 대동계 의제생산의 밭이었다. 주민들 생활 언저리에 촘촘히 얽힌 생활협동계가 순환경제를 이루고 대동계가 생활협동계를 아우르는 직접민주주의체가 되었다.

둠벙마을은 우리나라 전통마을을 표상으로 삼는 새 주민자치체 개념이다. 둠벙마을은 전통마을의 생활협동계 같은 다양한 공동체들을 품는다. 때문에 둠벙마을은 공동체연합회라 부를 수 있고 순환경제와 생활자치의 결합체라 부를 수도 있다.

이 둠벙마을 모델은 새 읍·면자치의 표상으로 안성맞춤이다. 둠벙마을은 농업·농촌과 안팎 관계인구를 아우르는 모델로서 오늘날 농업·농촌 문제를 풀어 갈 해법이자 자치분권 2.0시대에 잘 부합된다. 따라서 둠벙자치 모델의 읍·면자치를 시·군·구와 다른 생활자치체로 자리매김한다. 이는 주민의 유대를 바탕으로 하는 자치를 의미한다.

둘째, 둠벙자치 모델의 새 읍·면자치는 주민운동 가운데 자리 잡아야 한다.

농협민주화는 1980년대 농민운동의 핵심과제였다. 관제화 되어 있는 농협을 농민의 자주적 조직으로 바꾸는 일을 급선무라고 여겼다. 이를 위해 농민단체들은 농협조합장 직선제를 우선 과제로 내세웠다. 1988년 마침내 농협조합장 직선제가 시행되었다. 하지만 조합장직선제 시행으로 농협은 개혁되지 않았다. 게다가 농민단체들의 힘든 운동을 통해 조합장 직선제를 얻어 냈지만 대부분 조합장 자리는 토호세력의 차지가 되어 버렸다.

이렇듯 제도개선이 곧 사회변화로 이어진다는 것은 순진한 생각이다. 제도는 길과 같아서 누가 어떻게 이용하느냐에 따라 의미가 달라진다. 아무리 좋은 제도를 만든다 해도 수용주체가 흡수·이용하지 않으면 아무 쓸모없다.

읍·면자치는 덩치 큰 자치를 공학적으로 분화하는 자치가 아니라 주민행복표 자치로 나아가려는 진화적 선택이다. 이는 단체자치를 주민자치로 변환·발전시키는 일이다. 때문에 주민들이 주민자치시대가 요구하는 가치를 여하히 품느냐에 성패가 갈린다.

시·군·구 기초자치단체 하에서는 주민들의 관심과 참여율이 낮다. 주민은 공공서비스의 수요자로서 행정주도의 일에 동원되는 대상일 뿐이었다. 이런 조건에서 주민발안제, 행정위원회, 주민참여예산제 등은 주민 손에 잡히지 않은 액세서리 제도에 불과했다.

이에 비해 주민자치는 주민들이 공공서비스를 받아먹는 입장에서 공공서비스를 스스로 창안해가는 방식을 지향한다. 하지만 읍·면자치가 이치에 타당하고 시대 추세인 것과 달리 농촌주민들은 그다지 절실해하지 않을 것이다. 자치단체들이 행정서비스를 생활 언저리까지 배달해주는 데 도취되어 새로운 상차림 방식에 큰 관심을 두지 않을 것이다.

때문에 주민들의 필요의식이 중요하다. 읍·면자치가 주민의 삶에 어떤 영향을 주고, 주민의 행복의 길을 어떻게 열어갈 수 있는지 주민의 공감대를 얻어야 한다. 주민들이 자치의 주체로 서도록 사전 훈련이 필요하다. 공론화, 순환경제, 문화복지 분권 등 손에 잡히는 행복의 가치를 가슴에 담는 운동이 선행되어야 한다.

2) 둠벙마을과 읍·면 주민자치회

읍·면·동 주민자치회는 2013년 시범 시행되었다. 2017년 지방분권법에 읍·면·동 주민자치회를 둘 수 있다는 조항이 만들어진 후 주민자치회 결성 열풍이 전국으로 확산되었다.

주민자치회는 갑자기 하늘에서 떨어진 것이 아니었다. 도시의 동사무소가 주민센터로, 행정복지센터로 이름이 바뀌면서 주민센터 여유공간에 개방형 문화복지 공간이 만들어졌다. 이 공간에서 문화여가, 지역복지, 주민편의, 시민공론 등의 프로그램이 꾸려졌고, 이를 잘 운영하기 위한 주민자치위원회가 만들어 졌다. 이렇게 만들어진 주민자치위원회에서 주민자치 프로그램이 활기를 띠면서 주민자치회로 탈바꿈하게 되었다.

2022년 지방자치법 전면 개정 전후 주민자치회의 성격과 기능이 재조명되었다. 주민자치회가 이름에 걸맞게 관제의 틀에서 벗어난 독립적 위상을 갖추어야 한다는 목소리가 높아졌다. 하지만 지방자치법에서 그러한 법적 지위를 얻는데 실패했다.

그런 가운데 주민자치회를 둘러싼 여러 문제도 노정되었다.

하나, 주민자치회는 유지자치로 빠져든 경우가 많았다.

주민자치회는 법률상 임의조직이지만 주민의 대표기구인 것으로 오해하기 쉽다. 비록 한시법이지만 법률에 근거해서 만들어졌고, 중앙정부와 자치단체의 지원 우산을 쓰고 있기 때문이다. 하지만 회(會)라는 명칭에 맞게 회원이 있는 것도 아니고, 위원의 민주적인 선출과정이 있는 것도 아니다. 희망하는 주민이 관련 교육을 받고 추첨에 의해 위원이 결정된다. 이렇듯 위원은 주민의 뜻과 무관하게 자의에 의해 결정되기 때문에 주민대표성을 부여받지 못한다.

이렇게 구성된 주민자치회에는 주민주체라는 뿌리가 없기 때문에 행정의제와 유지의제에 휘둘리기 쉽다. 대게는 '지역발전을 위한 주민 숙원사업'이 중심의제를 이룬다. 이는 수십억 원, 수백억 원이 드는 사업들로서 토목개발이 많다. 이런 사업은 주민 자력에 의한 것이 아니어서 예산권을 쥔 자치단체장이나 지방의원들에게 건의하는 일로 귀결된다. 선진외국의 직접민주주의를 모방한 주민총회는 건의할 사업을 선정하는 이벤트적인 성격을 보인다.

하나, 주민자치회는 관제자치에 포박된다는 지적이 높다.

지금의 주민자치회는 자치단체 행정의 그늘을 벗어나기 힘들다. 위원 선출, 의제 발굴, 사업 집행이 다 행정의 영향을 받도록 되어 있다.

2023년 행정안전부가 기초자치단체들에 보낸 주민자치회 관련 표준조례 개정안에도 그런 문제가 고스란히 드러난다. 표준조례 개정안은 읍·면·동장이 위촉한 위원들로 위원 선정위원회를 구성하고, 이 위원회가 위원을 추첨하거나 선출하도록 했다. 또 읍·면·동장 직할의 이·통장단장을 당연직으로 두게 했다. 뿐만 아니라 30명 이상이던 위원정수를 00명 이내로 바꿨다. 이를 극단적으로 해석하면 주민자치회를 10명의 위원으로 구성할 수도 있고, 행정의 입맛에 맞는 극소수 주민자치회 운영이 가능하도록 했다.

주민자치회는 위원 구성, 의제 선정, 공론화 방식, 사업 집행 등 일련의 과정에는 모순점이 많다. 이런 모양새를 두고 주민자치란 간판을 내거는 것이 민망스럽기까지 하다. 게다가 주민자치회는 결정권이 없다. 주민자치회 스스로 읍·면·동단위 조례를 만들 수 없고, 고장의 꿈이 담긴 주민헌장 조례[4]도 만들 수 없다. 이렇듯 주민자치회는 주민들이 서로 약속할 바를 만들지 못하고, 활동의 결과물을 자치단체로 귀속시키기 때문에 관제자치회라는 오명(汚名)을 쓰는 것이다.

그렇다면 주민자치회는 부질없는 일일까?

주민자치회는 단체자치에 묶인 지방자치를 주민자치로 바꾸려는 자치

---

4) 주민헌장 조례 : 주민들이 서로 약속을 지킬 내용과 아름다운 고장 만들기의 지향성을 담는 조례를 말한다. 헌장은 헌법의 전장이나 조례의 전장으로 쓰이는데 일본에서는 시·정·촌마다 헌장조례를 만들어 주민의 일체감을 높인다.

분권운동의 결과물이다. 주민자치회를 주민자치란 관점에서 보자면 속 빈 강정에 불과하지만, 주민자치 시대를 지향하고 있는 것은 분명하다. 비록 주민자치회가 부실 덩어리지만 달리 보면 순기능으로 살려갈 만한 구석도 적지 않다. 따라서 주민자치회가 자치분권 2.0시대 쪽으로 나아갈 바를 찾아보자.

흔히 주민자치의 꽃은 주민의 관심과 참여라고 한다. 그런데 주민자치회 활동가들은 이구동성으로 "주민들의 관심과 참여율이 낮아 힘 빠진다"라고 말한다. 사람은 누구나 나와 관련이 있는 일 쪽으로 눈 돌리고, 나의 이해관계가 깊은 일에 깊은 관심도를 보인다.

그렇다면 주민자치회는 주민의 관심과 참여를 어떻게 불러일으킬 수 있을까? 그건 두말할 나위도 없이 자치의제가 주민의 생활과 밀접하고, 주민의 이해와 요구에 부합되어야 한다. 주민들이 평등한 조건에서 평등하게 대우받을 수 있을 때 가슴 문이 열린다.

이를 위해 주민자치회가 그간 보였던 계도자세와 뜬구름 잡는 지역발전 논리를 거둔다. 주민의 진솔한 생각과 아귀 맞지 않는 회의체와 특정 의사에 들러리 세우는 방식을 거둔다. 그러면서 주민의 손에 잡히는 실천적 과제를 고민하면 길이 보인다.

주민들의 참여와 관심을 일으키려면 먼저 주민의 입을 열도록 한다. 주민들이 자신의 처지와 생각을 진솔하게 드러내게 하는 것이다. 주민자치회가 상설 공론장을 만들어 주민 생활상 문제를 놓고 해법을 찾도록 돕는다. 여기에는 반드시 주민의제가 올라오도록 한다. 행정과 유지들에 휘둘리지 않는 주민의제 장은 주민들의 관심을 일깨운다.

주민들이 더 윤택한 생활을 누리도록 순환경제 일을 거든다. 읍·면 단위

로컬푸드를 만들어 먹거리 가치의 위상을 높여준다. 읍·면 단위 화폐운동의 밑불을 지른다. 전통마을 품앗이 정신을 이어받아 서로 돕는 공생의 문화를 싹틔운다. 농산물 단순가공, 순환버스, 찜질방, 세탁소, 가전 수리소 같은 주민의 편익을 공유경제 방식으로 풀어 간다.

주민들이 온기를 느끼도록 따뜻한 복지활동을 편다. 마을마다 어르신들이 주체가 되는 공유텃밭, 공유주방을 만들고 스스로 돕는 공동체 돌봄의 밑자리를 깐다. 주민자치회가 나서서 돌봄, 치유를 위한 사회적 농장을 육성한다. 아울러 매년 혹은 매달 주민 봉사의 날을 제정하여 작으나마 봉사 정신을 실천하도록 계도한다.

주민자치회가 관계인구 공작소가 된다. 농촌에 온 귀농·귀촌인들의 친절한 안내자가 되고, 그들이 연착륙하여 보람을 얻도록 뒷바라지한다. 관계인구시대를 맞아 도시인들이 매력을 느낄 접점 만들기에 힘쓰고 이를 확장하는데 앞장선다.

주민자치회가 나서서 주민들의 꿈을 모은다. 주민들이 오붓한 삶의 터전으로 느끼도록 강령을 채택한다. 손에 잡히고, 실천 가능한 내용에다 고장의 나아갈 바를 새겨 주민들이 늘 보도록 한다. 이 강령이 주민 헌장조례가 되고, 나아가 읍·면 자치조례의 방향타가 되도록 한다.

주민자치회의 이런 일련의 활동은 둠벙마을의 터 닦기 일이다. 주민참여에 의해 주민권의 토대가 만들어지고, 개별분산적인 주민의 염원들이 한데 어울려 둠벙마을이 나아갈 물길을 낸다.

6. 둠벙마을 생태계 만들기

1) 로컬푸드와 가치농업운동

로컬푸드는 가족 중·소농이 비빌 언덕이다. 로컬푸드는 가족 중·소농이 먹거리의 가치성을 쌓고, 그 가치를 알아주는 이들과 공감대를 쌓고, 먹거리 가치시장을 확장시킬 발판이 되어준다.

로컬푸드는 가격중심 시장[5]을 떠나 가치중심 시장[6]으로 자리매김했을 때 제빛을 낸다. 먹거리 가치중심 시장은 먹거리에 담긴 자연적, 경제적 고유가치를 소비자들과 공유하는 개념으로서 가족 중·소농과 읍·면 같은 소지역 로컬푸드에서 그 특성이 잘 나타난다.

로컬푸드는 지역적 특성을 통해 가치농업[7]을 구현할 매개체다. 때문에 먹거리 1차생산에 따른 특색 있는 생산 공동체들을 품고, 1.5가공, 2차가공, 밀키트 가공 등 먹거리 가공의 공동체들을 품기 마련이다. 또 제철진미 같은 먹거리 향유문화, 꾸러미 구독경제 활동 등에 따른 공동체들도 낳는다

로컬푸드는 자연·문화적 고유성과 유대관계가 발달 된 조건에서 활력을 얻는 만큼 둠벙마을 성질과 찰떡궁합이다. 로컬푸드는 고장의 먹거리 고유 가치와 자연·사회·문화적 가치를 아우르기 때문에 둠벙마을 지향성과 잘 부합된다. 뿐만 아니라 먹거리 가치를 통한 내외 먹거리 가치시장과 이어져 순환경제와 관계인구 활성화의 효자가 된다. 이로써 로컬푸드는

---

5) 가격중심 시장은 대량생산에 의한 대량소비시대 시장구조의 특성을 표현한 말이다. 사세한 내용은 3편 '가치농업'에서 다룬다.
6) 가치중심 시장은 포스트 포드주의가 도래하면서 가격보다 가치를 중시하는 소비문화가 싹터 이룬 시장을 말한다. 자세한 내용은 3편 '가치농업'에서 다룬다.
7) 가치농업은 먹거리의 생산, 가공, 서비스, 유통 과정의 가치요소를 체계적으로 조합·조직하는 혁신적 농업 경영양식으로서 필자는 가치농업이라 칭한다. 자세한 내용은 3편 '가치농업'에서 다룬다.

가족 중·소농 생산공동체들과 가치먹거리 소비공동체들을 품어 둠벙마을을 발전시킨다. (더 자세한 내용은 3편 '가치농업'에서 다룬다)

2) 농촌 관계인구운동

둠벙마을은 주민 간 유기적 관계에 활력을 불어넣고 여러 공동체를 품는 까닭에 농촌 구심력을 키운다. 이러한 구심력은 농촌을 덧셈구조로 변화시켜 관계인구를 확장시킨다. 관계인구는 두 줄기가 있다. 농촌내부의 관계인구와 농촌과 도시인을 잇는 관계인구가 있다. 이 둘은 다른 듯 보이지만 본질적으론 한 개념이다.

농촌내부 관계인구는 주민 간 관계구조와 관계밀도의 성숙도를 가리키는 말이다. 사람이 많이 모인 마을일지라도 약탈구조가 성행하면 살기 좋은 마을이 될 수 없고, 작은 마을일지라도 서로 돌보고 어울림이 있으면 살기 좋은 마을이 된다. 이렇듯 농촌내부 관계인구는 농촌의 유기성과 사회자본의 발달을 지향한다. 이는 농촌이 뺄셈구조에서 덧셈구조로, 객체구조에서 유기구조로, 외생적 의식에서 내생적 의식으로, 집단주의에서 공동체주의로의 변화를 의미한다.

농촌과 도시인을 잇는 관계인구는 농촌의 가치를 매개체로 삼는다. 농촌의 어메니티 자원, 가치먹거리, 농촌인심이 핵심자원이다. 때문에 농촌과 도시인을 잇는 관계인구는 수직적 구조에서 수평적 구조로, 불쌍히 보는 농촌에서 유익한 농촌으로, 인적자원의 역외유출에서 귀농·귀촌으로의 변화를 의미한다.

관계인구는 썰물시대 수렁에 빠진 농촌을 밀물시대로 변화할 기회요소다. 관계인구가 활성화되려면 보다 밀착력 있고, 선순환력 있는 관계구조가 뒤따라야 한다. 이런 관계구조는 농촌을 공동체 기반형으로 복원시켰을 때 가능하다. 앞서 살펴본 스펀지 모델처럼 공동체들의 흡수작용이 생기도록 한다.

둠벙마을이 관계인구를 능동적으로 수용하면 공동체들의 흡수작용이 훨씬 커진다. 공동체들이 고장의 고유향기를 내 뿜으면 도시인들은 저절로 모여들기 마련이다. 때문에 유명인이나 출향인들에 매달리는 관주도적 '고향사랑기부제'를 주민주도, 공동체 기반형으로 탈바꿈 시킨다. 또한 귀농·귀촌을 더욱 활성화 시키고, 귀농·귀촌인들은 농촌혁신의 요긴한 자원으로 만든다. 이렇듯 둠벙마을은 농촌공동체를 품어 관계인구를 크게 증진 시킨다. (더 자세한 내용은 2편 '관계인구'에서 다룬다)

3) 농촌마을화폐 · 공유경제운동

돈은 재화의 교환수단으로 만들어졌다. 그런데 돈 놓고 돈 먹는 세상이 되자 돈이 서민 생활을 옥죄는 악화로 돌변했다. 그래서 착안된 것이 지역화폐다. 지역화폐는 특정 지역에서만 통용되는 대안화폐로서 지역순환경제운동의 하나로 꼽고 있다.

최근에는 전국의 많은 자치단체들이 여기에 동참했다. 자치단체마다 일정정도 재원을 투여하여 지역사랑상품권 같은 지류화폐를 발행하여 지역 상권 살리기에 힘을 주고 있다. 하지만 이 같은 관주도형 지역화폐는 순환성과 확장성의 한계를 보이고 있다. 지역화폐를 10% 정도 할인행사를 통해 돌리다 보니 먹튀족이 들끓고, 순환력이 떨어지는 것이다.

지역화폐운동은 우리나라 전통의 두레, 품앗이와 같은 공동체적 상부상조 체계의 하나다. 두레와 품앗이 범위를 마을 단위에서 읍·면 단위로 확장하거나 노동이란 품을 노동, 물품 등으로 확장하는 것이 지역화폐운동이다. 이는 오늘날 전 세계적으로 퍼졌고, 1990년대 후반부터 대전, 서울 등 몇몇 지역에서 지역운동 일환으로 전개되고 있다.

하지만 자생적인 지역화폐운동이 취지만큼이나 큰 활약을 보이지는 못하고 있다. 거래를 이루는 물품과 서비스의 종이 다양하지 못하여 참여자들의 유익도가 떨어진다는 지적이다. 또한 이 운동의 참여층이 한정적이란 점도 취약점으로 나타났다.

지역화폐운동을 둠벙마을에 결합시키면 그간의 문제들을 크게 개선하는 효과를 거둘 수 있다. 고장화폐운동은 상부상조 정신에 의한 것이다. 상부상조는 주민 간 유대관계 속에서 싹 트고, 주민 간 협력관계 속에서 밀도를 높여간다. 때문에 지역화폐운동을 공동체 기반형으로 바꾸면 사정이 달라진다. 공동체 내부의 협력관계와 공동체간 협력관계가 모두 고장화폐운동의 핵심동력원이다. 가령 100개 공동체가 여기에 참여하여 씨줄 날줄을 엮는 상부상조 구조를 만들면 엄청난 힘이 생긴다.

농촌은 생산과 생활이 결합된 터전이기 때문에 서로 나눌거리가 널려져 있다. 고장화폐운동은 서로 나눌거리와 연계된 공동체를 더욱 확장시키고 둠벙마을을 더욱 튼실하게 성장시킬 것이다.

농촌에는 공유경제로 해결할 거리들이 많다. 최근에는 농기계, 목욕탕, 공유복지시설 등 공공의 공유경제 사업들이 활기를 띠고 있다. 고장화폐운동에다 공유경제운동을 결합시키면 시너지 효과를 더욱 높일 것이다. 읍·면 단위 순환버스를 운행한다거나 읍·면 단위 농산물 공유가공공장을 운영한다거나 친환경 공동육묘장, 토착형 친환경자재 공유장 등을 고장화폐운동에 연동시킬 필요가 있다.

4) 농촌공동체 돌봄운동

노인문제는 대표적 농촌문제로 꼽힌다. 이런 가운데 2000년대 들어 농촌 노인복지정책의 비중도 한층 높아졌다.

우리나라 노인복지정책은 크게 소득보장, 건강보장으로 나눈다. 소득보장은 국민연금과 기초연금이 주를 이룬다. 건강보장은 노인장기요양보험제, 치매국가책임제가 주를 이룬다. 2018년부터는 서구의 '커뮤니티 케어'(Community Care)를 벤치마킹한 '지역사회 통합 돌봄'정책이 만들어져 선도사업을 추진하고 있다. '지역사회 통합 돌봄'은 ▲주거지원 인프라 확충 ▲방문건강・방문의료 ▲재가 돌봄과 장기요양 ▲서비스 연계를 위한 지역 자율형 전달체계 구축이 골자다.

기존 노인복지정책은 복지서비스를 노인들에게 전달하는 '요소투입형'이다. 노인들에게 돈을 주고, 밥과 반찬도 주고, 안부도 살펴준다. 노인들에게 노래와 체조도 가르쳐 주고, 수시로 건강도 살펴준다. 그럼에도 불구하고 요소투입형 복지는 노인들의 복지 질을 크게 떨어뜨렸다. 이런 복지정책은 복지 주체가 되어야 할 노인들을 복지대상으로 만들고, 복지기관이나 복지 종사자가 복지주체인 냥 행세하게 만들었다.

둠벙마을 노인복지는 기존 노인복지정책과 달리 노인을 주체로 세우고, 그 주체를 뒷바라지하는 복지를 지향한다. 농촌마을과 노인들이 함께 복지운동을 꾸리는 공동체 돌봄이다. 이 공동체 돌봄을 마을 할머니들 중심의 공유텃밭・공유부엌 운동을 예로 들어 보자.

농촌마을 노인들은 평생 한 마을에서 살아온지라 유대관계가 농익어 있다. 때문에 서로 기대고 마음 포개지는 데 익숙해 있다. 소소하게 겪는 갈

등은 상호 이해의 폭을 넓히는 기회가 되기도 한다. 때문에 농촌에서는 이런 마을공동체 기반형 돌봄 체계 만들기가 용이하다.

농촌 할머니들은 텃밭 가꾸기 선수들이다. 평생 농사를 지어오면서 농사기술을 익혀온지라 잡초관리, 방제, 복합농업의 고수가 되어 있다. 계절마다 바뀌는 잡초의 생태를 훤히 꿰고, 마을에 알맞은 텃밭 작부체계도 잘 짠다.

농촌 할머니들은 제철진미의 고수들이다. 할머니들은 평생 부엌살림을 맡아 오면서 자급자족 식단 만들기를 익혀왔다. 철 따라 마을에서 나는 제철 먹거리를 알고, 고유 맛을 구현할 줄도 안다. 콩밭이랑 사이 열무의 풋풋한 맛, 봄동 솎음의 상큼한 맛, 동이선 봄 갓의 깊은 맛 같은 산지 맛을 낼 줄도 안다. 또한 할머니들은 서로 장점을 잘 활용할 줄 안다. 간 보기는 누구, 채 썰기는 누구, 양념 배합은 누구로 특정할 정도다.

공유텃밭·공유부엌 운동은 저비용 고효율의 효과를 낸다. 마을에 널려진 텃밭을 활용하고, 할머니들의 장점과 유대관계를 토대로 삼기 때문에 돈이 많이 들지 않을뿐더러 효과는 크게 나타난다. 할머니들 텃밭농업과 제철진미는 로컬푸드에 내다 팔고, 외지의 자식들이나 출향인 대상으로 직거래할 수 있다. 이런 활동은 할머니들의 존재감을 드높이고, 용돈벌이까지 된다.

이처럼 노인들의 주체적인 협동과 창의적 활동을 도모하는 것이 둠벙마을이다. 때문에 둠벙마을은 내생적 복지를 향상시키고, 공동체를 활성화시키는 선순환 복지체인 셈이다.

5) 농촌 풀뿌리공론장운동

문재인정부는 2017년 사회적 갈등으로 뜬 '신고리 5·6호기 원전' 공사를 두고 공론화위원회에 부쳤다. 이 공론화위원회는 3개월간의 활동을 통해 양방 합의를 이끌어 냈고, 우리 사회에 숙의민주주의라는 새로운 가치를 던져 주었다. 신고리 공론장은 우리 사회가 이전에 한 번도 경험하지 못했던 논의방식으로서 사회적 반향을 일으켰다. 그 후 공론장은 교육, 에너지, 환경 등 여러 국가정책 결정과정의 중요 절차로 떠올랐고, 시민의 정치활동이 제도권 영역으로 확장되는 징검다리로 주목받고 있다.

공론장 가치가 사회 전반으로 확산되자 전국 자치단체들이 이를 발 빠르게 수용해 갔다. 많은 자치단체들이 공론화위원회 설치 조례를 만들었고, 적지 않은 성과를 나타냈다. 자치단체들 공론장은 쓰레기 소각장 등 주민 기피시설 문제 해결에 영양가를 나타냈고, 지역갈등 문제 해소의 대안으로 떠올랐다.

하지만 한계도 드러냈다. 자치단체들은 공론장을 갈등문제 해소 일변도로 활용하여 '민원 해결용'이란 한계성을 보였다. 자치단체장들은 주민들이 집단적으로 의사를 표현하는 것은 여간 신경 쓸 일이 아니었다. 특히 주민들 간의 찬·반 대립이 첨예한 문제에 대해서는 어떤 방도를 찾기 힘들었다. 자치단체들은 이런 상황에서 떠오른 공론장을 천군만마처럼 여겼다. 주민들이 공론장 숙의를 통해 해결방안을 찾는 사이 자치단체가 민원표적에서 벗어날 수 있다는 생각이었다.

많은 자치단체들은 공론장을 관주도형으로 운영하고 있다. 이들은 공론장의 의제선정, 공론장 설계, 공론위원회 운영 등 일련의 과정을 관주도로 해 버린다. 이런 공론장들은 행정의제, 유지의제, 엘리트의제의 범주에서

맴돌았다. 주민의제를 벗어난 공론장은 지역유지나 젊은 엘리트들 활동 장으로 설계되었고, 기존의 관주도 위원회처럼 치부되는 경우도 많다. 이런 관주도 공론장은 주민 참여를 떨어뜨렸고, 주민권 향상과 주민자치의 장으로 확장한다는 취지는 빛바래 갔다.

지방자치의 원리를 말하는 풀뿌리의 공생원리는 무엇일까? 풀뿌리들이 얽히고 설킨 땅속에 아름다운 공생 이야기가 있다.

여러 종의 풀뿌리들이 땅속 세계에서 얽히고 설켜 공동체를 이루는 것은 균근균의 작용 때문이다. 균근균은 식물의 뿌리에 붙어 공생하는 곰팡이인데 이들이 풀뿌리 공생의 비밀열쇠다. 이 곰팡이들은 균사를 만들어 자라는데 풀뿌리가 땅속의 무기영양분을 흡수하도록 도와준다. 이는 다른 풀뿌리에 영양을 보내주고, 다른 풀뿌리의 병원균 신호를 공유하여 위기의 공동대처를 돕는다. 심지어 다 자란 풀뿌리는 이웃 어린 풀의 초기 성장에 필요한 영양소를 공급해 주기도 한다.

균근균(菌根菌)이 땅속 풀뿌리들 공생을 돕는 것처럼 풀뿌리 공론장이 둠벙마을 공동체들의 공생을 돕는다. 풀뿌리 공론장은 주민생활 언저리 자원을 융·복합시키고, 유기성을 더하여 상생 효과를 높인다. 이는 더불어 주민 간 서로 다른 입장과 생각을 잇고, 녹여 통합에 이르도록 기능한다. 또한 풀뿌리 공론장은 고장의 위기 대처와 나눔의 가치를 드높여 둠벙마을의 건강성과 지속가능성을 담보한다.

하지만 농촌공동체문화가 사라지면서 공동체를 지지하는 풀뿌리공론장도 힘을 잃어갔다. 농촌마을의 경우 생활협동계에서 발원된 의제가 사라지자 행정관청과 유지들이 의제를 독점했다. 그 의제들은 개발의제들이 주를 이루었는데 회의장은 유지들이 주도했고, 주민들은 그들의 들러리 서기 일쑤였다.

공동체 기반한 풀뿌리 공론장이 무너지자 주민의 주체성이 떨어졌고, 자주의식도 덩달아 떨어졌다. 주민의 주체성이 떨어지는 만큼 주민들은 외부의 생각에 지배당했고, 그만큼 외부 의존도도 높아졌다. 이런 악순환은 농촌의 공공영역을 무너뜨렸다.

지방자치와 함께 두드러진 대의민주주의는 농촌 공론장에 더 악영향을 끼쳤다. 1990년대부터 농촌에는 선거가 부쩍 많아졌다. 농협만 하더라도 조합장 선거에다 이·감사 선거, 대의원 선거까지 불붙었다. 여기에다 기초와 광역의회의원, 기초와 광역단체장, 교육감까지 선거에 의해 선출하면서 농촌은 선거 열풍에 휩싸였다. 이는 주민들이 대표자들에게 자치권한을 떠넘기는 일이었고, 주민들은 그만큼 공론장에서 멀어지는 결과를 초래했다.

둠벙마을이 힘을 받으려면 풀뿌리 균근균 같은 풀뿌리공론장이 활성화되어야 한다. 그렇다면 둠벙마을이 지향하는 풀뿌리 공론장은 어떤 모습일까?

첫째, 둠벙마을은 공론장 주민의제를 먹고 자란다.

사람은 누구나 자신과 관련된 일일수록 관심과 참여를 나타낸다. 공론장 의제가 주민의 이해와 요구를 떠나 있다면 주민의 관심과 참여가 떨어지기 마련이다. 때문에 둠벙마을 풀뿌리 공론장은 주민의 생활과 밀접한 일을 중심으로 퍼지는 부챗살 구조를 형성한다.

전통마을 협동계의 경우 계원의 관심과 참여율이 높았던 것은 내부 논의의 장에 오르는 주민의제가 작용했다. 그 협동계의 의제가 계원들 문제의 해법을 찾는 일이기 때문에 그 의제에 대한 몰입도가 높기 마련이다.

따라서 풀뿌리 공론장에서는 주민의제 생성이 으뜸 요소다. 주민의제는 지역발전이란 큰 명제가 아니라 주민의 손에 잡히고, 생활에 직접 영향을 주는 일을 우선한다. 같은 의제라도 주민에 의한 주민을 위한 의제를 만드는 것이 중요하다.

예컨대 '면단위 전통시장 활성화'란 주제가 떠오른다면 대개는 장옥 현대화, 주차장 확장 등 시설사업 쪽으로 흐르곤 한다. 그러나 장옥이 현대화되고, 주차장이 넓혀진다고 전통시장이 활성화되는 것은 아니다. 전통시장이 고장 제철진미들의 직거래 장터가 되면 곁 따라 그 고장의 향기가 피어나 명품장으로 발전한다, 때문에 '주민들에게 유익을 주는 전통시장 만들기' 같은 의제를 정한다면 주민의 이해와 맞닿은 토론의 장이 될 수 있다.

둘째, 둠벙마을 풀뿌리 공론장은 평등주의를 지향한다.

대부분 주민들은 공공토론장에서 꿀 먹은 벙어리가 된다. 주민들은 지역개발 의제가 붙은 관주도·유지주도 토론장에서 마땅히 할 말을 잃는다. 재원이든 시설이든 주민들이 스스로 할 일이 없기 때문이다. 기껏 하는 말은 '기타 건의사항' 정도로 치부된다.

그런데 똑같은 주민들이지만 저축계나 상호부조계의 회의장에서는 공공토론장과는 전혀 다른 모습을 보인다. 공공토론장의 장에서는 객체적 자세를 취하지만 계의 회의장에서는 주체적 자세를 취한다. 특히 계의 사업과 재정결산을 논의하는 자리에서는 참여 열기가 크게 높아진다.

공공토론장과 계 회의장은 의제의 질과 토론장 분위기 면에서 전혀 딴판이다. 계 회의장에서는 성원들이 동등한 조건에서 참여하기 때문에 사회·경제적 지위에 구애받지 않는다. 이렇듯 풀뿌리 공론장에서는 성원들의 평등한 참여가 중요하다. 풀뿌리 공론장은 주민의 손에 잡히는 의제에다 마당의 멍석자리처럼 주민들이 쉽고 편하게 참여할 수 있는 분위기와 진행방식으로 설계한다.

셋째, 둠벙마을 공론장은 과정 중심의 진실주의를 지향한다.

관주도·유지주도 회의들은 결정을 좇는 결과 중심이다. 이 회의들은 결과를 지향한 나머지 숙의과정을 간과한다. 이런 회의에서는 소수의견을 무시하기 십상이고, 다수결 방식을 남발하여 참석자들을 갈라치기 한다.

이에 비해 둠벙마을 풀뿌리 공론장은 결과보다 과정을 중시 여긴다. 서로 다른 입장과 생각을 놓고 숙의하는 가운데 상대를 이해하고 배려하는 아량이 싹트고 상호 통합에 이르게 한다. 소수의 반대자라도 그들의 입장을 헤아리지 않으면 통합에 이르지 못한 까닭이다.

풀뿌리공론장의 진실성은 숙의과정의 맥락 속에서 자라난다. 공론장에서 진실(과정)을 사실(결과)보다 중시 하는것은 전후 흐름의 맥락 때문이다. 그 맥락은 숙의과정과 등치된다. 주민 간 생각과 입장의 다름이 녹여지는 과정에서 풀뿌리공론장이 꽃 핀다.

넷째, 풀뿌리 공론장을 둠벙마을의 일상운동으로 자리매김 한다.

관주도 회의들은 결정을 위한 장이 대부분이라서 분절된 구조를 띤다. 하지만 풀뿌리 공론장은 주민의 일상문제의 해법 찾기 마당이기 때문에 기존의 관주도 회의와 색다른 유기성을 띤다.

일상문제의 해법은 한 가지만 있는 것이 아니다. 문제의 도출→심화→해결에 이르기까지 단계·과정별로 해법의 잣대가 다를 수 있다. 실천과제를 두고도 계획·실천·평가의 주기별 상황이 다를 수 있다. 1주일 전 생각과 1주일 후 생각이 다를 수 있고, 상황변화에 따라 색다른 생각이 덧씌워질 수 있다.

때문에 한 의제를 두고 주기를 좇아 되먹임(Feedback)하는 공론장이 요구된다. 되먹임 공론장은 과제의 실천과정을 좇아가기 때문에 일회적인 공론장으로는 효과를 발휘하지 못한다. 둠벙마을의 풀뿌리 공론장은 격주 혹은 매월 단위 상시적인 공론장을 요구한다.

지금단계에서는 읍·면주민자치회가 공론장 운영을 주관하고 이후 자치제도 변화에 따라 개선할 필요가 있다. 그렇다면 읍·면주민자치회 산하에 공론화위원회를 두고 풀뿌리 공론장 위상에 부합된 상설공론장을 설계한다.

6) 농촌공동체 미디어운동

우리나라 미디어들은 전통적으로 사회소통에 무관심한 편이다. 이는 우리나라 신문의 발전과정과 유관하다. 우리나라는 전국지(중앙지) → 광역지역지(지방지) → 기초지역지 순으로 싹 텄다. 이는 사람들 생활권이 먼 곳부터 가까운 곳으로 발전한 셈이다. 때문에 전국지들은 사람들 생활언저리의 기사보다 생활과 먼 기사를 우선시한다. 생활에 편익을 주는 기사는 뒷전으로 밀어버리고 중앙정치판의 정쟁이나 범죄사건 기사로 도배한다. 이런 구조하에 신문들은 사람들 이목을 끌 자극적 기사 찾기에 골몰할 뿐이다.

이에 비해 서구신문들은 우리와 달리 사회적 소통기능을 중시 여기면서 사람중심, 공동체중심을 지향한다. 많은 서구 공동체신문들은 주민들의 유대관계를 돈독히 해 주면서 풀뿌리공론장의 연계기능을 한다.

　서구신문의 이런 성격은 신문역사가 말해준다. 그들은 우리나라와 정반대로 신문이 주민 생활권의 마을신문에서 출발하여 도시신문, 주단위 광역신문으로 확장되었다. 이런 까닭에 이 신문들은 인본주의 성격이 강하고, 자치분권의 가치를 중시 여긴다. 우리나라에서는 지역사회의 신문을 지역신문(Local Newspaper)이라 하지만 서구에서는 공동체신문(Community Newspaper)이라고 부른다. 이는 지역(Local)이란 '공간'을 내세우는 우리나라와 공동체(Community)란 '사람'을 내세우는 차이로서 신문의 정체성과 지향성의 차이를 나타낸다.

　그렇다면 둠벙마을 공동체신문[8]이 지향할 바는 무엇일까?

　첫째, 지역공동체 이해 실현을 추구한다.

　워싱턴 외곽 흑인공동체신문은 범죄기사를 없앤 것을 자랑으로 여긴다. 백인신문이 흑인=범죄자라는 '범죄 집단 프레임'을 씌우는데 극복하려는 발상이다. 때문에 흑인신문은 사회를 어둡게 덧칠하는 범죄기사를 없애는 대신 긍정과 따뜻한 공동체신문을 지향했다. 흑인신문은 '공동체에 의한 공동체를 위한 신문'을 지향하는 미국 지역 공동체신문 위상과 걸맞다.

　공동체신문의 으뜸기능은 사회적 소통기능이다. 때문에 공동체신문은 '옳은 신문'보다는 '좋은 신문'을 지향한다. '좋은 신문'은 긍정의 가치를 들면서 고장에 긍정의 영향을 끼치는 것을 지향한다.

　좋은 신문은 좋은 소식을 우선하는 신문이다. 좋은 소식은 긍정적인 소

---

8) 둠벙마을 공동체신문은 주민자치시대에 알맞은 읍·면단위 신문이다. 이 신문은 종이신문, 인터넷라디오, 유튜브방송 등을 포괄한 미디어로서 주민저널리즘(Public Journalism)을 지향한다.

식, 해법 중심의 소식이지만 나쁜 소식은 부정적인 소식, 문제 중심의 소식이다. 좋은 소식은 주민들의 편익을 넓히는 소식, 공감대를 넓히는 소식이지만 나쁜 소식은 주민들 마음에 부담을 주는 소식, 눈길을 이끌려는 술수의 소식이다.

극심한 가뭄이 들 때 신문들은 갈라진 논바닥을 보고 탄식하는 농부의 사진과 눈덩이처럼 불어가는 가뭄피해 상황을 보도하기 바쁘다. 하지만 공동체신문은 주민들끼리 힘을 합하여 가뭄을 이려내려는 현장과 콩 조각도 나눠 먹는 훈훈한 인심을 더 떠올린다.

둘째, 기사를 주민의제로 삼는다.

재난이나 사고가 일면 신문들은 현상 알리기에 바쁘다. 재난과 사고 상황을 보다 실감나게 알리기 위해 피해상황에 방점을 찍고, 재해와 사고피해의 빌미를 찾아 공분 일으키기를 자주 한다. 공동체신문은 사건현장을 중심으로 주민들이 할 바를 찾는데 주력한다. 주민들이 사건에 능동적으로 조응할 일거리를 찾아 알려주고, 재발방지책, 주민통합, 사고의 교훈거리를 찾아준다.

어느 섬에 연육교가 생기면 일반 신문들은 다리 규모와 모습, 다리 공사비 등을 앞세우고 그 다리의 사후 효과를 크게 나타내려 한다. 정치인이나 관련 기관이 알리고 싶어 하는 것을 그들 입맛에 맞게 알려 준다. 그러나 공동체신문은 다리가 생긴 후 섬과 육지 주민들에게 생겨날 변화 거리를 찾는데 주력한다. 긍정적인 변화든 부정적인 변화든 낱낱이 찾고, 향후 변화에 조응할 바를 도출시킨다.

위의 두 예는 공동체신문과 의제 관계를 말한다. 공동체신문은 어떤 상황에서든 주민들에게 놓인 문제와 고민거리를 찾아 주민들이 능동적으로 해결에 나서도록 뒷바라지해준다. 따라서 공동체신문의 기사는 곧 주민 의제다. 기쁜 일은 기쁨을 배가하도록, 궂은일은 어려움을 잘 극복하도록 밑재료를 제공하는 일이다. 공동체신문은 그간 지역을 지배해온 행정의제, 유지의제, 엘리트의제의 문제점을 분석하고, 주민에 의한 주민의 의제를 손에 잡히게 제시해 준다.

셋째, 주민의 삶 이야기를 거울처럼 여긴다.

코로나19가 기승을 부리던 2020년 3월 이탈리아 북부 한 지역신문에는 150명의 부고 기사가 10개 면에 실렸다. 이는 서구의 사람중심 언론문화의 한 단면이다. 이 신문은 코로나19 펜데믹이란 엄중한 상황에서도 사람중심 언론문화를 지키려고 많은 지면을 할애한 것이다.

자치분권이 발달한 나라의 지역공동체 신문들은 부고 기사를 중시 하는 공통점이 있다. 상당수 지역 공동체신문은 한술 더 떠서 부고 기사를 자랑거리로 여긴다. 위의 이탈리아 지역 공동체신문이 부고 기사를 1면부터 10면까지 배치한 것만 보아도 부고 기사에 얼마나 높은 비중을 두는지 짐작할 수 있다.

이들이 왜 부고 기사에 무게를 두는 것일까? 이들은 지역에서 살아온 주민들의 삶의 족적에 주목한다. 주민마다 자기다운 삶을 영위하고, 지역공동체 속에서 화음을 이뤄 살아온 모습을 귀히 여긴다. 때문에 부고 기사를 불쌍하고 처참한 이야기로 보는 것이 아니라 아름다운 삶의 이야기 꽃밭으로 여기는 것이다.

이에 비해 우리나라에서는 부고 기사를 딴 판으로 여긴다. 부고 기사는 신문의 모퉁이 면에 배치한다. 그도 부고 기사의 주인공이 없다. '김 아무개 부친상' 혹은 '박 아무개 빙모상'처럼 망자의 자식이나 사위를 내세운 것이다. 저명인사가 아니고는 망자 삶의 이야기가 실리지 않는다. 부고 기사에 인간의 존엄과 공동체적 가치는 온데간데없고 후손들 체면치레 기사로 쓰일 뿐이다.

서구의 부고 기사 예처럼 둠벙마을 공동체신문은 주민의 삶의 이야기를 거울처럼 여긴다. 거울보기가 일상의 일인 것처럼 주민의 삶의 이야기를 듣는 것을 기쁨으로 여긴다. 주민마다 가진 특·장점과 사회적으로 기여하고 나눌 거리를 공유하는 가운데 고장이 착한 사다리문화를 타도록 하는 것이다.

하지만 경계할 점도 있다. 사람들이 거울을 보면서 화장을 하는 것처럼 주민의 삶의 이야기가 왜곡·과장 되면 역효과를 낸다. 화재성 기사의 주인공이 영재성이나 천사성을 가지고 살았던 것처럼 부각시키면 그 신문은 거꾸로 사행성 신문이 되고 만다. 화재성 기사의 주인공의 재능이나 선행의 동기 속에서 보편적 교훈을 찾아주는 배려가 필요하다.

넷째, 공공저널리즘(Public Journalism)을 지향한다.

공공저널리즘은 1980년대 말 미국 지역공동체신문들이 주민밀착형 신문이론으로 창안했다. 공공저널리즘은 객관적 보도라는 신문의 고정관념을 벗어나 주민의 문제에 직접 뛰어들어 주민들과 함께 해결에 이르는 방식이다.

둠벙마을 공동체신문이 공공저널리즘을 채용하려면 둠벙마을 공론장과 연동 짓는 방법이 가장 용이하다. 공론장에서 생겨난 주민들의 공론활동을 중계하듯 전해주는 것이 기본적인 일이다. 여기에 주민의제의 배경과 생성과정을 설명하고, 공론장에서 생겨난 쟁점을 추려주는 역할을 더한다. 또한 의제의 다단계 공론과정을 조명하고, 의제의 실행·평가 과정까지 함께한다. 이런 것은 인터넷 라디오나 유튜브 같은 온라인 방송을 결합할 수 있다.

둠벙마을 공동체신문은 아울러 농촌 관계인구 활동과 연동한다. 농촌에 가치농업 공동체, 순환경제 공동체, 생활자치 공동체가 생기를 얻도록 이음줄 역할을 하여 공동체 간 관계밀도를 높인다.

또한 둠벙마을 공동체신문은 농도 관계인구 활성화에 큰 몫을 담당하게 된다. 고장의 가족 중·소농들에 의한 가치먹거리가 가치지향 소비자들에게 잘 알려지도록 입소문 진지 역할을 한다. 이를 위해 먹거리에 내재된 고유한 특성을 재해석하고 재조명하여 소비자들과 공감대를 형성하도록 한다. 고장의 문화유산, 생태자원을 비롯한 어메니티 자원을 관계인구 확장을 위한 농촌향기로 내뿜는다. 도시인과 농촌주민 간 교류의 매개체 역할을 하고, 귀농·귀촌인의 정착을 돕는다.

자치 선거나 협동조합 선거 때면 주민들이 공약을 만들도록 돕는다. 입후보자들이 주민들에게 공약하는 것이 아니라 주민생활에 필요한 일을 떠올려 놓고 입후보자들의 실행역량을 검증하는 것이다. 아울러 당선자들이 재임기간에 주민공약을 얼마나, 어떻게 이행하는지 공개평가를 한다.

2편

●

관계인구가
농촌 밀물시대 물꼬를 튼다

1. 썰물 살에 빨려든 농촌

1) 저곡가정책으로 '이농 덫'을 쳤다

우리나라 산업화는 국가권력과 독점자본이 결탁한 국가독점자본주의가 판쳤다. 때문에 모든 가용자원을 수출주도형 공업화에 쏟아 부었다. 이 과정에서 농업·농촌은 공업중심 산업화의 희생양이 되었다.

공업과 농업은 근본 성질이 달라서 둘을 한 잣대 정책으로 대면 농업이 크게 쇠퇴한다. 공업은 기술이 발달하고 양산체계를 구축하면 생산비가 급격히 떨어지지만 농업은 기술과 양산체계를 동원해도 더디게 발전한다. 서구 나라들은 농업이 산업화의 희생양이 되지 않도록 농업보호정책을 쓰면서 산업화를 좇는 농공병진정책을 폈다. 하지만 우리나라는 농업보호는커녕 농업·농촌을 공업화 위한 희생양으로 삼아 버렸다.

1960년대 산업화를 시작하면서 농업·농촌을 저농산물가격정책(이하 저곡가정책)으로 옥죄기 시작했다. 당시 농촌에는 쌀, 보리 등 미작농업이 주를 이루었는데 정부가 곡물가격의 목을 쥐고 있는 터였다. 박정희 정권은 6·25 전쟁이후 미국에서 들어온 원조농산물을 저곡가정책의 밑밥으로 썼다. 원조농산물을 풀어 농산물가격을 떨어뜨리고, 물가상승을 막는데 활용한 것이다.

박정희 정권은 저곡가정책을 수출주도형 공업화를 위한 정책수단으로 활용했다. 박정희 정권은 저곡가정책으로 노동시장 확장효과를 봤다. 농산물가격을 떨어뜨리면 농가소득이 떨어지고, 농가살림이 쪼그라지면 농촌인구가 도시로 빠져나가 노동시장을 확대시키기 때문이다. 기업들이 농촌 양질의 인력을 값싸게 쓸 수 있도록 정부가 그 여건을 만들어 준 것이다.

저곡가정책은 노동자를 값싸게 부려먹는 효과도 냈다. 저곡가정책이 공장노동자들을 저임금에 가두는 매우 효과적인 수단이 되었다. 엥겔지수[1]가 높았던 당시에는 먹거리 가격이 도시물가 상승과 공장노동자들의 생활비 상승에 직접 영향을 미치고 있었다. 농산물가격이 오르면 임금상승 요인이 되고, 임금이 상승하면 공산업체의 생산비 상승을 부르고, 마침내 수출경쟁력 저하로 이어지는 터였다. 때문에 저곡가정책을 통해 노동자들 생활물가를 묶어 저임금구조에 가두고, 수출경쟁력을 높이고자 했다.

공업발전을 위한 저곡가정책으로 말미암아 농촌은 더욱 빈곤의 늪으로 빠져들었다. 이 때 마을마다 도시 공장의 일자리 소식이 전해졌고, 급기야 농촌에서 대탈출 바람이 일었다. 국가권력이 농촌을 빈곤의 나락으로 내몰면서 농촌주민들이 도시 공장으로 탈출하도록 진을 친 형국이었다.

박정희 정권 농정은 농촌을 두 가지 상으로 그렸다. 값싼 먹거리를 포기하지 않고 생산하는 우직한 농부상과 쪼들리는 농가살림 때문에 도시 공

1) 엥겔지수란 총가계 지출액 중에서 식료품비가 차지하는 비율. 일반적으로 식료품은 소득의 높고 낮음에 관계없이 반드시 얼마만큼 소비해야 하며 동시에 어느 수준 이상은 소비할 필요가 없는 재화이다. 그러므로 저소득가계라도 반드시 일정한 금액의 식료품비 지출은 부담하여야 하며, 소득이 증가하더라도 식료품비는 크게 증가하지 않는다. 이러한 까닭에 식료품비가 가계의 총지출액에서 차지하는 비율은 소득 수준이 높아짐에 따라 점차 감소하는 경향이 있다. (출처 : 시사경제용어사전)

장으로 빠져나가는 이농상이었다. 살림이 쪼들리면 허리띠를 졸라매어 생산을 지속하는 농부상과 농촌을 버리고 새 삶터를 찾아 이농하는 사람들은 상반되어 보이지만 당시 당국자들 눈에는 꿩 먹고 알 먹는 절호의 상이었다.

이 같은 모순 상이 농촌에 어떻게 상존할까? 그 비밀은 미군정 때 만들어 놓은 '소농온존정책'에 있었다. 미군정은 농지개혁을 통해 소수의 지주와 다수의 소작농 구조를 다수의 소농구조로 만들었다. 이렇게 생겨난 소농들은 반(半)봉건주의, 반(半)자본주의 형이었다. 때문에 이 소농들은 이익이 실현되지 않아도 심통을 내거나 생산을 포기하지 않는 농부상이 되었다. 박정희 정권은 이런 농업구조를 '농민(농촌)은 죽어서도 안 되고, 살려서도 안 된다'는 기조로 활용했다.

2) 대이농 이후 3중고를 겪었다

1965년부터 1980년까지 15년간 농촌은 대이농의 소용돌이에 휩싸였다. 통계상 1965년 이전 이농인구는 연간 평균 2.4%였는데 1965년~1980년 이농인구는 연간 5~7.5%로 불어났다. 1960년에는 전체인구 중 농업인구가 58.3%였던 것이 1980년에는 28.9%로 급감했다. 20년 사이에 675만 명이 농촌에서 도시로 떠났다는 계산이 나온다.

농촌 대이농은 엑소더스(Exodus)란 말로 비유되었다. 엑소더스는 구약시대 모세가 이스라엘 사람들을 데리고 이집트를 탈출한 사건을 말한다. 농촌의 대이농과 엑소더스는 인구 대이동이란 공통점이 있지만 내막은 전혀 다르다. 구약시대 엑소더스는 이집트 파라오왕의 압제로부터의 탈출 사건이었다. 이에 비해 농촌 대이농은 국가와 독점자본이 저곡가정책과 부등가교환으로 농촌을 옥죄어 주민들을 내몰아낸 사건이었다. 구약시대 엑소더스는 절망에서 희망으로 향하는 탈출이었지만 농촌 대이농은 공업 입국을 위한 강요 된 탈출이었다.

대이농으로 활력을 잃은 농촌은 3중고에 빠져들었다.

하나는 농촌이 도시 인력풀을 재워주는 2군 캠프로 고착 되었다.

1970년대 들어 산업화, 도시화가 빠르게 진행하면서 우리나라 노동시장도 피라미드형으로 바뀌었다. 피라미드의 상층부는 도시와 공업현장이, 하층부는 농촌이 차지했다. 상층부의 최상층은 서울이 차지하여 '인(in)서울'이란 신조어가 생겨났다.

이런 가운데 우리나라 교육구조도 피라미드형으로 바뀌었다. 학교가 도시화 산업화의 인력풀을 채우는 수단이 되어 수직구조화 되었다. 때문에 교육구조상 피라미드의 꼭짓점은 서울, 대기업, 중앙관료가 차지했고, 지방의 교육은 그 꼭짓점을 향하게 되었다.

노동시장에 이어 교육구조도 피라미드형을 띠자 농촌교육은 피라미드 구조에 급속히 종속되어 갔다. 농촌주민들은 자식들이 도시로 나가 살기를 바랐고, 자식들이 산업화, 도시화 시대에 뒤처질세라 노심초사했다. 때문에 농촌주민들의 교육비는 살림의 허리띠를 졸라매는 수준을 넘어 농가부채로 쌓여갔다. 농촌주민들이 빚내서 자식을 뒷바라지 하는 가운데 농촌 가계구조는 빚내서 빚 갚는 쪽으로, 빚내서 빚 이자 갚는 쪽으로 악순환의 수렁에 빠져들었다.

이렇듯 빚내어 교육시킨 자식들은 대부분 도시의 인력풀로 내보내졌다. 농촌이 도시 인력풀을 채워주는 2군 캠프가 된 것이다. 이는 결과적으로 농가 살림의 기둥뿌리를 뽑아 도시에 내다바친 꼴이었고, 도시는 손 안 대고 코 푸는 형국이 되었다.

하나는 농촌 돈의 역외유출이 심화되었다.

농촌이 도시화 바람의 영향권이 들고, 전기가 공급되고, 교통이 발달하자 농촌에는 큰 변화가 일었다. 주택이 도시형으로 바뀌고, 가전제품이 들어오고, 상·하수도 시설이 공급되고, 마을길이 포장되고, 교통망이 발달하면서 주민들 생활환경이 크게 윤택해 졌다,

이런 가운데 농촌에는 생활에 필요한 공업물품들이 봇물 터지듯 쏟아져 들어왔고 읍내나 면소재지에는 이 물품을 생산한 대기업 대리점들로 성시를 이루었다. 농촌지역 상권이 대기업 대리점경제에 흡수되는 현상이었다.

대기업들은 농촌 대리점들과 도매상 거래를 하면서 물품결제일로 옥죄어 갔다. 대게 대리점들은 물품을 팔고 나서 도매 값을 지불하는 외상거래 방식을 취했는데 지불기간이 월단위에서 월2회, 주단위로 바뀌어 가자 사정이 달라졌다. 이런 결제조건의 변화는 농촌에서 돈이 도는 흐름도를 바꾸어 버렸다. 월단위 결제 때에는 읍내 상권의 돈이 한 달 간 돌 수 있었지만 결제조건이 월 2회, 주단위로 바뀌면서는 상권의 돈이 돌 새 없이 밖으로 빠져나가기 바빴다. 게다가 결제방식이 실시간 온라인방식으로 바뀌자 농촌의 돈은 실시간으로 빠져나갔다.

자급지족적 농업이 상업농으로 바뀌자 농촌의 돈은 걷잡을 수 없도록 빠져나갔다. 기계화되면서 지역에서 순환하던 농업노동비는 농기계 공장으로 빠져나갔다. 마을 안에서 돌고 돌던 농업노동 구조가 무너져 가자 사회적 약자들의 일거리도 줄어들었다. 농업이 소품목 다생산과 대규모 경작

구조로 바뀌면서 농자재 구입비라는 명목의 돈이 외부로 유출되었다.

하나는 농촌사회가 뺄셈구조로 빠져들었다.

유럽은 산업화 과정에서 농촌 인력을 써먹은 대신 가족 중·소농을 상업 농으로 변화시켜 자본주의형 농업을 발전시켰다. 반면 우리나라는 수출 주도형 국가경제를 만든다면서 가족 중·소농 기반을 깡그리 무너뜨려 농업의 산업화시대로 이행을 이끌지 않았다.

농촌의 사람과 돈이 도시로 빨려 나가자 농촌을 유지하던 지역구조가 망가지기 시작했다. 농촌의 공동체문화와 경제적 선순환구조가 깨지자 농촌의 사회적 구조도 깨져갔다. 주민들이 문제를 스스로 해결하던 자주의식이 무너지면서 행정에 의존하는 의타심이 커갔다. 농촌가치와 자원은 쓸모없는 것으로 인식하여 외부자원을 중심으로 하는 외생적발전 논리에 빠져들었다.

농촌이 썰물 살을 타고 쓸려나가자 주민들의 마음도 쓸려 나갔다. 주민들은 '등 굽은 나무가 고향 지킨다'며 스스로 비하했고, '해 봤자 안 돼'라는 패배의식에 휩싸였다.

어설픈 상업농은 사행성농업과 약탈형 농업으로 퇴화되었다. 값싼 외국산농산물이 농산물시장으로 물밀 듯 들어오자 농산물가격의 등락 주기가 더욱 빨라졌다. 때문에 농업인들은 좋은 가격의 적기를 손꼽기 바빴고 그 사이 농업은 점점 유혈경쟁의 늪으로 빠져들었다. 농산물시장이 롤러코스터를 타는 가운데 투기형 농업이 성행했고, 농가 살림살이는 소득과 소비의 불균형 병을 앓게 되었다.

2. 인구 개념이 시류를 타고 변하고 있다

1) 도시는 인구 과밀병을, 농촌은 인구 과소병을 앓게 되었다

1798년 토마스 로버스 맬서스(Thomas Robert Malthus, 1766~1834)는 '인구론'을 냈다. 그는 이 책에서 인구는 기하급수적으로 증가하지만 식량은 산술급수적으로 증가하기 때문에 인류가 식량난에 허덕일 것이라고 했다. 그는 이 같은 증가를 해소하기 위해 산아제한, 결혼연기, 독신 등의 예방적 조치가 필요하고 전쟁, 질병, 기근 등을 통해 사망률을 높이는 인구 억제책이 필요하다고 역설했다.

맬서스 '인구론'은 먼 옛날이야기가 아니었다. 우리나라에서는 1964년부터 1991년까지 산아제한 정책을 폈다. 초기에는 피임 권장 정책을 쓰다가 1970년대에는 둘 낳는 가정에 혜택을 주었고, 1980년대에는 하나 낳기 쪽으로 정책강도를 높였다. 하지만 산아제한 정책을 멈춘지 25년 만에 대한민국은 세계 최저 출생률 국가가 되었다. 그러자 중앙정부가 인구 늘릴 정책을 최우선 과제로 떠 올렸다.

이렇듯 인구개념은 시류를 타고 변한다. 그런데 '얼어 죽고, 데어 죽는다'는 속담처럼 우리나라에서는 인구의 극과 극의 현상이 나타났다. 인구 과밀의 문제와 인구과소의 문제가 동시에 나타난 것이다. 서울을 비롯한 수도권은 인구과밀의 문제로, 농촌에서는 인구과소의 문제로 몸살을 앓고 있다.

경기도 용인특례시와 경남 거창군을 예로 보자. 1970년 용인특례시는 인구 96,000명의 농촌 군이었다. 그런데 2022년에는 1,092,000명의 대도시로 변모하여 인구 100만 이상 도시에 주어지는 특례시 지위를 얻게 되었다. 용인특례시는 50년 만에 인구가 10배나 급팽창 했다. 경남의 웅군이던 거창군의 1966년 인구는 136,000명이었다. 그런데 2024년 현재 인구는 59,000명으로서 58년 만에 2.3배 줄었다.

산업화 물결을 타고 사람들이 도시로 몰림에 따라 도시과밀 문제가 발생한다. 우리나라는 1960년대부터 생긴 농촌 대이농과 지방 중·소도시 인구 이동으로 수도권이 과밀화 되었다. 도시계획상 적정 인구밀도를 넘어선 과밀인구 현상이 나타난 것이다.

교통발달에 따라 전국이 일일 생활권에 들면서 이동하는 사람들이 늘었다. 학교로, 직장으로, 병원으로 이동하는 사람들이 폭증하자 서울시는 도시정책을 가늠하기 어려워졌다. 그래서 서울시는 비상주인구와 유동인구를 포함한 생활인구란 개념을 지었다.

서울시와 KT는 2018년 공공 빅 데이터와 통신 데이터를 이용하여 추계하는 새로운 인구모델을 개발했다. 대중교통 이용통계, 인구·사업체 센서스 자료, 택시운행 통행량 등 서울시가 보유한 빅데이터와 KT의 통신 빅데이터를 활용하여 1시간 단위로 생활인구를 추출 한다. 서울의 특정 지역, 특정 시점에 존재하는 모든 인구를 실시간으로 추계한다. 그러니까 서울시 생활인구는 서울시에 정주하는 인구에다 출퇴근, 등하교, 의료, 관광 등의 목적으로 서울을 찾는 모든 사람을 합한 인구를 말한다.

이렇게 해서 추계한 서울시 생활인구는 2024년 7월 5일 현재 10,087만 명이었다. 이해 6월 서울시 인구가 936만 명이었으니까 151만 명의 외부인구가 유입했다는 분석이 된다. 서울시는 생활인구를 서울의 유입·유출인구 분석, 내·외국인 관광지 이동 경로 분석, 상권시스템 유동 인구 분석, 교통수요분석, 폐쇄회로TV·가로등 설치 등 정책에 활용하고 있다.

수도권에서는 생활인구 이외 다른 인구현상도 나타난다. 서울시를 둘러싼 위성도시에서는 낮에 텅텅 비고, 밤에 몰리는 현상이 나타났다. 서울시로 출퇴근 하는 직장인들 때문에 나타나는 야간인구다. 이런 도시는 '잠자러 오는 도시'라고 해서 '베드타운(Bed town)'이라고도 한다. 반대로 낮 직장인들이 업무중심지구로 몰리는 현상을 주간인구라고 한다. 또 특정지역을 중심으로 사람들의 밀집도가 나타나는 현상을 유동인구라고 한다.

오늘날 레저 관광이 크게 활성화되면서 도시인구에 큰 영향을 준다. 제주도를 비롯한 관광도시는 관광으로 인한 교류인구가 인구정책에 큰 영향을 준다. 672,000명이 사는 제주도의 2023년 관광객은 1,338만 명이었다. 제주도 인구가 543,000명이던 2000년의 연간 관광객이 420만 명이었던 것을 비해 보면 제주도 관광객 수는 23년 만에 3.2배 불어났다.

2) 허수잔치에 춤추는 농촌자치단체들

요즘 농촌자치단체들의 최대 관심사는 인구 늘리기다. 자치단체마다 인구 늘리기 정책 개발에 나서고 성과를 내는 부서나 공무원들에게 포상하기도 한다. 지방선거 때도 인구 늘리기가 단골 공약으로 등장한다. 입후보자들 공약대로라면 농촌 인구문제가 금세 해결될 것 같지만 그 실현 가능성에 고개를 끄덕이는 주민은 드물다. 특단의 조건이 아니면 농촌 인구 늘리기를 실현하기가 녹록치 않기 때문이다.

인구문제가 농촌자치단체 정책으로 떠오른 것은 2010년 이후부터다. 농촌지역이 초고령화사회로 치닫자 농촌자치단체들은 출생률 높이기를 대안정책으로 꼽았다. 자치단체마다 출생률을 높이기 위해 가임기 여성을 대상에 둔 구애정책 개발에 열을 냈다. 그 구애정책들은 출산지원금과 지원서비스 늘리기가 대종을 이루었다.

한때 출생률 전국 최고 지역이었던 전남 해남군은 2022년에 첫째 아이는 320만 원, 둘째아이는 370만 원, 셋째아이는 620만 원의 출산장려금을 지원했다. 그러자 전남 진도군은 첫째, 둘째 출산 때 500만 원 씩 지원했던 것을 2023년부터는 두 배 올려 지원하기 시작했고, 전남 순천시도 2023년부터 매차 70~100% 올려 지원하고 있다. 이에 질세라 전남 강진군이 2023년부터 5040만 원을 매달 60만 원 씩 7년간 지원하기로 하자 충북 괴산군에서는 쌍둥이 출산가정에 각각 5000만 원씩 1억 원을 지원하는 파격적인 지원책을 내 놓았다.

이런 노력 덕에 농촌지역들이 전국 자치단체 출생률 최상위권을 휩쓸고 있다. 합계출생율 면에서 서울이 평균 0.6명인데 비해 농촌지역은 0.9명 대니까 외견상 돈값은 하는 모양새다. 하지만 농촌지역들 내막을 보면 생각이 달라진다.

해남군의 경우 2010년 1.66명, 2011년 1.52명이던 합계출생율이 2012년에는 2.47명으로 급상승했다가 2020년에는 1.67명으로 급락했다. 영광군의 경우 2010년에는 1.54명이던 합계출생율이 2021년에는 2.46명까지 치솟았다가 2023년에는 1.65명으로 급락했다. 이처럼 합계출생율이 롤러코스터를 타는 건 자치단체들의 출산장려금 등 지원정책에 따른 것이다. 가임여성들이 출산장려금을 많이 주는 지역으로 이거했다가 금세 빠져나가는 '먹튀 현상'과도 무관하지 않다. 2016년 1.63명이던 영덕군 합계출생율이 2023년에는 0.87명으로 반 토막 난 것도 이 때문이다.

자치단체들 출산장려정책은 대부분 가임여성들에게 선심 쓰는 내용이라서 지역 간 경쟁이 불가피하다. 어느 자치단체가 얼마큼 올리면 다른 자치단체는 더 올리고, 또 다른 자치단체는 더 더 올리는 출혈경쟁 방식이라는 한계가 있다. 게다가 이런 정책이 출생률 높이기로 이어져야 할 텐데 실제는 그렇지 않다는데 문제가 있다. 즉 이런 정책이 빵의 파이를 키우는 일과 무관하게 있는 빵을 놓고 나눠먹기 경쟁을 벌이는 방식이라는 것이다.

문재인 정부 들어서 지역 사회적 경제를 통한 청년인구 늘리기에 공들였다. 지역에 사회적 경제체가 많아지면 청년일자리가 많아지고 그만큼 청년인구를 늘게 될 것이라는 발상이었다. 하지만 대안으로 제시되는 모델은 서울 같은 도시형이여서 농촌지역에서는 그림의 떡이었다.

중앙정부가 펼치는 대다수 지역개발사업들은 인구증가를 필수 옵션으로 넣고 있다. 도시재생사업, 농촌신활력플러스사업, 농촌마을종합개발사업, 농촌중심지 활성화사업 등의 공모사업 지침에는 어김없이 청년 일자리와 인구유입 성과를 요구하고 있다. 하지만 계획을 위한 계획일 뿐 공모사업의 일자리·인구 늘리기는 보여주기 식 허수잔치에 불과하다는 것이 일반적인 시각이다.

자치단체들이 내거는 지역소멸 대응과 인구 늘리기에 진정성이 느껴지지 않는다. 그 내막을 살펴보면 명분과 실제 간 고민의 결이 다르게 나타난다. 농촌자치단체들의 인구 늘리기 정책은 자치단체 재정 확충에 방점이 찍혀있다. 농촌자치단체들이 중앙정부로부터 돈을 타오는데 인구수가 중요한 잣대가 되기 때문에 농촌자치단체들은 거기에 충족한 인구논리의 잣대를 댄다.

지역인구수는 농촌자치단체 재정의 30% 정도를 차지하는 보통교부세의 산정기준에 중요하게 작용한다. 보통교부세는 중앙정부가 매년 재정 수입액이 재정 수요액에 미달하는 자치단체에 주는데 이 돈은 꼬리표가 없는 자율재정이라서 농촌자치단체들이 값진 돈으로 여긴다. 2023년 보통교부세는 경기도를 제외한 도의 주민 1인당 평균 212만 원이 산정되었는데 이를 보면 농촌자치단체들이 왜 인구수를 알토란 같이 여기는지 짐작된다.

농촌자치단체들은 '인구는 돈이다'란 논리로 인구정책을 펴곤 한다. 때문에 농촌자치단체들은 인구 늘리기에 쓰는 돈을 투자개념으로 여긴다. 충북 진천군은 2021년부터 '생거진천 뿌리 내리기'란 시책을 폈다. 관외 출·퇴근 회사원들이 진천군에 전입하면 1인 세대 100만 원, 2인 세대 220만 원의 정착금을 지원하는 사업이다. 이 시책으로 해마다 600세대 이상을 유치하는 성과를 거두었다. 진천군은 인구 한 명이 늘면 후하게 주는 정착금보다 국가에서 주는 돈이 70만 원 정도 더 많기 때문에 남는 장사가 된다는 발상이다.

3. 관계인구는 농촌의 인구과소 해소책으로 떴다

1) 관계인구의 태동과 특성

주지하다시피 생활인구는 도시의 인구 과밀문제를 해소하기 위해 서울시가 만든 인구정책 개념이다. 과밀인구의 부화로 인해 도시가 많은 장애를 입기 때문에 과밀인구를 효과적으로 관리하려고 생활인구라는 개념을 도입했다.

그렇다면 과소문제를 겪고 있는 농촌인구의 명약은 무엇일까? 출생률 늘리기를 하고, 귀농·귀촌인 유치에 나서지만 절대인구 감소를 당해내지 못하는 것이 현실이다. 그래서 고안해 낸 것이 관계인구다.

2016년 일본에서 관계인구가 떴다. 관계인구는 학계인사나 정부정책가가 아닌 다카하시 히로유키라는 농촌지역 활동가에 의해 개념 지어졌다. 지방소멸론이 일본 총무성 고위관료에 의해 지어진 것과는 사뭇 다른 모습이다.

다가하시 히로유키는 '타베루 통신'이라는 지역신문의 사례가 든 '도시와 지방을 섞다 : 타베루 통신의 기적'이라는 책에서 관계인구를 소개했다. 이 신문은 일본 동북지역 농촌을 기반으로 농가들의 먹거리 가치 이야기를 도시인 독자들한테 전해주는 신문이다. 히로유키는 여기서 체험한 농가와 도시 소비자 간 먹거리 공급·소비 관계를 관계인구라고 개념화 시켰다. 그는 '티베루 통신'을 통한 먹거리 가치 이야기가 먹거리 생산자와 소비자 간 관계의 끈이 된 데 의미를 부여한 것이다. 그는 먹거리에 내재된 가치와 소비자가 만나 이루는 관계인구가 농촌의 새로운 희망거리라고 했다.

이때부터 관계인구 이야기는 일본 전역으로 퍼졌다. 수많은 지역에서 자기고장에 맞는 관계인구 맺기를 창안하기 시작했다. 관계인구는 농촌지역에서 설득력을 얻어 활기를 띠어갔다. 관계인구는 인구축소 하강선을 걱정하던 농촌지역들에게 덧셈논리로 다가갔다. 이런 가운데 일본정부는 2018년 관계인구 지원정책을 시행하기 시작했다.

관계인구란 특정 지역과 지속적으로 다양한 형태의 관계를 맺는 사람들이라고 정의한다. 일본에서 상용화 되는 관계인구는 교류인구와 체류인구를 포괄한 개념이다. 일본의 관계인구는 우리나라의 생활인구[2]보다 훨

2) 우리나라 생활인구 정책은 일본의 관계인구 정책을 벤치마킹하여 2023년부터 시행하고 있다. 하지만 시행의 토대나 정책 내용상 차이가 있기 때문에 본고의 관계인구는 일본 관계인구 정책을 중심에 놓고 다룬다.

썬 광의적이고 유연한 개념이다. 일본 농촌지역에서는 중앙정부가 정한 관계인구 개념에 구애받지 않고 현장에 맞는 방식을 창안한다.

그렇다면 관계인구는 어떤 성질을 가지고 있을까?

첫째는 상호성이다. 관계인구는 관계라는 연결고리에 의해 만들어 진다. 관계의 연결고리는 가치요소로서 농촌과 도시인이 서로 필요로 여기고, 서로 만족을 누릴 때 맺어진다. 때문에 어느 한쪽이 일방적으로 이익을 누리면 관계가 맺어지지 않는다. 농촌과 도시인이 누이 좋고 매부 좋은 상호성 속에서 맺어진다.

둘째는 평등성이다. 관계인구는 농촌과 도시인의 평등한 조건에서 활성화 된다. 도시인이 농촌을 불쌍히 여긴다거나 자신의 낯을 세우려고 한다면 단기 관계로 끝난다. 반대로 농촌이 도시인의 도움을 구하는 방식은 일회적 관계로 끝난다. 때문에 관계인구는 서로가 더불어 유익을 누리는 호혜평등의 관계속에서 만들어 진다.

셋째는 지속성이다. 관계인구는 단발적인 교류인구에 비해 지속가능성에 방점을 찍는다. 체험행사 참여가 재방문 관계로, 먹거리 직거래로 이어지는 것이 중요하다. 농촌과 도시인 간의 지속관계를 위해서는 직거래, 인심, 체험 등 다원적 노력이 요구된다. 그래야만 어떤 계기를 통한 관계가 다원적 관계로 발전하여 지속성에 이르게 된다.

2) 일본에서 관계인구가 뜬 이유

관계인구론이 일본에서 빠르게 확산한 데는 두 가지 이유가 있었다.

하나는 관계인구가 고향납세제를 만나 승수효과를 이루었다. 우리나라 고향사랑기부제의 원조격인 일본 고향납세제는 관계인구 정책보다 5년 이른 2008년부터 시행되었다. 고향납세제의 초기 10년간 성적은 별로였는데 관계인구 정책을 만나 질적 양적 가파른 성장세를 보였다. 고향납세제는 2008년부터 10년간 모금액은 9187억 엔(4000만 건)이었는데 2018년부터 2022년까지 5년간 모금액은 3조4682억 엔(1조7774만 건)이었다. 2018년부터 모금액은 연평균 37.6%(건수는 44.6%) 가파른 성장세를 보였다.

또 하나는 30년 고향창생운동이 관계인구의 탄탄한 기반이 되었다. 일본은 1989년 '고향창생운동'이란 이름의 범정부적인 지역개발사업을 펴기 시작했다. 일본정부는 이때 모든 자치단체에 조건 없이 1억 엔 씩 지원했다. 이 돈으로 뭐든 지역활력을 일으킬 일을 해보라고 했다. 중앙정부의 간섭 없는 돈을 받은 농촌지역들은 내생적발전의 사업을 벌였다. 그로 인해 많은 지역에서는 마을 만들기, 지산지소운동(로컬푸드운동)이 선풍을 일으켰다. 이 운동들은 대부분 농도교류운동을 수반했는데 이 기반위에 펼쳐진 관계인구 맺기는 물 만난 고기였다.

일본 고향창생운동은 1970년대 후쿠시마현 미시마정이라는 마을의 '고향창생운동'에서 발원되었다. 이 마을은 3,000명이 살았는데 1960년대 들어 7,700명까지 불었다. 이 마을에 미야시타댐이 생기고 수력발전소가 만들어지면서 공사 관계자와 인부들이 몰려들어 인구가 크게 늘어난 것이었다. 그러나 1970년대 들어서는 공사로 인해 모여들었던 사람들이 빠져 나가자 인구가 절반으로 줄어들었다.

활기를 띠던 마을이 황량해 졌다. 북적거리던 상점들이 문 닫고, 한 집 두 집 빈집마다 잡초가 무성해져 갔다. 마을에는 절망의 구름이 드리웠고, 남은 주민들 사이에는 이 마을을 떠날 생각만 가득했다.

이때 사도오(佐藤) 정장이 부임했다. 하지만 사람들이 썰물처럼 빠져나가는 마을에서는 희망의 싹을 찾기 힘들었다. 사람들이 만나는 자리마다 마을을 떠나는 얘기만 회자되었다. 그러다보니 남아있는 사람들도 마을 떠날 생각만 골똘해져 갔다.

사도오 정장은 절망에 빠진 주민들을 설득하기 시작했다. "우리는 이 마을을 등지고 떠나는 사람들 발걸음을 잡을 힘이 없습니다. 하지만 우리 마음이 떠나는 사람들 발길을 보고 휩쓸려 가는 것은 막아야 합니다." 평범한 말 같지만 주민들의 공감을 사기에 충분했다. 마음부터 바꾸자는 이 말에 주민들이 움직이기 시작했다. 이어 도시인들을 대상을 제2의 고향 맺기 운동을 벌이기로 했다. 이때 만든 운동 이름이 고향창생운동이다.

삭막한 환경에 사는 도시인들에게 정감 깊은 고향이 되어주겠다는 약속은 쉽고도 울림이 깊은 말이었다. 도시인들로부터 1인당 1만 엔씩 연회비를 받아 마을 공원을 만들고, 골목을 정비하고, 손님을 맞이할 집 고치기에 투자했다. 여기에 참여하는 도시인(특별정민)들이 500세대로, 1,000세대로 불어가면서 이들이 떨어뜨린 돈이 연간 7,000만 엔에 달했다. 미시마정에서는 숙박서비스를 제공하고자 신청한 주민의 집을 '고향집'으로 지정하여 숙박을 희망하는 특별정민들에게 알선 해 주었다. 제2의 고향 맺기 운동은 뺄셈에서 덧셈으로 마음을 바꾸어 먹은 운동으로서 주민들의 신바람을 불러 일으켰다.

미시마정 고향창생운동 사례는 이내 일본 열도의 화제가 되었다. 산업화 물결에서 밀린 농촌지역에 새로운 희망거리로 부상되었다. 이내 1988년 다케시다 노부루(竹下 登) 수상은 미시마정 고향창생운동을 범정부적 지역 살리기 운동으로 격상시켰다. 이 범정부적 고향창생운동은 미시마정 고향창생운동의 정신과 명칭을 그대로 따 붙인 상향식정책(Bottom-up)이 되었다.

이 운동은 외부의 인적자원을 통해 주민 주체형 지역개발 사업을 꾸린 첫 사례로서 오늘날 일본 관계인구 정책의 시원이 되었다. 또한 이 운동은 외부지원에 의존하지 않은 주민 자주적 운동이었고, 외부의 돈과 인적자원을 주체적으로, 지속가능하게 활용했다는 데 의의가 있다.

범정부적 고향창생운동은 당시 전국 3,245개 시·정·촌 중 낙후된 3,057개 시·정·촌에 1억 엔씩 지원한 정책으로 유명하다. 이 돈은 꼬리표가 달렸던 기존 재원과 달리 지역이 지역 특성에 맞게 자유롭게 쓰도록 하는 포괄재원이었다. 때문에 고향창생운동은 1990년대 일본 농촌지역에서 참신한 지역개발운동이 들불처럼 번지는데 불쏘시개 역할을 했다. 오이타(大分縣)현 일촌일품운동, 아야정 유기농 운동, 유후인 농촌관광 등도 고향창생운동의 덕을 톡톡히 봤다. 또한 2000년대 우리나라에 영향을 끼친 마을 만들기며 지산지소(로컬푸드)운동도 고향창생운동의 성과였다.

4. 관계인구 쪽으로 부는 시대바람

미작중심 농업으로 형성된 우리나라 농촌은 노동집약적 촌락문화를 발전시켰다. 하지만 촌락을 중심으로 자급자족적 농업을 영위해 온지라 외지와의 교류는 극히 한정적이었다. 1990년대 초까지만 해도 농촌은 매우 폐쇄된 공간이었다. 외지 사람이 마을길을 걷는 것조차 낯설게 보였고, 외지에서 마을로 이주해 오면 20년, 30년 간 객지 사람 취급당했다.

그런 농촌이 1990년대 말부터 엄청나게 변하기 시작했다. 꽁꽁 닫혔던 마을 문이 열리고 교류의 바람이 일기 시작했다. 도시인과의 직거래가 활성화 되고, 귀농·귀촌의 발길이 이어졌다. 이는 우리나라만의 일이 아니라 세계적인 추세였다. 농촌을 둘러싼 시대환경의 변화 속에서 농도교류의 문이 열리기 시작한 것이다.

관계인구는 어느 날 일본에 혜성처럼 나타난 것이 아니다. 2000년대 초 우리나라 농촌에서도 활동가들 사이에 관계인구란 말이 나왔고, 이런 실천활동이 다각적으로 전개되었다. 농도교류(농촌체험·관광), 먹거리 직거래 등이 그것이다. 일본은 관계인구란 말이 뜨자 곧바로 정책화 시켰지만 우리나라는 현장의 관계인구 싹을 무시하다가 일본 관계인구정책을 보고 수입한 모양새다.

이렇듯 관계인구는 사회 흐름과 사회적 관계의 변화 속에서 나온 새로운 인구개념이다. 때문에 관계인구를 태동시킨 사회·경제적 변화를 모르고서는 관계인구의 본질을 캐지 못하고, 관계인구 맺기를 잘 설계할 수 없다.

일본사례가 말해 주듯 관계인구는 사회에 내재된 관계인구 밑불을 통해서 확산된다. 때문에 우리나라에서 관계인구가 성공하려면 우리 농촌에 내재된 관계인구 불씨를 찾아 살리는 것이 중요하다. 지금부터는 관계인구 쪽으로 부는 시대적 바람을 살펴보자.

1) 농업·농촌 공익적 기능의 대두

1990년대 말 농업·농촌의 공익적기능이란 말이 세계의 유행어로 퍼졌다. 이 말은 1993년 우루과이라운드 협상타결이 임박하자 OECD가 농축산업의 중요성을 강조하는 농업의 다원적 공익기능을 선포하면서 국제 사회에 대두되었다. 이는 농업이 식량을 생산하는 1차 산업 기능만 수행하는 것이 아니라 환경, 생태, 문화, 전통의 보전과 지역사회 공동체 유지, 재해예방, 식품안전성 등 사회유지에 필요한 공익적 기능을 수행한다는 개념이었다. 이에 따라 농업·농촌의 공익적 기능이 우루과이라운드에서 비교역적 기능(Non-Trade Concerns, NTC)으로 인정되었고, 농업이 국가사회 유지에 꼭 필요한 요소라는 것을 국제사회가 공감하게 되었다. 이는 농산물수입국들이 농산물자유시장에서 자국의 농업을 보호하기 위한 구실이었지만 농업·농촌이 지닌 공익적기능이 새롭게 주목받는 계기가 되었다.

그 후 농업·농촌의 공익적 기능은 농업·농촌의 정체성을 재정립하는 계기로 발전했다. 우리나라에서는 농업·농촌의 공익적 기능을 지지·지원해온 OECD 사례에 관심을 두기 시작했다. 그로인해 농업·농촌 공익기능과 관련한 공익 직불금 정책은 경관보전 직불금, 친환경 직불금, 논활용 직불금, 면적 직불금, 소농 직불금이란 이름으로 시행했다. 2018년 문재인 대통령이 발의한 헌법 개정안에 '국가는 식량의 안정적 공급과 생태 보전 등 농어업의 공익적 기능을 바탕으로 농어촌의 지속가능한 발전과 농어민의 삶의 질 향상을 위한 지원 등 필요한 계획을 시행해야 한다'는 농업·농촌의 공익적기능의 내용이 포함되기도 했다.

1980년 1천 83만 명이던 농가인구는 2023년 현재 216만 명으로 줄어들었다. 1980년에 28.9%였던 농가인구가 40년 만에 4.0%로 줄어든 것은 그만큼 국민식량 전선에 적신호가 떴다는 방증이다. 게다가 예전에는 농업기능을 식량생산 기능에 국한했지만 농업·농촌의 공익적 기능을 중시하는 오늘날에는 그만큼 농업인들이 감당할 짐이 커졌다. 이처럼 농업·농촌의 공익적기능이 중요하게 떠오르자 농업인으로 국한되었던 농업주체를 국민으로 확장해야 한다는 주장이 제기되고 있다. 전국민의 4.0%인 농업인이 농업·농촌을 지키기 버겁기 때문에 국민적 차원에서 농업·농촌 지키기 의제를 떠올리고 국민농업을 창안해야 한다는 것이다.

　농업·농촌 공익적 기능이 우리 사회를 유지하기 위한 필요기능으로, 도시인들의 삶의 질과 통하는 필요가치로 떠오르고 있다. 이는 농업·농촌의 공익적기능이 국가적 의제를 넘어 비농업인들의 이해와 관심의 범주로 번지고, 도시인들의 참여의 장으로 확장되는 의미다. 농업·농촌의 가치에 대한 사회적 환경의 변화는 관계인구시대를 일으키는 지렛대가 되었다.

2) 농촌 어메니티와 농촌관광 부상

　어메니티(amenity)는 19세기 초 영국 노동자들이 겪는 열악한 생활환경문제를 해결하기 위해 나온 말인데 점점 지역의 특정 장소에서 느끼는 기쁨, 쾌적성을 뜻하는 말로 바뀌었다. 어메니티는 1990년대 서유럽에서 펼쳐진 농촌 어메니티 운동과 농촌 어메니티 개발정책이 유럽 전역을 넘어 세계로 퍼지면서 농촌다움의 대명사가 되었다.

　농촌 어메니티는 1980년대 귀촌한 유럽의 은퇴자들이 농촌관광 활동을 하면서 부상되었다. 무심코 지나치던 농촌의 경관, 문화, 생태자연이 이들의 눈으로 새롭게 조명된 것이다. 농촌다움의 가치가 흙 속에 묻혀있는 진주처럼 여겨진 터였다. 이런 가운데 유럽 나라들이 농업·농촌 공익적 기능을 사회화 시킬 기회로 삼아 농촌 어메니티 개발 정책을 펴기 시작했다.

　1993년 우르과이라운드 협상 때 부상된 농업·농촌 공익적 기능은 농촌 어메니티의 세계화에 결정적인 영향을 미쳤다. 우르과이라운드 협상 때 농산물수입국들이 들고 나온 농업·농촌 공익적 기능에 대해 농산물수출국들이 의문을 표하자 농산물수입국들은 농업·농촌 공익적 기능의 실천 정책을 들고 나섰다. 이 때 농촌 어메니티가 농업·농촌 공익적 기능 실천

정책의 핵심요소로 떠올랐다. 결국 이 같은 국제환경이 농촌 어메니티를 농업·농촌 공익적 기능의 실천버전으로 발전시켰다.

2000년대 들어 농촌 어메니티 활성화 정책 바람을 타고 농촌관광 바람이 조성된다. 농촌, 산촌, 어촌에 관광마을이 조성되고, 회색빌딩 숲에서 지친 도시인들의 관심이 바뀌기 시작했다. 교통과 통신의 발달, 주5일제 시행으로 인한 도시인들의 여가시간의 확대아 문화·생태 지향적 관광문화 변화는 농촌관광에 순풍으로 작용했다. 이로 인해 오지로 여겼던 남해군 다랭이 마을, 완도군 청산도가 관광명소로 떠올랐다. 한적하던 어촌마을, 산촌마을도 명품 체험·교육의 장으로 변해갔다.

이 같은 시대 흐름은 농도교류문화 변화에도 영향을 끼친다. 관주도 행사로 국한되던 농도교류행사가 자발성이 강한 실속형 교류프로그램으로 발전해 갔다. 짠한 대상으로만 여기던 고향마을이 만족도 높은 휴가지로 바뀌었다. 이 같은 농촌 어메니티 부상은 관계인구시대를 여는 결정적 계기가 되었다.

3) 포스트 포드주의와 지방분권 시대 도래

20세기 자본주의를 이끌던 포드주의가 21세기 들어 포스트 포드주의로 대체되는 것은 자본주의 세계에 엄청난 변화를 일으켰다. 포드주의는 포드자동차 CEO인 헨리 포드(Henry Ford)가 대량생산에 의한 대량소비의 경영이론을 고안하면서 소품종대량생신, 규모화 경제의 상징이 되었다.

그런데 20세기 말 산업자본주의가 정보화 사회로 넘어가면서 포드주의가 가라앉고 포스트 포드주의가 부상했다. 이로 인해 규모화경제의 상징이던 소품종다생산이 다품종소량생산으로 바뀌었다. 곁따라 생산방식은 표준화에서 다양화, 유연화 쪽으로, 기업조직은 집중화에서 분산화 쪽으로, 성장전략은 규모화에서 범위화로 바뀌게 된다. 이 같은 포스트 포드주의로의 변화는 기업경영 패턴을 넘어 자본주의 시장의 변화를 불렀고, 국가경영의 변화에 까지 영향을 미치면서 21세기 새로운 시대사조로 떠올랐다.

상품의 다원화와 소비의 개성화는 구미와 취향에 따라 소비하는 가치중심시장을 부상시켰다. 이런 변화의 물결은 농산물시장에도 크게 영향을 미쳤다. 싼맛만 찾던 먹거리 소비자들은 고유한 맛, 안전성, 건강성, 신뢰성 등 먹거리 가치를 찾기 시작했고, 문화와 생태를 지향하는 유연문명 흐름은 농도교류를 부상시켰다.

포스트포드시대 도래는 시장실패 정부실패에 조응하여 부상된 사회자본의 성장에도 상당한 영향을 끼친다. 규모화 획일화를 쫓던 패러다임이 작고 다양화를 수용하는 사조로, 경쟁 중심 핵분열 가치는 협력과 상생을 추구하는 가치를 촉진했다.

포스트 포드주의 도래로 중앙집권적 국가경영이 퇴조하고 분산과 지방분권이 시대사조로 떠올랐다. 모든 가치가 중앙으로 향하던 수직적 구조가 수평적 구조로 바뀌면서 사회 유연화를 불렀고, 지역 간 배타적 감정이 상생흐름을 타갔다. 또한 연고주의, 집단주의로 경직되었던 지역사회가 개개인의 존엄을 중시하는 쪽으로 변화되어 갔다.

이런 변화로 인해 지역사회 내 칸막이가 엷어지는 대신 외지인들에 대한 친화력을 키워 사회적 교류를 크게 증대시켰다. 이렇듯 지방분권의 시대사조는 경직된 지역사회를 유연화시키고 사회적 흡수력을 키워 관계인구시대의 발판이 되었다.

4) 먹거리 직거래운동의 확산

2000년대 들어 먹거리 직거래가 중흥기를 맞는다. 농촌진흥청이 추계한 바에 따르면 먹거리 직거래는 2001년 1,014억 원에서 2020년 2조 5,000억 원으로 25배 증가했다. 먹거리 직거래는 형식이 다양하고, 개인 간 거래가 많아 정확한 조사의 한계가 있다는 점을 감안하면 거래규모는 이보다 훨씬 클 것으로 보인다. 어떻든 싸고 좋은 것을 지향하던 소비자들이 가치지향적 소비로 바뀌던 때 택배와 인터넷 발달은 먹거리 직거래의 폭발적인 확장을 이끌었다.

먹거리 직거래는 생산자는 농산물을 제 값에 팔 수 있다는 점에서, 소비자는 기호에 맞는 농산물을 믿고 살 수 있다는 점에서 양자가 선호한다. 4~6단계의 복잡한 유통과정을 거치지 않아 유통비를 크게 줄일 수 있다는 큰 장점이 있다.

알음알음 관계에서 촉발된 개인 간 직거래는 온라인 공간을 만나 폭발적으로 확장된다. 불특정 다수를 대상으로 한 인터넷 장이 직거래의 범위를 확장했다면 인과관계의 네트워크인 SNS 장은 직거래의 내용을 탄탄하게 해주었다. 개인 간 직거래는 점차 생산 공동체단위 직거래로 발전해 가는 추세다. 계절의 한계가 큰 단품목 개인직거래보다 생산공동체 단위 꾸러미직거래를 통해 소비의 편익을 높이는 것이다.

먹거리 직거래가 활성화 되자 농촌자치단체들이 직거래시장에 발 벗고 나서고 있다. 자치단체들은 온라인 쇼핑몰을 개설하여 농업인들의 직거래를 돕고 있는데 연간 100억 원 이상 매출을 올리는 지역도 늘고 있다.

2020년대 들어 로컬푸드가 농촌지역에서 선풍을 일으키고 있다. 전국 모든 농촌지역들이 공들이고 있는데 지역 소비자들로부터 호평을 받아 중·소농의 대안시장으로 자리잡아가고 있다. 2021년 현재 전국에 800개가 문 열었는데 매출액이 해마다 기아급수적으로 늘고 있다. 코로나19 펜데믹 상황에서는 로컬푸드가 먹거리의 신뢰도의 우위를 차지하면서 매출 급상승을 가져왔다.

로컬푸드는 이웃집 숟가락도 세는 지역사회 아름아름 경제의 상징이기 때문에 신뢰를 목말라하는 소비자들의 공감시장이 되고 있다. 때문에 로컬푸드가 단순한 지역농산물 매장의 의미를 넘어 가치중심시장의 특성을 일으키면 농촌다움 회복과 더불어 관계인구를 확장시키는 효자가 될 것이다.

5) 귀농·귀촌인의 증가

2000년대 들어 귀농·귀촌 인구가 크게 늘고 있다. 농촌경제연구원이 발간한 '2021년 귀농·귀촌 동향과 시사점'보고서에 따르면 2021년 한 해 동안 귀농인은 1만 9,800명이고, 귀촌인은 49만 6000명으로 귀농·귀촌인은 51만 5,800명이었다. 이는 2013년부터 9년간 평균 2.4%씩 증가한 것이고, 전국 농촌지역 1,404개 읍·면당 평균 367명이 귀농·귀촌한 결과다. 강원도가 2022년 조사한 결과 당해 도내 전체 귀농·귀촌인은 3만 478명이었는데 이는 15개 시·군당 평균 2,031명이었다.

농촌경제연구원 조사에 따르면 전체 귀농·귀촌인 중 89.1%가 비수도권으로 갔는데 이 중 55%가 인구감소지수가 높은 군단위로 향한 것은 귀농·귀촌이 농촌 살리기의 효자가 될 수 있다는 의미 있는 현상이다. 귀농·귀촌인의 63%가 60대인 것은 은퇴자들의 귀농·귀촌이 많다는 분석과 함께 농촌향수가 강한 베이비부머 세대가 농촌으로 향하고 있다는 분석이다.

이렇듯 도시인들의 귀농·귀촌 행렬은 귀농·귀촌인들과 농촌에 새로운 기회요소로 떠오르고 있다. 귀농·귀촌인들은 농촌을 통해서 자급자족적 삶과 노년기 건강한 삶을 통한 삶의 질 향상을, 청년들은 새로운 소득기회를 얻고자 한다. 한편, 농촌에서는 귀농·귀촌인들을 통해 농촌개발의 활력, 농촌혁신의 지도력 확보, 지역사회 재능 기부, 관계마케팅 활성화 등을 얻게 된다. 2000년대 일본의 마을 만들기와 지역혁신의 성공사례를 보면 귀농·귀촌인들의 리더 활동이 돋보였는데 최근 우리나라에서도 이런 흐름이 나타나고 있다.

귀농·귀촌인들은 도시생활에서 맺은 인연의 저변이 넓기 때문에 관계인구와 관계마케팅 활성화에 기여할 바가 크다. 또한 귀농인들은 대부분 중·소농으로 귀농하는 것이 대세라서 몰락한 중·소농을 복원할 중추적 인적 자원으로 떠오르고 있다. 중·소농은 마을과 공동체의 보루이자, 농촌다움의 열쇠를 쥔 농가로서 귀농·귀촌인들이 농촌공동체 복원과 농촌다움 유지에도 기여할 바 크다. 또한 이들은 친환경농업에 대한 관심도 높아 친환경농업과 농촌생태환경 보전에 기여도를 높이고 있다.

5. 농업·농촌을 보는 도시인의 시각이 달라졌다

1) '불쌍한 농촌'에서 '유용한 농촌'으로

1990년대까지 도시인들이 생각하는 농촌은 가난, 불쌍함, 동정심의 상징이었다. 당시 농촌의 주된 방문은 설, 추석 등 명절 쇠기, 부모나 친지집 방문, 애경사 방문이 주를 이루었다. 이 시기 설과 추석 명절 때면 농촌마을들이 출향인들 고향방문을 환영하는 현수막을 내걸었다. 농촌마을 어귀를 장식한 환영 현수막들은 진풍경을 이루었다. 이 시기 농촌방문은 출향인 등 연고자 중심이었고, 농촌에 연고가 없는 사람들 발길은 뜸했다.

2000년대 들어 도시인들의 농촌방문 행태에 큰 변화가 생겼다. 해가 갈수록 농촌방문자가 크게 늘어갔는데 농촌에 별 연고가 없는 도시인들의 발길이 이어졌다. 이 사이에 무슨 변화가 생긴 것일까?

농촌 사정은 예전보다 나아진 것은 없다. 도리어 1970, 80년대보다 노령화가 심화되었고, 면소재지나 마을의 활기도 크게 떨어졌다. 그럼에도 불구하고 도시인의 농촌방문이 는 것은 농촌에 대한 도시인들이 생각이 바뀐 것이 주원인이다.

농촌진흥청이 '2020 농촌관광 실태조사'한 바에 따르면 2020년 농촌관광 경험률은 30.2%였다. 국민 세 명 중 한 명이 농촌관광을 경험한 것이다. 이는 코로나19 이전인 2018년의 41.1%보다 10.9% 줄어든 것인데 코로나19 펜데믹으로 관광산업이 바닥세였던 것을 감안하면 매우 고무적인 결과였다. 농촌관광의 동기는 일상탈출과 휴식(32.2%), 즐길거리와 즐거움 찾기(22.75%), 농촌 자연경관 감상(10.0%) 순이었다. 경험한 주요 활동은 농촌 둘레길 걷기(13.2%), 농촌지역 맛집 방문(13.1%), 농·특산물 직거래(11.4%)가 많았다.

2019년 농촌경제연구원이 조사한 바에 따르면 농·도교류인수는 2014년 829만 명에서 2017년 1,050만 명으로 4년 동안 26.6% 늘었다. 이들의 농촌방문 만족도는 만족수준인 78.3점이었고, 75.4%가 재방문 의사를 나타냈다. 농촌관광 참여의향은 2003년 43.4%, 2009년 61.9%, 2016년 73%로 급상승 했다.

두 기관의 보고서를 합쳐보면 농촌에 대한 도시인들의 의식변화를 확실히 느낄 수 있다. 농촌이 도시인들 여가에 쾌적함을 주는 공간이면서 농촌주민과 도시인 사이에 새로운 관계가 싹트고 있는 것이다. 농촌주민은 경관, 생태, 문화, 농사, 인심 등 농촌 내재자원을 새로운 경제적 가치로 만들고, 도시인은 농촌자원을 통해 삶의 안락감을 맛보고 그에 합당한 값을 지불하는, 누이 좋고 매부 좋은 관계로 발전되고 있다.

1980년대부터 자급하고 남은 것을 팔던 농업이 시장에 팔기 위해 생산하는 상업적 농업으로 바뀌면서 도시인 밥상에 많은 변화가 일어났다. 소품목대량생산 하는 증산농업은 공급과잉을 가져와 시장에는 값싼 먹거리들이 차고 넘쳤다. 이 덕에 도시인들은 적은 돈으로 주린 배를 채우기 좋았다. 또한 소품목다생산 된 먹거리가 좁은 지역시장을 넘어 대도시로, 서울로 향하자 서울에서 지방으로 재공급하는 먹거리 광역체계가 만들어졌다.

이런 먹거리 시장 변화는 농업인들의 생산변화를 재촉했다. 다품목소량생산 하던 농업이 돈 되는 몇 품목만 집중 생산하는 쪽으로, 땅을 기름지게 가꾸던 환경친화적 농업이 돈을 적게 들이고 많은 소득을 내려는 자원약탈형 농업으로 내달렸다.

소품목대량생산 농업은 먹거리의 단순화를 가져왔다. 골골마다, 철마다 다른 맛을 내던 노지 먹거리가 비닐하우스의 철을 넘나든 먹거리로 대체되었다. 때문에 쑥이든, 냉이든, 달래든 향기로 먹던 봄나물의 향기가 사라져 '무늬만 봄나물' 판이 되었다.

자원약탈형 농업은 지력감퇴와 농지 사막화를 부르는 한편, 도시인 밥상의 안전을 위협하게 되었다. 그런 사이 우리나라는 화학비료, 화학농약

사용량 세계 1위국이 되었고, 그렇게 생산한 먹거리는 도시인 건강을 크게 위협하게 되었다.

고장 난 먹거리 생산이 도시인의 고장 난 밥상을 가져오자 이를 개선하려는 자구적 직거래운동이 일어났다. 농촌과 도시를 살리자며 일기 시작한 생협운동은 농업인들과 도시인들의 희망거리로 성장하고 있다. 2020년 우리나라 대표적인 한살림생협, 아이쿱생협, 두레생협은 1조 3천억 원의 매출을 올렸다. 이는 민간 자발적인 운동으로서 여기에 참여하는 유기농 생산자(공동체 생산자, 수급생산자 포함)는 1만 5,000 농가에 이른다.

뿐만 아니라 오늘날 개인 단위, 공동체 단위 직거래는 헤아릴 수 없을 정도로 많다. 또한 로컬푸드도 제맛과 안전한 먹거리를 바라는 도시인들의 대안시장으로 커 가고 있다. 이는 농·도 간 먹거리 연대 관계로서 관계인구시대의 발판이 되고 있다.

2) 관계단절 속 도시인들 생각이 바뀌고 있다

독일 철학자 에른스트 블로흐(Ernst Bloch)는 1930년대 독일 사회현상을 '비동시성의 동시성' (The Contemporaneity of the Uncontemporary)이라고 개념 지었다. '비동시성의 동시성'은 각기 다른 역사적 시간에 등장하던 요소가 동시대에 나타나는 현상을 말한다. 한 사람이 다른 시각을 가리키는 두 개의 손목시계를 차고 있는 것 같은 기이한 모양새다. 세계 최고 압축성장을 한 우리나라가 '비동시성의 동시성'이라는 형용모순병을 앓고 있는 모습이다.

2002년 월드컵 축구 응원문화는 '비동시성의 동시성' 현상의 상징적인 모습이다. 1960, 70년대 집단주의와 21세기 개인중심 개성문화가 동시에 표출된 것이다. 온 나라가 빨간 물결을 이룬 월드컵 축구 응원문화는 겉으로는 자율적인 응원행태였지만 사람들이 후진적인 집단주의 문화에 이끌린 현상이었다. '비동시성의 동시성'현상은 오늘날 우리 사회 도처에 깔려 있는데 책임과 권한의 부조화, 정치민주주의 턱에 걸린 경제·문화민주주의, 승자독식의 패권적 정치문화 등으로 인한 사회, 정치적 갈등현상과도 맞닿아 있다.

압축성장은 도시민들 관계구조에 고장을 일으켰다. 압축성장기 때 우리나라는 수직계열화 구조로 빨려들었다. 앞만 보고 뛰면서 반칙행위조차 관행처럼 여겼고, 주위를 둘러보고 사는 것은 경쟁사회의 뒤떨어진 의식으로 치부되었다. 최근 여러 정치지도자들이 과거사에서 발목 잡히는 현상도 이와 무관치 않다.

이런 수직계열화 문화는 우리 사회를 관계단절의 늪으로 몰아넣었다. 가족공동체가 무너지고, 이웃 간의 벽이 생기고, 지역사회 상부상조 구조가 깨져 갔다. 우리 사회가 발전과 성장 논리에 도취되어 있는 사이 가족, 친구, 이웃, 마을 등 공동체 관계는 급속히 파괴되었다.

우리나라가 압축성장을 하는 동안 농촌과 도시는 롤러코스터를 탄 것 같은 어지럼증을 겪었다. 도시로 산업인력을 빼 가는 대이농 정책으로 인해 농촌은 사람공동화를, 도시(수도권)는 급격한 인구팽창에 의한 문화공동화를 겪게 되었다.

빨리빨리 앞만 보고 내달리는 사이 우리 사회는 서울 중심, 대기업 중심으로 대별되는 수직계열화 문화에 빠져들었다. 수직계열화 문화는 가족, 이웃, 공동체, 사회를 보는 시각을 뒤틀리게 하여 수평계열화 문화를 깨뜨려 버렸다. 결국 압축성장 신화는 자신의 정체성을 잊고, 가족과 이웃을 잊는 관계단절 사회로 만들었다.

관계단절사회는 가족 간, 이웃 간 단절을 낳았고, 사회와 나와의 단절을 낳아 세계 대표적인 풍요 속 빈곤국이 되었다. 자신의 존엄을 망각한 타율의 변화, '더불어 함께'라는 보편적 가치를 벗어난 수직 지향적 변화가 얼마나 큰 불행을 몰고 오는지 여실히 보여주고 있다. 그 중심에 사는 사람이 도시인이다.

이런 가운데 도시인들의 문화적 반등 움직임이 일고 있다. 이는 수직계열화문화에서 벗어나는 수평계열화 문화에 대한 갈망이다.

2019년 농촌경제연구원이 낸 '행복한 균형발전을 위한 농촌 유토피아 구상'보고서에 의하면 우리나라 국민들이 '죽기 전에 꼭 하고 싶은 일'(버킷리스트)의 1위는 '여행'이었다. 그리고는 ▲자연에서 자급자족하기 ▲농촌에 거주하며 농사 및 여가활동 ▲지역사회 자원봉사 활동 등이 꼽혔다. 도시인 중 37.1%는 5년 이내에 버킷리스트를 실제로 추진할 것이라고 했고, 5년 이내에 버킷리스트를 추진하려는 도시인 중 83.6%는 ▲정보 습득 ▲저축 및 투자 ▲기술교육 등의 학습 ▲적당한 장소 물색 등 통해 구체적 준비를 하고 있다고 답했다. 이 가운데 44.9% 도시인은 버킷리스트를 실현할 대상지가 농촌이라고 답했다.

이 보고서는 또 도시인 중 5년 이내 농촌에서 버킷리스트를 실천하려고 준비하는 도시인은 전국적으로 약 486만 명에 달하는 것으로 추정된다고 했다. 또한 1년 안에 농촌에서 버킷리스트를 실행하기 위해 한 가지 이상을 준비하는 도시인은 113만 명인 것으로 추정했다.

이런 조사결과는 도시인들이 압축성장의 문화적 그늘에서 벗어나려는 몸부림이자 우리나라 사회자본의 성장기회라는 점에서 의의 깊다. 또한 이는 농업·농촌에 대한 도시인들의 인식변화로서 향후 관계인구시대의 청신호임에 틀림없다.

6. 관계인구시대에 거는 기대

1) 관계인구는 관계시장과 가족 중·소농의 활력원이다

2000년대 들어 가격중심시장이 주름잡던 농산물시장에 가치중심시장이 새로운 대안시장으로 떠올랐다. 가치중심시장은 유행가처럼 한 때 바람불다 사라질 시장이 아니라 시대변화 바람을 타고 꾸준히 발전하고 있다. SNS 등 온라인 매체의 발달은 농촌 생산자와 소비자와의 공감거리를 좁히고, 코로나19 같은 펜데믹은 가치산물의 가치를 더 절실하게 만들었다.

가치중심시장의 형태도 날로 발전하고 있다. 온라인 시장으로 대별되는 점(點)의 관계시장이 있다. 인터넷이 상용화되면서 싹튼 점의 관계시장은 2000년대 꾸준하게 발전해 오다 스마트폰이 대중화된 2010년을 기점으로 더욱 가파른 성장세를 보였다. 그 후 코로나19로 비대면 시장인 온라인 시장이 폭발적으로 늘었다가 코로나19가 진정세에 들면서 조정기에 접어든 모습이지만 온라인 시장의 흐름은 여전할 것으로 보인다.

생협시장 같은 선(線)의 관계시장이 있다. 농업인과 소비자 간 이음줄에 의한 관계시장이다. 2000년대 들어 생협시장이 눈부시게 성장한 것은 가치중심시장이 확대된 시대추세 때문이다. 먹거리 가치중심시장 태동기에 농촌 살리기 일환의 직거래운동과 건강한 소비문화를 이끈 도시 소비자운동이 생협이라는 튼튼한 이음줄을 낳은 것이다.

선의 관계시상은 2020년 전후 로컬푸드, 지역 직거래운동으로 확대 · 다변화 되고 있다. 생협시장은 광역물류체계에 의존하면서 지역 먹거리 가치가 둔화되었지만 로컬푸드나 지역 직거래운동은 지역의 고유한 먹거리 가치를 기반으로 더 큰 확장세를 보이고 있다.

문화적 스킨십을 동반한 면(面)의 관계시장이 있다. 면의 관계시장은 생산자와 소비자 간 돈독한 신뢰에서 나온 것으로서 가장 질 높은 관계시장이다. 이는 오랜 직거래나 빼어난 가치 조건에서 싹트기 때문에 많은 노력이 요구될뿐더러 시장의 계량으로 잘 잡히지 않는다. 하지만 농촌공동체 단위에서 구독경제 개념으로 싹트는 꾸러미직거래가 면의 관계시장 특성과 꼴이 어울리고, 로컬푸드의 직거래도 면의 관계시장으로 뻗어나갈 잠재력이 크다.

　관계인구시대는 농촌 관계시장을 더욱 활성화시킬 것으로 기대된다. 관계인구는 농도교류, 농특산물 직거래, 농촌관광, 가치사업에 대한 투자 · 기부 · 지원 등을 수반하기 때문에 관계시장과 맞닿아 있다. 때문에 관계인구가 증대되면 관계시장 확장으로 이어지고, 관계시장의 질적 발전으로 이어질 것이다.

　관계시장은 기존의 농산물유통시장의 고질적 한계를 뛰어넘는 것으로서 생산자와 소비자에게 유익을 가져다준다. 관계시장은 가치먹거리에서 위력을 발휘하는데 가치먹거리 생산자와 가치지향적 소비자 간 착한 거래가 질, 가격, 보람에 이르기까지 승수효과를 낸다. 또한 관계시장은 먹거리의 고유한 맛, 안전성, 건강성, 착한 가격 등의 가치에다 농촌 문화, 역사, 생태, 인심, 경관 등 공공재자원이 더해지기 때문에 유혈경쟁시장과 차별화 된 블루오션 시장으로 발전할 수 있다.

　관계인구를 통한 관계시장 활성화는 중 · 소가족농 살리기로 이어지게 된다. 관계인구를 통한 관계시장은 그림의 떡이었던 중 · 소가족농의 6차형 농업을 튼튼하게 만들어 준다. 관계인구를 통한 관계시장은 단선 중심의 관계시장에 다원적 공급체계를 만들고, 공공재자원을 포괄한 융·복합을 이루기 때문에 농업인들의 생산의욕을 한층 끌어 올리게 된다. 이는 결국 중·소가족농의 소득을 높이고, 농촌다움과 공동체 활성화의 활력원으로 작용할 것이다.

2) 관계인구는 농촌밀물시대를 여는 변곡점이다

1990년대만 해도 귀농·귀촌인들에 대한 시선이 그리 곱지 않았다. 도시의 경쟁구조에서 실패하거나 뒤떨어진 사람들로 여기거나 개성이 매우 강하여 잘 융화되지 않는 사람, 사회성이 뒤떨어지거나 은둔하려는 사람으로 보는 시각이 많았다.

2000년대 들어 귀농·귀촌인들이 부쩍 늘어나면서 이들을 보는 시선도 크게 달라졌다. 귀농인들은 농업의 생산, 가공, 유통에 비교적 빠르게 적응했고, 가공이나 유통은 기존 농업인들을 선도하는 경우가 많았다. 정보화 역량과 도시 인적네트워크를 가진 귀농인들은 관계마케팅의 선도자가 되었다.

이런 가운데 귀농·귀촌인들을 배타적으로 여기던 원주민들의 시선도 엷어져 그들에게 이장 등 마을 중책을 맡기는 경우도 흔한 일이 되었다. 귀농인들에 의한 농업변화도 감지된다. 귀농인들이 대거 친환경농업 쪽에 관심을 두면서 친환경농업의 대세를 형성했고, 로컬푸드 생산자의 주류를 이루고 있다. 이는 중·소가족농 살리기의 희망재로 기대된다. 귀농인들은 중·소농을 띠면서 친환경농업, 가공, 관계마케팅에서 활동력을 높여가고 있다.

이렇듯 귀농·귀촌의 물결은 전국 농촌의 보편적인 현상으로 자리 잡았다. 30년 전만 하더라도 연고주의가 강한 농촌에 외지사람들이 연착륙하

리란 것은 상상할 수 없었다.

앞으로 열릴 관계인구시대 비전을 당겨보자면 이런 귀농·귀촌 물결은 서곡에 불과하다. 관계인구 물결을 타고 농도 교류가 더욱 활성화되고, 농촌체류인구가 늘어나면 이전의 귀농·귀촌 양상과 비교할 수 없을 만큼 큰 변화가 일 것이다. 관계인구 힘을 받은 귀농·귀촌인들이 중·소가족농으로 자리 잡으면 농촌다움 회복이 가속화 되고 관계인구 흡수력도 더욱 커질 것이다.

시대가 바뀌고 있다. 농업·농촌에 대한 가치평가 기준이 단순한 식량생산 기지에서 사회유지에 필수적인 공익적 기능으로 바뀌고, 농촌이 도시인들의 안락한 삶을 위한 어메니티 부양 공간으로 떠오르고 있다. 게다가 이제 열리고 있는 관계인구 시대는 농업·농촌의 위상을 한 차원 더 높여주고 있다. 국민의 식량을 담당하는 먹거리 제공 기지에서 도시인들의 쉼의 공간으로, 농촌주민과 도시인들이 공생·공존하는 관계공간으로 발전할 비전이 내 비친다.

이런 변화 흐름은 농촌지역에 사조변화를 일으킨다. 배타성이 강한 연고주의, 집단주의, 지역할거주의 의식이 상호 존엄과 상생을 지지하는 공동체주의와 지역주의로, 외부자원에 의존하려는 외생적발전의식이 지역자원 중심의 내생적발전의식으로의 변화를 촉진할 것이다. 또한 주민들이 패배주의에 젖어 부정의 잣대만 대는 과거형(From) 의식에서 긍정의 꿈을 심는 미래형(For) 의식으로 변화해 갈 것이다.

3) 관계인구는 내생적혁신 바람을 일으킨다

세상살이에서 가장 어려운 일 중 하나가 변화하는 일이다. 직업인 중 가장 변화가 더딘 직종 중 하나는 자영업이다. 자영업자는 자신이 밑천을 댄 자본가이자, 경영책임자이자, 노동자라는 3중고 속성을 지녔기 때문이다. 사업의 결과 밑천을 까먹든, 경영이 부실하든, 노임을 못 받을 지경이든 모두가 자신의 책임 범주여서 빠른 변화를 이루지 못한다는 것이다. 자영업자 못지않게 변화에 더딘 직종이 가족 중·소농(자경농업)이다. 자영농업인도 자본가, 경영자, 노동자란 3중고를 짊어지기 때문에 변화가 쉽지 않다는 것이다.

그간 농촌주민들은 패해의식과 열등의식에 젖어 살았다. 농촌을 둘러싼 온갖 조건들은 약탈적이었다. 정치도, 경제도, 문화도, 교육도 농촌을 지배하고, 농촌자원을 빼앗고, 농촌사람들을 얼 들게 길들이는 방식이 많았다.

농업기술센터에서는 수많은 과정의 교육을 연다. 교육열이 높은 농업인들은 연간 100일 넘게 교육 받는다. 하지만 막상 자신에 적용할 바를 찾으려 하면 손에 잡히지 않는다. 모든 과정, 모든 강의가 다 맞은 것 같지만 내 처지와 맞는 것이 거의 없다는 것을 실감한다. 때문에 많은 농촌주민들은 '해봐야 안 된다'는 패배의식에 사로잡혀 있다.

그러나 이제는 농업·농촌이 이전과 전혀 다른 관계인구 시대에 직면했다. 농촌이 외부에서 물리적으로 억압하거나 경제적으로 수탈하던 시대와 전혀 다른 환경을 맞이한 것이다.

관계인구 시대는 농촌주민들이 정성을 들이면 들일수록 승수가 쌓이는 덧셈논리다. 관계인구 시대는 외부 세력에 의한 강요된 변화가 아니라 자신의 특·장점을 살리는 내부적 변화를 요구한다. 대농이든, 소농이든, 노인이든, 청년이든 심지어 장애인까지도 다 참여할 수 있고, 모두에서 긍정의 기운을 북돋워 주는 변화방식이다. 잘 나가는 사람과 비교하여 열등의식을 촉발시키던 그간의 변화방식과 정반대다.

관계인구는 가치먹거리, 농촌경관, 공동체문화, 인심 등의 농촌다움이 주된 매개체로서 이를 재조명하고, 다듬고, 도시인들과 공유하기 좋은 콘텐츠를 만드는 일이 변화의 초점이다. 지역자원 중심, 주민주도, 자원순환을 추구하는 내생적혁신이 관계인구시대의 변화에 딱 맞는다. 따라서 관계인구시대는 다음과 같이 내생적혁신 의지를 북돋워 준다.

관계인구 시대는 외생적발전논리에 포박된 농촌에 내생적발전의 물꼬를 터준다.

관계인구는 농촌다움, 지역의 향기가 중요시되기 때문에 지역자원에 대한 주민들의 인식을 변화시킨다. 먹거리의 고유한 맛을 이루는 지역의 기후, 토양에 관심을 가지게 되고, 그 먹거리를 향유했던 전통음식문화에 눈길을 돌린다. 산, 들, 바다 등 지역 경관자원의 특성을 살피게 되고, 대대로 이어온 전통문화나 역사적 토양에 대한 인식의 각도가 바뀌게 된다.

관계인구는 농촌공동체의 위상을 한층 높여 준다.

관계인구는 지역의 향기가 배태된 가치자원을 매개로 맺어지기 때문에 지역 공공재자원을 품은 공동체가 우선 조건에 놓이게 된다. 따라서 농촌공동체들이 공공재 자원의 힘을 입으려 할 것이고, 그 공동체들끼리 협력의 물꼬를 트려고 할 것이다. 공동체들이 공공재 자원을 품고, 공동체들끼리 협력의 물꼬를 트면 지역에는 돈과 자원이 돌고, 순환경제의 기틀이 세워지게 된다.

관계인구는 주민자치 역량을 향상시켜 준다.

관계인구는 자원과 사람이 수직적으로 엮이던 관계와 달리 자원과 사람이 수평적으로 엮이는 관계다. 때문에 관주도적 하향식 사업이 아닌 주민 주도형 농촌 살리기 운동으로 불타오른다. 따라서 주민들이 지역자원을 가치자원으로 혁신시키고자 주민공론장을 형성할 것이고, 거기에서 주민 의제가 싹 트고, 꽃 피면서 주민자치 역량으로 환류 된다.

관계인구는 질 높은 자주재원을 가져다 준다.

관계인구는 지역산물의 관계마케팅, 농촌관광을 활성화 시켜줄 뿐만 아니라 고향사랑기부제, 크라우드 펀딩 등을 통해 지역재정에 직접 도움을 준다. 이런 재원은 지역의 자주적인 노력의 결과물로서 자주성을 갉아 먹는 중앙재원과 큰 차이가 있다. 관계인구를 통한 재원은 도시인의 관심에 비례하기 때문에 보다 민주적이고, 미래지향적일 수밖에 없다. 따라서 이 재원은 관계인구 확장과 지역 내생적발전을 위한 지속가능재원이 된다.

4) 관계인구는 농촌공동체의 촉진제다

관계인구시대는 농촌공동체와 불가분의 관계를 가진다. 농촌공동체들을 통해 촉발된 자원이 관계인구의 끈이 되고, 농촌공동체들의 벌집구조 속에서 관계인구가 흡수된다. 때문에 관계인구는 농촌공동체들에게 다음과 같은 유익을 가져다준다.

첫째, 관계인구 시대는 농촌공동체들이 전방위적으로 확장될 기회다.

관계인구는 농촌 가치자원을 매개로 이루어지기 때문에 그 자원들과 연계된 대부분의 주체들이 공동체로 엮여질 수 있다. 가치농업분야에서는 품목별, 생산유형별 공동체와 1차, 1.5차, 2차 가공과 밀키트 가공 공동체가 활기를 띤다. 교류 · 관광분야에서는 축제 · 관광 기획, 홍보, 프로그램

운영, 교육 등의 공동체가 활기를 띤다. 문화 · 복지분야에서는 전통발굴, 식문화, 공동체 돌봄, 사회적농업 등의 공동체가 활기를 띤다. 이밖에 주민자치, 자연 · 생태, 공론장, 지역화폐 등 분야에서도 공동체 활동이 활기를 띨 것이다.

둘째, 관계인구 시대는 농촌공동체들의 씨줄 날줄 그물코를 지어 건강한 생태계를 이룬다.

관계인구 시대에는 구슬이 꿰지듯 농촌공동체들이 다원 · 다층적으로 끈을 잇고 엮이게 된다. 가치농업을 위해 생산공동체들이 다각적인 협업체계를 이루고, 융·복합이 먹거리 가공, 밀키트, 꾸러미 쪽을 견인한다. 1차, 2차, 3차 농업의 융합을 위한 협업과 공유경제체가 유기적 힘을 발휘한다. 사회적 가치를 토대로 한 지역화폐, 공유경제는 자원의 순환과 상생발전의 띠를 이룬다. 전통, 문화, 생태, 관광이 가치 끈을 잇고, 돌봄과 치유의 복지와 주민자치, 사회적 농업이 가치사슬을 이루고, 공공재와 가치중심시장이 융·복합 관계를 이룬다.

셋째, 관계인구시대는 농촌공동체들의 관계시장을 열어준다.

관계인구의 다원 · 다층적 관계의 결과는 경제적 효과로 나타난다. 고향사랑기부제처럼 돈이 직접 전해지는 관계인구도 의미 있지만 먹거리, 관광, 체류 등 관계시장 확장이 더욱 매력 있다. 먹거리에 고유한 가치가 더해지면서 직거래, 구독경제, 크라우드 펀딩 등의 관계시장 판로가 확충된다. 문화관광분야에서는 반복적이고 지속적인 교류 · 방문형 관계인구가 늘고, 워케이션, 유학 등 체류형 관광객이 늘면서 지역농특산물 관계마케팅으로 이어지게 된다.

넷째, 관계인구시대는 농촌공동체들의 블루오션 기회를 준다.

주지하다시피 관계인구는 지역가치를 통한 관계다. 때문에 관계인구는 지역가치를 널리 확장시켜주는 효자가 된다. 관계인구는 지역과의 관계가 깊어지면 깊어질수록 가치 확장력을 더욱 강화시킨다. 이런 가치확장력은 고장다움을 견인하여 지역 산품의 비경쟁가치를 드높이게 된다. 비경쟁가치란 유혈경쟁의 늪에 빠지지 않고, 지속적인 경쟁력을 유지하는 블루오션이다. 따라서 관계인구는지역의 내재가치의 확장을 통해 지역의 브랜드 가치를 높여주면서 지역 가치혁신의 촉매제가 된다. 관계인구를 통해서 지역산물들이 고유가치를 품고, 자원의 순환 체계를 창출하는 가운데 가치혁신을 이루어 간다.

1. 붕어빵식 모방정책이 농촌을 해친다

1) 벤치마킹에 이골이 난 농촌자치단체들

지방자치제가 부활한 후 자치단체마다 벤치마킹 열풍이 불었다. 자치경험이 일천한 조건에서 국내외 타 지역의 좋은 경험을 보고 배운다는 것은 타당한 일이었다. 게다가 벤치마킹은 선행 사례 분석을 통해 사업의 시행착오를 줄이고 더 빠르게, 더 좋은 성과를 내는 요긴한 일로 여겨졌다.

벤치마킹 바람은 지방자치 30년이 넘도록 사그라지지 않고 있다. 벤치마킹이 우리나라 지방자치의 한 현상으로 자리 잡고 있는 것은 우리나라 자치단체 행정구조와 유관하다. 자치단체 공무원들의 업무활동이 창의적인 쪽보다 모방적인 쪽으로 쏠리기 때문이다.

중앙집권적 지방자치라는 기형적 자치구조 아래서 자치단체 공무원들은 복지부동의 자세를 취하게 되었다. 공무원들의 소신업무는 공직사회를 거스르는 행위로 찍히기 때문에 선례를 중시 여긴다. 자치단체 행정이 제왕적단체장 구조에 들면서 공무원들의 소신업무는 더욱 위축되었다. 제왕적단체장 구조 하에서 공무원들은 실패에 대한 책임의 부담 때문에 창의·도전적인 정책보단 모방형 정책을 선호하게 된다. 창의·혁신적인 시책보다 선례가 있는 시책을 기안하는 것이 편하기 때문이다. 부서장 등 중간관리자들이 초급공무원들에게 이런 업무활동을 노골적으로 요구할 정도다.

그런데 자치단체들이 벤치마킹하여 만든 시책·사업들의 실패율이 매우 높다는 것이 문제다. 아직까지 벤치마킹한 시책·사업들의 실패율이 연구·조사되지는 않았지만 자치단체들의 부실정책의 현상이란 점은 부인하기 어렵다. 왜 성공사례를 벤치마킹한 시책·사업들의 실패율이 높을까?

1990년 대 세계 농촌개발사업의 신화로 떠올랐던 일본 오이타(大分縣)현의 일촌일품운동을 실례로 들어보자.

일촌일품운동은 오이타현이 1979년 지역명품 만들기 운동으로 만든 시책이었다. 이 운동으로 지역 특성에 맞는 400여 가지 농·특산물을 개발했는데 세계 120개국에서 연간 1500만 명이 벤치마킹하는 국제적 브랜드 사업이 되었다.

오이타현은 지역 명품산물을 개발하기 앞서 주민들로 하여금 자기 지역자원의 가치에 눈을 뜨도록 했다. 하지만 주민들은 다른 쪽에 눈이 팔려 있었다. 도요다자동차공장 같은 산업시설을 유치해야 지역민이 잘살 수 있을 것이라 했다.

이 때 일촌일품운동의 창시자인 히라마츠 모리히코(平松守彦) 지사는 주민들 구태생각과 한판 붙었다. 외부자원에 의지하는 개발보다 지역에 내재된 고유자원을 개발하는 것이 훨씬 득이 된다는 것을 집요하게 설득했다. 마른표고버섯, 보리소주, 하우스귤 등 고유자원과 도요다자동차의 가치를 산술적으로 비교하는 기지를 발휘했다.

마침내 주민들이 고장 자원의 가치에 관심을 보이자 주민들로 하여금 자기 고장 자원을 조사하도록 하면서 그 자원들의 특·장점을 살릴 방안을 고민하도록 했다. 주민들은 이 조사 결과를 토대로 지역 명품을 개발했다. 주민들이 지역자원의 가치에 눈 뜨고, 일촌일품운동의 필요의식을 품으면서 자발적 참여의 불이 붙기 시작했다.

히라마츠 지사는 일촌일품운동을 관주도가 아닌 주민주도의 지역운동으로 벌이기로 했다. 그래서 관주도의 상징인 지원조례, 보조금, 행정의 전담조직이 없는 시책으로 만들었다. 히라마츠 지사는 행정지원의 핵심 요소를 뺀 3무운동이 일촌일품운동을 부상시킨 힘이라고 자랑한다.

1990년대부터 2000년대초까지 우리나라에서도 일촌일품운동 벤치마킹 붐이 일었다. 전국 대부분 농촌자치단체들은 이 운동을 본 따서 시책을 만들었다. 이때 많은 지역에서는 '1읍·면 1특품 만들기'로 응용했다. 고장을 대표하는 농특산물을 개발하는데 선택과 집중을 하자는 생각이었다.

그런데 일촌일품운동을 벤치마킹한 사업들이 성공했다는 소식이 들리지 않았다. 오이타현이 개발한 농·특산물들이 날로 빛을 발하고 있는 반면 우리나라 자치단체들이 벌인 야심찬 사업들은 대부분 몇 년 못가서 흐지부지 되었다. 왜 수백 개 자치단체들이 모조리 실패했을까?

우리나라 자치단체들은 오이타현 일촌일품운동과 전혀 딴판으로 사업을 폈다. 오이타현 일촌일품운동의 동기와 전개과정은 눈 두지 않고, 일촌일품이린 결과만 베끼기 바빴다.

시·군들은 주민 참여는 뒷전에 미룬 채 행정력을 앞세웠다. 읍·면 단위 특산품 개발은 주민들이 아닌 시·군 농업기술센터 공무원들이 맡았다. 그리고 읍·면사무소가 나서 의향 농가를 모집한 후 사업 보조금을 미끼로 특산품 생산단지를 구축하려고 했다.

이렇게 펼친 시·군 일촌일품운동에 주민참여가 불붙지 않았고, 시장도 지역명품이라 관심을 주지 않았으니 실패할 수밖에 없었다. 행정력과 보조금을 앞세우면 될 것이라는 헛된 생각이 가득했다.

이처럼 어긋난 벤치마킹 행각은 오늘까지도 계속되고 있다.

2000년대초 경남 함양군의 '1억 버는 농민 100명 만들기' 시책이 뜨자 모두들 벤치마킹했다. 하지만 이 또한 본질과 먼 껍데기 벤치마킹이었기에 모두다 헛빵 쳤다. 함양군은 농가들 발에 신발을 맞추는 '민간에 대한 경상적 보조'방식이었는데 대부분 지역들은 신발에 발을 맞추라는 구태방식으로 시책을 폈다.

전북 완주군이 로컬푸드로 뜨니까 연간 20,000명이 벤치마킹을 한다. 하지만 이 또한 성공의 싹을 못 본 허구적 벤치마킹이 줄을 이었다. 완주군이 공동체 기반 위에 먹거리 가치를 창출한 성공요소를 보지 않고, 멋지게 차려진 매장만 보고서는 로컬푸드=매장이란 그릇된 인식에 사로잡혔다.

잘못된 지역개발 벤치마킹 관행은 실패의 온상이 되고 있다. 어디에서 유채꽃 단지로 성공했다고 소문나면 너도 나도 모방해 버린다. 어디서 수국으로 눈길을 끌었다 소문나면 금세 모방한다. 1만 평에서 5만 평으로, 10만 평으로, 20만 평으로 규모 경쟁을 벌인다.

자치단체공무원들의 인식이 이렇다보니 벤치마킹하는 주민들의 시각도 그에 물들어 갔다. 2000년대 들어 농촌관광 바람이 일자 주민들이 벤치마킹에 열광했다. 그런데 주민들이 농촌관광 선진마을에서 벤치마킹한 것은 눈에 보이는 껍데기뿐이었다. 그래서 농촌관광 관련 마을사업에는 돌담 쌓기, 초가정자, 물레방아, 둘레길, 화단이 단골로 등장했다.

2) 무분별하게 수입한 농촌개발정책들

2000년대 우리나라 많은 농촌개발사업은 외국에서 수입해 왔다. 마을만들기, 농촌관광, 사회적기업, 6차농업, 슬로시티, 강소농, 농촌신활력사업, 도시재생, 로컬푸드 등은 모두 수입산이다. 일부는 유럽에서 수입했지만 일본에서 수입한 정책들이 대종을 이룬다. 일본은 우리나라와 문화가 비슷한데다 사회와 도시 발전과정도 흡사한 면이 많아 단골 벤치마킹 대상지가 되었다.

정보화시대인 오늘날은 벤치마킹이 필수요소로서 외국의 좋은 정책을 벤치마킹 하는 것은 나쁜 일은 아니다. 좋은 정책을 우리에 맞게 수용해서 좋은 성과를 낸다면 얼마든지 박수 받을 일이다. 외국의 정책을 주체적으로 고민하면서 벤치마킹하면 그 정책이 더 진화되고 발전될 수 있으니 말이다.

그런데 잘못된 벤치마킹으로 부작용이 적지 않았다. 그게 지역개발사업일 경우 피해는 엄청나게 된다. 나랏돈이 낭비될 뿐만 아니라 사업대상인 지역들은 돈과 시간과 인력을 낭비하게 된다. 게다가 잘못된 공공사업을 수용한 주민들은 겹겹의 피해를 당하게 된다.

몇 가지 실례를 보자.

1990년대 유럽과 일본에 일었던 농촌 어메니티 운동과 농도교류 운동을 수입하면서 2000년대 초 농촌관광 바람이 불었다. 농촌관광은 농림부, 행정안전부, 해양수산부, 산림청 등 여러 부처에서 중앙보조 사업을 만들어 부추겼다. 농촌관광 정책은 농촌 어메니티 자원을 통한 농도교류 사업이 중심이고, 관광사업은 부차적인 일인데 관광사업 쪽으로 엇나갔다. 농촌마을들이 관광수익 올리기에 나서면서 소수 스타마을만 부각되었고, 관광 수익이 소수에게 귀착된 후 흐지부지 되기 일쑤다.

1990년대 일본에서 활기를 띤 마을 만들기운동이 2000년대 초 우리나라로 옮겨 붙었다. 일본 마을 만들기 운동은 1990년대 고향창생운동이라는 상향식 지역개발정책을 만나 들불처럼 번졌다. 그런데 우리나라 대부분 농촌자치단체들은 마을 만들기를 자연마을 '소규모 개발사업'으로 받아들였다. 1970년대 새마을사업에 뿌리를 둔 '소규모 개발사업'은 마을단위 주민 숙원사업이었고, 이는 소규모 토목사업을 의미했다.

1980년대부터 유럽에서 커뮤니티 비즈니스(community business)가 활기를 띠었다. 커뮤니티 비즈니스는 주민들이 지역문제를 주체적으로 해결하기 위한 경제활동으로서 유럽에서 선풍적인 인기를 끌었다. 우리나라에서는 이를 벤치마킹 하여 2007년 사회적기업이란 제도를 만들었다. 그러나 이를 중앙정부가 일자리 고용사업으로 추진하면서 지역문제 해결, 주민주체의 고유한 의미가 사라졌고, 좀비기업 양산 정책이 되었다. 게다가 커뮤니티 비즈니스를 고용노동부는 사회적기업으로, 행정안전부는 마을기업으로, 농림수산식품부는 농어촌공동체회사로, 지식경제부는 커뮤니티 비즈니스 시범사업으로 정책을 펴는 바람에 혼돈이 가속화 되었다.

이밖에도 우리나라에 수입한 많은 정책들은 본질과 동떨어지거나 갓 쓰고 자전거 타기식 정책이 되었다. 농가들이 기능별, 층위별로 협업해야 할 6차농업을 개별적 스타농업인 만들기로 왜곡시켜 농가들을 유혈경쟁의 늪으로 빠뜨렸다. 주민주체형으로 지역을 재생시키는 도시재생사업이 주민들은 뒷전으로 밀리고 토목업자들 밥벌이용으로 변질되었다.

2. 첫 단추부터 잘못 끼운 생활인구 정책

1) 같으면서도 딴판인 일본 관계인구와 대한민국 생활인구

중앙정부는 2023년 지방소멸에 효과적으로 대응한다며 생활인구제도를 도입했다. 그간 지역 인구정책은 정주인구를 기준으로 양적 확대에 초점을 맞추었는데 인구 이동성에 의한 인구관리 정책으로 바꾼다는 것이었다. 양적 확대 인구정책이 실질적 인구 확대로 이어지지 않고 지역 간 인구 빼앗기 경쟁이 되었다는 것이다. 따라서 정부는 지역에 정주하지 않고도 지역에 활력을 주는 새로운 인구개념을 생활인구라 하고, 이를 확장하는 정책을 펴겠다고 했다.

이는 일본 관계인구제도의 판박이다. 일본의 관계인구정책을 벤치마킹했는데 제도의 태동 배경도, 시행방식도 일본과 흡사하다. 심지어 생활인구제도를 고향사랑기부제와 연동하는 것도 일본 방식과 꼭 빼 닮았다. 다만 제도 이름만 달리했다. 일본은 관계인구라 했는데 우리나라는 생활인구라 했다.

그간 일본으로부터 수많은 정책을 수입했고, 최근에는 지방소멸론까지 수입했으니 관계인구 제도를 수입하는 것이 낯설게 보이지 않았다. 하지만 농촌을 위기에서 구출시키겠다는 생활인구제도가 갓 쓰고 자전거 타는 실패정책을 답습하지 않을까 우려된다. 시행 2년 현재 세 가지 문제점이 드러났다.

첫째, 우리나라 생활인구와 일본 관계인구의 개념상 차이다.

주지하다시피 일본에서는 관계인구가 다가하시 히로유키라는 현장활동가에 의해 대두되었다. 히로유키는 농촌의 먹거리와 도시 소비자를 잇는 지역신문 활동을 통해 터득한 것을 관계인구라고 이름 지어 말했다. 농촌 먹거리 가치를 매개로 도시인들과 관계시장을 일구면서 새로운 희망을 엿본 것이다.

때문에 일본의 관계인구는 학술적 용어나 정책적 용어가 아닌 실천적 용어라는 점을 눈여겨봐야 한다. 관계인구는 요즘 새롭게 회자되는 교류인구, 생활인구, 주간인구, 야간인구, 체류인구 등과 다른 개념이다. 열거된 인구개념은 한 시점의 현상에 기인하지만 관계인구는 관계의 이음줄과 관계의 밀도 속에서 나온 것이라서 질 다르다.

그러나 우리나라에서는 관계인구를 정책적 용어로 보고, 색다른 용어인 생활인구라고 이름 지었다. 관계인구를 실천적 용어로 보느냐와 정책적 용어로 보느냐는 엄청난 차이다. 실천적 용어로 보면 중심축을 현장에 두고, 국가는 이를 뒷바라지하기 위한 수요자 중심 정책을 만든다. 그런데 관계인구를 정책적 용어로 보면 이를 여러 지역개발정책 중의 하나로 여기고 공급자 중심의 정책을 펴게 된다.

둘째, 우리나라 생활인구와 일본 관계인구의 수용구조상 차이다.

일본의 관계인구는 1980년대 말부터 이어온 고향창생운동이란 지역개발 정책과 연동되어 있다. 고향창생운동이 후쿠시마현 미시마정의 '제2의 고향 맺기 운동'에서 발원되었기 때문이다. 따라서 일본의 농촌지역들은 제2의 고향 맺기 든, 관계인구 든, 농도교류 든 개념상 차이로 여기지 않는다. 중요한 것은 정책의 수용구조다. 일본 지역들은 관계인구를 고향창생운동과 같은 맥락으로 이해하며 수용하는 모양새다.

그러나 우리나라 생활인구정책은 전후방 연관성이 취약하다. 우리나라는 정책을 펴는 부처에 따라서, 부서에 따라서 칸막이가 높아 다른 부처, 다른 부서의 정책과 연동 짓지 않으려고 한다. 농촌관광시책을 주관부처별로 따로 만든 결과 비슷한 정책이 난립된 것과 유관하다.

일본과 달리 우리나라에서는 농촌정책이 일관성 있는 맥락을 유지하지 못한 가운데 생활인구정책이 만들어 졌다. 지방소멸은 국토교통부가, 생활인구는 행정안전부가 주관하는 모양새에서도 정책의 난맥상이 읽혀진다. 때문에 농촌지역에서는 생활인구정책을 절실하게 느끼지 않는다. 농촌자치단체들은 지방소멸대응정책이든, 생활인구정책이든 중앙정부 정책의 한 메뉴로 인식할 뿐 중앙 보조금을 따올 일에만 몰두한다.

셋째, 우리나라 생활인구와 일본 관계인구의 중앙정책 맥락상 차이다.

일본정부가 관계인구정책을 들고 나선 2기 지방창생정책 배경에 주목할 필요가 있다. 일본은 지방소멸론 대응책으로 2014년 지방창생법을 만들었고, 2015년~2019년까지 5년간 1기 지방창생정책을 폈다. 이때 썼던 정책 기조는 중앙 주도였다. 중앙정부가 '마을·사람·일자리 창생본부'란 전담기구를 만들어 강도 높은 정책을 폈다. 이 정책에서는 ▲지방의 일자리 창출 ▲수도권에서 지방으로 이주 촉진 ▲젊은 세대의 결혼·출산·육아의 희망 실현 ▲지역 간 연계 구조 만들기 등이 주를 이루었다.

중앙정부가 칼자루를 쥔 1기 지방창생정책은 지방소멸의 대응책이란 관점에서는 낙제점이었다. 목표 삼았던 수도권 일극 해소와 지방인구 늘리기와는 가당치 않은 결과였다.

이런 비판과 평가 가운데 2020년~2024년까지 2기 지방창생정책을 세웠는데 여기에 관계인구가 등장했다. 여기에서는 중앙 주도를 지역 주도로, 정주인구 늘리기를 관계인구 맺기로, 일자리 중심을 마을·사람 중심으로 바꾼 것이 핵심이었다. 또한 중앙정부는 지역의 관계인구 맺기를 뒷바라지 하는 쪽으로 교통정리 했다.

그러나 우리나라 생활인구정책은 일본의 맥락과 전혀 달랐다. 일본은 지방소멸대응기구에서 지방소멸 대응전략을 수정하면서 관계인구를 떠올렸다. 즉, 중앙정부 주도의 대응전략이 안 먹히니까 관계인구를 지역주도 대응의 핵심전략으로 바꾼 것이다. 그런데 우리나라에서는 지방소멸 대응 정책을 지역주도라고 내걸지만 사실상 중앙주도 정책을 펴는 중에 생활인구가 대두되었다. 그러니까 생활인구정책은 지방소멸대응정책과 맥락이 이어지지 않은 채 '따로 국밥식'으로 만들어 졌다.

2) 서울과 농촌의 상반된 조건에서 태어난 생활인구

꿩 잡는 매라 듯이 일본식 관계인구든 대한민국식 생활인구든 우리 농촌 살리기에 좋은 성과를 거둔다면 나무랄 일이 없다. 하지만 생활인구 탄생의 앞뒤 맥락이 영 석연찮아 보인다. 지역과 주민을 대상으로 하는 제도는 주민들의 손에 잡히도록 상이 선명해야 하고, 지역들이 수용하기 좋아야 하는데 생활인구 제도는 꺼림직 한 점이 많다.

2023년 1월부터 시행된 '인구감소지역 지원 특별법상 생활인구'(이하 농촌생활인구)에 대해 살펴보자. 이 법 2조 2항에 '생활인구'란 특정 지역에 거주하거나 체류하면서 생활을 영위하는 사람이라고 해놓고 세 가지 사항으로 규정의 틀을 세웠다. 하나는 주민등록법 제6조제1항에 따라 주민으로 등록한 사람이라 했다. 또 하나는 통근, 통학, 관광, 휴양, 업무, 정기적 교류 등의 목적으로 특정 지역을 방문하여 체류하는 사람으로서 대통령령으로 정하는 요건에 해당하는 사람이라 했다. 또 하나는 외국인 중 대통령령으로 정하는 요건에 해당하는 사람이라 했다. 그리고 이 법 시행령에서는 체류인구는 체류횟수가 월 일회 이상인 사람이라고 했다.

이 법에서 말하는 생활인구를 요약하면 지역주민+체류인구+체류외국인이다. 결국 중앙정부는 생활인구의 핵심은 체류인구고 체류인구가 곧 관계인구라고 정리했다. 그렇다면 체류인구의 성격은 무엇이고, 이들이 농촌에 어떤 이로움을 끼칠까?

서울시는 체류인구를 생활인구라 개념화 시킨 최초 도시다. 그렇다면 서울시의 생활인구와 농촌생활인구는 어떤 차이가 있을까? 서울시 생활인구와 농촌생활인구는 교류인구와 빅데이터 활용범위만 다를 뿐 생활인구의 추계원리는 같다. 서울시 생활인구는 1시간 단위로 추계하고, 농촌생활인구는 1개월 주기로 추계하는 것이 차이다.

하지만 서울시의 생활인구와 농촌생활인구는 목적과 발생조건, 관리방식 면에서 전혀 다른 성격을 가지고 있다.

서울시 생활인구는 서울시 행정서비스를 수요에 맞게 확충하려는 것이 목적이다. 앞서 본 추계상 서울시에는 기존 인구에다 추가된 151만 명 분의 행정서비스 수요가 추가로 발생하기 때문에 이에 대한 대처방안을 찾으려는 것이다. 즉, 서울시 생활인구는 과밀인구를 관리하려는 목적이다. 이에 비해 농촌 생활인구는 인구감소와 지방소멸에 대응하려는 데 목적이 있다. 인구감소지역에서는 정주인구 늘리기가 불가능하기 때문에 인구관리방식을 비꾸어 인구 확장효과를 거두려는 것이다.

서울시의 생활인구와 농촌 생활인구의 발생조건은 천지 차이다. 서울은 우리나라 일극지로서 우리나라 정치, 경제, 사회, 문화 등 제 분야의 심장부다. 서울은 지방의 돈과 사람을 빨아내는 빨대의 구심지다. 이에 비해 농촌은 인구감소지역으로서 산업화 초기부터 줄곧 썰물 살에 빠져있다. 그러니까 돈과 사람이 몰리는 서울의 생활인구 조건과 돈과 사람이 빨려 나가는 농촌의 생활인구 조건은 정반대인 셈이다.

서울시의 생활인구와 농촌 생활인구는 본질적 차이가 크다. 서울시는 인구 과밀문제를, 농촌지역은 인구 과소문제를 대응하기 위해 생활인구 정책을 만들었기 때문에 정책의 목표와 지향성이 다르기 마련이다. 때문에 생활인구라는 같은 이름이라도 내포된 본질이 다를 수밖에 없다.

서울시 생활인구는 인구관리와는 거리가 멀다. 서울시가 생활인구를 늘려서 더 큰 도시상을 만들겠다는 뜻이 아니라 주어진 인구에 대한 현상 대응이란 성격을 가지고 있다. 반면 농촌의 생활인구는 도시인과 관계증 식의 성격을 가지고 있다. 때문에 서울시 생활인구는 그때그때 나타난 숫 자를 중시 여기지만 농촌 생활인구는 농촌과 인연을 맺는 관계성을 중시 여긴다. 즉, 농촌과 도시인 간의 관계를 증폭시키는 역동성에 방점을 찍 는다.

그런데도 농촌생활인구는 서울시의 생활인구 개념에다 교류인구만 더 넣었다. 사람들이 너무 많이 몰려들어서 골치 아픈 서울시 인구개념을 소 멸위기로 치닫는 농촌에 적용하여 무엇을 얻자는 것일까? 군부대 장병이 나 요양원의 어르신을 빼면 농촌지역에 체류인구가 얼마나 더 생겨날까?

생활인구는 서울형으로서 농촌과는 안 맞는 인구 개념이다. 도시는 생 활상 이익과 편리성을 좇아 모이는 인구가 많지만 농촌은 돈벌이나 편리 성을 통해 모여들 조건과는 거리가 멀다. 농촌지역이 체류인구를 늘리기 위해 큰 병원을 짓고, 용산역 같은 플랫폼을 만들고, 좋은 대학을 유치할 수 없지 않는가?

주지하다시피 농촌인구의 과소현상은 국가균형발전정책의 실패 결과다. 하지만 중앙정부가 펼치고 있는 지방소멸대응정책에는 중앙정부의 반성문이 없다. 도리어 언 발에 오줌 누기 식으로 찔끔 지원하면서 농촌에다 지방소멸의 책임을 전가시키려 하고 있다. 이런 가운데 중앙정부가 생활인구 제도를 도입했다. 하지만 이 또한 정책의 진실성이 결여되어 있다. 관계인구든 생활인구든 정책 이름은 차치하고라도 이의 본질과 앞뒤 맥락의 진실을 살리지 않으면 말짱 도루묵이다.

3. 관계인구는 제 특성을 살려야만 힘이 생긴다

1) 상리공생관계가 관계인구의 제격이다

관계인구는 관계성(Relationship)이란 성질을 가지고 있다. 서로 지지하고 당기는 성질이다. 인간은 사회적 동물로서 다른 사람과 상호작용을 하면서 함께 어울려서 살아가는 존재다. 이처럼 서로 지지하고 사는 공생원리를 채용한 것이 관계인구다.

관계인구는 농촌과 도시인 간의 공생관계 속에서 발생한다. 하지만 공생도 공생 나름이다. 공생이란 말은 서로 돕고 사는 아름다운 말로만 생각하는데 뜯어보면 결코 그렇지만 않다. 자연생태계에는 서로 이익을 누리는 상리(相利)공생, 한 쪽은 이익을 보지만 다른 한 쪽은 손해를 보는 편리(便利)공생, 서로 이익을 안 보는 편해(便害)공생, 기생·숙주 같은 공생관계가 있듯 인간 사회에도 이런 공생방식이 상존한다.

관계인구는 누이 좋고 매부 좋은 상리공생을 추구한다.

농촌과 도시인이 관계인구를 통해서 서로의 문제를 푸는 것이다. 농촌은 관계인구를 약탈적 시장올가미로부터 풀려날 기회로 삼는다. 도시인들은 고장난 밥상 문제를 해결하고, 힐링의 기회로 삼는다. 농업인들이 생산한 먹거리가 농업인들 땀의 가치를 알아주는 도시인들과 만난다. 주민들이 서로 지지하고 사는 풋풋한 농촌공동체 터전이 무한경쟁 구조 속에서 마음 다친 도시인들과 만난다.

하지만 농촌과 도시는 단숨에 상리공생하지는 못 한다. 1960년대부터 산업화 전후기에는 농촌이 도시 이익에 일방적으로 이용당했다. 이 시기에는 도시 중심의 편리공생이었다. 오늘날에는 서울일극의 빨대구조가 여전하지만 농촌과 도시 간 상호상생의 훈풍이 일고 있다. 이 훈풍은 시대변화와 연관성이 깊다.

주지하다시피 압축성장시대는 우리 사회를 수직적 관계구조 속으로 내몰았다. 사람들은 모든 관계를 무한경쟁을 위한 수단으로 여겼다. 사람들이 수직적 관계구조에 빠져든 사이 수평적 관계가 단절되어 갔다. 우리 사회가 수직적 관계구조에 매몰된 가운데 고독이란 사회병리현상이 독버섯처럼 피어났고 가장 불행한 나라라는 오명을 얻었다.

이런 가운데 도시인들은 교통발전, 주5일제, 정보화시대를 만나 숨통이 트이기 시작했다. 농촌을 찾아드는 도시인들이 늘기 시작했고, 먹거리 직거래 등 관계시장 쪽으로 고개를 돌리기 시작했다. 이 도시인들에게 농촌은 밥상문제를 해결하고, 힐링의 터를 얻는 양수겸장의 터였다.

농촌과 도시인 간 상리공생은 가치란 끈을 통해 만들어 진다. 도시인은 농촌의 가치에 이끌려 찾아오고, 농촌은 이런 도시인과의 관계 속에서 활력을 얻는다. 농촌의 가치란 농촌에서만 취하고 느낄 수 있는 가치로서 농촌에 산재해 있다. 농촌 고유한 환경에서 생산된 먹거리에 제철진미, 생태농업 등 여러 가지가 녹아 있다. 수백, 수천 년 대대로 이어온 문화유산과 공동체문화에도, 철따라 변화는 산과 들, 옹기종기 마을과 조화를 이룬 농촌경관에도 역사와 생태적 가치가 녹아 있다. 이처럼 산재한 농촌의 가치는 농촌다움이 되어 도시인과 관계의 끈이 된다.

농촌 가치는 도시인과의 상호 소통과 공감대를 통해 관계의 끈으로 맺어진다. 때문에 관계인구를 위해서는 쌍방향의 소통구조와 상호 공감대를 이룰 조건이 필요하다.

농촌과 도시인 간 상리공생관계는 역동성을 일으킨다.

유동인구, 교류인구, 주간인구, 생활인구는 어떤 장소와 어떤 시간에 나타난 인구현상이지만 관계인구는 관계의 가치에 의해 끊임없이 증식한다. 유동인구, 교류인구, 주간인구, 생활인구는 같은 시간에 한 장소에서만 인구현상으로 나타나지만 관계인구는 같은 시간에 여러 장소, 여러 지역에서도 인구현상으로 나타날 수 있다. 관계인구의 관계행위는 관계의 목적과 관계의 요소에 따라 여러 지역에 걸쳐질 수 있다.

관계인구의 역동성은 농촌과 도시인 간 가치공유를 통해 나타난다. 농촌주민과 도시인 간 사적 직거래가 공동체 직거래운동으로 확장되면 고장의 제철진미와 결합되어 역동성을 일으킨다. 먹거리 직거래장에서 가치조건이 가격조건을 넘어서면 뜨내기손님이 단골손님으로 바뀌고, 먹거리 연대관계로 발전하는 것처럼 말이다. 한 마을의 계절 체험·교류에 면단위, 군단위 문화·생태적 고유성이 결합되면 역동성이 배가되어 여러 마을, 연중으로 확장된다.

기존의 정주인구 개념에서 인구 늘리기는 지역 간 인구 빼가기 싸움이었다. 한정된 인구를 놓고 서로 자기 지역으로 끌어당기기 때문에 제로섬 게임이 되었다. 우리나라 농촌생활인구 제도도 제로섬게임에 빠질 우려 가 높다. 중앙정부가 농촌지역들을 생활인구 수치싸움으로 줄 세우면 농 촌지역들 간의 생활인구 쟁탈전이 벌어지게 된다. 1990년대 초 일본의 제 2의 고향 맺기 운동이 지역 간 도시인 유치경쟁을 불러 일으켜 부작용이 되었던 것을 보면 짐작할 수 있다.

지금의 생활인구정책은 농촌과 도시인 간 상리공생관계를 담보할지 의 문이다. 생활인구정책이 월일회 이상 교류·체류할 도시인 유치경쟁을 일 으키고, 농촌자치단체들이 생활인구 숫자 세기 일로 여기면 상리공생관계 가 싹트기 어렵다. 때문에 생활인구를 숫자 개념으로 볼 것이 아니라 누구 랑 어떤 관계를 짓느냐가 더 중요하다는 것을 잊어서는 안 된다.

2) 공동체를 발판 삼아야 확장력이 세진다

관계인구와 공동체는 서로 지지하고 당긴다는 점이 같다. 관계인구와 공동체는 다른 것 같지만 본질상 한 통이다. 관계인구는 농촌과 도시인과 의 관계 속에서 나타난 말이지만 농촌 내에서도 같이 적용되는 말이다.

주지하다시피 농촌이 산업화 소용돌이에 휘말리면서 내생적 구조가 파 괴되었다. 사람과 돈과 가치와 주민의 생각이 원심력에 의해 빨려나갔다. 농촌이 뺄셈구조에 빠져들면서 서로 지지하고 당기던 힘이 무너져 갔고, 주민 간 관계구조가 크게 훼손되었다. 때문에 관계인구시대에는 원심력 에 의해 흩어진 관계구조를 서로 지지하고 당기는 관계구조로 바꾸는 것 이 중요하다.

농촌 관계구조를 서로 지지하고 당기도록 바꾸는 것은 공동체 복원과 맥이 통한다. 농촌이 관계인구시대를 농촌 재생의 기회로 맞이하려면 공동체 복원을 우선 과제로 여겨야 한다. 그런 점에서 공동체 복원은 농촌의 내적 관계인구 만들기인 셈이다.

그렇다면 농촌공동체는 관계인구에 어떤 영향을 줄까?

첫째, 공동체는 관계인구 흡수력을 증대시킨다. 공동체들은 스펀지의 물리적 기능처럼 강한 흡수력을 가지고 있는데 그 중 하나가 사람들을 모으는 힘 즉, 관계인구의 흡수력이다. 도시소비자들과 관계마케팅을 하는 농촌공동체들이 늘고 있는데 이들이 품목별, 계절별, 상품별 횡적 협력구조를 만들면 기존의 관계마케팅 범위가 크게 넓혀지니까 그만큼 흡수력도 세지기 마련이다. 또한 관계인구시대가 본격화 되면 농촌공동체들의 활동력이 커져 관계인구 흡수력으로 순환 된다.

둘째, 공동체는 관계인구를 다원·다층적으로 불린다. 출향인을 제외한 관계인구 대상의 폭은 매우 넓다. 농촌유학과 체험학습 수요층인 초등학생부터 농촌의 향수가 깊은 60대 베이비부머까지 다층적이다. 또한 관광, 농특산물 구매, 문화적 관계, 봉사 등 관계의 동기나 유형도 다양하다. 이런 가운데 공동체들은 관계인구를 종·횡으로 엮어 다원·다층의 관계폭을 크게 넓힐 것이다. 예컨대 밤호박 단골고객이 그 지역 김, 쌀, 고구마, 감 등 타 품목 거래로 확장되고, 관광이나 체험학습 등 교류관계로 이어질 것이다.

셋째, 공동체는 지역 고유 향기를 뿜는 첨병 역할을 한다. 관계인구는 지역의 고유한 향기를 찾아온다. 지역문화, 생태, 농·특산물의 고유 맛, 인심 등에서 나오는 향기의 정도에 의해 관계인구의 성과가 갈린다. 공동체들은 그들이 마케팅하려는 가치시장재 자원에다 지역 고유의 공공재자원을 접목하기를 즐겨하기 때문에 지역 향기를 뿜는 역할까지 하게 된다. 방향제 같은 향기는 싸구려 상술로 치부되지만 공동체들이 내뿜는 향기는 지역 공신력을 담보한 지속가능한 향기로 인정된다.

넷째, 공동체는 관계인구의 지속가능성을 도모한다. 농촌 관계인구는 지역마다 초반 열을 올리기 때문에 지역 간 격차가 크지 않을 것이다. 그러나 3년, 5년이 지나면 관계인구의 기초를 착실하게 쌓은 지역과 출향인 같은 수직적 관계인구에 의존하는 지역 간 격차는 크게 벌어질 것이다. 생나무에 기름을 부어 불을 일으키는 것과 장작을 차곡차곡 괴어 불을 일으키는 차이처럼 말이다. 관계인구 지속성의 힘은 공동체로부터 나온다. 공동체들이 관계인구를 위한 그물코를 짓고, 차곡차곡 장작더미를 이루면 시간이 흐를수록 승수효과를 발휘한다.

다섯째, 공동체는 관계인구의 입소문 진원지가 된다. 고향사랑기부제를 필두로 관계인구 정책이 시행되면서 지역 간 홍보전이 뜨거워지고 있다. 뺌치기 게임처럼 홍보물을 더 크게, 더 많이 쏟아 낼 것이고, 답례품으로 현혹시키려는 지역도 늘어날 것이다. 이럴 때 도시인들은 입소문에 귀를 기울인다. 자신이 신뢰하는 사람들로부터 전해오는 입소문에서 진실을 느끼게 된다. 관계인구 입소문의 진원지는 서울 같은 대도시가 아니라 농촌지역 현장이다. 농촌현장에서 일어나는 풋풋한 관계인구 이야기가 입소문을 타고 도시로, 도시로 전해진다. 농촌지역 현장의 공동체가 바로 그 입소문의 진원지인 것이다.

2023년 생활인구 정책 시행과 함께 관계인구시대의 물꼬가 터졌다. 하지만 내적 관계인구와 외적 관계인구를 한통으로 보는 농촌자치단체는 찾기 어렵다. 농촌공동체 만들기와 관계인구 간 연계성을 염두에 두지 않고

별개의 일로 여기는 것이다.

　대부분 자치단체들이 관계인구 정책을 관주도적으로 추진하면서 농촌 공동체들의 역할을 눈 밖에 두고 있다. 이 자치단체들은 관계인구 = 고향 사랑기부제로, 관계인구 사업 = 문화 · 관광 개발사업으로 여기는 터니까 농촌공동체들이 눈에 보일 리 없다.

　만약 자치단체들이 농촌공동체들 발판 없이 관계인구 정책을 추진한다면 역효과를 낼 것이 뻔하다. 관계인구 정책이 자치단체들 숫자 놀음에 빠져 '갈치 제 꼬리 잘라먹기'식으로 전락할 우려가 크다. 게다가 농촌자치단체들이 모처럼 형성된 농촌과 도시인 간 상리공생 기회를 망가뜨리는 결과를 낳게 된다.

3) 고향사랑기부제를 앞세운 관계인구는 제로섬 게임이다

　2023년부터 '고향사랑기부제'와 생활인구정책이 함께 시행되면서 고향 사랑 기부자 모집과 관계인구를 늘리기 위한 지역 간 경쟁이 뜨겁게 달아오르고 있다. 일본의 고향납세제와 관계인구 맺기가 단기에 급성장하여 지역재정 확충과 농촌활력의 효자로 떠올랐다는 소식이 알려지면서 농촌 사회의 기대를 부풀게 하고 있다.

　농촌자치단체들이 관계인구와 고향사랑기부제 유치를 위한 대대적인 홍보전을 펴는 가운데 지역마다 출향인 등 연고자들을 찾아 나서는 형국이다. 그런데 두 정책이 동시에 시행되면서 농촌지역에서는 관계인구=고향사랑기부제라 여기는 오해가 일었다. 때문에 가시적인 성과가 나타날 고향사랑기부제 쪽을 쏠림 현상이 두드러지고 있다.

　하지만 고향사랑기부제를 앞세운 관계인구 만들기는 그릇된 일이다. 고향사랑기부제와 관계인구는 같아 보이지만 대상, 접근 방법, 진행과정, 사후관리 면에서 차이가 크다. 때문에 일의 성질을 잘 살펴 접근하는 자세가 요구된다.

 그렇다면 고향사랑기부제와 관계인구의 차이는 뭘까?

 관계인구는 고향사랑기부제에 참여하는 사람보다 훨씬 광폭이다. 출향인, 농촌유학생, 워케이션 수요자, 농촌관광객, 농특산물 고객, 문화나 생태 연대활동가 등 매우 다양하다. 하지만 이들이 생색낼 목적이나 발 앞 혜택에 이끌리는 경우는 많지 않다. 이렇듯 대상의 성격이 다르다.

 고향사랑기부제가 관계인구의 숙성과정을 거치지 않으면 제로섬 게임으로 빠져들 우려가 크다. 농촌지역들은 출향인 중 재력가, 사회·정치적 명망가들을 우선 대상으로 삼는 한편, 답례품·세제해택을 앞세워 도시인 기부자를 모집하려 들 것이다. 이 과정에서 지역 간 경쟁이 과도한 출혈경쟁으로 치달아 건강한 관계인구 만들기의 발목을 잡을 수 있다.

 고향사랑기부제 운동이 사회·정치적 명망가나 출향인을 우선 대상으로 삼으면 연고성이 엷은 도시인들에게 배타적 반감을 살 수 있다. 지역들이 명망가들의 고향사랑기부제 참여를 자랑하듯 떠올리면 일반인들은 어떻게 반응할까? 고향사랑기부제의 자발적 참여는커녕 순수성이 떨어진 판에 자신이 끼는 것을 불쾌하게 여길 것이다.

 땅끝마을 방문객들은 오래전부터 땅끝마을 일원에 낙서 하듯 자신의 소망을 새기곤 했다. 방문을 기념하는 글, 소망을 비는 글, 연인들의 약속 글들이 장관을 이루었다. 2000년 해남군은 땅끝마을 방문객들의 이런 습성을 착안하여 '땅끝 소망 새기기'사업을 펼쳤다. 땅끝 소망 새기기를 통하여 고향 같은 땅끝마을 주제의 관계인구로 발전시키고자 했다.

'땅끝 소망 새기기'는 땅끝마을 방문자들의 소망 글을 녹청자 타일로 만들어 땅끝전망대 건물의 내벽을 장식하는 것이었다. 그런데 수천, 수만 명이 참여할 것으로 기대했던 소망 새기기 타일은 불과 20, 30개만 붙여진 채 중도 하차했고 꼴불견이 되었다. 해남군이 국회의원, 지방의원, 농협조합장, 명망 출향인, 정치인, 지역 유지들의 소망 새기기 타일을 앞세워 붙인 것이 화근이 되었다. 명망가들의 생색내기 타일로 도배된 판에 땅끝 방문객들의 진솔한 소망 타일은 낄 틈이 없었던 것이다.

이는 최근 농촌자치단체들이 관계인구를 대하는 모습과 닮은꼴이다. 자치단체들이 단기적 실적을 높이려고 출향인이나 사회·정치적 명망가들을 찾아다니면 그만큼 가치지향적 도시인들을 멀리하는 결과를 낳는다. 이는 결국 관계인구 실패작의 예고편이나 다름없다.

바닷물은 관계인구, 배는 고향사랑기부제에 비유된다. 항구에 밀물이 들지 않았는데 배를 억지로 움직일 수 있을까? 항구에 바닷물이 드는 것처럼 관계인구가 잘 조성되면 고향사랑기부제라는 배는 저절로 뜨게 된다. 항구에 바닷물이 들고, 훈풍이 불면 배가 신나게 항해할 수 있듯이 관계인구와 고향사랑기부제도 술술 푸는 순리가 있다.

관계인구와 고향사랑기부제는 서로 끌고 밀어주는 관계다. 관계인구를 늘리면 고향사랑 기부액이 늘어나고, 고향사랑 기부액이 늘면 관계인구를 확장할 동력원이 커진다. 이처럼 고향사랑기부제는 관계인구를 늘리고, 질을 높이려는 한 수단이다. 따라서 관계인구의 본질에 대한 이해와 관계인구를 보다 넓게 보려는 시야정립이 요구된다.

관계인구는 한정된 파이를 놓고 승자와 패자를 가리는 제로섬 게임이 아니다. 제로섬 게임은 누가 얻는 만큼 반드시 누가 잃는 게임 방식으로서 관계인구 맺기와는 부합되지 않는다. 하지만 우리나라 정치문화가 승자 독식형에 오염된 데다 중앙 자원을 둘러싼 지역 간 경쟁이 대부분 제로섬 게임 방식이어서 지역에서는 지역 간 경쟁이 붙는 일을 모두 제로섬 게임 으로 오인하곤 한다.

관계인구는 지역에 내재된 가치를 좋아하는 사람들을 모으는 일이기 때 문에 보다 매력 있는 가치를 만들고 그 공감대를 확장하는 쪽에서 경쟁하 는 포지티브섬 게임이다. 관계인구는 지역 간 경쟁을 유발하지만 이 경쟁 이 파이를 줄이는 것이 아니라 파이를 더 확장하는 성질이 강하다. 즉, 관 계인구는 파이가 한정된 것이 아니라 좋은 관계를 맺어 갈수록 무한대의 성과를 얻을 수 있다. 때문에 겉으로 보이는 숫자보다 그 안에 내재된 인 연의 질을 중시 여겨야 한다.

관계인구를 주인 없는 밀림에서 열매 따는 일로 여겨서도 안 된다. 관계 인구대상을 '먼저 보는 사람이 임자'라는 식으로 접근하는 것은 원시적 수 렵행위 수준이다. 좋은 씨를 가려 뿌리고, 정성 들여 가꾸어야 튼실한 열 매를 얻듯 매력 있는 농촌 어메니티 자원을 발굴하고, 유익한 교류 프로그 램을 만들어 누이 좋고 매부 좋은 결과물을 창출하도록 노력을 기울여야 한다.

4. 관계인구는 꿰어야 보배다

1) 출향인은 관계인구의 양날 칼이다

1996년 전남 해남군에서는 '내 고장 담배 사 피우기 운동'이 벌어졌다. 1,000원짜리 담배 한 값을 팔면 460원의 세수입이 생기는데 착안한 운동이었다. 이 운동을 통한 기금으로 도서관을 건립하자는 명제가 붙었다.

이 운동에 서울, 부산, 광주, 안산 등 대도시 해남군향우회가 화답했고, 매주 화물차에다 담배를 가득 싣고 서울로, 부산으로, 울산으로 떠나는 진풍경이 연출되었다. 출향인 대상으로 3년간 펼쳐진 이 운동은 40억 원의 기금을 모았고, 해남군립도서관이 들어있는 해남문예회관 건립의 종자돈이 되었다.

이렇듯 농촌지역에서는 출향인들과 깊은 연대관계를 유지한다. 시·군단위는 물론 읍·면 단위에서도 대도시 향우회와 유대활동을 펼친다. 농촌지역들은 대도시 향우회 행사 때면 고향의 농특산물을 바리바리 챙겨 찾아간다. 지역 시·군민의 날이나 읍·면민의 날에는 향우회를 귀히 초대한다. 설이나 추석 때면 마을 어귀마다 출향인 환영 현수막들로 도배한다.

출향인들은 고향에 대한 애정이 강한 존재다. 농촌에 고향을 둔 출향인일수록 고향의 향수가 더욱 강하다. 놀이터가 되었던 뒷동산이며 개울의 광경은 영원히 잊혀 지지 않는다. 1965년부터 1980년대 초 사이에 농촌을 떠난 대이농 세대는 더욱 향수가 깊다. 그들은 각박한 도시생활에 옥죄어 살면서 늘 고향을 가슴에 품고 산다. 그리고 그들은 동물세계의 회귀 본능처럼 고향을 '언젠가는 되돌아갈 곳'으로 여긴다.

사람은 힘들고 어려울수록 고향에 대한 그리움이 깊어진다. 실패와 좌절을 겪게 되면 고향을 향한 마음이 더 커진다. 때문에 고향은 실패와 슬픔, 좌절과 아픔을 어루만져 주는 위로의 터다. 또한 출향인은 낳고 자란 고향사람들한테 인정받는 것을 높은 자긍심으로 여긴다.

하지만 출향인의 향수는 과거 태(態) 속성을 가지고 있다. 출향인의 향수 시계바늘은 자신이 고향을 떠나기 전을 가리킨다. 고향에 살던 시절 시냇가, 초가집들, 마을골목, 북적거린 우물터, 마음 부비며 살던 형제와 친구들 모습이 각인되어 있다. 대이농기 세대들이 품고 사는 고향상은 어릴 적 이발소에 걸린 풍경화 같은 추억 속의 상이다.

출향인의 과거 태 속성은 현재라는 시계와 부딪친다. 출향인들은 과거라는 창으로 고향을 보려고 하기 때문에 현재의 고향 모습에서 이질감을 느끼곤 한다. 수박서리를 용인하던 과거와 이를 절도행위로 보는 현재, 미역 감고 물고기 잡던 과거의 냇가와 콘크리트로 정비된 현재의 냇가 모습은 전혀 다른 상이다. 출향인들은 이를 변화의 상으로 느끼기보다는 이질감으로 느끼곤 한다.

출향인의 고향에 대한 생각은 일방적이다. 죽어서도 묻히고 싶은 고향에 대한 애틋한 그리움은 고향에 대한 일방적인 감정을 키운다. 고향은 도와야 할 대상, 힘들 때 기대고 싶은 대상, 자신의 존재감을 인정받고 싶은 대상이 그것이다. 농촌을 불쌍하게 여긴다거나 자신을 품어주는 아량의 터로 여기는 것은 수직적 관계인구의 전형이다.

게다가 출향인들은 고향의 관계인구들과 마음을 섞는 일에는 인색한 편이다. 정서적으로 보자면 자신은 박힌 돌이고, 고향의 관계인구는 구르는 돌이라는 배타적인 감정이다. 때문에 자신의 고향마을에 뿌리가 없는 외지인이 귀농하여 마을 이장이 된 모습을 편하기 여기지 않는 것이 보편적인 정서다.

그럼에도 농촌지역들은 출향인들의 이런 특성을 가려보지 않는다. 대도시에 지역특산품 직판행사를 열 때나 농도교류의 끈을 잡을 때는 어김없이 출향인들에게 도움을 청한다. 면민의 날 등 고향의 큰 행사 때나 기금 마련을 할 때도 도움 받을 우선 대상이다. 출향인들을 낮 설은 도시에서 편하게 기댈 대상으로, 농도교류의 가시적 성과를 내기에 용이한 대상으로 여긴다.

1990년대 농촌자치단체마다 대도시에 농특산물직판장을 여는 것이 유행이었다. 서울, 부산은 기본이고, 출향인들이 많이 사는 광역도시, 대규모 공단을 낀 도시에도 고향 농·특산물직판장이 문 열었다. 이 직판장들은 대개 시·군단위 출향인 단체와 연계되었다.

하지만 이때 문 연 특산품직판장들은 대부분 실패로 끝났다. 이 특산품 직판장들은 대부분 출향인 조직에 의존했는데 그들이 기대하는 만큼 매출이 오르지 않았다. 출향인들은 고향 행사 같은 특별한 일에는 참여하지만 상설화된 직판장에서는 참여 빈도가 떨어졌다. 출향인의 고향사랑 마음과 일상의 거래가 사뭇 다르다는 것을 보여준 것이다.

이명박 정권 초기에 농촌지역마다 '1군1유통회사' 만들기 바람이 일었다. 그간 대도시, 도매시장 중심의 농산물유통시장을 지역주도, 관계시장 중심으로 바꾸어야 한다는 논리였다. 이 때 시·군마다 농·특산물 온라인 쇼핑몰이 바람을 타기 시작했다. 시·군들은 출향인들을 온라인 관계시장의 주 고객으로 설정했다. 시·군 출연 유통회사들은 출향인 단체에서 넘겨받은 출향인 주소를 밑천으로 고향 농특산물 홍보에 나섰다.

결과는 딴판이었다. 출향인들의 고향 농·특산물 직거래 실적은 극히 미미했다. 고향 농·특산물 직거래가 출향인들의 고향사랑 마음을 타고 날개를 펼 것이라는 기대가 허상으로 드러난 것이다. 때문에 시군들은 출향인들 대상의 쇼핑몰을 일반인 대상으로 바꾸었다. 이는 출향인들의 고향사랑 마음과 고향 먹거리 직거래가 등치되지 않는다는 교훈이었다.

그렇다면 출향인은 농촌 관계인구의 허상일까? 그렇지 않다. 출향인은 농촌 관계인구의 으뜸자원인 것은 의심의 여지가 없다. 출향인은 고향사랑기부제의 가장 큰 텃밭이고, 어려울 때 손 뻗히기 편한 대상인 것은 틀림없다. 따라서 농촌지역은 출향인의 특성을 정확히 인식하고 이에 맞는 관계인구 전략을 펴야 한다.

먼저 출향인들의 과거 태 의식을 현재 태로 변화 시키는 노력이 선행되어야 한다. 외지인들에게 잘 알려진 고향의 문화유산일지라도 출향인들에게는 어릴적 추억의 편린으로만 남아있다. 고향의 문화유산이 어릴 적 추억 속에 묶여있는 한 문화적 자긍심으로 살아날 수 없다. 때문에 출향인들이 현재의 의식으로 고향의 문화 DNA를 재인식할 수 있게 해야 한다.

출향인들과의 교류를 알렉스 헤일리 소설 '뿌리'에 맞대보자. '뿌리'는 노예 사냥꾼에 의해 미국으로 끌려와 고통스럽게 살던 흑인들이 고향을 찾아가는 이야기다. 흑인들이 평화롭게 살던 아프리카 고향을 찾아 그들 정체성을 깨달은 것은 의미가 크다. 이처럼 출향인들의 고향방문 행사를 그들 정체성의 뿌리를 찾아가는 행사로 성격 지을 필요가 있다. 정기적으로 '추억 실은 고향열차' 같은 고향방문 행사를 열고, 출향인 2세들을 위한 '뿌리 캠프'와 농촌 유학 프로그램을 개설한다.

전통적으로 이어져 온 마을 경로잔치를 출향인들이 함께 참여하는 마을 축제로 연다거나 설에는 마을 주민들과 합동세배를 함으로서 뿌리의식을 재확인하도록 한다. 출향인들이 고향 어메니티와 고향 제철진미를 느낄 프로그램을 만들어 농촌 체험과 먹거리 직거래로 이어지게 만든다.

관계인구는 출향인들에게 새로운 가치의 기회가 된다. 맛은 기억의 산물이다. 출향인들 기억속의 맛이 어머니 손맛이고 고향의 맛이다. 따라서 먹거리 직거래를 출향인들의 맛과 멋의 DNA를 일깨우는 일로 꾸린다. 먹거리 직거래와 농촌 문화체험은 출향인들의 생활유익 기회로 되살린다. 또한 고향 살리기 운동과 고향혁신에 동참하는 것을 쏠쏠한 보람의 기회로 만든다. 여기에다 출향인 2세들과 뿌리의식을 공유하면 가족문화 자양의 기회로 다가갈 것이다.

관계인구를 위해서는 출향인의 교류 대상을 꼽는 생각도 바꾸어야 한다. 출향인 조직은 시·군 단위, 광역단위로 범위가 넓혀질수록 정치성과 생색내기가 강한 속성이 있다. 반면 출향인 조직이 읍·면 단위, 학구 단위, 마을 단위로 작아질수록 진솔하고 정감을 더해 간다. 때문에 시·군 단위 조직보다는 읍·면 단위 이하 조직을 교류대상으로 삼는 것이 효과적이고, 나아가 가족단위, 개별단위로 구체화 하는 것이 바람직하다.

2) 베이비붐 세대를 주목하자

전쟁이 끝난 후 출산 붐을 타고 태어난 세대를 베이비붐 세대라 한다. 서구에서는 2차 세계대전이 끝난 1946년생에서 1964년생까지를 말하는데 우리나라는 6 · 25 전쟁이 끝난 1955년생부터 산아제한 정책 이전인 1963년생까지를 말한다.

최근 들어 인구학계에서는 우리나라 베이비붐 세대를 1955년생부터 1974년생까지로 확대하기도 한다. 한 해 출생아 수가 90만 명이 넘는 시기를 말한다. 그러면서 베이비붐 세대를 세분류하는데 1955년생부터 1963년생까지를 전기세대, 1964생부터 1967년생까지를 중기세대, 1968년생부터 1974년생까지를 후기세대라 한다.

1955년생부터 1974년생까지 베이비붐 세대는 1700만 명으로서 전 인구의 3분의1을 차지하고, 1955년생부터 1963년생까지 전후 베이비붐 세대는 720만 명으로 전 인구의 14%를 차지한다. 이처럼 베이비붐 세대가 차지하는 인구비중이 높기 때문에 인구학적인 관심을 둘 수밖에 없다.

맏형인 1955년생이 노령세대에 들고, 막내인 1963년생이 은퇴기에 접어들어 든 전후 베이비붐 세대는 사회적으로는 한물 간 세대다. 그런데 최근 들어서는 농촌지역들이 전후 베이비붐 세대에 대한 관심을 기울이고 있다. 2020년 귀농인의 44%, 귀촌인의 46%가 전후 베이비붐 세대인 것으로 나타나면서 이들의 귀농·귀촌을 주목하는 것이다.

전후 베이비붐 세대는 특이한 이력의 세대로서 이들의 특성을 잘 살필 필요가 있다.

첫째, 전후 베이비붐 세대는 3대 문명을 경험한 세계에서 유일무이한 세대다.

이들은 농경사회에서 태어나 자랐고, 청소년기나 청년기부터는 산업사회를 만났고, 중년기에는 정보화 사회를 만났다. 한 세대가 농경사회, 산업사회, 정보화 사회라는 3개 문명을 경험하는 것은 우리나라 특수한 환경에서 빚어진 경이적인 사건이었다. 근·현대 역동적 문명을 주도한 유럽의 경우 농경사회에서 정보화시대까지 200년이 걸렸는데 우리나라는 압축성장 덕에 3개 문명을 50년 만에 고속 주파한 것이다. 때문에 이들을 '낀 세대'라 한다. 여러 문명의 사이를 헤집으면서 터득한 특이한 생존방식으로서 낯 선 곳에서도 잘 적응하는 편이다. 이들은 농촌과 교류를 잘하고, 귀농·귀촌 후 용이하게 정착하는 특성을 보인다.

둘째, 전후 베이비붐 세대는 농촌에 대한 관심이 가장 높은 세대다.

1970년에서 1980년대 사이에 가장 많은 이농이 발생했는데 이 때 이농

중심세대가 전후 베이비붐 세대다. 이들은 농경사회에서 낳고 자랐고, 청소년기에서 청년기 사이에 농촌을 떠났기 때문에 농촌문화에 익숙한 것이 당연하다. 게다가 이들은 부모와 가까운 친족들이 농촌에 남은 상태에서 이농했기 때문에 명절 방문, 애·경사 참여 등으로 교류할 기회가 많았다.

셋째, 전후 베이비붐 세대는 다른 세대보다 공동체문화에 익숙하다.

이들은 출생률이 5~6명일 때 낳고 자랐다. 출생률이 0.6명대인 오늘날 관점에서는 상상하기 어려운 환경이다. 초등학교 운동장은 아이들로 꽉 찼고, 골목마다 아이들이 바글바글했다. 집집마다 3대가 살면서 작은방에서 4, 5명이 잠자는 것이 보통이었다. 전후 베이비붐 세대는 이런 환경에서 자랐기 때문에 어려서부터 서로 공생·공존하는 생활문화를 경험했다. 때문에 이들은 다른 세대에 비해 융화력과 수용력이 뛰어나고 인연의 끈을 소중하게 여긴다.

넷째, 전후 베이비붐 세대는 고향을 떠나 살았기에 향수에 민감하다.

이들은 어릴 적 살았던 농촌환경이 눈에 선하다. 때문에 이들은 다른 세대보다 농촌을 그리워하는 귀소의식이 강하다. 이들은 다른 세대보다 농촌생활의 추억이 많은 만큼 향수가 깊을 수밖에 없다. 베이비붐 세대의 향수 정서는 제2의 고향 맺기와 잘 부합된다. 그들은 항상 고향처럼 맞아 주는 농촌에서 타향살이 시름의 끈을 풀고 싶어 한다.

그렇다면 농촌지역들이 농촌문화에 익숙하고, 농촌 향수가 깊고, 공생문화의 체화도가 높고, 비교적 자립기반이 다져진 전후 베이비붐 세대를 어떻게 수용할까?

2023년 강원도 횡성군이 들고 나온 '건중년 선언'은 인구정책의 새로운 개념으로서 눈길을 끌고 있다. 건중년이란 65~70세를 굳세고, 건강하고,

튼튼한 세대라는 신조어다. 횡성군은 건중년이 보람 있게 일할 기회와 다양한 여가 문화활동, 봉사활동을 통해 활기찬 삶을 영위하도록 지원한다는 것이다.

이 같은 건중년 정책은 도시의 전후 베이비붐 세대와 관계인구를 맺을 청신호다. 건중년은 전후 베이비붐 세대와 맞닿아 있어 정서적 공감대를 형성하기 쉽다. 농촌의 건중년 세대가 같은 또래인 도시의 전후 베이비붐 세대를 수용할 고리역할을 할 수 있다. 농촌과 도시의 전후 베이비붐 세대가 함께 놀고, 함께 소통하는 프로그램을 만들 필요가 있다. 이젠 전후 베이비붐 세대가 관심 갖는 '세컨 하우스'에 대해 지역들이 어떤 해법을 내놓을지, 제2의 고향 같은 인연의 관계를 어떻게 제시할지, 제철진미 같은 가치먹거리를 어떻게 꾸려 구미를 맞출지를 고민할 때다.

3) 가치지향적 도시인들에 공들이자

2020년 전후 전북 완주군은 농촌개발 벤치마킹의 꼭짓점으로 떠올랐다. 완주로컬푸드가 우리나라 대표적 사례가 되자 전국 각지에서 벤치마킹 하러 모여들었다. 최근 들어서는 완주 벤치마킹 초점이 점점 완주의 마을공동체 쪽으로 바뀌고 있다.

그 중심에는 완주군 고산면 마을공동체 사례가 있다. 2010년대 문화활동을 하던 도시인들이 이곳에 자리 잡으면서 문화활동과 연계된 공동체들이 차츰 자리잡아가고 있다. 이들 공동체는 독거노인 돌봄활동을 하는 고사리공동체, 마을교육공동체 등 주민생활 범주로 확장하면서 농도교류의 매개체로서 활동 폭을 넓혀가고 있다. 이는 완주군이 도시의 가치지향적 젊은이들을 수용한 결과였다.

전북 남원시에는 실상사라는 절이 있다. 이 절은 사회문제와 관련한 활동이 많아 불교신도들이 아닌 일반인들에게도 널리 알려졌다. 속세와 단절된 절들과 달리 실상사는 폐쇄된 절집 울타리를 넘어 세상의 평화·평등·생태적 가치 실현 활동을 하고 있다. 실상사는 절에서 자급할 농사를 짓고, 스님들이 일반인들과 함께 밥 먹는 것부터 여느 절들과 다른 모습이다. 최근에는 마을공동체 인재를 양성하는 '생명평화대학', 지리산 인근에서 농촌공동체를 지향하는 사람들이 모인 사단법인 '한생명' 등 10개 기구를 운영하고 있다. 또한 도시인들 먹거리·생명연대체인 '인드라망생명공동체'와 연계한 활동도 벌이고 있다.

완주군 고산면 공동체 사례와 남원시 실상사 사례는 오늘날 도시인들의 가치지향적 욕구와 상통한다. 일과 생활이 조화롭고 균형 있는 삶을 뜻하는 '워라벨'(Work-life balance의 준말), 일과 삶을 융합하다의 뜻인 '워라블'(Work-life blending의 준말), 소소하지만 확실한 행복을 약칭하는 '소확행'이 오늘날 문명의 대안적 삶으로 떠오르는 현상과도 맞닿아 있다.

2000년 이전만 하더라도 가치 지향적 도시인은 소수에 불과했다. 대개는 1980, 90년대 민주화운동 세대가 중년에 접어들면서 가치공감대를 형성하는 정도였다. 경제적 여유가 있다는 중산층마저도 가치 지향적 삶과 동떨어져 있었다. 더 많이 벌어들이려는 재테크나 자녀들 사교육이 우선 관심사였다.

2000년대 들어서는 가치 지향성 문화가 크게 활성화 되었다. 이런 흐름 가운데 생협시장이, 농촌체험(관광)이 두드러지게 활기를 띠었다. 2020년 전후로는 로컬푸드 소비, 농촌유학, 워라벨 등으로 확장되고 있다.

그간 귀농·귀촌은 전후 베이비부머나 은퇴자들이 대세를 이루었다. 각박한 도시를 떠나 농촌에서 전원생활을 누리려는 이들이 많았다. 그런데

2020년을 기점으로 MZ세대의 귀농이 부쩍 늘고 있다.

2024년 6월 농림축산식품부가 조사한 바에 따르면 2023년 청년 귀농인 수는 1,142명으로 전체 귀농인의 10.8%를 차지했다. 같은 해 60세 이상 고령 귀농인은 45.8%였다. 청년 귀농인 비중은 전년보다 1.4% 높아진 반면 고령 귀농인 비중은 0.7%로 낮아졌다. 이런 흐름은 2020년 이후 두드러진 현상으로서 갈수록 청년 귀농인들이 많아질 것이란 전망이다. 이런 현상은 농촌이 가치지향적 청년세대의 희망지로 떠오른다는 방증이다.

농촌과 가치지향적 도시인들 간의 관계는 가치소비와 탈고독 현상으로 대별 된다.

2000년대 들어 생협과 먹거리 직거래가 활성화 된 것은 도시인들의 가치소비 현상과 맞닿아 있다. 이들은 배를 채우려던 먹거리 소비에서 먹거리의 고유한 맛, 안정성, 건강성 쪽으로 눈 돌리기 시작했다. 또한 이들은 값싼 것을 지향하는 가격시장 소비를 넘어 가치에 마땅한 착한 가격을 지지하는 소비로 변화되어 갔다.

2023년 현재 전국 생협조합원이 160만 명인데 이를 2022년 평균 가구원 수 2.2명으로 곱해 보면 우리나라 320만 명이 생협을 통해 가치먹거리를 소비한다는 계산이 나온다. 여기에다 일반 유기농시장 소비자, 개별 먹거리 직거래 도시인, 로컬푸드 이용 도시인 등을 합하면 도시인의 15% 이상이 가치먹거리 소비자로 추정된다.

가치먹거리 소비자는 지역 먹거리의 가치시장을 확장하여 지역농업을 가치농업으로 변환시키는데 일익을 담당한다. 먹거리 고유의 맛은 지역 고유한 환경에 의해 배태되고, 안전하고 건강한 먹거리는 생태와 농업인의 공존의 가치로, 착한 가격과 소비의 보람은 지속가능한 생산의 지지대로 작용한다.

가치먹거리 소비자는 나아가 먹거리 소비관계에서 지역 문화와 인연의 관계로 발전한다. 또한 생태먹거리 소비자에서 생태환경 보전의 참여자로, 생태환경→생태농업→생태먹거리 소비→생태보전으로 이어지는 생태 띠(Ecosystem)의 매개자가 된다. 더불어 이들이 먹거리 구독경제, 크라우드 펀딩에 참여하는 가운데 먹거리 생산자와 먹거리 소비자 관계가 먹거리 연대관계로 질적 발전을 이룬다.

오늘날 우리나라가 세계 대표적 고독사회로 부각되면서 이를 탈피하려는 도시인들이 부쩍 늘고 있다. 이런 가운데 농촌이 도시인들의 탈고독 선택지로 떠오르고 있다. 이는 지난 2021~2023년 코로나19 펜데믹 때 최고조를 이루었다. 주말이면 도시를 탈출하려는 도시인들이 줄지었는데 농촌에 친척집이 있는 어린아이들이 친구들의 부러움을 살 정도였다.

이런 가운데 여러 분야에서 농촌과 단골관계를 맺으려는 도시인들이 늘고 있다. 이는 때로 특정 장소를, 때로 특정 주민을 대상으로 삼는다. 이런 관계가 반복적, 지속적 관계로 이어져 인연의 관계로 발전한다. 또한 농촌의 문화, 생태자연을 매개로 한 CSR(Corporate Social Responsibility) 활동도 커 가는 추세다.

최근들어 농촌유토피아에 대한 관심도 높아지고 있다. 농촌에서 이상향을 이룬다는 뜻의 '농토피아(農topia)'란 신조어가 뜨고 있고 이에 대한 연구활동도 벌어지고 있나. 경남 힘인군에서는 이에 대한 아카데미활동이 벌어졌고, 5개 지역에서 농촌유토피아 프로젝트의 논의를 벌인다는 소식이다.

이런 흐름은 도시인들의 농촌 공익적 활동에 불을 놓는다.

영국에서 높은 활동력을 보이는 내셔널트러스트운동도 그 일종이다. 내셔널트러스트운동은 시민들의 자발적인 기부와 자산기부를 통해 보존가치가 높은 자연환경과 문화유산을 확보하고, 이를 시민 주도하에 보전하는 운동이다. 현재 영국에서는 국토의 2.7%가 이 운동에 속하고 430만 명의 회원이 활동하는 것으로 알려졌다. 국내에서는 강화 매화마름군락지, 동강 제장마을, 연천 DMZ일원 임야, 원흥이방죽 두꺼비 서식지, 영주 내성천범람원, 맹산 반딧불이자연학교, 함평 군유임야, 임진강 두루미서식지 등에서 이 운동이 벌어지고 있다.

가치 지향적 도시인들은 향후 관계인구활동의 중요한 매개체로 등장할 것이다. 이런 활동은 참여자에게는 가치 지향적 삶의 보람을, 지역에게는 내재자원의 가치를 한층 드높이는 효과를 가져다준다. 이들이 농촌의 생태자원이나 문화자원을 재조명하고, 오늘에 맞게 재해석함으로서 지속가능한 콘텐츠를 재생산하기 때문이다.

가치 지향적 도시인들은 다원적 관계로 발전할 잠재력이 크다. 이들은 가치먹거리, 체험(관광), 문화교류와 연동되고, 나아가 내셔널트러스트, 크라우드 펀딩 등 참여형 관계인구로 확장될 가능성이 크다.

5. 관계인구시대를 여는 열쇠

관계인구는 잠깐 뜨다가 지는 유행풍조가 아니다. 시대흐름이 좋고, 농촌에 내재된 자원도 많기 때문에 이 훈풍을 잘 타는 것이 관건이다. 구슬이 서말이라도 꿰어야 보배이듯 관계인구를 차곡차곡 늘리는 일이 중요하다. '만남은 인연이고 관계는 노력이다'라는 명언이 있다. 관계는 거저 주어지는 것이 아니라 땀 흘리고 정성을 들여야만 아름다운 관계로 발전하는 법이다. 그렇다면 관계인구시대 훈풍을 탈 열쇠는 무엇일까?

1) 관계인구를 다원적으로 꿴다

농촌자원의 특징은 작고, 다양함이다. 규모화 경제가 주름잡던 포드주의시대에는 최고·최대 자원이 힘을 받았지만 포스트포드시대에는 다품종 소량생산의 작고 다양함이 활기를 띤다.

농촌의 다양한 자원들은 도시인들의 다양한 수요층을 흡수하는 관계인구 스펀지를 만든다. 이 자원들은 도시인들에게 삶의 안락함을 더해주는 어메니티 자원이 되고, 삶의 보람을 일굴 씨앗이 되기도 한다. 농촌의 생산 현장에서 자연의 가치를 체험하고, 농촌마을에서 심신의 힐링을, 지역 문화유산에서 자아를 재발견한다. 농촌 어메니티 자원은 도시직장인들의 워케이션 장이 되기도 하고, 농촌 작은학교들은 도시아이들의 쾌적한 유학의 장이 되기도 한다.

농촌자원들은 작고 다양하면서도 자석처럼 서로 끌어당기고, 지지하는 유기적 성질을 가지고 있다. 철따라 먹거리들이 엮여 꾸러미 직거래를 이루고, 향토음식문화가 먹거리 가치를 융합시키고, 철새와 농업인의 공생 관계가 생태농업 가치로 환류한다. 또한 역사문화 이야기가 먹거리 스토리텔링의 밑재료가 되고, 문화와 생태, 관광과 농촌마을, 인심과 먹거리가 연동되어 시니지효과를 높인다.

이처럼 유기성은 농촌자원에 생명력을 불어넣는다. 농촌자원들이 종·횡으로 엮어지면, 서로 밀고 당기는 공동체 힘이 생긴다. 지역 안에서 푼돈들이 돌고, 자원들이 순환하면 행복한 경제가 움튼다. 이제는 그 유기성의 범위가 넓혀져야 한다.

따라서 작고 다양하면서 서로 유기적으로 지지하는 농촌자원의 특성을 관계인구 전략에 적용하면 관계인구 맺기와 지역자원 가치를 극대화 시킬 수 있다. 단품목 직거래를 여러 품목과 조합하고, 개별 직거래를 공동체 꾸러미로 변환한다. 친환경농업에다 생태환경 가치를 더하여 농업인과 소비자가 바른 먹거리와 생태보전의 연대를 구축한다. 출향인이 고향과의 인연의 관계에서 먹거리 연대 관계로, 마을 가꾸기 참여주체로 참여한다.

2) 농촌 공공재 자원을 밑재료로 활용한다

우리나라 도시들 중 서울, 전주, 경주, 공주 등 몇몇 도시를 제외하고는 역사가 매우 짧다. 많은 도시들이 한말과 일제 강점기 때 도시면모를 갖추었고, 경기도의 인구 100만 명 안팎의 여러 도시들은 1970년대 이후 부쩍 커졌다. 이런 도시에는 생산공장, 생산노동력, 산업자본이 밀집해 있고, 상업과 금융과 서비스산업이 즐비해 있다. 하지만 유럽의 도시에서 풍기는 역사성이나 문화적 향기를 느끼기 힘들다. 도시인들은 사각 틀에 짜인 고층 아파트, 회색 빌딩 숲 속에서 생존경쟁을 벌이면서 일상을 지내고 있다.

이에 비해 농촌에는 산, 들, 바다가 있다. 농촌에는 오랜 역사와 전통이 있고, 생태자연과 마을공동체가 있다. 도시의 시계는 촌각을 다투지만 농촌의 시계는 느림의 자유가 있다. 도시는 시장재를 중심으로 엮어진 데 비해 농촌은 공공재를 중심으로 엮어졌다. 공공재는 사적 이해와 무관하게 공중의 필요를 위해 존재하는 재화인데 이는 비경쟁적, 비시장적 특징이 있다. 농촌은 돈을 벌기 위한 생산기능과 주민들의 소비기능도 있지만 이는 협소할 뿐 농촌재화의 80% 이상은 공공재가 차지한다.

이처럼 농촌은 도시와 전혀 다른 별천지다. 향기가, 색깔이, 시간의 흐름이 다른 농촌이 관계인구시대 보배다. 이 같은 다름은 농촌의 공공재 자원에서 발원한다. 그렇다면 이런 공공재는 관계인구 맺기에 어떤 영양가가 있을까?

도시공공재는 도로, 상수도, 지하철 등 시설들이 주를 이루지만 농촌공공재의 산, 들, 바다, 강 등은 자연친화적인 향기를 풍긴다. 또한 역사, 전통문화, 인심, 농촌공동체는 풋풋한 정감이 배어 있다. 이런 맛은 도시에서 느낄 수 없는 것들로서 도시인들에게 신선한 감동을 일으키기 충분하다.

생태농업마을에서는 도시인들이랑 생태축제를 한다거나 정원대보름에는 도시인들이랑 전통문화 축제를 벌일 수 있다. 전례 된 전통문화들로 문화체험학교를 꾸릴 수 있고, 지역환경을 품은 토종 자연자원을 특산화 시킬 수도 있다.

농촌공공재는 관계인구 맺기의 기초자원이다. 지역에서 배태된 역사, 문화, 생태자원을 기초자원으로, 농촌의 가치먹거리, 인심, 프로그램 등을 응용자원으로 삼아 융합시킨다. 이렇게 하면 지역마다 고유한 농촌다움을 창안할 수 있기 때문에 농촌공공재는 지역 고유성을 나타낼 농촌다움의 핵심자원이다.

3) 농촌다움을 밑천으로 삼는다

앞서 살펴본 것처럼 농촌에는 도시에서 느낄 수 없는 매력자원들이 많다. 그런데 이런 자원들이 지역마다 색다르게 나타나 더욱 매력 있다. 아리랑 민요도 진도아리랑, 정선아리랑, 밀양아리랑, 경기아리랑 등 지역마

다 다른 가락이 있고, 아우라지장이든 화개장이든 장흥장이든 농촌 재래
장마다 다른 물산이 있다.

농촌마을의 동제만 하더라도 마을마다 유형과 제례양식이 다르기 때문
에 문화종 다양성이 뛰어나다. 게다가 반도로 이루어진 지리적 특성 때문
에 지역에 따라 식생환경이 다르고, 이를 향유하는 문화도 다르다. 제주도
의 경우 한라산을 중심으로 북쪽과 남쪽의 식생이 다르고, 동쪽과 서쪽의
물산이 다르다. 서귀포에서는 감귤을, 구좌에서는 당근을, 한림에서는 양
배추를 으뜸으로 말하는 것은 기후, 토양 조건의 다름 때문이다.

지역마다 내재 자원이 많더라도 매력 있는 자원으로 떠올리지 않으면
맹탕이다. 오지의 대명사이던 마을을 농촌관광의 대명사로 탈바꿈 시킨
남해군 다랭이 마을과 겨울철 바닷가 칼바람 특성을 활용하여 명품 황태
를 만든 인제군 용대리는 내재자원을 혁신시킨 결과물이다.

가치시장에서는 물산마다 콘텐츠가 있어야 진가를 얻는다. 때문에 농촌
의 내재자원들을 오늘의 시각에서 새롭게 조명한다. 민속문화든, 공동체
문화든, 먹거리자원이든 과거 태가 아닌 현재 태 시각으로 재조명하고 재
해석한다. 민속문화나 공동체문화는 현대적 의미와 함께 살 냄새 나는 이
야기를 캐고, 먹거리자원은 고유 맛, 영양, 건강성, 조리법 등을 캔다. 내
재자원이 새롭게 재조명되면 새로운 콘텐츠로 재탄생 한다. 문화자원은
매력 있는 체험 프로그램이나 교육 재료로, 먹거리자원은 꾸러미직거래나
밀키트 가공품으로 재탄생 시킨다.

관계인구는 도시인과 농촌가치와의 만남이기 때문에 다양한 가치자원
을 얼마큼 많이 보유하느냐에 따라 관계인구 맺기의 성과가 결정된다. 그
지역만의 고유 향기를 풍길 농촌다움 창안에 정성을 들일 때다.

4) 농촌공동체를 기반에 둔다

주지하다시피 우리나라 전통농촌은 공동체문화가 잘 발달되었다. 노동집약도가 높은 미작중심 마을에서는 한정된 노동력을 잘 활용하려고 두레공동체를 발전시켰다. 외부와 교류가 적은 마을공동체에서는 주민생활 전반의 일들을 상호협력을 통해 풀어갔다. 노동, 신앙, 문화, 복지, 재난 대응 등을 위한 공동체를 만들었고, 일상생활의 문제를 해결하기 위한 공동체를 만들었다.

이러한 농촌공동체는 매우 선진적이었다. 협동계와 두레, 대동계로 이어지는 마을공동체 구조는 자치, 생산, 복지, 문화까지 아우른 세계 최고의 농촌자치행태였다. 오늘날 세계를 주름잡는 유럽의 협동조합보다 훨씬 역사성이 깊고 체계화된 행태였다.

이토록 선진적인 농촌공동체문화가 크게 파괴되었다. 하지만 아직 농촌에는 수천 년 이어온 공동체 DNA가 살아있다. 비록 농촌공동체가 퇴색되었지만 아직도 전통마을 뿌리가 살아있고 주민 유대관계도 명맥을 유지하고 있다.

2000년대 이후 귀농·귀촌인들이 농촌의 건강한 지도력으로 성장하고 있고, 가치시장 태동과 함께 가족 중·소농의 밑자락을 형성해 가고 있다. 시대추세가 농업·농촌 다원적 기능을 보전하는 쪽으로 흐르는 것도 가족 중·소농과 농촌공동체 회생의 기회가 되고 있다.

촛불은 촛농과 심지의 합작품이다. 비유히자면 촛농은 농촌공동체고, 심지는 도시인과의 관계인구다. 그런데 급하다고 심지만 가지고 불을 밝히면 심지가 금세 소실되어 버린다. 때문에 심지가 촛농을 녹여가며 타오르듯 농촌의 내적 관계인구와 외적 관계인구가 균형 있게 조성되어야 한다.

두 관계인구는 베틀에도 비유된다. 내적 관계인구가 베틀에 수직으로 걸치는 날줄이라면 도시인에 의한 외적 관계인구는 날줄 사이에 엮이는 씨줄이다. 날줄과 씨줄이 만나 베가 짜여 지는 것처럼 내적 관계인구와 외적 관계인구도 그런 관계성을 가지고 있다.

그렇다면 지금껏 무너져온 농촌공동체를 어떻게 되살릴 수 있을까?

농촌공동체를 단숨에 되살릴 수는 없지만 빨리 되살릴 지름길은 있다. 그 지름길은 농촌 어메니티 자원에 있다. 농촌 어메니티는 역사, 문화, 환경, 사회 등에 두루 걸쳐 있는 다원적 자원으로서 농촌 전반의 협력관계를 일으킬 지렛대 역할을 한다. 또한 농촌 어메니티는 여러 분야 일을 소재로 사람들의 기분을 좋게 만드는 일이기 때문에 손쉽게 접근하고 빠른 성과를 거둘 수 있다.

농촌 어메니티는 농촌 어디든 널려진 자원으로서 누구든 손에 잡히는 일을 만들 수 있다. 농촌 주변의 문화자원이든 환경자원이든 역사자원이든 주민들이 함께 모여 머리를 맞대면 그만큼의 성과를 얻게 된다. 어떤 사람들은 놀이거리로, 어떤 사람들은 지적관심거리로, 어떤 사람들은 관계시장의 브랜드거리로 활용할 수 있다.

농촌 어메니티는 주민들이 스스로 일을 도모하는 공동체 만들기와 관계인구 만들기를 한꺼번에 풀 양수겸장의 일이다. 농촌 어메니티 자원은 대부분 도시인들이 즐겨 찾는 일로서 관계인구를 끄는 농촌향기로 작용한다. 이렇게 생긴 공동체들은 농촌을 스펀지 구조로 만든다. 스펀지의 다공구조가 물을 흡수하듯 공동체들이 모인 연합구조가 관계인구의 흡수력을 결정짓는다.

5) 주민운동으로 펼쳐간다

'열정페이'란 신조어가 생겼다. 사용주가 노동자에게 일을 부려먹으면서 정당한 노동대가를 지불하지 않으려는 것을 말한다. 사용주가 노동자들에게 일에 대한 열정을 강조하여 노동을 착취하려는 행위를 통칭한다. 그런데 요즘에는 자치단체들이 지원하는 자원봉사 현장에서도 '열정페이' 논란이 일고 있다. 봉사자들이 봉사라는 명분으로 임금을 착취하는 자치단체 봉사사업에 문제를 제기하면서 불거진 것이다.

요즘 농촌에서는 자율적인 봉사활동을 찾기 힘들다. 공공성을 띤 모든 일마다 돈이 달려 있다. 지역 공공봉사의 상징으로 떠오른 자원봉사센터마저도 모든 활동을 돈으로 보상한다. 사정이 이렇다 보니 사회봉사를 목적으로 내건 봉사단체에서도 돈을 받고 봉사활동을 하는 것이 태반이다.

이런 풍조는 자치단체들의 파행적 주민지원 시책이 빚어낸 결과다.

주민지원사업은 주민들이 필요한 일을 실정에 맞게 계획하고, 주민들이 주체적으로 사업을 펼치도록 지원해야 옳다. 하지만 현실은 반대다. 행정이 필요로 여기는 사업을 행정의 조건에 맞게 계획하고, 행정의 성과 지표에 맞도록 사업을 펼친다. 행정이 주민들에게 "돈을 줄 테니까 행정의 신발에다 발을 맞추라"는 것이다. 중앙정부가 자치단체들을 상대로 길들인 것을 자치단체들이 주민을 상대로 써 먹는 형국이다.

농촌 활력원으로 떠오른 관계인구 맺기도 관주도적 사업이 될 공산이 크다. 중앙정부가 개념 지은 생활인구 잣대로 사업 매뉴얼을 정하고, 자치단체들에게 성과지표를 보내고 있다. 중앙정부가 제도를 세우고 지원에 나설 채비를 갖추는 만큼 농촌자치단체들은 중앙에서 시달되는 지침에 충실하려고 든다. 이렇듯 관계인구 맺기가 관주도 사업으로 펼쳐지면 자치단체의 모든 일은 결과 만들기로 쏠릴 것이고, 본디 뜻은 퇴색될 것이 뻔하다.

관계인구를 물리적이거나 공학적으로 접근하면 파행을 빚게 된다. 관계인구를 중앙과 지역, 행정과 주민이라는 수직적 체계 속에서 접근하면 주민들은 수동적인 자세를 견지할 것이고, 일의 성과는 숫자 중심의 수직적 관계인구로만 국한된다.

관계인구가 화학적으로 녹아지고, 순환구조 속에서 확장되려면 주민운동으로 벌어져야 한다. 관계인구 맺기가 주민운동이 되려면 먼저 자치행정이 바라지 자세로 들어가야 한다. 주민들을 앞장세우고 자치행정이 뒤에서 주민들을 지원하는 자세를 견지한다.

주민운동은 주민의 생활근저에서 시작하여 부챗살처럼 펼쳐 나가야 주민참여의 동력을 얻는다. 주민생활의 편익이 되고, 주민 손에 잡히는 일을 우선과제로 삼는다.

먼저 주민들이 생산하는 지역먹거리를 운동의 소재로 삼는다. 먹거리에 맛, 건강성, 멋, 편리성을 더하는 가치혁신 일에다 서로 협동할 바를 얹고 직거래운동의 물꼬를 튼다. 지역먹거리의 고유한 가치가 관계인구의 끈이 되도록 하는 것이다. 주민은 관계인구의 밥상을 지키고, 관계인구는 주민의 생계터전을 지키는 연대운동으로 발전시킨다.

다음에는 농촌 어메니티운동을 펼친다. 묻혀있고 잠자는 어메니티 자원을 찾아 재조명하고, 새 콘텐츠로 개발한다. 마을 전통문화에 오늘의 가치를 인입시키고 덧씌워 주민과 관계인구가 전통문화를 공유할 바를 찾는다. 농촌 생태자원을 찾아 주민과 공생할 바를 도출시키고 관계인구가 이에 동참할 바를 기획한다. 농촌 어메니티 자원이 주민생활에 안락함을 더하고 나아가 관계인구에게 매력자원이 되도록 한다.

더불어 관계인구운동을 주민자치운동에 접합시킨다. 관계인구를 뜨내기로 여기지 않고 제2의 주민으로 여긴다. 농촌 필요사업을 도출하여 관계인구 대상 크라우드 펀딩 운동을 펼치고, 문화·생태자원의 보전을 위한 관계인구 신탁운동을 펼친다. 농촌민박집을 관계인구 고향집처럼 가꾸고, 주민과 관계인구가 함께하는 축제를 연다.

이렇듯 관계인구운동은 다원·다층적으로 벌어져야 한다. 문화든, 생태든, 관광이든, 관계마케팅이든 여러분야가 참여하고, 작은 공동체든, 주민자치회든, 청소년이든, 노인이든, 종교집단이든 다층적 참여가 관계인구를 풍부하고 기름지게 만든다. 또한 수직적 관계인구를 지양하고 수평적 관계인구를 지향한다. 지역 공공재를 중심으로 하는 관계자원과 교류, 관광, 직거래 등의 관계자원이 씨줄 날줄의 체계를 세운다. 나아가 이 운동에 출향인, 도시인의 쌍안적 참여를 불 지피고, 다양한 소통의 창을 연다.

3장

향기가 있으면 벌은 모여든다

1. 농촌향기의 터무니를 찾자

1) 꽃과 벌의 상리공생에서 배운다

2021년과 2022년 봄 사이에 우리나라 꿀벌 79억 마리가 사라진 초유의
사태가 벌어졌다. 그 후 2022년 9~11월 사이에 100억 마리가, 2023년 초
에는 140억 마리가 실종 되었다는 소식이 전해졌다. 꿀벌 실종사태는 양
봉농가의 피해는 물론 농업과 생태환경에 미치는 영향이 엄청나게 크기
때문에 충격적으로 전해졌다.

벌은 여러 농작물의 꽃가루를 옮겨 열매형성을 돕는 중요한 화분매개곤
충이기 때문에 열매를 취하는 농업에 큰 영향을 미친다. 2022년 농촌경제
연구원은 '기후변화에 대응한 양봉업의 화분매개가치 측정 연구' 보고서
에서 꿀벌의 화분매개가치를 연간 6조6001억 원으로 추정했다. 이는 벌꿀
생산액 1392억 원의 47.4배다.

그런데 꿀벌들 실종사태의 원인이 꽃과 관련이 깊다는 주장이 있다. 국
제 환경단체 그린피스는 꿀벌들의 먹이가 되는 밀원수 부족이 꿀벌들의
집단 폐사로 이어졌다고 주장했다. 우리나라 대표적인 밀원수인 아카시

아 나무 수가 급격히 줄어든 데다 밀원식물의 다양성도 떨어져 설탕에 의존하는 꿀벌들의 면역력이 떨어졌다는 것이다.

벌들은 꽃을 찾아 꿀을 따고, 꽃들의 수정을 도와주면서 상리공생관계를 유지한다. 벌은 꽃의 향기, 색깔, 꽃잎의 반사율, 자외선 반사 등에 따라 꽃을 찾는데 여기에서 꽃향기가 으뜸의 정보원이다. 때문에 꽃들은 700여 종의 화합물을 사용하여 제각각의 향기를 뿜는 것으로 알려졌다. 그렇게 자신의 존재감을 드러내어 4km 안팎의 벌들에게 꽃소식을 전한다.

꽃과 벌의 상리공생 이야기는 관계인구 의미와 같다. 꽃과 벌의 생존활동이 서로 간 이익을 끼치고 상대의 생존을 돕는 것은 관계인구의 원리에 잘 부합된다. 꽃들이 향긋한 향기로 벌들을 부르고, 건강한 꿀을 내어 벌들의 지속가능한 생존을 돕는 것을 눈여겨봐야 한다.

그런데 이런 자연의 순리를 거스르는 농촌자치단체들이 적지 않다. 벌들을 모은답시고 가짜향인 방향제를 뿌려 억지 향기를 뿜는다. 꽃밭 수정 시기에 벌들이 필요하니까 벌을 잡아오려고 뜰채를 들고 나선다. 지역문화 없는 관제축제, 시설 위주의 관광자원, 분으로 떡칠한 지역홍보 등이 가짜향기 뿜기다. 출향인과 유명인사에 매달리는 고향사랑기부제, 관주도형 관계인구 사업, 실적위주의 관계인구 정책 등이 뜰채로 벌 잡기와 다를 바 없다.

벌은 꽃향기를 찾아 날아든다. 철따라 향긋한 꽃향기를 뿜으면 벌들이 먼 길 마다않고 찾아온다. 이렇듯 관계인구는 농촌의 향기를 찾아 모여든다. 도시인들을 찾아다니는 수고를 들이지 않더라도 매력 있는 농촌향기가 있으면 관계인구가 차고 넘치게 된다. 꽃과 벌의 상리공생 이야기에 관계인구의 길이 있다.

2) 농촌향기와 장소의 힘

1990년대 중반 농업·농촌의 공익적 기능이 대두되면서 농촌이란 연극무대의 조명이 바뀌기 시작했다. 어둠침침한 무대조명이 걷히고 노란조명이 밝혀지자 농촌 구석이 새로운 모습으로 드러나고, 오랫동안 잠들었던 상큼한 이야기들이 깨어나기 시작했다.

이런 조명의 변화는 1990년대 후반 관광지도 변화로 이어졌다. 주5일제, 교통과 정보 발달 등으로 도시인들의 레저·관광이 활기를 띠면서 관광에 대한 개념이 바뀌기 시작했다. 빼어난 경관, 역사 문화유적, 유명사찰, 해수욕장, 레저시설 등으로 도배되던 관광지도에 농·산·어촌이 새롭게 떠올랐다. 바닷가 낙조 풍경, 예스런 돌담 골목, 산비탈의 다랭이논이 도시인들의 눈길을 잡았다. 이내 땅끝, 정동진, 정남진 같은 의미 서린 장소들이 떴고, 농어촌의 생태자연, 이야기가 있는 문화유산, 고유한 먹거리들이 부각되었다.

농·산·어촌의 사회·문화·생태적 가치는 장소 이야기로 귀결된다. 땅끝마을 낙조가 하고많은 낙조명소들과 대체되지 않는 것은 거기서 느끼는 장소의 힘 때문이다. 수많은 유채꽃 명소들이 규모경쟁을 하지만 청산도 굽이굽이 밭을 장식한 유채꽃밭이 독보적 가치를 유지하는 것도 그렇다. 지역마다 줄다리기 굿이 있지만 줄다리기 굿 전·후를 잇는 마을사가 줄다리기의 고유한 지위를 말해준다.

농·산·어촌은 골골마다 고유한 특징이 있다. 같은 시·군일지라도 해변과 내륙이 다르고, 토양과 기온, 바람, 햇빛, 강설, 강우 조건이 제 각각이다. 이처럼 다양한 자연조건은 물산의 다양성을 낳고, 다양한 향유문화로 이어진다. 다양한 자연조건은 주민들의 다양한 협력관계를 낳고, 협력관계가 대를 이어 엮어지면서 마을마다 공동체문화가 만들어졌다.

농·산·어촌의 다양성은 우리나라의 자연과 문화조건의 특성에서 배태되었다. 대륙성 기후와 해양성 기후가 교차하고, 사계절이 뚜렷한 기후조건과 고생대 지질로 형성된 토양, 세계 5대 갯벌로 꼽히는 서·남해 갯벌은 세계적으로 드문 조건이다. 이런 자연조건에서 생물종다양성이 뛰어났고, 자연히 향유문화도 발달되었다.

지금 농촌은 농촌다움이 적잖이 훼손되어 있다. 하지만 전통마을 흔적이 있고, 먹거리 다양성의 맥이 살아있는 것이 그나마 다행이다. 절집이 없어진지 몇 백 년이 지났더라도 기둥을 세웠던 주춧돌을 찾아 복원하듯 농촌다움의 터무니가 남아있기 때문에 이를 찾아 복원에 나서야 한다.

관계인구시대는 썰물이 된 농촌을 밀물로 바꾸어 농촌다움을 회복할 힘을 준다. 썩은 샛강이 새물을 만나면 생태가 빠르게 복원되듯 농촌향기자원도 관계인구시대 기운을 받으면 빨리 복원될 수 있다. 농촌향기자원은 농촌의 오랜 세월 그 자리에 뿌리박고 자랐기 때문에 재생환경이 만들어지면 금세 복원의 힘을 받기 마련이다.

2. 농촌 어메니티는 관계인구의 보물창고다

1) 관계인구시대 어메니티는 돈과 행복을 끄는 '쌍끌이 농사'다

농촌 어메니티는 사람들에게 안락함, 즐거움, 쾌적함을 주지만 농촌 어메니티에 대한 농촌주민들의 체감도는 극히 낮다. 어메니티란 말이 추상적인 용어인데다 주민들에게 지원하는 공공사업이 별로 없기 때문에 주민들 손에 잘 잡히지 않았다. 게다가 농촌자치단체들이 어메니티 자원개발에 대한 관심을 기울이지 않아 지역의제로 떠오를 기회가 적었다.

그간 농촌 어메니티는 집에 묶어둔 금송아지에 지나지 않았다. 늘 자랑하지만 당장 손에 쥐어 보이지 못하는 허상거리였다. 농촌 어메니티는 농촌의 가치를 말 할 때마다 약방의 감초처럼 등장하지만 주민의 현실문제와는 동떨어져 있었다.

하지만 관계인구시대는 농촌 어메니티의 위상을 크게 격상시킨다. 도시인들은 관계인구시대 바람을 타고 농촌 어메니티의 실질적 수요자로 다가온다. 때문에 그간 추상적으로 느껴지던 농촌 어메니티가 손에 잡히는 상으로 바뀌게 된다.

손에 잡히는 농촌 어메니티 상은 어떤 것일까?

첫째, 농촌 어메니티는 관계인구시대를 만나 알짜배기 소득원이 된다.

관계인구시대는 농촌과 도시가 서로 당기는 힘을 세게 만들어 도시인들의 가치소비를 더욱 높이게 된다. 관계인구시대를 만난 농촌 어메니티는 농촌을 둘러싼 가치중심시장을 크게 부상시킨다.

그동안 농촌이 생산한 먹거리는 가격중심시장에 놓였다. 유통이 생산을 지배하는 약탈적 구조에서 농업인들은 유혈경쟁의 늪에 빠졌다. 그러나 관계인구시대는 가치중심시장에 날개를 달아준다. 농촌과 도시인 간의 관계거리가 좁혀지면 농촌과 도시인 간의 가치거리도 그만큼 당겨지기 마련이다.

농촌에서 생산된 먹거리는 고장의 고유한 어메니티 가치(향기가치)를 입게 되고, 도시인들은 농촌에서 발하는 향기가치를 찾아 모여들게 된다. 이렇게 싹튼 가치관계는 지속적 관계로 발전하고 나아가 서로 상리공생하는 연대관계로 발전한다.

아울러 관계인구시대는 농촌 어메니티를 통해 도시인들의 웰빙 가치소비를 확장시킨다. 무한경쟁과 수직계열화 구조에서 지친 도시인들은 웰빙 생활의 대안처를 갈망했다. 도시인들은 농촌을 가장 좋은 대안처로 여긴다. 심미적 풍요를 주는 농촌경관, 풋풋한 정감을 풍기는 공동체문화, 자연과 주민이 공생하는 생태환경 등이 그것이다. 관계인구시대는 농촌관광, 농촌유학, 워케이션, 치유농업 등의 가치소비를 부추기고 이런 심미적 가치소비는 가치먹거리 관계시장을 활성화 시킨다.

둘째, 농촌 어메니티는 관계인구시대를 만나 주민의 삶의 질을 높이는 지렛대가 된다.

1960년대와 1970년대 농촌주민들은 외세문물에 무분별하게 노출되었다. 전통적인 문화양식이 쓸려 나간 자리에 질 낮은 외세문화가 밀물처럼 밀려 들어왔다. 게다가 1970년대에서 1980년대 사이 농촌에 전기가 보급되자 농촌의 생활문화는 더욱 크게 변했다.

이 시기 농촌주민들의 의식과 문화에 큰 고장이 생겼다. 농촌에서 서로 의지하면서 돌보던 방식도, 더불어 흥을 돋우던 방식도, 생태순환적인 생활방식도, 제철진미를 향유하던 방식도 급격히 잃어갔다. 물질의 풍요와 편리를 가져다 준 문물과 농촌주민들의 생활바탕이 부조화를 빚었다.

지금 농촌의 80대 이상 노인들은 1970년대 전후 청·장년기를 지낸 세대다. 의아스럽게도 이 세대는 대체로 전통문화를 배격하고, 환경문제에 몰이해 하고, 공동체의식에 둔감한 특징이 있다. 이 세대는 경로잔치 때 국악공연보다 트로트공연을 선호한다. 이 세대들은 친환경농업을 멀리하고, 농약과 화학비료의 오남용이 심한 편이다. 이 세대들은 주민 간 협동이나 상부상조 문화에 동떨어진 편이다.

이렇듯 격동기 농촌 주민들은 스스로 자신들 정체성을 부정하는 탈문화의 늪에 빠져들었다. 농촌 주민들이 그들의 의식과 문화의 지지대였던 농촌 어메니티와 이반되는 삶을 영위했다. 이는 농촌주민들의 삶의 질 저하로 이어졌다.

이제 농촌은 새로운 전환기를 맞고 있다. 농업·농촌 다원적 기능의 지지 추세, 자치분권시대와 관계인구시대의 도래, 가치소비의 활성화 등이 그것이다. 이는 농촌 어메니티 자원에 대한 농촌주민들의 수용태세를 변화시킨다.

관계인구시대는 파행적 농촌문화와 생태 단절된 환경의식을 되 바꿀 변곡점을 찍어준다. 둠벙자치와 공동체가 힘을 받고 관계인구가 활성화되면 농촌썰물시대의 문화·환경의 잔재가 사그라지고 농촌 어메니티가 다시금 대세를 이룰 것이다. 이처럼 농촌 어메니티가 힘을 받으면 농촌주민들이 공동체·환경 친화적으로 변화되고 그만큼 삶의 질도 향상될 것이다.

2) 어메니티 특성을 살려야 관계인구 약발이 선다

'누워서 떡 먹기'란 말이 있다. 세상에서 가장 하기 쉬운 일을 뜻한다. 농촌 어메니티 개발은 누워서 떡 먹기에 비견할 정도로 쉽다. 주민들의 기분을 살리면서 힘을 일으키니까 쉽게 성과를 낼 수 있고, 서로에게 좋은 일이기 때문에 갈등이 일 우려도 적다.

그렇다고 문제가 없는 건 아니다. 누워서 떡 먹기가 쉽기는 하지만 자칫

체하기도 쉽듯이 농촌 어메니티 개발도 그렇다. 일 순서를 무시하고서 빨리 일으키려고 서두르면 일이 꼬여서 안 하니만 못한 결과를 낳을 수 있다. 때문에 농촌 어메니티 개발은 특성을 정확히 알고 속도와 순서를 잘 가리는 것이 중요하다.

1990년 대 유럽에서 불었던 어메니티 지역개발 바람이 2000년 대 우리나라에 상륙했다. 그로부터 농촌관광 개발이 유행을 타기 시작했고, 지역마다 농촌 어메니티 개발의 열풍이 불었다. 때마침 중앙정부 부처마다 비슷비슷한 지원사업을 쏟아 냈다. 녹색농촌체험마을, 산촌생태마을, 어촌체험마을, 농촌전통테마마을 등 20여 가지 지원사업이 농촌지역에 뿌려졌다. 이름과 주관처만 다를 뿐 유사 중복 사업이 많았다. 이에 농촌지역들은 사업을 따내려 농촌관광 선진지 벤치마킹에 열을 냈다.

그로부터 농촌마다 '붕어빵 어메니티'가 판을 치기 시작했다. 선진지 마을에서 본대로 마을마다 초가지붕 정자를 짓고, 전시적 물레방아를 만들고, 마을안길마다 돌담길을 만들었다. 정자의 초가지붕에 박넝쿨을 두르는 것까지 판박이 했다.

농촌시·군마다 문화마을을 조성했지만 정작 그 마을에는 문화가 없었다. 사각진 집터와 반듯한 구획 나눔은 도시재개발지구를 빼 닮았다. 주민들의 문화를 위한 마을이 아니라 군사정권 때 행정문화를 이식한 마을이었다. 전통마을을 되살리려는 문화마을사업도 문화가 없는 마을 만들기가 많았다. 공모사업에 의해 선정된 작가들이 벽화, 미술조형물, 문화가 있는 옛길, 카페, 생활사전시관 등을 만드는 사업이었다. 그러나 거기에는 주민들이 살지 않았고, 주민의 일상과 동떨어진 눈요기공간에 불과했다.

2010년 대 들어 경남 통영의 동피랑벽화마을이 뜨자 전국 지역마다 벽화마을 만들기에 열풍이 불었다. 농촌마을에 벽화가 장식되자 쾌쾌하게 느껴지던 마을 골목길이 밝게 살아나는 효과를 보였다. 그러나 대부분의 마을벽화들에는 마을문화가 없었다. 그 벽화들은 마을전통, 주민생활, 마을풍광과 동떨어진 그림들이 태반이었다.

그간의 농촌 어메니티 개발은 농촌 어메니티와 동떨어졌고, 도리어 농촌 어메니티를 파괴시키는 경우가 많았다. 그러나 농촌 어메니티를 박제화 시키고, 판박이화 시키고서는 도시인들을 불러들일 수 없다. 농촌 어메니티에 생명력을 불어 넣으려면 농촌 어메니티의 특성을 살리는 일이 중요하다.

농촌 어메니티의 특성은 무엇일까?

첫째는 고유성이다.

농촌마을마다 들이 있고, 집들이 있지만 똑 같은 전경은 하나도 없다. 마을마다 동제가 있지만 형식과 내용이 다 다르다. 들에서 나는 먹거리들의 맛과 영양성도 다 다르다. 때문에 여기에서 생성된 어메니티 자원은 다름의 개성이 있고, 고유한 멋과 맛이 있기 마련이다.

농촌 어메니티는 고유성에서 생명력이 나온다. 그 고유성은 장소의 힘이다. 농촌의 장소마다 색다르게 생겨나는 어메니티에서 제 향기가 풍겨난다. 마을 개울가 돌들을 가져다 쌓은 돌담이 제 멋을 낸다. 마을 주민들이 기획하고, 연행하고, 향유하는 민속놀이가 문화선순환의 제 멋을 낸다. 마을환경의 특색에서 배태한 먹거리가 제 맛을 낸다.

둘째는 다원성이다.

농촌진흥청은 2005년부터 2012년까지 전국 농촌 어메니티 자원을 조사하여 데이터베이스를 구축했다. 농촌진흥청은 농촌 어메니티 자원을 자연적자원, 문화적자원, 사회적자원으로 대분류 하고, 이를 74개로 세분류했다. 이렇게 하여 전국 1,203개 읍·면에서 발굴한 농촌 어메니티 자원은 364,000건에 이른다. 이를 산술적으로 풀면 1개 읍·면당 평균 302건의 농촌 어메니티가 있다는 것이다.

이렇듯 농촌 어메니티 자원은 농촌이란 공간에 존재하면서 사람들에게 휴양적, 심미적 정서를 제공하는 자원으로서 적용범위가 매우 넓다. 하지만 농촌 어메니티 자원은 농촌진흥청이 개념 지어 분류한 것보다 훨씬 다양하고 폭 넓게 존재한다. 예컨대 먹거리에 가치성을 부여하고 제철진미의 개념을 덧씌우면 한 읍·면에 수백 개의 어메니티 자원이 더해진다. 또한 어메니티 자원을 새로운 콘텐츠와 프로그램으로 엮으면 더욱 풍부해진다.

셋째는, 유기성과 연계성이다.

농촌자원은 작고 다양함이란 특성과 함께 서로 지지하고 순환하는 특성이 있다. 농촌문화는 자연친화적이고, 오랜 세월에 걸쳐 농익으면서 유기성으로 치환되었다.

그런데 오늘날에는 이런 유기성에 고장이 생겼다. 농촌의 자원을 이어주는 자연친화적 풍속과 공동체문화가 훼손하면서다. 당제(동제)가 허례허식에 밀리고, 절기문화가 사그라지고, 협동계가 집단주의 친목계, 돈 놀음의 일수계 등으로 변질하면서다. 그로부터 주체적인 문화가 굿 보는 문화로, 실사구시 문화가 박제문화로 퇴색되었다.

그러나 농촌 어메니티 자원이 관계인구시대를 만나 생명력을 얻으면 유기성·연계성의 본디 특성이 살아난다. 어메니티 자원이 고장의 특성을 나타내는 브랜드로, 도시인들을 이끄는 문화관광자원으로 되살아난다. 또한 종교적 이질감에 묻혀있던 당제가 공동기원의식으로, 증산농업의 뒤안길로 밀려났던 절기문화가 자연과 사람이 공생하는 자연친화적 문화로, 농업노동중심의 두레문화가 생활재를 공유하는 고장화폐와 공유경제 운동으로 되살아난다.

3. 농촌향기는 어디에서 생기는가?

1) 사람 살 냄새 나는 농촌역사

2006년 개봉했던 숀레이 감독의 '박물관이 살아있다'라는 영화가 있다. 자연사박물관에서 야간경비원과 전시품들이 밤마다 살아나는 희귀한 모습이 그려진 영화다. 밤마다 살아난 전시품들은 다른 전시품들과 갈등상을 드러내고 야간 경비원에도 공격성을 나타낸다. 어떤 수를 써 봐도 진정되지 않은 난장판. 이내 경비원은 학예사의 도움을 받아 전시품들의 존재를 공부한다. 경비원이 전시품들의 존재적 가치를 이해하면서부터 극적 반전이 이루어진다. 전시품들의 존재적 가치가 살아나면서 전시품들끼리 화해하고, 전시품들과 경비원이 화해하면서 박물관이 축제판으로 탈바꿈한다.

이 영화는 현재라는 경비원과 과거라는 전시품들이 만나 역사적 뜻을 교감하는 이야기로서 지역역사를 대하는 우리에게 뜻하는 바 크다. 역사를 전시관에 갇힌 과거사로 대하면 죽은 존재지만 오늘의 눈으로 투사하면서 만나면 살아 숨 쉬는 존재가 된다는 의미다.

　오늘날 우리나라 역사는 과거와 단절사로 점철되어 있다. 과거와 과거가 통하지 않고, 과거와 현재 간 맥락이 통하지 않는 것이 문제다. 다양성과 교류가 숨 쉬던 2천 년 전 역사를 경직된 국가주의 사관으로 재단하려고 한다. 공존과 상생의 역사를 지배와 약탈의 사관으로 재단하려고 한다. 이는 우리나라 역사 판을 강단 학계[1]가 장악하고 있는 것과 유관하다.

　그들은 우리나라 역사를 국가주의[2](Statism) 사관에 의한 중앙주의 역사를 쓴다. 이런 역사물은 지배자 중심 정치사에 쏠려 있고, 과거와 현실 간 장벽으로 나타난다. 그들은 실증주의를 무기로 사람중심 역사를 내친다.

　이는 최근 벌어지고 있는 '전라도 천년사' 편찬 갈등상에서도 잘 드러난다. 광주광역시, 전북특별자치도, 전라남도가 전라도 정도 천년을 맞이하여 2018년부터 2022년까지 '전라도 천년사' 편찬 작업을 벌였다. 그런데 지역사학계가 이 일을 맡은 강단 학계에 반발하면서 2년 넘게 표류하고 있다. 이는 지역사학계가 강단사학계에 맞선 사건으로서 지방분권시대 지역사에 대한 관심을 촉발시킨 계기가 되었다.

　지방분권시대는 지역이 사회 중심가치로 뜨는 시대다. 지방분권시대는 역사를 국가주의 관점에서 투사하는 것과 다른 사관을 요구한다. 국가주의 사관에서의 지역은 중앙지배자들의 지배영역이었지만 지방분권 사관에서의 지역은 민초들이 어우러져 사는 삶의 터전이다. 때문에 지방분권

---

1) 강단사학계(講壇史學界)는 역사학을 전공하여 학위를 취득하고 학계를 중심으로 대학 등에서 강의하는 역사학자들을 말하는데 역사학계 주류 그룹의 영양 하에 있는 역사학자들을 가리킨다. 이들은 서울대, 고려대, 성균관대 사학과 교수들이 국사편찬위원회를 장악하여 조선사편수회 역사관과 연구 성과를 전승하면서 강단사학의 주류를 형성했다.
2) 국가주의(Statism)는 국가를 가장 우선적인 사회조직으로 규정하고 국가 권력에 사회 전반에 걸친 광범위한 통제력을 부여할 것을 주장하거나 혹은 국가 공동체의 이익을 개인의 사사로운 이익보다 절대적으로 우선시하는 이념이다. 다른 이름으로는 국가통제주의 혹은 국가우선주의라고 불리기도 한다 (나무위키에서 발췌)

시대는 문화적 다양·다원성, 지역적 특성, 사회적 공동체, 주민의 존엄성
이 서린 생활사 등이 역사의 핵심요소가 된다.

그간 농촌지역의 역사는 향토사란 말로 불려 왔다. 향토사는 자기 고장
에 대한 애정을 바탕으로 한 역사연구를 말하는데 이를 행사는 사람을 향
토사가라고 한다. 그런데 향토사가들은 주로 고장의 씨족사와 인물사를
단골로 다룬다. 대다수 향토사가들은 고장에 전래된 족보사를 근거로 삼
으면서 씨족사=농촌 역사라는 인식에 사로잡혀 있다.

따져보자면 우리나라 씨족사는 1000년 안팎이고, 씨족사가 보편화 된
것은 200년 안팎이다. 우리나라 성씨는 고려 초 왕이 귀족의 상징으로 하
사하여 체계화 되어 점차 확산되었다. 고려 중엽까진 성씨를 가진 사람이
전체 인구의 1% 정도였고, 조선초기에는 50% 안팎만 성씨를 가졌고, 성
씨 붙이기가 조선말까지가 횡횡했다는 것이 정설이다.

때문에 수천 년 미작농업과 더불어 생성된 농촌마을과 씨족사를 등치시
키는 것은 억지 논리다. 집성촌 같은 씨쪽마을이 생성 된 것은 기껏 500년
안팎이다. 마을공동체가 씨족사회보다 수백, 수천 년 전에 형성되었는데
도 씨족사 잣대를 드는 것은 억지논리다. 때문에 농촌역사를 씨족사(족보사)
중심으로 여기는 향토사는 중앙 지배역사의 아류다.

중앙 지배자들은 농촌을 지배자의 관리영역으로 여겼다. 중앙에서 파
견된 벼슬아치들에 의해 농촌 관청이 운영되었고, 그 관리 방식에 따라
관리 영역과 벼슬의 높낮이가 결정되었다. 왕조시대 중앙역사가들의 눈
은 이 벼슬아치들 활동에 고정되어 있을 뿐 농촌마을과 주민들은 안중에
없었다.

이런 흐름은 오늘날 역사가들에게도 이어졌다. 실증주의를 숭배하는 강

단사학계는 농촌마을사를 실증사료가 없는 선사문화로 치부한다. 그들은 엉터리 씨족사를 실증사료로 여기는 반면 수천 년 협동사회를 꾸려온 마을역사는 아예 무시해 버린다.

영국 역사학자 에드워드 카(Edward Hallett Carr)는 그의 저서 '역사란 무엇인가?'에서 역사란 현재와 과거의 끊임 없는 대화라고 했다. 따라서 객관성이란 미명의 실증주의에 포박되지 않고, 역사적 사실에 대한 비판과 진리를 추구하는 태도로 접근해야 한다고 강조했다. 카는 오늘날 우리가 농촌역사를 보는 눈과 농촌역사를 대하는 자세를 말해 준다. 때문에 과거와 현재의 대화를 통해 더 나은 농촌 미래를 밝히는 자세를 견지한다. 또한 역사의 허상을 꾸미는 실증주의 올가미에서 벗어나 맥락을 살리는 진실주의 역사를 캐는 것이 중요하다.

그렇다면 농촌역사는 어떤 의미를 품고 있을까?

농촌역사는 사람중심 역사다.

강단사학계가 쓴 농촌역사는 지배의 역사였다. 모든 역사는 지배자의 시각에서 다스리고, 수탈하는 이야기가 중심이다. 수많은 역사적 사건마다 사람이 등장하지만 주제어는 사람이 아니다. 모든 것이 사람과 관련이 있지만 정쟁이, 사건이, 통치가 주제어일 뿐 삶의 질을 구성하는 요소는 뒷전으로 밀려나 있다.

이에 비해 농촌주민의 입장에서 보는 농촌역사는 민초들이 어우러져 사는 삶의 터전 이야기다. 어떤 협력을 통해 생산력을 높일까? 서로 도움을 받고 도움을 주는 일은 어떻게 발전시킬까? 슬픔을 어루만지고 기쁨을 함께 나눌 바를, 어려운 문제를 풀 바를 어떻게 찾을까? 이런 관심사가 규범이 되고, 조례가 되고, 문화양식이 되는 가운데 역사 수레바퀴가 돌아갔다.

때문에 농촌역사에는 사람들이 면면히 살아온 삶의 이야기가 켜켜이 쌓여 있다. 강단사학계는 사건사와 인물사를 중심으로 쓰지만 농촌역사에는 삶의 터전을 지키려는 민초들 이야기가 등장한다. 구전 설화에는 그 고장의 자연환경과 삶의 문제를 풀어갈 지혜의 이야기가 중심을 이루고 있다.

이런 농촌역사는 실증적 사료가 많지 않지만 진실성은 매우 강하다. 오랜 세월이 흘러도 앞뒤가 맞고, 가치 맥락이 분명하게 드러난다. 이렇듯 주민들이 스스로 생존양식을 꾸리면서 삶을 영위할 지역주의 문화양식을 키워온 것이 농촌역사다. 때문에 농촌역사는 씨족사, 인물사, 사건사를 중심에 놓을 것이 아니라 주민의 생활양식에 배인 문화사가 중심을 차지해야 옳다.

농촌역사는 과거와 현재 간 소통의 역사다.

중앙주의 역사는 지배와 피지배 속 정치사가 주를 이루었다. 거기에는 승자들의 영웅사, 정쟁의 씨가 되는 적대적 모순의 관계가, 피비린내 나는 아귀다툼이 역사책 전면을 장식했다. 그런 관점에서 지역은 지배하고 다스리는 영역이었고, 지배자를 떠받드는 도구일 뿐이었다.

500년 전, 1000년 지배역사는 오늘을 사는 사람들의 삶의 문제와 연관되지 않는다. 그 때 지배자들의 지배논리를 현재 태로 재현하고 싶은 사람은 없다. 그러다보니 중앙주의 역사는 과기와 현재 간 맥락이 잘 살아나지 않는다. 그럼에도 조선시대, 고려시대, 삼국시대 역사를 조명하려 애 쓴다. 그것은 오직 민족주의와 국가주의 시각일 뿐이다.

이런 역사는 다분히 타율적이다. 아이들이 국사시간에 '태정태세문단세'

를 외우는 것은 국가가 주도하는 교육의 장에 편승하려는 것일 뿐 자기 삶의 DNA를 찾는 일과 순치되지 않는다. 내 가슴의 울림이 없고, 내 손에 잡히지 않는 역사를 무조건 수용해야 하는 모순된 현실이다.

이에 비해 농촌역사는 중앙주의 역사와 결이 다르다. 농촌역사는 과거로부터 현재까지 맥락 속에서 짜여졌다. 역사 속 사건이 500년 전에 생겼든, 1000년 전에 생겼든 맥락이 살아 숨 쉰다. 1000년 전 강진의 고려상감청자는 자연친화적 전통과 장인정신으로 되살아난다. 420년 전 해남·진도 사람들이 명량대첩에 동참한 것은 조선이라는 나라 지키기보다 삶의 터전과 혈족을 지키려는 의지가 우선으로 작용했다. 때문에 해남·진도 주민들은 조선이 사라진 오늘날에도 명량대첩 의미를 되살려 기린다.

2) 콘텐츠가 포도송이처럼 얽힌 농촌문화

2014년 전국의 주소가 도로명주소로 바뀌었다. 토지를 필지 단위로 나누어 부여한 지번주소가 도로명과 건물번호를 주된 구성요소로 하는 도로명주소로 바뀐 것이다. 이를 주도한 이명박 정부는 국민의 생활안전과 편의를 도모하고 물류비 절감을 통해 국가경쟁력을 강화할 것이라고 했다. 초행길 찾기 어려워 소요되는 비용 절감, 우편 반송 처리비용 절감, 기업의 주소 정체비용 절감, 물류비 절감을 기대효과로 들었다.

과연 도로명주소가 그런 순기능을 했을까? 당초 내걸었던 경제적 효과나 편리성은 대부분 허구였다. 우리나라에서 주소 찾기에 가장 민감함 택배업체들은 고객들이 도로명주소로 쓴 것을 애써 지번주소로 바꾸어 쓴다. 소방서나 경찰서도 지번주소를 우선하여 쓴다. 오늘날 차량운전자든 보행자든 내비게이션에 의지하기 때문에 초행길 찾기 편리하다는 것도 허구다.

도로명주소로 인한 피해는 이만저만이 아니다. 가장 큰 피해자는 농촌마을 주민들이다. 대게 농촌마을에는 4~8개의 도로명이 있다. 그런데 마을명이나 지리적 전통과 무관한 도로명이 많아서 도로명주소만 부르면 그 마을사람도 갸우뚱하기 일쑤고 외지사람은 내비게이션을 찍지 않고는 어느 마을인지 알기 힘들어 한다.

로(路)나 대로(大路)에 연접한 마을들은 더 심각하다. 로는 대게 1,2개 읍·면까지 이어져 10여 개 이상 마을들이 하나의 도로명을 쓴다. 대로는 4,5개 읍·면까지 이어져 50개 이상 마을들이 하나의 도로명을 쓴다. 광역단위 도로명도 있다. 전남 목포시에서 나주시까지 이어진 국도 1호선 69km 구간은 영산로로 되어있다. 국도 2호선인 목포시에서 순천시까지 113km 구간은 녹색로로 되어 7개 시군 도로변 마을들이 한 도로명을 쓴다.

도로명주소는 김영삼정부 때 대두되었다. 선진화를 내건 김영삼정부는 일제 강점기 때 만들어진 지번주소를 서구형 도로명주소로 바꾸어 일제잔재 청산과 선진화란 두 마리 토끼를 잡겠다고 했다. 하지만 그들은 도로명주소가 문화재앙을 몰고 온다는 것을 간과했다.

서구는 도시문화가 중심을 이루기 때문에 모든 도시는 길을 중심에 두고 설계했고, 도시와 도시를 잇는 길을 중시 여겼다. 그래서 선(線)중심문화가 발달했고 도로명주소를 고안했다. 이에 비해 우리는 촌락문화가 중심을 이루어 면(面)의 문화가 발달했다. 면의 문화는 공동체 친화적이고, 자연친화적인 특성이 있다. 때문에 면의 문화는 우리문화의 뿌리다.

도로명주소는 유대관계와 공동체문화를 근간으로 삼는 우리문화의 뿌리에 심대한 영향을 미치고, 농촌문화에 치명적인 손상을 입히고 있다. 누대로 이어온 자연마을 구획과 이름이 갈기갈기 찢기면서 주민정체성이 무너지고 있다. 주소 이름이 다른 여러 마을들과 뒤섞여 어디가 어딘지 분간하기 힘들다. 이렇게 10년, 20년이 지나면 자연마을 이름의 기억이 사라지면서 자연마을들이 영영 사라지게 된다. 마을중심 공동체문화와 자연친화적 공간문화가 파괴되는 문화적 재앙을 부른 것이다.

이렇듯 중앙집권 체제를 유지시키는 중앙주의 세력들은 농촌문화의 중요성을 안중에 두지 않는다. 도리어 농촌문화를 시대에 뒤떨어지는 미개문화로 여기고, 그들의 지배대상으로 여긴다. 심지어 농촌문화는 정보화시대, AI시대를 달리는 역사행보에 어기대는 존재로 여긴다. 때문에 농경시대 옛 문화의 흔적은 박물관이나 무형문화재 틀에 넣어 보관하면 된다고 생각한다.

그러나 관계인구시대는 묻혀가는 농촌문화를 재소환 한다. 농촌문화 속에서 인간화, 자연친화의 시대정신을 구하고, 사회병리의 치유할 바를 찾는다.

지금부터는 농촌문화의 특성 속에서 시대정신의 답을 찾아보자.

첫째, 농촌문화는 역사성이 깊다.

지역은 사람들이 누대에 걸쳐 살아온 공간으로서 역사성을 갖기 마련이다. 지역마다 기후와 지형, 생태환경이 다르고, 인문 사회적 환경이 다르기 때문에 나름대로 특색 있는 삶의 양식을 갖는다. 이런 삶의 양식이 대를 이어오면서 독특한 풍습으로 발전하고, 그 풍습은 비슷한 생활조건을 가진 사람들끼리 서로 영향을 주고받으면서 일정한 문화권을 형성하게 된다.

역사성은 세월의 두께만으로 답하는 것이 아니다. 시간의 두께가 두꺼우면 문화가 고이고 딱딱해 질 수 있지만 농촌문화는 그렇지 않다. 농촌문화는 보기와 달리 유연하면서도 흡수성이 강한 특성이 있다. 농촌마을은 생산과 생활의 복합공간으로서 높은 유연성과 흡수성을 가진다. 이런 흡수성은 오랜 역사 속에서 침전과 거름을 반복하면서 고유한 문화양식을 쌓아 간다.

둘째, 농촌문화는 주민 생존의 생활문화다.

농촌지역문화는 사람들의 생존조건에 따른 생활양식을 진솔하게 표현한다. 바닷가 사람들은 풍어와 안전항해를, 육지 사람들은 풍년과 안녕을 기원했다. 자기지역에서 나는 산물을 보다 맛있고, 보다 유용하게 쓸 생활양식을 개발하고, 보다 아름다운 이상향을 지향하는 설화를 생산했다.

이런 문화는 개인의 기복문화와 가족단위 제례의식으로도 발전하는 한편 비슷한 생활조건에 있는 사람들끼리 공동체문화를 이룬다. 이 공동체문화 역시 생산과 밀접하다. 마을 동제든, 절기놀이든, 농요든 일과 놀이가 통일된 문화로서 상호 협력을 통해 노동생산성과 삶의 질을 높이고자 한다. 농촌문화는 주민의 생존문화이기 때문에 주민들이 문화를 생산하고, 유통하고, 소비하는 문화 선순환구조를 이룬다. 마을동제를 주민들이 기획하고, 제를 집전하고, 풍물 굿을 연행하고, 함께 즐기는 것이 그 전형의 하나다.

도시문화는 분절화 되어 있다. 생산하는 사람, 유통하는 사람, 소비하는 사람이 따로따로다. 문화 층위마다 돈이 결부되기 때문에 도시에서는 문화를 사고파는 상업문화가 발달되었다. 반면 농촌문화는 통합적 구조다. 한 전통마을 내에서 문화 완급체계가 이루어진다.

셋째, 농촌문화는 생태적 공생문화다.

우리나라는 지역마다 색다른 생태환경을 보인다. 윗논과 아랫논 쌀 맛이 다르다는 옛말만큼이나 골골이 다름이 있다. 같은 먹거리 품종일지라도 토양과 햇빛과 바람과 기온 조건에 따라 맛과 영양이 다르다. 진도와 해남 사이 협곡의 빠른 물살에서 잡히는 숭어나 봄기운이 섬진강 줄기 따라 올라오는 광양매실이 그렇다.

산천과 바다를 품은 지역은 생태환경의 지지대이자 부양공간으로서 주민들이 누대로 자연생태와 공생하는 문화가 발달했다. 지역은 철새와 농업인이 공생하고, 어부와 해산물이 공존하는 생태순환의 터전이다. 사람과 자연이 공생 공존하는 생태순환 질서는 주민들의 공동체문화에도 반영되었다. 가을걷이 한 논·밭의 이삭은 들짐승이나 가난한 사람 몫으로 지은 것이나 과부, 노약자, 장애인의 논·밭 일을 우선하여 배려하는 두레문화도 생태순환의 가치와 유관하다.

넷째, 농촌문화는 종다양성이 뛰어나다.

농촌문화는 다양한 생활조건에서 발생한 만큼이나 문화종이 매우 다양하다. 농촌마을에 전승되는 공동기원의식만 보더라도 전통문화가 얼마나 다양한 문화를 품고 있는지 짐작할 수 있다. 마을 동제를 보면 마을마다 동신과 동제를 지내는 날짜가 다르고, 당의 이름이나 음식, 절차, 제관 구성 등 제례 양식도 다르다. 또 마을마다 기원하는 의식이 다르고, 마을주민들이 참여하고 향유하는 양식도 다르다.

생산과 생활이 결합된 농촌은 문화를 통해 다공 같은 공동체 군을 형성시킨다. 노동 협력과 생산성 질량을 키우기 위한 일의 문화를, 유대의 질량을 높이기 위한 상부상조 문화를 통해 공동체 군을 확장시킨다. 한해를

24절기로 나누어 절기마다 생산의 의의를 되새기고, 절기에 알맞은 풍속을 통해 문화적 유대감을 높인다. 철마다 크고 작은 명절을 지어 세시풍속을 누렸다. 이때마다 공동기원을 벌이고 공동체 유대감을 돈독히 했다.

다섯째, 농촌문화는 전승력이 강하다.

농촌문화는 과거를 무조건 답습하는 것이 아니라 현실이라는 삶의 현장에서 과거를 흡수·표현한다. 이는 전통을 오늘에 맞게 이어받는 전승력으로 나타난다. 그런 점에서 농촌문화는 현실의 시각에서 과거를 보는 투사력이 뛰어나다.

농촌문화는 그 지역만의 고유한 문화이면서도 형식의 틀에 고정되지 않는다. 때와 장소에 따라서 향유하는 사람의 조건에 따라 다르게 표현되기도 하고, 시대의 조건에 따라 변화되는 유연성을 가지고 있다.

농촌문화의 전승력은 삶의 터전 문화의 힘이다. 이는 농촌사람들이 누대를 이어 오면서 얻은 문화자양분을 귀히 여기는 마음의 힘이고, 농촌사람들 삶의 가치가 과거에 묶이지 않고 미래를 향하는 생존의 힘이다. 주민들이 자연친화적으로 살았던 전통은 오늘날 환경공생과 생태농업의 뿌리고, 거미줄처럼 얽힌 협동계와 대동계 전통은 오늘날 공동체와 농촌자치의 뿌리고, 상부상조 전통은 오늘날 공동체 돌봄의 뿌리다.

이렇듯 농촌문화는 오랜 역사성을 지니면서도 유연하고, 공동체 친화적이면서 자연친화적이다. 또한 골골이 문화종다양성을 품고, 시대흐름을 타고 흡수하는 높은 전승력을 지녔다. 이런 문화 특성은 관계인구시대 매력 있는 문화콘텐츠 자원이 된다. 때로는 주민의 자긍심이 되기도 하고, 때로는 관계인구를 끄는 힘의 원천이 된다.

3) 환경공생의 농촌 상을 되찾아 가고 있다

겨울이면 해남 고천암호, 서산 간월호, 군산 금강하구에서는 철새들의 군무가 장관이다. 수만, 수십만 마리 가창오리들이 아침, 황혼녘에 떼 지어 군무하는 모습에 사람들은 탄성을 지른다.

이 가창오리들은 1990년 대 들어 우리나라에 보이기 시작했다. 시흥·화성, 서산, 해남·영암 등에 대규모 간척지가 생긴 후 나타난 현상이었다. 식물의 낟알을 주 먹이로 삼는 가창오리에게는 드넓은 간척지가 벼 낟알을 취할 최적의 서식처가 되었다. 간척지에는 대규모 벼농사가 성행하는데 여기에서 많은 량의 낟알이 떨어지기 때문에 가창오리들의 요긴한 먹이터가 되는 것이다. 게다가 간척지의 넓은 호수는 야행성인 가창오리들이 낮 동안 무리지어 쉴 공간이면서 천적 출현에 대비할 유용한 공간이 된다.

이렇듯 이들 간척지는 겨울철 가창오리들의 최적 서식지가 되었다. 규모화 농업에 의한 먹이, 안전하게 쉴 수 있는 호수, 사람들 활동이 적은 겨울농지 등이 가창오리들을 불러 모았다. 환경파괴의 대명사로 떠오른 간척지가 생태환경의 보금자리가 되는 웃지 못 할 모습이다. 어찌되었거나 가창오리 입장에서는 이들 지역이 자신들 서식을 도와주는 부양공간이 되었다.

농업은 자연환경과 불가분 관계다. 농업은 사람이 자연계 질서 속에서 빌려온 만큼 자연환경에 절대적으로 영향을 받는다. 흙과 미생물과 유기물이 토양을 이루고, 작물이 햇빛의 힘을 빌어 광합성 작용을 하고, 바람은 작물의 뿌리 성장을 도우면서 공기 중 질소의 공급원이 되고, 비는 작물에 수분을 공급하여 생명력을 유지시킨다. 그래서 농업은 하느님과 농부의 동업이라고 한다.

농업은 자연과의 순환구조를 중시 여긴다. 농업은 자연의 힘을 빌어다 쓰기 때문에 사람이 취한 나머지를 자연에 되돌려 주는 것을 철칙으로 삼았다. 그래서 예로부터 농촌에서는 쓰레기가 발생하지 않았다. 농업부산물은 직접 혹은 간접방식으로 자연에 되돌려 주었다. 음식물 찌꺼기는 가축에게 주었고, 가축분으로 퇴비를 만들어 썼다. 인분도 버리지 않고 논·밭의 거름으로 순환시켰다. 들의 난 곡식은 들짐승 먹이로 남겨주었고, 감나무 꼭대기 감은 배고픈 까치의 몫으로 지었다.

이 때문에 농촌에서는 자연과 공생하는 문화가 발달되었다.

절기문화는 환경공생문화의 하나다. 절기문화는 중국에서 유래되었지만 극동아시아 국가들에까지 전래된 농업지침이다. 지구와 태양 간 각도에 따라 변하는 계절의 흐름을 놓고 농사 일정과 생활주기를 설정하는 대표적인 환경친화적 문화다.

마을 숲도 주민들의 생태적 삶의 소산이다. 전통마을에서는 마을마다 인공 숲을 조성하여 보전해 왔는데 주민들은 이 숲을 신성한 공간으로 여겨왔다. 마을 숲은 바람을 막아주는 방풍림으로, 마을의 온·습도를 조절해주는 기능으로 활용되었고, 생태적으로는 마을과 자연사이 생태 완충지 기능을 했다.

1970년 대 농촌에 파행적 산업화 바람이 불어 닥치면서 환경 공생적이고 환경 친화적이던 농촌에 고장이 생겼다. 증산 일변도 농업이 활개 치면서 화학비료와 화학농약 의존도 크게 치솟았다.

이 같은 화학비료·농약 의존 농업은 농촌 전반의 환경시계를 거꾸로 돌렸다. 비용을 적게 들이고 많이 생산하려는 농업의식은 환경약탈형 농업상을 만들었다. 과도한 화학비료, 농약 사용으로 토양 속 미생물이 죽어가고, 토양이 산성화돼 가고, 토양 속 양분의 불균형을 이루게 했다. 땅심을 잃어 가는 가운데 갈수록 바이러스에 의한 피해도 늘고 있다. 작물의 뿌리가 썩거나, 줄기가 말라 가는 등 예전에 볼 수 없었던 병이 발생하고 있다.

무분별한 지하수 개발로 지하수 오염이 극심해 졌고, 생활 쓰레기는 물론 비닐 등 농업용 폐자재를 불태우는 모습이 흔해 졌다. 쓰레기종량제가 실시된 후 농촌주민들은 '쓰레기가 돈이다'라면서 불태우는 것이 가장 좋은 처리방식이라고 생각했다.

어촌환경도 고장이 났다. 전국의 연안은 쓰레기장을 방불케 한다. 하천이나 강을 따라 육지로부터 흘러드는 쓰레기와 어촌주민들의 폐 어구가 연안에 쌓여가고 있다. 대규모 어업양식장이 늘면서 엄청난 폐 어구들이 발생하는데 이중 대부분은 연안에 버려지거나 불태워진다.

서해안과 남해안지역 갯벌도 오염돼 점차 제 기능을 잃어 가고 있다. 갯벌이 오염되면서 연안생태계가 급속히 파괴되고 있다. 육지로부터 흘러드는 오염물질이 갯벌의 환경용량을 초과하다보니 플랑크톤을 먹고사는 저서생물들이 급감하고, 갯벌의 자정기능이 한계를 넘어 썩어 가는 곳이 많다.

과도한 양식어업도 연안황폐화를 부추기고 있다. 김 등 해조류양식이 과밀해지면서 바닷물 흐름에 장애가 나타나고 어민들이 갯병 방제를 위해 쓰는 고독성 화학물질이 연안생태를 위협하고 있다. 가두리양식장이 늘면서 물고기사료로 인한 연안오염도 심각한 수준이다.

이런 가운데 농촌 환경전선이 새로운 변화기를 맞고 있다.

2023년 현재 전국 55개 지역이 습지보호지역[3]으로 지정되어있다. 그리고 국제적으로 중요한 물새 서식지로 등재하는 람사르습지에 전국 24개 지역이 들었다. 예전 같으면 농촌지역이 이런 지정을 꺼려했지만 오늘날에는 서로 지정되려고 앞 다툰다. 생태환경자원이 지역 핵심 이미지자원이 되기 때문이다.

이런 가운데 농업인들의 환경에 대한 인식에도 변화가 생기고 있다. 철새도래지나 야생동물 보호지역에서는 생태환경과 주민들이 공생할 생물다양성관리계약[4]이 시행되었다. 이는 생태자원 서식지에서 야생동물들에게는 먹이를, 주민들에게는 피해보전을 하는 제도인데 점차 자리를 잡아가고 있다. 또한 갯벌, 철새도래지, 내륙습지 등에서는 다양한 생태관광이 벌어져 생태자원과 주민, 도시인들이 생태적 연대관계로 발전해 가고 있다. 이런 가운데 농촌지역이 차츰 자연·생태환경의 지속가능한 관리자로 자리매김 해 가고 있다.

국내 최고의 내륙습지를 보유한 경남 창녕군은 우포늪을 지역 상징 이미지로 부각시키면서 통합브랜드화에 나섰다. 전남 장흥군은 친환경농 인증 비율 50%를 목표로 친환경농업 육성에 집중하고, 청정해역 특구를 기반으로 청정 수산물 브랜드화에도 나서고 있다. 전남 함평군은 나비축제의 성공을 기반으로 나비이미지의 생태친화적 농업개발에 나서고 있다.

친환경먹거리의 관계시장이 활성화되면서 친환경농업의 질적 변화 움직임도 커 가고 있다. 한살림생협은 결과중심의 국가인증의 한계를 뛰어

---

3) 습지보호지역이란 환경부·해양수산부 상관이나 시·도지사가 특별히 보전할 가치가 있다고 판단되는 습지 및 주변관리 지역으로 지정한 곳을 말한다. 습지보전법 제8조 1항에는 ▷자연 상태가 원시성을 유지하고 있거나 생물다양성이 풍부한 지역 ▷희귀하거나 멸종위기에 처한 야생동식물이 서식·도래하는 지역 ▷특이한 경관적·지형적 또는 지질학적 가치를 지닌 지역을 습지보호지역으로 지정한다고 명시하고 있다. (출처 :네이버 지식백과)
4) 생물다양성관리계약은 멸종 위기 야생 생물을 보호하는 데 필요한 지역을 보전하기 위하여 토지의 소유자, 점유자, 관리인과 국가가 경작 방식의 변경, 화학 물질의 사용 감소, 습지의 조성, 그 밖에 토지의 관리 방법 따위를 조건으로 내세워 체결하는 계약.

넘는 새로운 인증제 실험에 나섰다. 한살림생협은 결과중심의 친환경농업 국가인증제가 공해대 비공해란 이분법적 친환경농업을 낳았기 때문에 생산과정중심의 진실주의 자체인증제를 시행한다고 밝혔다. 이는 생산자 공동체가 친환경농업을 자주적으로 관리하고 소비자들이 이에 동참하는 방식으로서 귀추가 주목된다.

2022년 충북 괴산군은 친환경농업의 3.0시대를 선언했다. 괴산군은 유기농 생성기를 1.0시대, 유기농 공공인증 시행을 2.0시대라고 규정하면서 유기농이 건강, 생태, 공정, 배려 원칙을 준수하면서 지역선순환, 사회적 연대 등을 포괄하는 유기농 3.0시대로 나아가겠다고 했다.

이렇듯 농촌이 생태공생 터전의 상을 되찾아 가고 있는데 관계인구시대는 이런 변화를 더욱 재촉하게 된다. 생태환경이 농촌 이미지를 이끌고, 농촌과 도시인 간 관계 끈이 되기 때문이다. 관계인구시대는 농촌 생태환경을 농촌 어메니티 자원으로 가치순환을 시켜 주민들의 환경보전 활동을 가속화 시킨다. 또한 친환경농업은 농업인과 생태환경이 공생·공존하는 생태순환농업으로 질적 변화를 일으키게 된다.

4. 농촌향기의 샘 만들기 : 향기 나는 농촌관광개발

현대인은 주말을 또 하나의 생활일과로 여긴다. 주중에는 일을 하고 주말에는 쉬고 즐길 거리를 찾아 나선다. 1990년대 말 주5일제가 시행된 후 일과 쉼의 생활주기가 더욱 분명해 졌는데 요즘에는 금요일 오후부터 쉼의 주기에 드는 추세다.

이렇듯 오늘날은 사람들이 주말여행·관광지를 찾아다니는 신 유목민시대다. 어떤 유목민이 좋은 풀밭을 만나 쾌재를 부르면 다른 유목민들이 금세 그쪽으로 몰려가듯 여행·관광세계도 그렇다. 여행·관광지는 어디가 좋다더라고 입소문이 나면 우르르 몰린다.

이 때문에 농촌자치단체들이 관광개발에 눈독을 들인다. 농촌자치단체들은 관광사업을 굴뚝 없는 공장에 비유하면서 관광개발을 역점사업으로 꼽는다. 2023년부터 시행한 지방소멸 대응기금 계획에 농촌자치단체들의 80% 이상이 관광개발계획을 제시하는 것도 이를 방증한다.

지난 50년 간 우리나라 여행·관광은 비약적으로 발전했다. 2023년 연중 해외 여행객은 2,271만명이고, 국민 95.5%가 국내여행을 경험한 것으로 나타났다. 2023년 문화관광연구원이 조사한 바에 따르면 여행지 활동의 78.3%는 '자연 및 풍경감상'을, 이동수단의 85.8%는 '자가용'을, 동반자의 59.9%는 '가족'을, 숙박지의 31.9%는 '펜션'을 꼽았고, '음식점비'가 여행지 구매항목별 비중의 37.0%를 차지했다. 이런 조사 결과는 관광유형의 변화상을 내포하고 있다. 여행·관광 유형이 점(點)에서 선(線)으로, 선에서 면(面)으로 바뀌는 현상이다.

1970년대부터 1980년대까지는 관광차에 의지하는 여행이 성행했다. 여러 사람의 기호성을 충족시키려면 여러 곳의 관광지를 찍고 다니는 관광유형이 필요했다. 개인의 관광기호성을 무시한 채 관광지를 찍고, 찍고 다니는 점의 여행·관광이었다.

1990년대에는 자가용 공급이 늘면서 소수·가족 단위 여행·관광이 성행했다. 이때부터는 관광지 중심에서 벗어나 문화유적에 대한 관심이 높아지는 등 관광유형도 다양해 졌다. 스스로 여행·관광을 계획하면서 각각의 취향에 맞는 곳을 찾아 나섰다. 보고, 먹고, 즐길 것들을 연계 설정하는 선의 여행·관광시대로 바뀌었다.

2010년대에는 면의 여행·관광시대가 열렸다. 한 곳에 머물면서 인근의 보고, 먹고, 즐길 곳을 찾아 나서는 방식이다. 수박 겉핥기 식이던 기존 여행·관광과 달리 한 지역의 속살의 맛을 느끼려는 것이다. 최근 일고 있는 '한 달 살기' 열풍도 이 현상 중 하나다. 때문에 면의 여행·관광은 그 지역문화의 진국을 만나는 것을 큰 보람으로 여긴다.

이 같은 면의 여행·관광시대는 농촌관광의 기회이자 관계인구시대의 기회다. 면의 여행·관광시대에는 농촌다움이 향기를 품은 어메니티 자원이 핵심자원이 된다.

하지만 농촌자치단체들은 이런 여행·관광의 변화에 대해 둔감한 편이다. 많은 농촌자치단체들은 아직도 20년, 30년 전에 유행했던 관광지 중심 여행·관광유형에 사로잡혀 있다. 이 자치단체들은 수백억 원, 수천억 원 규모의 테마파크 등 관광단지 개발을 선호한다. 이 자치단체들은 국책관광개발사업이 뜰 때도 어김없이 관광지개발형 계획을 들고 나선다.

자치단체들이 개발하는 테마파크나 관광단지는 실익이 매우 빈약하다. 대게는 개발성과가 크게 부풀려져 있다. 자치단체들이 개발한 테마파크나 관광단지는 수백, 수천억 원의 개발비를 들이지만 거기에서 떨어지는 수입은 극히 적고, 지역 관광자원 간 연계·순환 효과도 매우 낮은 편이다.

농촌자치단체들의 관광지중심개발은 관광객 유치에만 목적을 두기 때문에 관광개발의 열매는 소수만 차지한다. 관광지개발이 대박을 터뜨리더라도 경제적 효과가 관광지에만 쏠릴 뿐 지역사회에 미치는 낙수효과가 극히 한정적이다. 게다가 관광지에서 풍기는 지역향기는 그 장소에 국한된 분절적 향기여서 관계인구 확장에 별 힘이 되지 못한다.

그렇다면 관계인구시대에 지향할 관광개발 방향은 무엇일까?

1) 쓰리쿠션 관광개발을 지향한다

지금까지 대게 지역관광개발은 관광객 유치에만 목적을 두었다. 이는 모로 가도 서울만 가면 된다는 식으로 관광객 유치에 수단과 방법을 가리지 않는 행태다. 관광객 유치만 쫓는 관광개발은 지역의 모든 관광자원을 관광객 유치를 위한 수단으로 여긴다.

이는 기업들의 관광개발과 유사한 행태다. 대게 기업들이 관광개발을 할 때는 그 지역의 자연환경, 지역문화, 주민생활을 부차적인 조건으로 여긴다. 자연환경이 훼손되더라도, 지역문화와 안 어울릴지라도, 주민생활에 불편을 줄지라도 대박만 터뜨리면 된다는 식이다. 기업은 저비용으로 많은 관광객을 유치하여 더 많은 돈을 버는데 목적을 두기 때문이다. 그런데 자치단체들이 이런 기업논리에 빠져 관광개발을 하려고 드니 문제다.

자치단체의 관광개발은 지역주민들의 이익증진을 명분으로 삼는다. 그렇다면 지역관광개발을 통해 주민들에게 어떤 이익을 어떻게 줄까 고민해야 한다. 그 이익이 반짝 이익에 머물지 않고 지속되는 이익이 되도록 할 바를 찾아야 한다. 또한 그 이익의 힘이 지역사회로 퍼져 다각적 이익의 지렛대가 될 바를 찾아야 옳다.

하지만 지금까지 농촌관광개발은 관광시설 따로, 주민생활 따로, 도로·교통 따로 분절되었다. 행정구조가 관광개발 따로, 주민 생활 따로, 도로·교통 따로 분리된 데다 부서 간에는 칸막이가 작용한다. 그렇게 일들이 서로 다른 목표를 지향하면 관광개발의 일체감을 잃기 마련이다.

관광개발은 다원적 접근을 요구한다. 하나하나가 짜임새 있어야 하고,

전체적으로 조화로워야 관광개발의 효과가 나타난다. 주민 중심적 관광개발을 위해서는 통합적 접근이 더욱 중요하다. 당구 게임 중 쓰리쿠션 게임이 있다. 치는 수구가 제1적구와 제2적구를 모두 맞히기 전에 쿠션을 3번 이상 맞추어야 점수로 인정받는 게임이다. 때문에 이 게임 참여자는 수구가 쿠션을 세 번 이상 맞추는 것과 1,2적구 맞추는 것을 함께 염두 해 두어야 한다. 쓰리쿠션을 생각하면서 눈 앞 당구공을 치는 쓰리쿠션 게임 원리를 농촌관광개발에 적용할 필요가 있다.

농촌 쓰리쿠션 관광개발에는 다음 세 가지 요소를 주목한다.

하나는 지역문화 창달과 연계시킨다.

농촌관광의 으뜸 요소는 농촌다움이고, 농촌향기다. 골골 다름의 향기가 나는 농촌이 최고의 관광자원이다. 그런 점에서 보자면 농촌에는 향기나는 문화자원이 널려져 있다. 하지만 그토록 좋은 문화자원을 사장시킨 채 도시 뒷골목 문화에 물들어 가는 경우도 적지 않다.

따라서 사장된 문화자원을 오늘에 맞게 재조명하여 생명력을 불어 넣는다. 묻혀 지고, 빛바랜 농촌문화를 창달하는 일과 농촌지역 관광개발을 연계시키는 노력이 긴요하다.

하나는 지역산물의 관계시장 확장과 연계시킨다.

농촌산물 관계시장과 농촌관광은 밀접한 관계다. 농촌방문객들은 그 지역산물에 대한 선호도가 높다. 도시인들은 기본적으로 그 지역에 대한 관심을 전제로 방문하기 때문에 고유성 있는 지역산물을 쉽게 수용한다. 도시인이 농촌관광의 매력도가 높아 가면 지역산물의 호감도는 더욱 높아간다.

지역산물이 도시인들 소비로 이어지기는 무척 어렵다. 수많은 지역산물
들과 경쟁을 벌여야 하고 여러 유통단계에 따른 출혈도 크다. 이에 비하면
농촌을 찾아든 도시인들의 마음을 사는 것은 식은 죽 먹기다. 따라서 농촌
지역 관광개발을 지역산물 관계시장 확장과 연계시키는 것은 꿩 먹고 알
먹는 일이다.

하나는 주민생활환경 개선과 연계시킨다.

예전부터 명절이 다가오면 집안을 다듬고 대청소를 한다. 정갈한 환경
에서 손님을 맞으려는 것이지만 '원님 덕분에 나팔 분다'는 속담처럼 손님
덕분에 집안이 깨끗하게 다듬어 지는 효과가 있다. 농촌관광은 주민 생활
공간을 도시인들과 공유하는 일이다. 때문에 관광개발을 주민생활환경
개선과 연계시키는 것이 필요하다.

골목길 포장, 돌담 골목길 처럼 보여 지는 일만이 아니라 실제 주민생활
에 유익한 일을 찾는다. 상·하수도 개선, 화장실 개선, 주민안전보도 설치,
도로변 안전등 설치, 도로 안전울타리 설치, 청결한 쓰레기 처리, 농기계
길 만들기, 농기계 공유 보관장 만들기, 마을 둘레길 만들기 등을 찾아 개
선하면 주민생활환경은 더욱은 좋아진다.

2) 소프트웨어 중심 관광개발을 지향 한다

1990년 대 중반은 관광지를 찍고 다니던 관광차 여행·관광이 개별관광,
테마관광으로 변화하던 시기였다. 이때 유홍준 저 '나의 문화유산 답사기'
가 큰 인기를 끌었다. 이 책은 여행·관광 문화를 바꾸어 버리는 괴력을 발

휘했다. 사람들은 그 책을 들고서 문화유산 현장으로 찾아들기 시작했다. 대중들이 사가들과 역사를 전공하는 이들의 전유물처럼 여겼던 문화유산 현장으로 발걸음을 옮기는 것이었다. '아는 만큼 느낀다'고 말해 준 그 책의 힘이었다.

1990년 대 말 '함평 나비축제'가 큰 반향을 일으켰다. 부전자원이 빈약한 농촌지역이 나비축제를 가지고 놀랄 만큼의 성과를 거두었다. 봄철 전국 어디나 있는 나비를 고유한 지역자원으로 만든 힘은 지역축제였다.

이 때 생긴 일화가 있다. 1990년 대 중반 40대 초반인 남해의 김두관 군수와 함평의 이석형 군수가 젊은 피의 대명사로 떴다. 친구사이인 두 군수에게 '나비 주제 아이디어'가 전해졌고, 같은 시기에 남해와 함평에서 '나비 주제'의 관광개발이 시작되었다.

남해군은 나비주제공원을, 함평군은 나비축제를 들고 나섰다. 결과는 나비축제(소프트웨어 관광개발)를 벌인 함평군의 완승이었다. 나비주제공원(하드웨어 관광개발)에 나선 남해군은 부지선정→부지확보→도시계획변경→기본계획수립 용역→실시설계→공사시행 이란 복잡한 과정을 거치면서 5년여 시간을 까먹었다. 그러나 함평군은 조그만 한 비닐하우스를 짓고 나비를 부화시킨 후 어린이날을 기해서 나비축제를 열어 대박을 터뜨렸다.

유홍준 저 '나의 문화유산 답사기'나 '함평 나비축제' 이야기는 관광개발에 있어 소프트웨어 관광개발의 중요성을 일깨워 준다. 소프트웨어 관광개발이 하드웨어 관광개발에 비해 얼마나 효용성이 높은지 여실히 보여준다.

농촌은 앞뒤 맥락이 분명한 진실주의 역사와 자연과 공생, 주민 간 협동, 일과 놀이가 결합된 문화가 산재해 있다. 이런 문화유산이 다 소프트웨어 관광자원이다. 게다가 농촌은 생태환경의 부양공간으로서 생태 소프트웨어 관광자원도 산재해 있다. 때문에 그 자원들을 개발하는데 많은 비용이 소요되지 않고 오랜 기간이 걸리지 않는다.

소프트웨어 관광개발은 과거 태를 현재 태로, 먼데 것을 손에 잡히게, 특수한 것을 보편적이게 하는 것이 주된 일이다. 역사적 사실이나 전통문화는 오늘을 사는 사람의 시선에 맞춘다. 낯 설은 생태환경은 주민생활사와 연동지어 방문객들 손에 잡히게 한다. 소프트웨어 관광자원은 눈으로만 구경하는 자원이 아니다. 손에 잡히는 느낌을 주는, 살아 숨 쉬는 숨결을 느끼게 하는 것이 중요하다.

소프트웨어와 하드웨어를 연동 지을 때는 소프트웨어 개발을 바탕에 깔고 거기에 알맞은 하드웨어 개발에 들어야 한다. 하드웨어는 소프트웨어를 구동하기 위한 수단이란 것을 간과해서는 안 된다.

3) 장소가치 살리기를 지향 한다

2000년대 들어 개별여행이 늘면서 주말이면 어디를 향해 떠나는 것이 보편적인 도시인 상이 되었다. 그러면서 도시인들은 장소적 가치에 관심을 두기 시작했다. 이 때 정동진, 정남진 같은 기념비적인 장소가 뜨기 시작했다. 바닷가 마을에 장소적 가치를 부여하자 그곳이 색다른 가치로 돋보인 것이다.

이런 흐름에 따라 장소적 가치를 품으려는 지역 간 경쟁이 뜨겁게 일었다. 정동진, 정남진이 뜨자 한반도 배꼽 논쟁이 불 붙었다. 강원도 양구군이 섬을 포함한 한반도 네 극지점의 정중앙에 위치한다면서 '배꼽마을' 표지석을 세웠다. 이에 경기도 포천시는 섬을 제외한 한반도 육지의 정중앙이란 점을 내 세웠다. 충북 충주시는 1천 년 전부터 충주가 국원, 중원이라 불려온 것을 들어 지리, 역사, 문화의 배꼽도시라고 주장했다.

2000년대에는 장소가치 경쟁이 '고향 전쟁'으로 바뀌었다. 심청이 고향을 둘러싸고 전남 곡성군과 충남 예산군이, 홍길동 고향을 둘러싸고는 강원도 강릉시와 전남 장성군이 날선 경쟁을 벌였다.

이는 지방분권시대를 맞아 호감도 높은 지역 이미지가치를 선점하려는 데 기인한다. 호감도 높은 지역 이미지가 지역브랜드 가치를 높여 관광 활성화와 지역산물 마케팅에 좋은 영향을 준다는 생각이다.

그러나 지역 이미지 만들기가 공급자중심 논리에 포박되어 진실성을 떨어뜨리는 일도 적지 않다. 대게 지역브랜드는 지역의 지명도를 높이고, 지역민의 자긍심을 높이려는 목적이 강하다. 때문에 '00수도(首都)' 같은 최고·최대를 뜻하는 상징어를 즐겨 쓴다. 최고·최대를 강조하는 지역브랜드는 지명도를 높이는 효과는 있을지라도 외지인들의 공감을 사는 데는 한계가 있다.

해남의 땅끝마을은 실패자들이 많이 찾는 곳이다. 사업에 실패하는 사람, 사랑하는 사람과 이별하는 사람, 선거에서 낙선하는 사람, 시험에서 낙방하는 사람 등 수많은 실패자들이 찾아온다. 일부러 홍보하지 않지만 땅끝에서는 실패자들을 불러들이는 지남철 같은 힘이 작용한다. 땅끝마을이 처절하고 처연한 사람들을 품어주는 위로의 터로, 끝(절망)과 시작(희망)이 교차하는 '희망의 분기점'(Turning Point)으로 작용하는 것이다.

때문에 땅끝마을은 이런 장소적 특성에 맞게 '실패자들 위로의 터'로 자리매김 하기 좋은 곳이다. 기왕이면 매년 10월 13일에 열리는 '세계 실패의 날5)'과 연계한다. 이는 땅끝마을 장소가치의 제고와 실패의 관용문화

---

5) 2010년 10월 13일, 핀란드 헬싱키 알토대학의 기업가정신 커뮤니티 알토이에스(AaltoES)는
  이날을 '실패의 날'로 지정했다. 이는 독일, 영국, 캐나다 등 여러 국가의 동참으로 확대되었고

를 창달하는 사회적 가치 제고에도 좋은 영향을 끼칠 것이다.

  이렇듯 농촌에는 형형색색의 장소가치들이 있다. 이런 장소가치들을 수요자 관점에서 재조명하고 재해석하면 매력 있는 콘텐츠를 구할 수 있다. 관계인구시대에는 농촌 장소가치에 대한 공감대 형성이 필요하다. 무조건 지역 지명도를 높이려 하기 보단 지역의 역사·문화·생태 가치가 배인 진국가치를 내세우는 것이 설득력이 있다.

  농촌에는 도시인들과 공유할 진국가치 거리들이 널려져 있다. 지역마다 색다른 노랫가락이 있고, 멋을 내고 부리는 향유문화가 있다. 골골이 색다른 환경은 색다른 맛의 기원을 키운다. 따라서 관계인구시대 관광개발은 농촌의 장소에 내재된 진국가치를 드러내는 전략이 요구된다. 농촌 장소에 기반한 진국가치 관광개발은 지역의 고유한 바탕이 곰삭은 맛을 내기 때문에 전후방연관기능의 확장에도 효과적이다. 이는 또 농촌가치의 내연구조 속에서 발화되기 때문에 도시인들의 입소문 나래를 타기도 쉽다.

5. 농촌향기의 샘 만들기 : 관계인구를 부풀게 해 주는 지역축제

1) 전통마을 주민들은 축제 속에서 살았다

  '기경결해'(起景結解)란 말이 있다. 이를 풀자면 발단, 전개, 절정, 해결을 뜻한다. 이는 우리나라 전통음악 장단원리로도 쓰이는데 밀고, 달고, 맺고, 풀고 라고 푼다. 민다는 흥을 일으킨다 로, 단다는 흥을 고조 시킨다 로, 맺

2012년 '세계 실패의 날'로 자리를 잡았다. (출처 : 데일리뉴스)

는다는 흥의 정점을 찍는다 로, 풀다는 처음상태로 되돌린다 로 풀이된다.

대게 우리 음악은 크게 4등분하여 한 장단을 이루는데 이때 처음을 기(起)로, 두 번째를 경(景)으로, 세 번째를 결(結)로, 네 번째를 해(解)로 구성한다. '기경결해'는 봄, 여름, 가을, 겨울이란 계절의 의미와도 같다. 이 만큼 우리 음악 장단은 자연의 흐름 속에 고스란히 녹아있다.

그런데 4등분 된 한 장단마다 '작은 세박자'가 각각 들어있다. '작은 세박자'를 세마치 장단이라 한다. 그러니까 4등분의 '기경결해' 장단에 세마치 장단이 실린 것이다. 이렇게 해서 만들어 진 것이 우리의 기본장단인 '중모리 장단'이다. 중모리의 12박자 안에 네 묶음의 세마치 즉, '기경결해(춘하추동)'가 들어 있다.

세마치는 노동리듬에서 왔다. 마치는 망치란 말이고, 세마치는 세 개의 망치로 일하는 의미다. 대장간에서 세 명이 번갈아가면서 쇠를 두드리는 소리가 세마치 장단의 기본원리다. 그러니까 우리음악 장단은 세마치라는 노동리듬과 '기경결해'의 자연원리를 합하여 만들어졌다.

우리나라 농촌문화의 압권은 축제다. 농촌 주민들은 사시사철 축제를 열고 축제를 일상생활처럼 여기며 살았다. 그런데 이런 축제들은 모두 '기경결해' 원리를 담고 있다. 계절을 따르는 것도, 전례를 구성하는 것도, 노는 것도 '기경결해' 원리를 준용했다.

농촌의 대표적인 축제는 연중 세시명절이다. 설부터 섣달그믐까지 20여 가지 세시명절들이 줄 잇는다. 그런데 거기에는 사람사랑, 자연사랑에다 낭만의 멋 서린 명절들도 있다. 사람을 소중하게 여기는 인일(음력 1월 7일), 머슴들에게 정 베푸는 이월초하루(음력 2월 1일), 강남 갔던 제비가 돌아오는 삼짇날(음력 3월 3일), 여름농사로 고생한 농업인들을 위로하는 백중(음력 7월

15일), 만발한 국화꽃을 보면서 일손을 쉬는 날인 중양절(음력 9월 9일) 등이 그 것이다.

여기에다 24절기[6] 축제가 더해진다. 24절기는 계절의 변화를 따라 농사 일정을 잡는 농경문화축제다. 이는 자연에 순응하여 사는 자연친화적인 생활문화축제이기도 했다. 계절의 변화와 사람 건강 간 인과관계를 말하 는 운기학[7]과 절기문화가 만나면서 제철음식의 가치를 발전시켰다.

농촌 전통축제에는 주민들이 함께 기원하는 제례축제가 있고, 서로 멋 과 끼를 자랑하고 함께 신명을 돋워 노는 연희축제가 있고, 서로 생활의 지혜와 농업기술을 공유하는 농경축제가 있고, 서로 위로하고 함께 감내 하는 축제도 있었다. 씻김굿, 별신굿, 마을줄굿, 헌식굿 등도 굿이라는 말 로 통용되는 축제였다.

2) 문화 없는 지역축제를

전남 진도군은 우리나라를 대표하는 민속문화 보고의 지역이다. 강강술 래, 남도들노래, 진도씻김굿, 진도다시래기, 진도북놀이, 진도만가, 남도 잡가, 진도소포걸군농악, 조도닻배노래 등이 국가 무형문화재로 지정된 지역이다. 게다가 진도는 우리나라 3대 아리랑의 하나인 진도아리랑의 고 향이다.

진도에서는 매년 음력 3월에 '진도 신비의 바닷길 축제'가 벌어진다. 자

---

6) 24절기는 대한민국, 중국, 일본 등 동아시아 시역에서 태양년(太陽年)을 태양의 황경(黃經)에 따라 24등분하여 계절을 자세히 나눈 것으로 절후(節候)·시령(時令)이라고도 한다. 황경이란 태양이 춘분점을 기점으로 황도를 움직인 각도로, 황경이 0°일 때를 춘분으로 하여 표와 같이 15°간격으로 24절기를 구분한다. 절기와 절기 사이는 대략 15일 간격이며, 양력 날짜는 거의 같 지만 음력으로는 조금씩 달라지므로 가끔 윤달을 넣어 계절과 맞추고 있다. (출처 : 위키백과)
7) 운기학(運氣學)은 ≪황제내경(黃帝內經)≫에서 매년 기후변화와 질병 발생의 상관관계를 파 악하기 위해 제시한 학설. 오운(五運)과 육기(六氣)를 기반으로 만들어졌기 때문에 운기학(運 氣學)이라고 한다. (출처 :. 대한한의학회 표준한의학용어집)

연현상에 의해 바닷길이 열리는 것을 축제화 시켰다. 이 축제 애초 주제는 영등제였다. 영등제란 바닷가 사람들이 바람신에게 제를 지내는 축제였다. 바람이 거세면 뱃길이 무섭고, 바람이 없으면 풍력에 의존하는 배의 항해가 어려웠기 때문에 바닷가 사람들은 바람신을 으뜸 신으로 모셨다.

바람신과 만남의 상관관계을 표현하는 영등제는 섬 문화의 상징으로서 진도군이 보유한 민속문화의 결과 딱 맞는 주제였다. 씻김굿, 다시래기는 바닷길이 열리기를 기원하는 굿으로, 진도북춤은 바닷길로 나아가는 진군의 굿으로, 진도아리랑과 강강술래는 길이 열려 만나는 대동굿으로 구성할 수 있었다. 때문에 바닷길이 기계처럼 열고 닫히는 것을 기념하는 것이 아니라 자연을 지지대로 삼고 사는 섬사람들 문화를 표현하는 것이 타당했었다.

그런데 진도군은 본디 전통양식을 버리고 바닷길이란 자연현상을 주인공으로 내 세웠다. 지역다움과 동떨어진 축제의 전형이다.

지방분권시대를 맞아 전국에 1,000여 개의 축제가 벌어지고 있지만 지역문화를 나타내는 축제는 찾기 힘들다. 축제의 이름만 다를 뿐 내용은 천편일률적이다. 인기가수 축하쇼, 개막행사, 레이저쇼나 드론쇼, 특색 없는 먹거리 장터 등 '그 나물의 그 밥' 프로그램들이다. 지역축제 간판을 내걸었지만 외부의 문화예술로 덧칠해 진 축제들이 난무하고 있다.

갈수록 시·군단위 지역축제들에서 관제 냄새가 짙어져 가고 있다. 주민참여는 형식화 되고 자치단체가 행정력을 앞세워 주도해 갔다. 자치단체 공무원들에게는 축제 일이 한 업무가 되었고, 주민들은 굿이나 보고 떡이나 먹는 '축제의 객'으로 전락되었다. 이들 지역에서는 축제장에 사람들이 많이 모이는 걸 우선시 한다. 지역문화를 배태한 축제보다 사람들이 많이 모이기만 하면 성공한 축제라고 한다.

　세계 어디든 지역축제의 뿌리는 마을이다. 마을이라는 유대구조 속에서 싹튼 문화가 축제로 표현되는 것이다. 그런데 마을의 전통과 공동체문화가 깨지면서 농촌축제의 기축이.고장 났다. 이런 과정에서 시·군단위가 기초자치의 축이 되었고, 이와 함께 시·군단위가 지역축제 만들기의 당위를 부여받았다.

　하지만 아직껏 시·군단위의 지역문화가 자리 잡지 못했다. 오랜 중앙집권에 포박되어온 지역에는 중앙문화의 아류가 판치는 터다. 지방분권시대라 하지만 아직껏 행정분권만 강조할 뿐 문화분권(문화자치)을 고민하는 지역은 찾기 힘들다. 문화자치에 대한 무관심이 지역축제의 질로 고스란히 나타난다. 이런 상태에서 자치단체들이 규모화 축제만 쫓기 때문에 문화 뿌리 없는 축제들이 양산되는 것이다.

3) 관계인구시대 지향해야 할 축제상

　지역축제는 주민과 주민을, 농촌과 도시인을 잇는 이음줄로서 관계인구시대의 전령과 같은 존재다. 그렇다면 관계인구시대 지역축제가 나아갈 바는 무엇일까?

　첫째, 지역문화축제를 지향한다.

　전남 강진군이 '강진청자축제'를 통해 11세기 고려상감청자의 본고장인 것을 상징화 시키고 있다. 고려시대 강진이 세계 두 번째 자기생산지였다는 점과 우리나라 대표적 문화유산인 고려청자의 고향이란 점을 지역문화의 정체성으로 부각시킨 것이다.

하지만 오늘날 우리나라 자기문화 중심지는 여주·이천 지역으로서 자기 시장에서 강진청자의 존재감은 극히 미미하다. 그런데도 강진군은 청자를 축제 주제로 내세우고 있다. 때문에 이 축제는 30여 명의 청자도예가들과 강진군청 공무원들이 주도하는 축제가 되었다. 지역문화·예술은 곁다리로 걸쳐 있고, 주민들은 행정력에 의해 동원되거나 객으로 나 앉아 있다.

그러나 강진군이 청자문화를 주인공으로 내세우면 계산이 달라진다. 강진청자를 뜨게 만든 고대 해양문화, 고려청자세력이 키워낸 강진 불교문화가 얼굴을 들게 된다. 여기에 강진청자와 강진 불교문화 사이에서 천 년간 농익은 강진 차(茶)문화가 존재감을 드러낸다. 또한 강진 차 문화를 산파한 다산 정약용과 조선 후기 개혁가들의 채취가 살아나고, 영랑 김윤식을 비롯한 강진 시문화도 더불어 조명 받게 된다. 여기에다 강진청자의 장인문화 맥이 이어진 식문화, 공예, 농·식품도 한 통으로 조명 받게 된다.

지역문화란 지역주민의 생활양식 표현이다. 때문에 지역주민의 이해와 밀접하다. '강진청자축제'의 예에서 보듯 주민이 축제의 주인이 되려면 주민의 이해와 요구에 부합되어야 한다. 주민의 생존양식을 배제시킨 축제에서는 주민은 '굿 보는 객'이 되고 만다.

오늘날 많은 지역에서 지역 농·특산물 주제의 축제들이 벌어지고 있다. 일부 문화주의자들은 이를 '장사치 축제'라며 폄훼하지만 산물축제는 농촌 주민들의 생존양식에 들어맞은 주제다. 예전 농촌은 먹거리 생산기지였기 때문에 생산문화가 주를 이루었지만 오늘날에는 농촌이 생산, 가공, 유통(서비스)을 포괄한 개념으로 바뀌었기 때문에 산물축제를 통해 유통문제를 해소하려는 것은 당연한 이치다.

다만 농촌 산물축제는 대형마트나 백화점들이 장사 목적으로 내거는 축제와는 달라야 한다. 여기에는 산지 농촌의 기후, 토양 등 자연환경의 특성과 농촌다움(어메니티)이 문화적으로 표현되어야 한다. 또한 농촌의 장소적 가치와 더불어 생산자(농촌주민)와 소비자(도시인)의 공생·공존의 가치가 녹아져야 한다.

둘째, 관계성 증식을 지향한다

앞에서도 언급했듯 완도군 청산도는 여느 고장보다 빼어난 조건이 아니다. 울창한 동백숲이 있는 것도 아니고 거창하게 내세울만한 문화유산이 많은 것도 아니다. 그렇다고 수산자원이 풍부한 것도 아니다. 그런데도 사람들 발길이 끊이지 않는 것은 여느 섬들과 다른 전경과 향기가 있기 때문이다. 들을 끼고 옹기종기 자리한 마을들, 바람 많은 자연을 지고 사는 집 모양들, 각박한 섬사람들 체취가 묻어난 다랭이 논·밭들, 2,30년 느리게 도는 생활시계가 향기를 물씬 뿜는다.

그러나 문제는 지속가능성이다. 청산도가 다랭이 논·밭과 경운기 작업으로 상징되는 전근대적 농업을 언제까지 유지할 수 있을까? 노인들이 떠나는 마을이 예스런 전경을 언제까지 유지할 수 있을까? 교류가 활발하고 관광소득이 느는데 느리게 도는 생활시계를 언제까지 유지할 수 있을까?

이런 문제를 고민한 청산도 사람들이 지속가능한 청산도를 위한 일을 벌이고 있다. 2014년 청산도 구들장논[8]이 세계중요농업유산으로 지정되자 이를 지속가능한 청산도의 디딤돌로 활용하기 시작했다. 2018년 청산도슬로걷기축제 때부터 '구들장논 보전을 위한 오너제'를 들고 나왔다. 도시인들이 구들장논 경작지원기금 조성에 참여하여 연중 구들장 논과 관련

---

8) 청산도는 급경사에 돌이 많아 물 빠짐이 심한 사질 토양이 발달하여 논농사에 다소 불리한 농업환경을 지니고 있다. 이러한 척박한 환경은 자연스럽게 지역 환경에 적응하는 계기가 되었고 농업유산 청산도 구들장논이 탄생하는 밑거름이 되었다. 청산도 구들장논의 주된 특징은 돌을 쌓아 만든 계단식 논 형태와 암거 구조의 지하 관개배수시스템이 보존되고 있는 것이다. (출처 : 농촌진흥청 그린매거진)

한 교류활동을 하는 것이다. 크라우드 펀딩 방식인 이 활동은 도시인들이 축제를 매개로 주민 생계유지, 공동체농업문화 유지, 생태기능 유지, 경관 유지 등에 참여토록 하고 있다.

이렇듯 지역축제는 일회적인 방문행사로 그치지 않고 도시인들과 지속적인 관계를 맺는 마당으로서 유용하다. 오늘날 도시생활에서 관계의 갈증을 느끼는 도시인들이 적지 않다. 지역축제는 이런 도시인들이 가슴의 빗장을 열기 좋은 마당이다.

따라서 지역축제를 마음의 고향마당으로 재창조 할 필요가 있다. 도시인들을 뜨내기손님으로 맞을 것이 아니라 상생과 연대를 접점으로 재창조한다. 이제는 농촌을 통한 '새 고향운동'이 긴요하다. 이는 도시인들 마음의 고향을 살리고, 더불어 사회적 마음의 고향인 농촌을 살리는 '일타쌍피 운동'인 셈이다.

셋째, 작은 축제를 지향한다.

경남 창녕군 영산줄다리기는 농촌 작은 축제의 돋보이는 사례다. 이 곳 줄다리기는 매년 3.1절 기념문화제 일환으로 열리고 있는데 박제화 되는 타 지역 줄다리기와 달리 주민 참여가 돋보인다. 주민들이 10t에 달하는 60가닥 줄 만들기부터 진잡이, 쇠머리 대기, 줄 당기기의 모든 과정에 참여하며 즐긴다.

영산줄다리기는 30여 년 전부터 전국 대학문화패들이 모여들면서 열린 민속놀이의 장으로 발전했다. 이로 인해 영산줄다리기 팬 그룹이 만들어졌고, 이들은 해마다 이 축제 참여를 보람거리로 여긴다.

이렇듯 면단위, 마을단위 작은 축제들이 농촌향기의 원천으로 떠오르고 있다. 마을에 전래된 대보름굿에 인근 지역민, 출향인, 문화 마니아들이 참여하기도 한다. 초등학교 학구단위 주민축제에 전국 각지의 출향인들이 조직적으로 참여하기도 한다. 소담한 산사 문화제가 전국단위 명품축제가 되기도 한다. 산촌마을에서는 산나물 축제, 봄꽃 축제가, 어촌마을에서는 풍어제, 조개잡이, 개매기 축제가 활기를 띤다.

소극장의 연극은 대극장의 연극과 다른 맛이 있다. 소극장은 대극장의 화려하고 웅장한 맛을 내지는 못하지만 관객과 배우가 함께 호흡하기에 딱 좋다. 관객들이 배우의 거친 숨소리, 이마의 땀방울, 눈가의 눈물 하나하나까지 느낄 수 있다.

이렇듯 작은 축제는 자치단체들이 수십억 원 들여 여는 대형축제와 달리 풋풋한 정감을 느끼게 한다. 대형축제는 조직적이고 기계적으로 진행되기 때문에 정감을 느낄 수 없지만 작은 축제는 고향 같은 정감을 느끼게 한다. 작은 축제는 도시인들이 농촌의 향기를 진솔하게 느낄 수 있어 관계인구 확장에 안성맞춤이다.

작은 축제는 면단위를 중심으로 절기, 세시풍속 축제를 특화시키고 제철진미 산물 축제 등을 엮어 연중축제화 할 필요가 있다. 또한 작은 축제를 주민들의 문화 자긍심을 일깨우는 문화자치운동으로 승화시킨다. 더불어 생산문화와 공동체문화를 아우르던 전통마을 축제를 계승 발전시키고, 새로운 둠벙마을문화의 창달 기회로 삼는다.

6. 농촌향기 샘 만들기 : 철따라 향기를 뿜는 제철진미

사상초유의 늦 폭염이 있었던 2024년 9월 하순에는 채소가격이 폭등했다. 배추 1통에 15,000원, 시금치 한 봉지에 18,000원이 되자 언론들은 '금치', '금추'를 먹게 되었다고 법석 떨었다.

배추는 고온·다습을 싫어하기 때문에 여름에 잘 생산되지 않는다. 해발 600m 이상 초고냉지에서는 7월~8월에 출하하기도 하지만 극히 제한적이다. 그런데 여름 40도 안팎 초고온 조건에서는 정상적으로 자랄 수 없다. 이럴 때는 열무김치, 얼갈이김치가 배추김치를 대신한다. 시금치는 겨울 초 라고 할 만큼 한지성채소다. 때문에 시금치를 여름에 생산하려면 냉풍시설 재배가 불가피하고, 그렇게 재배한 시금치에서는 고유 향과 단맛이 사라진다. 그런데 초유의 폭염기에 배추가격과 시금치가격을 운운하는 것은 모순이 아닐 수 없다.

이렇듯 오늘날 먹거리소비자들의 제철에 대한 감각이 둔화되어 있다. 비닐하우스 등 시설농업과 저온저장이 성행하면서 소비자들이 먹거리의 제철 경계를 모호하게 여긴다. 6월 제철인 딸기는 2월이 제철인 냥 하고, 8월이 제철인 오이는 6월이 제철인 냥 하고, 10월 하순이 제철인 전어는 8월 하순부터 제철인 냥 한다. 때문에 사람들은 겨울에 수박을 먹는 것이 자연의 순리를 거스른다는 문제의식조차 망각하고 산다.

1) 제철먹거리의 시대적 의미

당위적 측면에서 보자면 제철먹거리는 지구 살리기에 중요한 역할을 한다.

제철먹거리는 증산 위주 규모화농업이 성행하면서 힘이 꺾였다. 규모화농업은 다품목소량생산농업을 소품목대량생산농업으로 바꾸었다. 농업인들 눈이 돈 되는 품목 쪽으로 쏠리면서 상품화가 어려운 다양한 품목을 기피했다. 규모화농업은 단위면적당 소출량을 늘리는 증산위주 농업을 불렀고, 증산위주 농업은 자연약탈형 농업으로 이어졌다.

자연약탈형 농업은 부산물 순환 등 지력보전을 위해 힘쓰는 것을 기피하고서 화학비료, 농약의 의존도를 높였다. 화학비료는 농업생산성을 높이는 효자로 탄생했지만 오늘날 기후변화에 큰 해악을 끼친다. 화학비료에서 생성되는 아산화질소(N_2O)는 온실가스의 주요 요인으로 꼽히는데 전세계 항공, 해운 분야 배출량을 상회한다는 보고가 있다. 농업에서 화학비료 의존도가 높으면 지력이 약화되어 토양오염을 부르고, 작물들이 병해충에 취약해져 농약사용량을 늘리게 된다.

농업생산의 편리를 가져다 준 비닐하우스 시설농업은 제철단절의 주범이다. 비닐하우스 시설농업이 기온, 수분, 빛 등을 인위적으로 조절할 수 있게 만들어주면서 계절변화의 벽을 무너뜨렸다. 우리나라 유기농 시장의 한 축인 생협 판매장 신선채소 중 80%가 비닐하우스 산이라고 하니 비닐하우스 농업의 위세를 짐작할 만하다.

비닐하우스 시설농업은 제철먹거리를 밀쳐내는 한편 지구온난화의 해약이 되고 있다. 인천녹색연합에 따르면 토마토 1kg을 생산할 때 배출하는 온실가스 량은 비닐하우스가 1,948gCO_2 이고 텃밭에서는 42gCO_2가 발생했다. 비닐하우스 재배가 텃밭 재배보다 50배의 온실가스를 배출한다는 것이다.

이런 면에서 볼 때 제철먹거리 농업은 기후위기시대 지속가능한 농업의 적극적인 대안이다. 제철먹거리 농업은 가족 중·소농에 기반 하기 때문에 상대적으로 화학비료 사용량을 저감시키는 효과가 크다. 이는 또 먹거리 종 다양성을 확장시키면서 친환경농업의 확산을 돕는다. 아울러 제철먹거리 농업은 가치중심시장을 활성화시켜 농업의 온실가스 줄이기 사회적 의제를 활성화 시킨다.

시장적 측면에서 보자면 제철먹거리는 농업의 블루오션과 가치중심시장에 날개를 달아준다.

기후가 변하면서 먹거리의 제철에 대해 의문을 표하는 이들이 있다. 그들은 여름과 겨울이 길어지고 봄과 가을이 짧아져 먹거리 제철도 그만큼 변했을 것이라고 생각한다. 하지만 기상학자들은 기후변화로 우리나라 4계절의 기축이 흔들린 것은 아니라고 말한다. 기후변화가 계절에 영향을 주는 것은 연중 5일 정도라고 한다. 계절은 지구 자전축 기울기와 공전으로 인해 태양의 고도와 시간이 달라져 생기는 것으로서 기후변화가 이런 조건을 뒤엎는 것은 아니라는 것이다.

대한민국, 중국, 일본에서는 전통적으로 운기학을 건강관리의 지표로 삼았다. 운기학은 기상의 변화·규칙과 사람 건강 간 상관관계를 푸는 동양 학설로서 절기문화와 제철음식 정립에 큰 영향을 끼쳤다. 사람의 몸이 자연환경에 큰 영향을 받기 때문에 자연환경의 변화·규칙에 의한 제철먹거리를 중시여기는 것이다.

계절변화에 따라 사람의 몸과 잘 어울리는 계절 먹거리가 제철먹거리다. 제철먹거리는 사람의 몸이 그 계절의 환경에 잘 조응하도록 하기 때문에 사람 건강유지의 필수요소다. 제철먹거리는 그 계절에 맞는 영양소를 가장 풍부하게 제공해 줄 뿐만 아니라 그 계절에 많이 나기 때문에 가장 경제적인 먹거리이기도 하다. 또한 자연에 순응하고 탄소발자국을 줄여주는 친환경 먹거리로서 사람들에게 큰 이점을 준다.

그렇다면 건강에 좋으면서 풍미도 좋은 제철먹거리는 어디에 있을까? 철과 장소 즉, 제철과 고유한 환경이 만난 먹거리가 풍미 좋은 제철먹거리다. 제철먹거리는 자라는 환경에 따라 저마다 독특한 맛과 영양을 나타낸다. 제철먹거리가 기온, 바람, 토양, 눈·비, 햇빛 등의 장소적 차이를 만나 새로운 가치먹거리로 재탄생 하는 것이다. 같은 품종의 고구마일지라도 여주산과 고창산의 맛과 영양소가 다르고, 같은 양파라도 창녕산과 무안산의 맛과 영양소가 다르다. 이렇게 제철먹거리와 지역 자연환경의 특성이 결합되면 제철+진미(眞味)라는 의미의 '제철진미 먹거리'가 탄생한다.

제철진미 먹거리는 지역의 고유한 맛과 영양의 특성을 배태하는데 이는 가치중심시장을 만나 새로운 가치농업으로 재창조 된다. 이는 지역 특성에 맞게 생산되고, 가공되어 고유한 블루오션 농업을 만든다.

2) 관계인구시대 제철진미 향기 만들기

제철진미 먹거리를 자원화 시키려면 전통 먹거리를 찾아 그 가치를 오늘의 눈으로 재조명하고 재해석한다. 그 먹거리에 배인 영양성분과 건강요소의 특성을 찾고 그 먹거리가 자라는 토양과 기후 환경의 특성을 살핀다. 그리고는 그 먹거리를 잘 먹을 요리법과 향유문화를 찾는다.

해안지역과 산촌에는 제철진미들이 널려져 있다. 바다에서는 제철진미들이 계절과 수온에 따라, 해구에 따라, 갯벌에 따라, 조수간만과 물때에 따라, 파랑 조건에 따라 달리 나타난다. 산촌에서는 제철진미들이 기온, 고도, 빗면, 방위, 수분, 바람길, 식생환경에 따라 달리 나타난다.

그렇다면 제철진미 향기 체계를 어떻게 구축할까?

먼저, 제철진미 먹거리의 생산채비를 한다.

제철진미 먹거리는 소품목대량생산 보다 다품목소량생산이 어울린다. 제철진미 먹거리 농업은 다양성을 품어야만 가치중심시장으로 나아가기 용이하다. 때문에 제철진미 먹거리 농업은 산업농보다는 가족 중·소농과 궁합이 잘 맞는다.

제철진미 먹거리 농업은 1차농업보다는 2차, 3차까지 아우르는 6차형 농업과 잘 어울린다. 이는 나물류, 국거리류, 밀키트와 어울리기 때문에 1 차, 1.5차 가공이나 밀키트 가공이 용이하다. 또한 제철진미 먹거리는 체험·관광 등 어메니티 자원화 시켜야만 부가가치를 발생시킬 수 있다. 어촌에서는 제철진미 먹거리가 더욱 다양하고 맛의 차이가 뚜렷하다. 때문에 시기별, 장소별 생산채비를 구축한다.

시장에서 힘을 가지려면 공급·소비가 연중 일정하게 이루어 져야 하는데 이를 공급주년화라 한다. 시장에 연중공급 체제를 구축해야만 시장경쟁력을 유지할 수 있기 때문에 농산물 유통회사들은 공급주년화 구축에 공을 들인다. 하지만 농산물은 계절의 벽이 높고, 홍수출하의 늪이 있기 때문에 생산자 농업인들이 공급주년화를 구축하기란 매우 어렵다. 그러나 제철진미 먹거리는 이음 작기를 구축하고, 공급주년화를 구축하기 용이하다. 제철진미 먹거리는 4계절 생산이 가능하고, 농가들끼리 협업을 하면 연중 생산·공급이 가능하기 때문에 공급주년화 구축이 쉬워져 그만큼 시장경쟁력을 유지할 수 있다.

다음은, 제철진미 먹거리를 농촌 어메니티와 연계시킨다.

홍어는 이른 봄 사이 신안, 진도 바다에서 잡힌 것이 더 살찌고 감칠맛을 낸다. 같은 홍어라도 찰홍어에다 암치 홍어면 더 부드러워 지느러미살의 진미를 느낄 수 있다. 홍어회의 맛은 1코, 2날개, 3꼬리로 등위를 가리는데 막걸리에 곁들이는 맛을 으뜸으로 친다. 홍어 등뼈와 애로 끓이는 홍어애국은 보리순을 넣어야 제격이다.

이렇듯 제철진미 먹거리는 건강뿐만 아니라 고유한 맛과 멋을 느끼기 딱 좋다. 제철먹거리는 그 계절에 가장 좋은 맛을 내는데 거기에 장소가 주는 맛을 더하면 금상첨화다. 제철진미는 고장 술 등 고유한 고장음식을 더하면 매력 만점이다. 제철진미 먹거리를 향기자원으로 활용하려면 향기가 널리 퍼지도록 관광자원, 축제, 체험 등 쓰임새를 개발한다.

제철진미 먹거리는 그 지역에서 맛 볼 수 있는 것이 가장 큰 매력거리다. 제철진미 먹거리를 관광자원화 하면 관광소득은 물론 제철진미 먹거리에 대한 홍보효과를 키울 수 있다. 이는 제철진미 먹거리의 직거래 등 관계시장으로 이어지고 관계인구의 끈이 되기도 한다. '허영만 백반기행' 1호집으로 유명한 전남 강진군 우리식당은 주요 식재료 구입처를 벽 게시판에 공개함으로서 제철진미의 진실감을 높여주었다.

제철진미 먹거리를 계절별 축제로 개발한다. 요즘 여러 지역에서 먹거리 산물축제가 성시를 이루고 있다. 제철진미 먹거리 축제는 4계 제철진미 먹거리를 엮는 연중축제로 개발할 필요가 있다. 이런 축제는 읍·면단위 로컬푸드가 기획하고 절기놀이 같은 소단위 축제와 연계할 필요도 있다. 읍·면단위 로컬푸드를 중심으로 온·오프라인 요리교실(Cooking Class)을 열면 효과를 배가시킨다.

7. 농촌향기를 잘 뿜으려면?

1) 농촌향기의 재생산구조를 만든다

1970년대, 1980년대에는 정부가 농가주택개량사업을 폈다. 초가집과 흙담장의 농촌을 현대식 주택의 마을로 바꾸는 일이었다. 이때 표본설계가 제시되었는데 모두가 콘크리트 슬라브형 주택이었다. 슬라브형 주택은 철근 콘크리트로 만든 지붕이 평평한 집인데 집 설계도를 국가가 정하여 획일적으로 적용시켰다. 그런데 이 슬라브형 집은 우리나라 기후조건에 맞지 않을 뿐만 아니라 뒷산을 배경으로 하는 농촌 전경과 부조화를 이루어 농촌경관의 애물단지가 되었다.

마을 앞 개천은 우리나라 마을전경의 압권이다. 우리나라 농촌마을들이 산을 등지고 개천을 앞에 둔 배산임수 원리를 따랐기 때문이다. 그런데 오늘날 하천배수로 공사를 하면서 이런 전경을 망가뜨리고 있다. 곡선 개천을 직선화시키고, 개천가 버드나무를 베어 버리고, 개천바닥 모래와 조약돌 무더기를 파내고, 콘크리트 구조물로 덮어 버린다. 이 과정에서 수서 동·식물의 서식지도 파괴되어 버린다. 홍수 재난 대처란 명분 앞에서 농촌의 생태와 전경은 뒷전을 밀려나는 형국이다.

요즘 유행하는 마을 만들기도 농촌전경 망치기에 일조한다. 옛 정취를 살리려는 돌담 쌓기는 마을 만들기 표준사업이 되고 있는데 도리어 농촌전경의 꼴불견이 되고 있다.

돌담은 우리나라 농촌마을의 전형적인 전경이다. 논·밭을 일구면서 생긴 돌과 개천가 돌을 모아 집집마다 담을 쌓은 것이다. 때문에 마을마다 돌의 생김새가 다르고 쌓는 방식도 갖가지였다. 큰 개천을 낀 마을과 그렇지 않은 마을이 다르고, 모암(母岩)성질에 따라 돌 모양이 다르고, 비·바람

조건에 따라 쌓은 방식이 달랐다.

그런데 요즘 농촌의 돌담 쌓기는 '마을 만들기용 토목공사'로 돌변했다. 토목업자들이 출처 불명의 돌을 설계도면과 시방서에 의해 일률적으로 쌓기 때문에 어느 마을이나 똑 같은 붕어빵 돌담이 된다.

1970년대부터 농촌공동체 문화가 훼손되고 농경문화가 바뀌면서 농촌 전통문화가 자취를 감춰가자 중앙정부가 무형문화재 제도를 들고 나섰다. 전통문화를 무형문화제로 지정하여 보존한다는 것이다. 하지만 전통문화를 옛 모습 그대로 보존하려 하면서 박제화 시켜 버리고, 민속경연용으로 재구성하면서 본뜻을 왜곡·훼손시키기 일쑤다.

그럼에도 불구하고 아직 농촌에는 향기를 내는 어메니티 자원이 널려있다. 여러 송이 꽃을 모으면 꽃향기가 더 멀리 퍼지듯이 널려진 어메니티 자원을 어떻게 묶고, 조직하느냐에 따라 의미와 생명력과 복원력이 달라진다. 때문에 농촌향기자원들이 기운을 받아 나래를 펴려면 향기거리가 자원화 되고, 널리 알려지도록 재생산구조가 만드는 일이 긴요하다.

그렇다면 농촌 어메니티 자원의 재생산구조는 어떻게 만들까?

■ 전통문화의 '의미 공감대'를 형성시키자.

젓갈은 곰삭은 맛으로 풍미를 느끼듯 오랜 역사 속에서 곰삭은 전통문화가 더 깊은 향기를 낸다. 누대로 이어온 농경문화, 생활문화, 민속문화는 하나 하나가 보물덩어리다. 하지만 그것들이 제아무리 귀한들 오늘날 주민들의 손에 잡히는 가치가 없으면 보전의 힘이 빠진다.

농촌에 이어지는 대부분 전통문화들은 마을 노인들에 의해 간당간당 생명을 유지하고 있다. 이런 전통문화들의 생명력을 유지시키려면 '의미 공감대'를 세워야 한다. '의미 공감대'란 오늘을 사는 농촌주민들이 품을만한 가치로서 과거 태 문화가 현재 태 문화로 환원되는 의미다.

　전통문화'의미 공감대'를 형성시키기 위해서는 먼저 전통문화를 오늘의 눈으로 재조명한다. 그것이 과거의 생활 속에서 어떤 의미가 있었는지, 오늘의 생활 속에서는 어떤 의미를 부여할 수 있는지 살피는 것이다. 이런 과정에서 과거문화를 오늘에 맞게 전승할 바와 문화콘텐츠화 시킬 바를 도출한다. 나아가 이 전통문화를 도시인들과 공유할 보편적 가치로 재해석할 필요도 있다.

■ 농촌경관의 제멋을 부각시키자.

　요즘 높은 속도를 내는 고속도로나 자동차전용도로보다 농촌 2차선을 즐겨 다니는 사람들이 늘고 있다. 농촌경관을 보고 느끼려는 사람들이다. 구불구불 농촌길을 천천히 달리면서 농촌전경을 보는 것으로 힐링을 느끼기 때문이다. 코로나 19 펜데믹 때 빌딩 숲에 갇혀 지내던 도시인들이 주말이면 농촌을 향해 쏟아져 나왔다. 도시인들은 툭 터진 들과 산을 등진 마을들을 보는 것만으로도 치유를 느끼곤 했다.

　농촌경관은 오늘날 도시인들에게 선물 같은 존재다. 농촌경관은 도시인들 마음의 동공을 열어주고, 사회병리 속 도시인들에게 큰 위로를 준다. 들판 사이 구불진 밭둑길도, 배추밭 이랑도, 봄볕 받은 감자꽃도, 마을 숲 사이로 물드는 석양도, 들판에 피어오른 아지랑이도, 가을 집집마다 열린 홍시감도, 바람에 일렁이는 억새꽃도, 눈 쌓인 빈들도 감동의 전경이다.

　농촌마을은 색다른 전경이다. 대게 농촌마을은 산을 등지면서 북서계절풍을 막고, 친수를 공간을 앞에 둔 배산임수형이다. 배산임수는 자연 친화적인 풍수지리의 기본원리다. 때문에 마을의 모든 집들은 뒷산 방향을 거슬리지 않는다. 배산임수를 띤 마을들은 자연친화적 정원이고, 이 마을들의 원경은 한 폭의 풍경화 같다.

이렇듯 좋은 농촌경관을 자원으로 격상·유지하려면 경관보전에 대한 각별한 노력이 필요하다. 마을 앞 하천배수공사를 자연친화적으로 하고, 마을 숲과 마을 근처 숲을 보전하고, 신축 주택들도 마을 배산임수 원리를 따르도록 하고, 벽화도 마을 문화·환경 친화적으로 그린다.

농촌경관은 관계인구를 이끌 큰 자산이다. 사회가 농촌경관에 방치·방임했던 입장을 바꾸어야 한다. 농촌경관을 공공자산으로 여겨 체계적으로 관리하면서 제멋을 부각시킬 줄 알아야 한다. 자연마을단위, 읍·면단위마다 농촌경관 보전 규약을 만들 필요가 있다.

일본 홋카이도 비에이 마을이 국제적인 농촌관광 명소가 된 것은 신조 마에다란 향토사진 작가의 공이 컸다. 마에다 작가가 해마다 비에이 마을의 사계 풍경사진을 찍어 사진 마니아들의 입소문을 일으켰다. 이에 수많은 사진작가들이 이 마을을 찾았고, 그들이 찍은 비에이 마을 사진이 급격히 퍼진 것이 계기가 되었다. 이렇듯 농촌경관이 도시인들에게 입소문이 나도록 하는 것도 중요한 일이다.

■ 생태환경에다 공생가치를 덧씌우자.

1992년 대구의 페놀 유출사건은 우리사회에 공해 문제의식을 던져 주었고, 그 후 환경운동이 우리사회 쟁점의 중심에 섰다. 전국단위 환경운동은 환경문제에 대한 우리사회의 관심도를 높여주었지만 환경의 주객이 바뀌는 문제를 던져주었다.

전국의 굵직한 환경문제는 대부분 서울의 환경단체들이 키를 잡고 좌우지 했다. 지역에서 발생한 환경문제를 놓고 서울에서 싸움판을 벌이는 중앙주의 운동이었다. 지역 환경문제를 서울판에다 옮긴 사이 지역 환경문제의 이해 당사자인 지역주민들은 뒷전으로 나앉았다.

농촌은 생태환경의 부양공간으로서 주민생활과 맞닿은 강, 하천, 호수, 갯벌, 저수지, 둠벙, 논이 습지생태환경을 품고 있다. 우리나라에 오는 겨울철새의 90% 이상이 습지에 서식할 정도로 습지의 존재가치는 매우 높다. 뿐만 아니라 갯벌은 90% 연안생물의 서식 환경을 이룬다.

농촌은 생태환경과 주민의 공생터전으로서 제비 생태가 지표 이야기로 전해온다. 제비는 이른 봄 우리나라에 왔다가 가을에 동남아시아로 떠나는 철새지만 우리 정서상 뜨내기로 여겨지지 않는다. 주민들은 제비들에게 집 처마 밑을 내어줄 정도로 각별하다. 때문에 제비들은 천적으로부터 안전한 농가 처마에다 둥지를 튼다. 제비들은 이를 보답이나 하듯 논·밭의 해충들을 잡아먹는다. 공생의 끈은 제비의 귀소성으로 나타난다. 겨울을 나러 떠났던 제비들 절반 이상이 작년 그 집으로 찾아오는 것이다.

지구온난화가 가속되면서 환경문제에 민감한 도시인들이 농촌 생태환경 쪽으로 관심을 돌리고 있다. 농촌 생태환경은 도시인들에게 심미적 좋은 영향을 줄 뿐만 아니라 기후위기시대 환경을 살리는 보람의 가치 장이 되기도 한다. 때문에 농촌 생태환경은 자연생태와 농촌주민과 도시인을 생태 띠로 동이는 소재거리다. 생태환경을 학습·관광의 대상으로 여기던 도시인들이 농촌 생태환경과 더불어 사는 관계로 발전하는 것이다. 따라서 도시인들이 생태관광, 생태농업 먹거리 직거래, 생태환경 보전의 참여까지 이어지는 생태연대 관계가 되도록 한다.

3) 지속가능한 '고향사랑기부제'를 실현한다

2023년부터 고향사랑기부제[9]가 시행되었다. 일본의 고향납세제를 벤치마킹 한 것으로 농촌지역에서는 상당한 기대감에 부풀었다. 일본이 우리나라보다 15년 앞서 시행한지라 선행의 문제를 본 우리나라 고향사랑기부제가 일본 못지않은 좋은 성과를 거두리라 기대했다.

하지만 시행 첫해의 성과는 기대 이하였다. 2023년 일본의 고향납세제 모금액은 10조500억 원이었고, 5894만 건이었다. 이에 비해 2023년 우리나라 고향사랑기부제 모금액은 일본의 0.64%인 650억 원(52만6000건) 이었다.

2024년 1월 28일자 시사저널 보도에 따르면 2023년 전국 243개 자치단체 고향사랑기부제 평균 모금액은 2억7000만원이다. 지방소멸위험지역으로 분류된 89개 자치단체 중 평균 모금액에 못 미치는 자치단체가 36곳이나 되었다. 이 모금의 전국 1위를 한 전남 담양군은 22억4000만원을 모금했는데 최고 한도인 500만원 고액 기부자 83명이 전체 기부액의 5분의 1을 차지했다. 그만큼 소수 출향인에 대한 의존도가 높았다. 이런 결과는 반수 이상의 자치단체들이 고향사랑기부제에 들인 홍보비, 답례품비, 인건비 조차 못 건졌다고 한다.

이 결과를 살펴보면 세 가지 문제점이 짚어진다.

첫째, 관계인구와 겉돌았다.

---

9) 고향사랑기부제는 자신이 태어나 자란 고향이나, 관계가 깊은 지역 또는 개인적으로 응원하고 싶은 지역을 선택해 기부하고, 기부자에게는 그만큼 세금 감면(세액공제) 혜택이 주어지는 제도이다. 일본의 고향납세를 참고하여 2021년 9월 28일 국회에서 '고향사랑기부금에 관한법률'이 통과되었고, 2023년 1월 1일부터 시행되었다. (출처 : 나무위키)

관계인구와 고향사랑기부제는 몸과 지체의 관계다. 지체가 몸과 무관하게 따로 놀 수 없는데도 시행 1년 간 지체인 고향사랑기부제는 몸인 관계인구와 따로 놀았다. 세제해택과 답례품을 미끼 던지면 도시인들이 떼로 몰려들 것이라고 착각했다. 10만원 기부하면 10만원 전액 세액공제에다 3만원 어치 답례품을 준다는 파격적인 조건을 내걸었는데도 도시인들의 마음을 움직이지 못했다.

관계인구는 농촌과 도시인 간의 가치관계로서 고향사랑기부제도 가치를 매개로 삼지 않으면 힘이 살아나지 않는다. 당장 성과를 내려는 급한 마음에 바느실을 바늘귀에 꿰지 않고 바느질하려는 꼴이다.

여기에는 중앙중심적 모금 플랫폼인 '고향사랑e음[10]'도 한몫했다. 기부금이 무슨 일에 어떻게 쓰이는지 알 수 없도록 만들어 도시인들이 관심을 떨어뜨렸다는 지적이다.

둘째, 관주도사업으로 벌였다.

고향사랑기부제가 시행되자 전국 자치단체들이 들썩이기 시작했다. 거리마다 고향사랑기부제 광고판이 설치되고, 여러 광고매체들을 동원하여 홍보에 열을 올렸다. 지역 농기업들은 고향사랑기부제 답례품에 선정되기만 하면 대박을 터뜨릴 것이란 기대에 차 있었다.

하지만 직거래 관계시장을 일궈온 주민들이든, 도시인들과 교류사업을 벌여온 지역단체들이든, 도시인들을 대상으로 관광사업을 벌여온 관광업체들이든 고향사랑기부제에 무관심으로 일관했다. 고향사랑기부제의 일련의 과정을 공무원들이 주도하면서 주민들은 뒷전에 나앉았다. 관주도적으로 도시인들 마음을 일으키겠다는 것이 실패를 자초했다. 관주도적

10) 고향사랑e음은 중앙정부가 만든 온라인 고향사랑기부 플랫폼으로 모든 기부는 여기를 통해 이루어지도록 하여 기부금의 쓰임새를 알수 없게 만든 깜깜이 제도란 지적을 받음

으로 도시인들이 희구하는 풋풋한 인정과 매력 있는 농촌 어메니티를 일으킬 수 없다는 것이 증명되었다.

셋째, 출향인들 애향심에만 매달렸다.

출향인들은 과거 태 정서가 강하기 때문에 관계인구로서 긍정성과 부정성을 같이 지니고 있다. 출향인들이 고향 일에 앞장서 기여하는 면이 있는가 하면 지역 연고가 없는 외지인들 참여의 걸림돌이 되기도 한다. 출향인들과 외지안 사이에 배타적 감정이 일기 쉽다. 때문에 고향사랑기부제에 출향인들이 편중하면 지역 연고가 없는 도시인들의 참여는 떨어질 소지가 크다.

그런데도 대부분 자치단체들은 출향인들의 애향심에 기대려고 했다. 이는 가치중심적 도시인들의 참여를 둔화시키는 반면 세액감면, 답례품 등 눈 앞 이익만 노리는 먹튀족들을 들끓게 한다. 이런 모양의 고향사랑기부제 활동은 지역 간 출혈경쟁을 벌이는 제로섬 게임으로 변질 될 우려가 높다.

고향사랑기부제가 소기의 뜻을 거두려면 어떻게 해야 할까?

첫째, 관계인구와 고향사랑기부제를 일체화 시킨다.

영국 자선지원재단 C. A. F(Charities Aid Foundation)가 발표한 '2023 세계기부지수'에서 우리나라는 전체 142개국 중 79위를 기록했다. 이 순위는 해마다 오르락내리락 편차가 있지만 우리나라는 평균적으로 중하위권에 속했다. 국내총생산 순위와 비교했을 때 기부지수가 현저히 낮고, 자선활동이나 자원봉사 지수도 낮부끄러울 정도로 낮았다.

기부지수는 사회적 관계구조와 밀접하다. 사회적 관계가 돈독하면 할수록 기부지수가 올라가고, 사회적 관계가 단절될수록 기부지수는 떨어진다. 이렇게 보면 우리나라 기부지수는 우리사회 관계구조의 단면을 보여준다. 압축성장 과정의 수직계열화 문화가 수평적 관계를 무너뜨린 결과다. 빨리 빨리, 1등주의가 판치는 가운데 가족, 이웃, 친구, 공동체, 지역사회 관계가 단절되고 깨진 것과 유관하다.

이런 가운데 고향사랑기부제가 시행되었다. 그렇다면 사회적 관계가 돈독하지 않고, 기부에 인색한 사회 속에서 고향사랑기부제가 어떻게 싹틀지 고민해 볼 필요가 있다.

고향사랑기부제는 관계인구의 열매 따기의 하나다. 좋은 열매를 따려면 열매가 잘 맺히게 할 사전노력이 필요하다. 기름진 흙을 만들고, 튼실한 씨를 뿌리고, 거름을 주고, 병해를 막아준다.

게으른 농부는 열매 따기만 신경 쓸 뿐 흙과 나무관리는 등한히 한다. 그렇게 하면 부실한 열매가 열리고 2,3년도 못 가서 폐목이 되어 버린다. 만약 지역들이 관계인구 만들기 노력을 등한히 한 채 고향사랑기부제에만 신경 쓴다면 게으른 농부를 쫓는 꼴이 된다. 그런 고향사랑기부제는 낯 내세우기 좋아하는 사람들과 눈 앞 이익만 쫓는 먹튀족 판으로 변질되어 금세 힘이 떨어지고 만다.

일본 고향납세제의 경우 시행 초기 6년간은 성과가 극히 미미했다. 그런데 2016년부터 매년 평균 27% 급성장한 것에 주목할 필요가 있다. 일본 정부가 2014년부터 크라우드 펀딩형 기부 플랫폼[11]을 채용하고, 2018년부터 관계인구 정책을 도입한 것이 주효했다. 크라우드 펀딩형 플랫폼은 기부의 투명성과 기부자의 보람을 제고 시켰고, 관계인구 정책은 고향납

---

11) 크라우드 펀딩형 기부 플랫폼은 지역이 미리 기부금의 목적, 쓰임새를 공지하고 여기에 기부자들이 참여하도록 하는 방식임

세제라는 빵을 부풀게 해 줬다.

일본 고향납세제가 큰 성과를 낸 데는 또 하나의 발판이 작용했다. 1990년대부터 전국운동으로 벌어진 고향창생운동이 그것이다. 도시인들을 대상으로 제2의 고향 맺기를 불 붙인 고향창생운동이 일본 농촌 관계인구의 밑거름이 되었다. 고향창생운동을 통해 싹튼 마을 만들기(마치즈쿠리)나 로컬푸드(지산지소)도 관계인구의 밑바탕이 되었고, 그 기운이 고향납세제로 이어졌다.

일본 사례를 미루어 봤을 때 우리나라도 반드시 관계인구와 고향사랑기부제를 일체화 시켜야 한다. 관계인구란 바다에 고향사랑기부제란 배를 띄워야 한다. 산에 걸쳐진 배는 항해할 배가 아닌 폼만 내는 조형물이 뿐이다. 때문에 고향사랑기부제 열매 따기에 치중하기보다 관계인구 밭 가꾸기에 열과 성을 쏟아야 한다.

둘째, 주민운동으로 승화시킨다.

고향사랑기부제가 시행되자 전남 영암군이 '공공산후조리원 의료기 구입'을 위한 기부모금에 들어갔다. 영암군은 2023년 11월 민간 모금플랫폼을 활용하여 '영암 맘(mom) 안심 프로젝트' 고향사랑기부운동을 벌였다. 영암군은 고향사랑기부금으로 영암군에 설립할 공공산후조리원의 의료기기를 구입하여 아기와 산모의 편익을 도모하겠다는 취지였다.

이 플랫폼이 문을 연지 한 달 만에 3,733건 3억9,070만원이 쌓였다 이는 전국 기초자치단체들의 1년 평균 모금액 2억7,000만원을 훨씬 뛰어 넘는 액수였다. 도시인들이 '영암의 아기들과 산모들을 보호 한다'는 가치에 기부한 것이다.

그러나 기쁨도 잠시. 중앙정부는 영암군의 민간플랫폼 모금에 불법이란 딱지를 붙여 중단시켰다. 중앙정부가 만든 모금플랫폼이 아닌 민간플랫폼을 허용하지 않은 터였다.

그 후 고향사랑기부제를 둘러싼 논의에서 민간플랫폼 허용문제가 큰 쟁점이 되었다. 대부분 자치단체들은 중앙정부가 고향사랑기부제 모든 기부금을 전국통합 플랫폼(고향사랑e음)으로 한정한 것은 자치단체들의 자율성을 훼손하는 것이라며 민간플랫폼 허용을 요구했다. 이에 따라 중앙정부는 이를 수용하여 2025년부터 민간플랫폼을 허용할 방침이다.

앞으로 민간플랫폼이 허용되면 고향사랑기부제는 새로운 전기를 맞게될 것이다. 민간플랫폼은 지역이 돈을 쓸 특정 목적을 내 걸고 기부자가그 쓰임새에다 기부하는 크라우드 펀딩형으로서 자치단체에 무조건 기부하는 기존방식과는 큰 차이가 있다.

기부자들은 기부로 생기는 물적 이익보다 기부로 생길 보람을 더 중시여긴다. 내가 바라는 일에 기부하면서 내가 기부한 돈의 사용처와 쓰는 과정의 투명성까지 느낀다면 기부활동에 마음이 더 끌릴 수밖에 없다. 때문에 새롭게 변화될 크라우드 펀딩형 민간플랫폼은 기부자들의 기부마음을움직이는 지렛대가 되면서 자치단체들의 책임성을 강화시켜 줄 것으로 기대된다. 이는 또 기업들의 사회적 공헌(CSR) 활동을 일으키는 지렛대로 작용할 것이다.

크라우드 펀딩형 민간플랫폼은 관주도 고향사랑기부제를 주민참여와주민운동형으로 변화시킬 계기가 된다. 자치단체들이 고향사랑기부제 쓰임새를 민간플랫폼에 올리려면 그에 합당한 명분과 논의과정을 제시하게된다. 그 명분에 따라 기부자들의 관심과 참여 수가 결정되기 때문에 지역공론화 과정을 거치기 마련이다. 그 일이 다수 주민들의 편익에 부합되고,

다수 주민들의 지지를 받을수록 명분이 크기 때문에 자치단체들이 절차민주주의를 도외시하기 어렵다.

그렇다면 고향사랑기부제는 읍·면 주민자치단위에서 주도하는 것이 효과적이다. 읍·면주민자치회가 공론활동을 통하여 고향사랑기부제 용처를 도출시켜 추진하면 명분과 실리를 거둘 수 있다. 읍·면주민자치회와 고향사랑기부제의 만남은 도시민들의 기부마음을 일으키고, 고향사랑기부제에 대한 주민참여를 증대시키고, 주민자치회의 질적 변화를 일으켜 일석삼조를 거둔다.

읍·면주민자치회가 주민생활단위 공동체들을 관계인구 전선으로 이끌면 계산은 더욱 달라진다. 가치농업공동체, 농촌 어메니티 공동체, 사회적경제공동체들이 관계인구활동에 동참하면 고향사랑기부제가 한층 더 활성화 될 것이다. 또한 고향사랑기부제와 읍·면주민자치회 활동을 묶으면 요구·건의하던 청원형 읍·면자치회 활동이 자주적으로 결정·집행하는 주민자치운동으로 변화될 것이다.

고향사랑기부제(관계인구)를 주민생활과 맞닿게 하려면 그에 합당한 일거리가 필요하다. 읍·면단위 가치농업의 생산·가공·유통을 아우르는 가치농업 플랫폼 만들기, 공유텃밭과 공유주방을 통한 마을형 공동체 돌봄 만들기, 태양광 전기생산과 주민자치를 아우르는 에너지자치마을 만들기, 가족 중·소농을 위한 공유가공공장 만들기, 읍·면단위 지역화폐운동, 전통문화와 생태환경 보전하기 등 수많은 공공일거리를 도모할 수 있다.

이렇게 되면 고향사랑기부제의 답례품시장도 질이 달라진다. 기존에는 소수 농기업들의 1회적 시장으로 국한되었지만 앞으로는 가치증식형으로 탈바꿈하여 지역 가치농업 발전의 효자가 된다. 답례품이 제철진미, 안전성, 진실된 이야기를 품은 가치농업 산물로 확장된다. 답례품이 1회적 관계를 넘어 반복적이고 지속적인 직거래(관계시장)의 징검다리가 된다. 답례품이 착한생산과 소비의 보람을 이끄는 동인이 되어 관계인구 확장으로 선순환 된다.

셋째, 누이 좋고 매부 좋은 관계로 자리매김 한다.

그간 우리사회에서는 기부문화에 대한 고정관념이 있었다. 기부는 어렵고 불쌍한 사람을 돕는 행위고, 기부 받는 사람은 곤궁에 처한 사회적 약자로 지목되었다. 때문에 기부는 서로 돕는 상부상조와 다른 일방적인 행위로 인식되었다.

그런데 오늘날에는 기부문화가 새롭게 진화하고 있다. 절대 빈곤층이나 어려움에 처한 사람들을 돕는 전통적인 기부가 있는가 하면 사회적 관계 속에서 공생·공존 의미의 기부로 변화되는 추세다. 뿐만 아니라 기부행위도 물질적 기부가 아닌 비물질적 기부가 많아졌다. 고액 단발성 기부에서 소액 장기기부로 변하는 추세고, 시간·재능의 1% 기부, 카드사나 이동통신사 적립포인트 기부, 어플·인터넷을 활용한 기부, 착한 소비를 통한 구매기부 등으로 진화하고 있다.

기부문화 변화추세는 소비문화의 변화가 통한다.

소비에 의미를 더하는 미닝아웃(Meaning out)을 들 수 있다. MZ세대에서는 '돈쭐내다'라는 말이 통용된다. 돈으로 혼쭐을 내주겠다는 뜻인데 부정적인 의미가 아니라 어떤 사람이 옳은 행동을 하면 '그 사람 뺨을 돈다발로 때려준다'라는 뜻의 신조어다. 소비의 신념을 강조하는 반어법이다. '기부런'이란 말도 있다. 기부에다 영문 뛰다의 Run을 붙인 신조어인데 후원금이 붙은 참가비를 내고 일정 구간을 달린 후 SNS에 기부인증 게시물을 올리는 방식이다. 취미활동과 기부를 동시에 하는 방식이다. 착한 상품을 구매하는 가운데 후원금이 쌓이는 '굿굿즈(Good Goods)'란 말도 통용된다.

이런 기부문화 변화는 신념을 소비하는 MZ세대가 주도하고 있는데 그 바탕에는 사회적 의미가 도사리고 있다.

전통적인 기부는 불쌍한 대상을 돕는 행위였기에 '오른손이 하는 일을 왼손이 모르게 하는 것'이라는 겸손 미가 우점 했다. 그러나 새로운 기부문화는 도우면서 유익을 얻는 상호적 행위다. 그 유익은 정신적 보람일수 있고, 물질적 이익을 수반하기도 한다. 이는 '더불어'라는 동사에 방점을 찍는 일로서 남 몰래 라는 겸손미 보다는 '오른손이 하는 일을 왼손이 알게 하는 것'을 선호한다.

이런 변화는 전통의 기부문화보다 사회성이 강하다. 혼자 하는 선행보다 함께하는 착한 일을 지향하고, 기부행위의 결과가 사회적 사조의 변화로 이어지는 것을 추구한다. 자신의 소비행위가 사회변화의 동인이 되는데 보람을 느끼는 것이다.

농촌은 이런 기부문화 변화추세에 딱 맞는 조건을 품고 있다. 농촌은 새 기부문화 세대가 희구하는 공익적 보람의 가치, 안락한 삶의 가치, 재미의 가치, 가심비의 가치를 다 품고 있다. 때문에 이런 가치를 적재적소에 맞게 여하히 활용하느냐에 따라 성과의 정도가 갈린다.

전통문화와 생태환경의 보전도 도시인들과 공감대를 쌓기 용이하다. 농촌경관, 공동체문화 등은 도시인들의 안락한 삶의 가치를 더해 준다. 농촌축제, 체험거리는 재미를, 제철진미 먹거리는 가심비 가치를 더해 준다. 때문에 이제는 불쌍히 보이고, 도와 달라고 애원하던 고향사랑기부제를 지양해야 한다.

농촌이 기부문화 변화 물결을 잘 타려면 도시인들에게 새로운 고향 상을 제공해 주어야 한다. 전통적인 고향 상은 낳고 자란 뿌리의 상징이었다면 새로운 고향 상은 연대, 상생의 힐링 터전이어야 한다. 많은 도시인들은 낳고 자란 고향이 있지만 마음 누일 '마음의 고향'을 잃어 버렸다. 수직계열화 된 관계단절 구조 속에서 소외와 고독에 시달리는 현실이 그렇다. 때문에 새 고향 상은 마음을 나눌 정신적 연대를 지향하는 것이 마땅하다. 이게 곧 '누이 좋고, 매부 좋은' 관계인구운동이다.

3편

가치농업으로
새 희망을 쓴다

1. 가까이하기엔 너무 먼 시장

1) 시장 앞에서 오금을 못 펴는 농업인들

농업인들은 시장에서 칼날을 쥐는데 이골이 나 있다. 시장판에서 소비자가 "이거 얼마예요?"라고 물으면 농업인은 "얼마에 살래요?"라고 되묻는 것이 상례가 되었다. 생산자인 농업인이 당당히 칼자루를 쥘 기회가 없었기 때문이다. 이는 농업인들이 오랫동안 비상식적인 시장관습에 노출되었기에 시장에서 오금을 펴지 못하는 것이다.

농업인들은 현대시장이 열리기 전에 부등가교환이라는 비상식적 시장을 접했다. 부등가교환은 사전적으로 '가치가 같지 아니한 것을 서로 바꾸는 일. 자본가가 식민지나 자국의 농업인에게 식량과 원료를 헐값으로 사고, 상품을 독점 가격으로 비싸게 팔아먹는 방법이 이에 해당한다.'라고 되어 있다. 1960~1970년대 국가와 독점자본이 합세하여 농업인들을 교묘하게 호리어 먹은 것이 부등가교환이었다.

1960~70년대 농촌에 전기가 공급될 때 농업인들은 가전제품을 비롯한 공산품을 대거 접했다. 이때 농촌주민들은 자급자족적 관습에 젖어 공산

품 구매가를 쌀 몇 되, 혹은 쌀 몇 가마로 환산했다. 농업인들이 기술발달과 양산체계에 의해 값이 떨어지는 공산품과 생산비 변화가 더딘 농산물 간 등가교환에 눈 어두워 부등가교환의 덫에 걸려들었다. 산업화 초기 농산물과 공산품 간 불평등교환으로 자본가들은 농촌으로부터 막대한 이윤을 착취했다.

1990년대 농업인들은 비교우위론이란 시장 복병을 만났다. 1993년 우르과이에서 다자 간 무역협상이 체결된 후 비교우위론이란 말이 대두되었다. 비교우위론은 한 나라가 다른 나라에 대하여 재화의 생산에 절대 열위에 있다고 하더라도 상대적으로 비교 우위에 있는 상품 생산에 주력하여 거래하면 서로 이익을 얻을 수 있다는 이론이다.(다음 어학사전 인용) 남한의 공산품과 북한의 지하자원을 교환하면 서로 이익이 된다는 논리와 비슷하다.

하지만 대부분 농산물 수입국들은 국제시장의 비교우위론에 신중한 모습을 보였다. 공업에 비해 농업은 생산 기반이 한 번 무너지면 다시 복구하기 어렵다는 특성을 고려한 것이다. 때문에 농산물 수입국들은 수입개방에 따라 자국 농업기반이 무너지지 않도록 사전 대책 마련에 바빴다.

그러나 우리나라 위정자들의 태도는 달랐다. 수출해서 먹고사는 나라이기 때문에 공산품 수출의 호기로 삼자는 것이었다. 중국에 핸드폰을 팔아먹기 위해 중국산 마늘을 받아들여 우리나라 마늘생산 농가들이 큰 피해를 봤다. 미국에 반도체를 팔아먹기 위해 미국산 쌀을 받아들여 우리나라 쌀 생산 농가들이 큰 피해를 봤다. 결국 우리 농업은 국내 시장은 물론 국제시장에서도 희생양이 되어야 했다.

2) 유혈경쟁 늪으로 빠져든 중·소농들

1973년 농수산물도매시장법이 제정되자 1975년 용산청과물시장이 개장되었다. 1983년 용산청과물시장이 가락동농산물도매시장으로 확장·이전하여 대표적 공영도매시장으로 자리 잡았다. 이로 인해 중앙집중형 먹거리시장구조가 만들어졌고, 먹거리 유통의 광역체계가 형성되었다.

이 시기 농업인들은 '눈 뜨고 코 베가는' 야박한 시장 인심을 경험하게 된다. 농업인과 소비자 간 가교역할을 해야 할 공영도매시장의 중도매인들이 손실을 농업인들에게 전가시키는 약탈적 행태가 판쳤고, 농업인들은 점점 유혈경쟁의 늪으로 빨려들었다.

규모화 경제가 판치던 시기 생산현장에서는 규모화 농업이 성행했다. 전통적인 소작농업이 자본제형 임대농업으로, 다품목소량생산이 소품목 다생산 농업으로 대체되었다.

하지만, 계절성 주기변화 등으로 농산물시장은 폭등과 폭락을 거듭했다. 농산물도매시장에서는 먹거리의 수요와 공급, 품의 평가를 통해 가격이 결정되는데 수요와 공급의 편차에 의해 가격이 오르락내리락했다. 수요보다 공급이 못 미치면 폭등하고, 수요보다 공급이 넘치면 폭락하는 현상이었다.

이런 가운데 농업인들은 시장구조에서 살아남으려고 생산규모를 크게 늘리거나 생산비를 낮추는 쪽을 선호했다. 주요 산지에서는 규모화에 따른 임대농업이 성행했고 이들에 의해 자원약탈형 농업이 보편화 되어갔다. 이처럼 대량생산이 대세를 이루자 농촌은 대농 주도의 농업으로 변해갔다.

1990년대 중반부터는 대형 소매시장이 먹거리시장 전면에 등장한다. 백화점, 대형마트들이 활개 치면서 먹거리 소매시장이 활기를 띠기 시작했다. 1990년대 말 이마트 1년 먹거리 매출액이 가락동농산물도매시장 매출액을 상회하면서 도매시장 일변도의 농산물시장이 소매시장 쪽으로 빠르게 대체되었다. 여기에 농협하나로마트까지 결합하면서 소매시장 규모는 더욱 확장되었다.

소매시장이 확장되는 가운데 정부정책도 생산 쪽보다 유통 쪽에 비중을 높였다. 이 시기 산지 유통조직이 크게 불어났고 많은 정부재정이 산지유통조직 지원 쪽으로 쏠렸다. 산지유통법인에게 수십억, 수백억 원짜리 지원사업이 돌아가는 것이 다반사였다.

이런 가운데 얼굴 없는 먹거리들이 얼굴 있는 먹거리가 되려고 몸부림쳤다. 전문 유통법인과 농협들의 브랜드화 물결이 대농을 넘어 가족 중·소농에게까지 영향을 미쳤다. 더 매력 있는 브랜드, 더 산뜻한 포장재 만들기가 유행병처럼 번졌다. 시장에 수백 종의 브랜드 쌀이 쏟아져 나왔고, 특허청에는 상표등록을 하려는 농가들로 문전성시를 이루었다.

그런데 가족 중·소농들에게 소매시장이 유혈경쟁의 늪이 되었다. 농산물시장에서 소매시장 범위가 크게 확장되었지만, 거기에서 성공한 브랜드는 극히 드물었고, 도리어 수많은 농업인들은 대형 소매업체들이 쳐놓은 덫에 걸려들기 일쑤였다. 대형 소매업체 유통 벤더들은 소매시장 판로를 찾아 헤매는 농업인들을 먹잇감으로 여겼다. 이들은 지역 강소농 지망농가들에게 다가가 백화점이나 대형마트에 입점 시켜 주겠다고 꼬드겼다. 이들은 백화점, 대형마트 입점을 갈망하는 농업인들을 할인행사용으로 엮어 써먹곤 했다. 농업인들의 청운의 꿈이 대형 소매업체 유통 벤더들의 농간에 스러져 갔다.

홈쇼핑 현혹에 빠지는 농업인들도 적지 않았다. 홈쇼핑은 시중 가격보다 싼 가격을 통해 소비자들 구매욕을 자극하는데 시장 진입을 고민하는 농업인들이 여기에 빠져들기 십상이다. 이들은 홈쇼핑을 브랜드 홍보의 기회로 삼아 안정된 판로를 개척하겠다는 뜻을 품지만, 대부분은 높은 유통비용을 감당하지 못하고 싸구려 브랜드의 늪에서 허우적거리기 십상이다.

2. 대안시장으로 뜬 먹거리 가치중심시장

1) 1 대 1 먹거리 직거래

2000년대 들어 먹거리 직거래가 중흥기를 맞는다. 농촌진흥청이 추계한 바에 따르면 먹거리 직거래는 2001년 1천 14억 원에서 2020년 2조 5천억 원으로 25배 증가했다. 하지만 먹거리 직거래는 형식이 다양하고, 개인 간 거래가 많아 정확한 조사의 한계가 있다는 점을 감안하면 거래규모는 이보다 훨씬 큰 것으로 추정된다. 싸고 좋은 것을 지향하던 소비자들이 질 좋은 먹거리 쪽으로 눈 돌리던 차 택배와 인터넷이 발달하면서 먹거리 직거래가 폭발적으로 확장된다.

먹거리 직거래시장은 생산자는 농산물을 제값에 팔 수 있다는 점에서, 소비자는 기호에 맞는 농산물을 믿고 살 수 있다는 점에서 양자가 선호한다. 이는 4~6단계의 복잡한 유통과정을 거치지 않아 유통비를 크게 줄일 수 있다는 것이 큰 장점이 되고 있다.

우리나라가 다른 나라들보다 먹거리 직거래가 발달 된 것은 세 가지의 특수한 조건이 있다.

첫째는 잘 발달 된 택배 산업을 들 수 있다. 미국에서 심부름센터 개념으로 출발한 택배 산업은 일본을 거쳐 90년대 초 우리나라에 들어온다. 30kg 이하 소화물 배송업인 택배는 먹거리 직거래 유통 발전에 큰 영향을 주었다.

택배비는 먹거리 물품비의 10~15%를 차지하고 있는데 기존 소매 유통비에 비해 훨씬 저렴한 장점이 있다. 기존 대형마트는 50% 안팎, 홈쇼핑은 55% 안팎 유통비에다 플러스 알파가 소요된 데 비해 택배 직거래는 상대적으로 경제적이다. 또한 택배는 제주도를 제외한 모든 지역은 다음날 배송이 가능하기 때문에 생물인 먹거리들의 활용도가 뛰어나다.

둘째는 잘 발달 된 디지털 체계를 들 수 있다. 우리나라는 세계에서 인터넷망이 가장 발달 된 나라다. 국민의 90% 이상이 인터넷을 이용하고 있을 만큼 정보 이용과 공유조건이 발달되어 있다.

2010년대 들어 모바일 인터넷이 시작되고, SNS가 보편화되면서 먹거리 직거래시장도 더욱 활기를 띠게 된다. 모바일 인터넷과 SNS로 인하여 정보가 때와 장소를 가리지 않고 빠르게 유통되기 때문에 그만큼 먹거리 직거래가 용이해졌다.

셋째, 발달 된 알음알음 사회적 관계도 먹거리 직거래 발달의 한 요인이다. 2006년 연세대 사회발전연구소가 한국 사회의 연결망을 조사한 결과 한국인은 평균 3.6명을 거치면 아는 사이인 것으로 나타났다. 1967년 미국에서 이 같은 조사를 했는데 미국인은 5.5명인 것으로 나타났다. 그만큼 한국인은 서로 알음알음 관계의 폭이 좁다는 뜻이다.

사람 간 알음알음 관계의 폭은 먹거리 직거래에 큰 영향을 끼친다. 알음

알음 관계는 동향, 학연, 지연과 관련이 깊기 마련이다. 1960~70년대 농촌에서 도시로 이동한 사람들이 많은데 이들은 농촌과 인연과 관계가 깊고, 정서적 연대감이 높은 특성을 가지고 있다. 이런 인연의 관계와 정서적 연대감이 먹거리 직거래시장에 적지 않은 영향을 미쳤다.

결국 개인 간 먹거리 직거래는 알음알음 관계에서 촉발되어 온라인 공간을 만나 폭발적으로 확장되었다. 불특정 다수를 대상으로 한 인터넷 장이 직거래의 범위를 확장했다면 인간관계의 네트워크인 SNS 장은 직거래의 내용을 탄탄하게 해주었다.

2) 생협 먹거리 시장

우리 사회에서는 유기농업에 대한 편견이 심하다. "유기농업은 매우 까다로운 농업으로서 특별한 생각을 가진 사람들이 하는 농업이다"라고 한다. 또한 "유기농업은 소출량이 크게 떨어지기 때문에 농가들의 소득원이 되지 못 한다"라고 한다. 과연 그럴까?

전남 해남군에는 20년 된 한살림 생산자 공동체가 있다. 이 공동체 중 황산면에 5농가가 활동하고 있는데 2023년 현재 그 전체농가에 후계농이 있다. 후계농은 부모의 농업을 자녀가 이어받는 것인데 유기농업 단체의 모든 농가에 후계농이 생긴 것은 그만큼 소득이 높다는 것을 증명한다.

후계농은 관행농업 농가에서도 가뭄에 콩 나는 정도인데 유기농업 농가에서 후계농이 많이 생긴다는 것은 이례적인 일이다. 그렇다면 위 사례의 농가들이 우리 사회의 편견을 뒤엎는 비결은 무엇일까?

그것은 소비자생활협동조합(이하 생협)이라는 관계시장이 가져다준 덕이었다. 유기농 생산자들은 유기농 먹거리를 관행산보다 평균 40% 상회하는 선에서 생협들에 공급한다. 생산자들은 8~12개월 전에 품목, 가격, 공급량 등을 생협과 약정하여 생산에 들어간다.

이 같은 사전 약정체계 때문에 생산자들은 다품목소량생산 방식에 의한 연중 생산 방식을 취할 수 있게 된다. 즉, 안정된 판로의 조건에서 자기 특성에 맞는 기획생산을 하니까 위험부담은 줄고 소득향상을 가져오는 것이다. 약정에 의한 기획생산과 다품목소량생산으로 인한 소득률 향상이 농가 살림살이의 호조건이 되는 것이다.

우리나라에는 200여 개의 생협이 있는데 유기 먹거리를 주로 취급하는 생협은 한살림생협, 아이쿱생협, 두레생협, 행복중심생협이 손꼽히고 이중 한살림생협과 아이쿱생협이 생협시장의 80%를 점한다. 이 주요 생협들은 2020년 기준 사업액은 1조 3,273억 원이고, 소비자 조합원은 146만 명이다. 생협의 유기농시장은 국내 유기농시장의 15%에 달한 것으로 추정된다. 이는 소비자 조합원이 6,600만 명에 달하는 일본보다 크게 밑도는 수준이다. 하지만 2010년부터 2020년까지 10년간 사업액은 151%, 소비자 조합원은 210% 증가해 높은 상승세를 보이고 있다.

국내 주요 생협들은 1980년대 중반부터 1990년대 초 사이에 싹텄다. 한살림생협은 농촌운동가들이 유기농업과 농·도 직거래운동의 일환으로 시작하여 전국에 130개 생산자 조직과 83만 명의 소비자 조합원으로 성장했다. 아이쿱생협은 노동운동가들이 노동자들의 소비자운동 일환으로 시작하여 지금은 2,600명의 생산자와 45만 명의 소비자 조합원을 이루고 있다. 이렇듯 생협시장은 국내 유기농 먹거리 시장을 선도해 왔고, 가치중심 시장의 상징으로 자리 잡았다.

하지만 대형생협들은 2020년 전후 완만한 하강곡선을 타고 있다. 코로나19 펜데믹 때는 유례없는 성장을 보였지만 위드코로나 때부터는 또다시 하강세가 나타나고 있다. 이는 고성장기 때 채용한 광역물류 체계 등의 경영방식이 생협의 체질을 약화시킨 데다 유기농 먹거리 시장이 로컬푸드, 공공급식, 대형마트, 온라인 플랫폼 시장으로 분산된 데 따른 것으로 풀이된다.

3) 로컬푸드 시장

2020년대 들어 로컬푸드가 농촌지역에 선풍을 일으키고 있다. 로컬푸드는 전국 대부분 농촌지역들이 공들이고 있는데 지역 소비자들로부터 호평을 받아 가족 중·소농의 대안시장으로 자리 잡아가고 있다.

로컬푸드는 2010년대 초 씨 뿌려졌는데 2021년까지 전국 800개가 문 열었다. 이 중 611개는 농협이, 189개는 자치단체와 민간이 공동 운영하고 있다. 이때까지 전국 로컬푸드의 매출고는 8,100억 원, 참여농가는 21만 7,000농가, 소비자회원은 438만 2,000명으로 급성장했다.

이런 가운데 전북 완주군은 국내 최고 로컬푸드 선진지로 떠올랐다. 완주군은 2008년 서울의 희망제작소의 도움을 받아 커뮤니티 비즈니스(Community Business) 만들기에 들어갔다. 커뮤니티 비즈니스는 지역 공동체 기반형 비즈니스 원리를 도입하여 지역문제를 풀고자 하는 운동으로서 오늘날 사회적 경제와 궤를 같이한다. 완주군은 농촌공동체 만들기를 바탕으로 로컬푸드를 만들었다. 타 지역들이 로컬푸드 = 먹거리 매장이라 여기는 것과 달리 완주군은 농촌공동체를 기반으로 한 먹거리연대를 추구했다. 2022년 말 현재 완주군에서는 1,037명의 농가가 참여한 가운데 5개의 로컬푸드 매장과 1개의 공공급식사업체를 운영하면서 연간 2,934억 원의 매출고를 올렸다.

　로컬푸드는 자가소비를 하고 남은 것을 내다 파는 자급자족적 농업양식
과 유관하다. 이런 농업양식은 다품목소량생산을 유지하기 때문에 산지
와 가장 가까운 곳에서부터 거래구조를 만든다.

　그런데 자본주의 시장경제가 발달되어 도매시장과 대형소매시장이 활
성화 된 오늘날 로컬푸드가 왜 활기를 띠는 것일까?

　먹거리 시장이 광역화되어 이동거리가 멀어지면서 농업인들은 규모화
생산을 지향하게 된다. 이로 인하여 먹거리의 신선도는 떨어지고, 지역마
다 지닌 독특한 먹거리 가치를 잃게 된다. 또한 농업인들이 돈 되는 소품
목다생산을 지향하는 사이 먹거리의 종 다양성이 점점 빛을 잃게 된다. 이
때문에 농촌에서는 소수 대농 이외 중·소농들은 설 자리를 잃었고, 중·소
농들에 의해 유지되던 다양한 먹거리들이 단순화 되었다.

　1990년대 들어 자유시장경제의 물결이 국제적으로 거세지면서 그간 시
장경제 발달의 그늘에 가려진 문제들이 도드라지게 된다. 농업의 다원적
기능이 국제적 의제로 부각되는 가운데 가족 중·소농 살리기, 지역 순환경
제, 사회자본 등이 사회적 의제로 떠올랐다. 이런 흐름 가운데 여러 선진
국 사회에서 새로운 로컬푸드운동이 벌어졌다.

　미국에서는 인구 20만 명 내외의 지역에서 먹거리를 직거래하는 파머
스마켓이 문 열었고, 일부 연방정부에서는 농업인시장과 공동체 지원농
업(CSA) 정책의 농장·학교 연결 프로그램(FTS)이 시행되었다. 캐나다에서
는 소비자가 주거지역 100마일(약160km)이내에서 생산되는 먹거리를 먹는
'100마일 다이어트 운동'이 벌어졌다. 영국에서는 2004년 런던 먹거리 반
경을 160km로 규정하는 런던 푸드위원회를 설치했다. 일본에서는 지역

먹거리를 지역에서 우선 소비하는 지산지소운동이, 국내산 먹거리 50% 이상 소비하기를 위한 녹색등 달기 운동이 벌어졌다. 이탈리아에서는 자연의 시간표에 따라 생산한 느린 먹거리를 소비하자는 슬로푸드 운동과 먹거리에 내재된 역사적, 사회적, 심미적 가치를 보존하는 운동이 일었다.

우리나라에서는 1990년대 지역 먹거리가 몸에도 좋다는 신토불이(身土不二)라는 말이 농업·농촌 지키기 구호로 애용되었다. 이런 가운데 고속도로휴게소의 지역 특산품직매장과 자치단체들이 만든 온·오프라인 농산물 직판장, 생산자단체나 농가들이 운영하는 가로변 직판장들이 활성화되었다. 그러다가 2010년대 들어 일본 지산지소운동의 영향을 받은 지역에서 로컬푸드의 씨앗이 뿌려졌고, 2020년 전후 중앙정부의 푸드플랜[1] 지원정책과 함께 급물살을 타게 된다.

하지만 대부분 로컬푸드들은 초보 수준으로서 관주도적 경직성, 가격중심시장 의존성을 벗어나지 못하고 있다.

3. 가치중심시장을 떠받히는 시장 조류

1) 가치소비가 대세로 떠오른다

2021년 시장조사 전문기업 엠브레인 트렌드모니터가 전국 19~59세 성인 남녀 1,000명을 대상으로 조사한 바에 따르면 응답자의 63.8%가 가치소비를 경험한 적 있다고 답했다. 또한 '비싸더라도 나를 위해 투자할

---

[1] 푸드플랜은 지역 먹거리에 대한 생산, 유통, 소비 등 관련 활동들을 하나의 선순환 체계로 묶어서 관리하여 지역 구성원 모두에게 안전하고 좋은 식품을 공급하고, 지역 경제를 활성화 시키면서 환경을 보호하는 데 기여하는 종합적 관리 시스템이다. (출처 : 두산백과)

분야'는 여행 43.4%, IT와 전자제품 42.9%, 음식과 먹거리 37.9%, 의류 36.4% 순으로 꼽았다. 2021년 성장관리 앱 그로우가 MZ세대를 대상으로 조사한 바에 따르면 응답자의 79%가 '자신을 가치소비자'라고 응답했다. 이는 국민소비생활만족도 상승과 유관하다. 통계청이 조사한 2023년 국민소비생활 만족도는 21.2%였는데 이는 2013년보다 7.6%, 2003년보다 10% 상승한 결과다.

이런 통계는 우리 사회의 가치소비가 부쩍 늘고 있다는 것이고, 이런 가치소비문화는 MZ 세대에서 대세로 자리 잡고 있다는 결과다. 흥미로운 것은 과거에는 돈을 버는 재미가 돈을 쓰는 재미를 앞질렀지만, 이제는 돈을 쓰는 재미가 돈을 버는 재미보다 높다는 점이다. 가치소비는 얼마 전까지만 해도 상위 1% 정도의 부유층의 전유물이었는데 이제는 우리 사회의 보편적 소비문화로 자리를 잡아가고 있다.

또 눈길을 끄는 것은 젊은 세대일수록 '착한 소비'에 관심이 높은 것으로 나타났다. MZ 세대 가치소비는 소비행위를 통해 개인의 가치를 드러낸다는 의미의 미닝 아웃[2](Meaning Out) 소비에 방점이 찍힌다. 2020년 트렌드 모니터가 행한 '착한 소비활동 및 기부 캠페인 관련 조사'를 보면 미닝 아웃 소비의 이유는 '누군가에게 도움이 되는 소비를 해 보고 싶어서'가 63.4%, '작게나마 이웃을 돕고 싶어서'가 50.9%, '비교적 남을 도울 수 있는 쉬운 방법이라 생각돼서'가 49.8%였다.

MZ세대 착한 소비의 의미는 무엇일까? 최근 여러 조사를 재구성해 보면 MZ 세대 착한 소비는 ▲친환경적인 소비 ▲가난한 이웃을 도울 수 있

---

[2] 미닝 아웃(Meaning Out)은 품질이나 가격 등 일반적인 소비 기준과는 달리 친환경, 동물권, 성평등 등 자신의 가치와 신념에 부합하는 브랜드나 상품을 소비하는 행동. (출처 : 네이버 어학사전)

는 소비 ▲유통과정에서 서로 유익이 되는 소비 ▲사회문제 해결에 도움이 되는 소비 ▲제품의 정당한 가격을 지불하는 소비 ▲지역 공동체를 위한 소비 ▲약한 생산자를 고려한 소비 등으로 꼽힌다.

그렇다면 MZ 세대의 가치의식은 진실할까? 코로나19 펜데믹 때 나타난 일시적인 현상은 아닐까?

물론 소비의식 설문조사와 실제 소비현상이 똑 같다고 볼 수는 없다. 예컨대 친환경먹거리 소비자들이 자연의 맛을 추구한다 하면서도 제철단절형 비닐하우스에서 생산되는 때깔 좋은 먹거리를 선호하는 것은 이중적인 의식이다. 또한 불황기가 되면 가계비 지출 허리띠를 졸라매면서 유기농 먹거리 구매를 먼저 줄이는 현상도 엄연하다.

그럼에도 불구하고 가치소비는 최근 일시적인 현상이 아니라 20년 이상 꾸준한 확장추세를 유지하고 있는 것은 분명하다. 가치소비는 2000년대 초 완만한 확장추세였지만 2015년 이후에는 정보통신의 발달에 따라 빠른 확장추세를 보였다. 또한 가치소비를 주도하는 MZ세대가 우리 사회의 중견으로 성장하면서 가치소비가 시대사조로 뿌리내리는 모습이다.

소비생활 만족도가 소득만족도를 앞질러 가는 추세는 예사롭지 않다. 이는 가치소비가 사회현상을 넘어 현대인의 삶 깊숙이 자리잡아가고 있다는 방증이다. 2020년 전후기 가치소비는 소비를 통해 신념을 표출하는 개인적 차원을 넘어 돈쭐(돈으로 혼내주는 구매운동), 바이콧(특정제품이나 특정기업을 지지하는 구매운동) 등 사회적 성격으로 드러나고, 나아가 환경보전을 매개로 한 소비운동으로까지 확장되고 있다.

가치소비 추세는 기업들의 경영방식에도 영향을 미치고 있다. 소비자들이 기업의 환경적, 사회적 기여도를 눈여기자 기업들이 이에 조응하는 현상이다. 대표적인 것이 기업의 ESG경영이다. ESG란 환경(Environment), 사회(Social), 지배구조(Governance)를 함께 일컫는 말이다. 기업이 친환경, 사회적 책임경영, 투명경영을 실천하는 ESG 경영이 새로운 기업 경영 사조로 떠오르고 있다. 뿐만 아니라 기업이 사회적 문제를 해결하면서 이를 기업의 이윤추구에 활용하는 코즈마케팅(Cause marketing)도 뜨고 있다.

최근 일고 있는 가치먹거리 시장은 이런 소비 흐름과 유관하다. 소비자들이 가치먹거리를 찾고, 직거래를 통해 가치먹거리를 구매하면서 가치먹거리 시장이 형성되어 갔다. 가치먹거리 시장은 2010년 전후기까지는 개성을 추구하는 소비층과 사회의식이 높은 소비층으로 국한되는 듯 보였지만 점점 대안소비로 자리 잡아 갔다. 이는 급기야 가족 중·소농의 새 시장 활로를 여는 기회가 되었고, 지역농업 발전과 농촌 관계인구 확장의 청신호가 되고 있다.

2) 온라인시장이 먹거리 시장판을 바꾼다

정보화 사회 발달은 농산물유통의 변화에도 큰 영향을 준다. 1980년대부터 1990년대 중반까지는 도매시장이 주류를 이루었으나 1990년대 중반부터 2000년대까지는 대형마트 등 소매시장이 주류로 부상했다. 그런데 2010년대 들어 온라인시장이 거래가 힘을 받기 시작하더니 2020년 전후에는 농산물유통의 한 축으로 자리 잡았다. 2020년 이후 코로나19 펜데믹 특수기를 감안하더라도 온라인 거래가 소비의 대세인 것은 틀림없다.

2022년 통계청의 '서비스업 동향조사'에서도 이런 추세가 두드러지고 있다. 인터넷 쇼핑을 말하는 무점포 소매의 음식·식료품 판매지수는 2017년 15.4%였는데 2021년에는 60.2%로 4배나 증가했다. 같은 시기 백화점, 대형마트 등이 20%대 소폭 상승한 것과 대비된 결과다. 2015년부터 5년간 국내 소매업 실태별 매출액 추이에서도 확연하다. 이 시기 증가율을 보면 백화점은 4.8%, 대형마트 -1,2%, 슈퍼마켓 1.6%, 전문소매점 -2.8%인데 온라인 유통(무점포소매)는 70.1%였다.

온라인 먹거리 시장이 활성화되면서 거래방식도 진화를 거듭하고 있다. 온라인 먹거리 시장은 전문 쇼핑사이트와 소셜커머스 사이트로 양분되고 있고, 점차 소셜커머스 사이트가 힘을 받는 추세다. 이는 온라인상의 큰 손들의 작용에 의한 현상이다. 온라인시장 큰 손들은 네이버, 쿠팡, 이베이, 11번가, SSG, 카카오, 위메프가 대표적이다.

2000년대 초부터 힘을 받기 시작한 온라인 먹거리 시장은 초기에는 개인 직거래나 전자상거래 체계를 갖춘 지역단위 온라인 직거래업체가 주를 이뤘다. 그러나 2010년대 들어 모바일을 통한 온라인 쇼핑이 활성화되었고, 2020년대 들어선 플랫폼 방식의 온라인 먹거리 시장이 활기를 띠고 있다.

온라인 플랫폼은 인터넷, 모바일을 통한 가상 소매시장인 B2C(Business to Consumer) 방식과 도매시장형인 B2B(Business to Business) 방식으로 구분된다. B2C 방식은 기능과 운영방식에 따라 크게 오픈마켓, 소셜커머스, 종합몰, 자사몰 등으로 구분된다. 오픈마켓은 판매자와 구매자에게 열려 있는 온라인장터로서 누구나 판매자와 소비자가 될 수 있는 G마켓, 옥션, 11번가, 쿠팡, 인터파크, 당근마켓, 네이버 스마트스토어가 대표적이다. 소셜커머스는 소셜미디어와 온라인 미디어 등 SNS를 활용한 온라인 상거래로서 위메프, 티켓몬스터, 오픈마켓과 혼합한 쿠팡이 대표적이다. 종합몰은 서비스 제공자의 허가를 받아 입점하여 운영하는데 롯데ON, GS샵, H몰, CJ몰이 대표적이다. 자사몰은 스스로 쇼핑몰을 개설하여 운영하는 독립적인 사이트다. B2B 방식은 온라인 농산물 거래소, aT 사이버거래소, 공영도매 시장의 온라인 경매가 여기에 속한다.

B2C 방식 중에서 먹거리를 판매하는 쇼핑몰들도 기능과 운영방식에 따라 세분된다. 쿠팡, 롯데닷컴, G마켓, 현대H몰 등이 운영하는 온라인 종합 쇼핑몰과 마켓컬리, 더반찬, 헬로네이처 등이 운영하는 식품 전문몰이 있다. 또한 e-농협하나로마트, 이마트몰, 롯데마트몰 등이 운영하는 대형마트 온라인 매장이 있고, 한살림생협, 아이쿱생협, 초록마을 등 유기농 전문매장이 주를 이루는 친환경 먹거리 온라인 매장이 있고, 농협, 자치단체, 우체국, 생산자단체들이 운영하는 온라인 특산물 매장이 있다. (2021, 한국농촌경제연구원의 '플랫폼 기반의 농산물유통 서비스 활성화 방안'보고서 참조)

이렇듯 먹거리 시장에서 온라인시장이 주류로 등극한 가운데 플랫폼시장으로 빠르게 진화하고 있다. 하지만 플랫폼시장 활성화를 마냥 희망적으로 볼 수는 없다. 카카오택시 사태에서 보았듯 온라인먹거리 시장의 독점화 폐해가 우려된다. 플랫폼 운영기업들이 초기에는 사업 확장을 위해 입점 문턱을 낮췄다가 나중에는 문턱을 높일 가능성이 농후하다. 이 과정에서 수수료율 인상과 함께 참여 농업인들 사이에 유혈경쟁이 일 가능성이 높다. 때문에 플랫폼 기업들의 문어발식 확장에 대응할 대안이 절실하다.

3) 빅 블러가 새로운 시장조류를 형성시키고 있다

요즘 뜨고 있는 빅 블러(Big Blur)³⁾도 주목된다. 빅 블러는 4차산업혁명 바람을 타고 산업 전방위로 뻗치고 있다. 우리나라에서는 전자상거래 대기업인 쿠팡이 소매기업+물류기업+정보기술기업으로 발돋움하면서 대표적인 빅 블러 기업이 되었다. 휴대폰이 이동형 무선전화기에서 카메라와 인터넷 등 생활정보 기능을 탑재한 것이나 편의점이 생필품 공급, 은행, 커피숍, 택배업까지 뻗치는 것도 하나의 빅 블러 현상이다.

빅 블러는 특히 생산자-소비자, 온라인-오프라인, 제품-서비스의 경계를 융화시키는데 영향이 크다. 생산자와 소비자, 판매자와 구매자 간 벽이 무너진다. 소비행태가 온라인 장과 오프라인 장을 넘나든다. 쿠팡 사례처럼 유통, 물류, ICT 산업 간 경계가 융화된다.

빅 블러 현상은 농업분야에서도 나타났다. 1차산업(농업생산), 2차산업(가공업), 3차산업(유통, 서비스업)을 융화하는 6차형 농업이 그것이다. 빅 블러 현상은 농업·농촌의 다원적 기능이 중시되는 시대 추세와 함께 더욱 다양한 분야로 확장될 것이고, 가족 중·소농의 기회요소로 떠오를 전망이다. 빅 블러는 과거와 다른 현상이기 때문에 이를 선용할 혁신의지가 요구된다.

빅 블러 현상을 가치중심시장 관점에서 짚어보자.

먹거리 유통과정에서 생산자와 소비자 간 벽이 무너지고 있다. 생산자는 파는 사람, 소비자는 사는 사람이었지만 생협시장 등 가치중심시장에서는 상대 문제의 해법을 주는 연대관계가 되고 있다.

산지와 소비지의 벽이 무너지고 있다. 예전에는 농업인들이 서울시장을 겨냥했지만 로컬푸드 등 가치중심시장 발달로 '집 앞 시장'이 요긴하게 되

---

3) 빅 블러는 '흐리게 하다'의 Blur 앞에 '크게'란 Big을 결합해 만들어진 신조어로서 디지털경제 시대 이종 산업 간의 경계가 불분명해지고 융합되는 현상을 뜻한다. 빅 블러는 2013년 '당신이 알던 모든 경계가 사라진다' (조용호 저, 미래의 창, 2013)는 책에서 처음 나왔다.

었다. 소비자는 소비지 도·소매시장을 거치지 않고 산지 맛을 직접 누릴 수 있다.

식생활은 배 채우기와 문화가치가 융화되고 있다. 전통적인 식생활은 배를 채우는 데 쏠렸다. 오늘날은 배 채우기에다 맛, 안전성, 건강성을 포괄한 문화생활이 되었다.

가치먹거리 시장에서도 온라인과 오프라인이 융화되고 있다. 예전 소비자는 소비지로 이동한 먹거리를 오프라인 장에서 구매했으나 온라인 장이 대두되면서 온라인상에서 거래가 이루어졌다. 그러나 가치시장이 떠오르면서 온·오프라인 장이 융화되는 추세다. 생협시장과 일부 로컬푸드에서 일고 있는 현상이다.

가족 중·소농의 기회란 관점에서 빅 블러 현상을 짚어보자.

관광과 먹거리 소비가 융화되고 있다. 예전에는 관광은 관광지에서, 먹거리 소비는 생활권 소비지에서 이루어졌었다. 그러나 최근에는 지역을 방문하는 관광객들이 현지 로컬푸드에서 가치먹거리를 찾고, 지역 맛집 직거래 코너를 찾는 것이 흔한 풍경이 되었다. 일부 지역들이 먹거리체험 관광상품 개발을 서두르는 것도 이 때문이다.

꾸러미 직거래가 새롭게 활성화되고 있다. 2010년대 활기를 띠다가 시들했었던 꾸러미 직거래가 다시 활기를 띠고 있다. 꾸러미 직거래는 농도교류가 활성화된 마을에서 구독경제 방식으로 싹 텄는데 산지 중심의 일방적인 꾸러미가 소비자의 재구매를 이끌지 못해 시들했었다. 그러나 1인 가구 증가로 과일류, 고구마, 밤호박 같은 단 품목 직거래가 줄어드는 가운데 소비자 기호 맞춤식 꾸러미가 새로운 구독경제 바람을 타고 있다.

다품목의 가치먹거리를 결합시키는 농촌형 밀키트가 주목받고 있다. 코로나19 펜데믹으로 집밥이 활성화되면서 반조리식품인 밀키트가 각광을 받았다. 이런 밀키트 가공이 농촌형으로 새롭게 응용되고 있다. 절임 배추에다 양념거리를 결합시키는 방식 등 다양한 응용 밀키트가 활기를 띠고 있다.

로컬푸드가 먹거리 구매, 가치먹거리 정보, 향유문화의 융화 장으로 발전할 잠재력이 높다. 전국 대부분 로컬푸드들은 먹거리의 매장 운영에 주력하고 있다. 때문에 기존의 가격 중심시장을 닮아 매출 올리기에 목매단다. 그러나 로컬푸드가 가치중심시장으로 거듭나면 가치먹거리를 선도물품으로 떠올리고, 먹거리에 배태한 가치정보를 제공하고, 제철진미 향유문화를 축제화 시킬 것이다.

4. 먹거리 가치척도 변화가 가치농업을 부른다

먹거리시장의 변화와 함께 먹거리가치의 척도도 변했다. 먹거리 시장에 먹거리 공급이 넘쳐나자 소비자들은 '싸고 좋은 것'을 찾게 되었고, 맛과 때깔을 우선시 여겼었다. 그러나 차츰 가치소비층이 늘어나면서 먹거리 소비에도 질적 변화 물결이 일기 시작했다. 먹거리의 고유 맛, 안전성, 건강성(영양성), 착한 소비, 소비의 보람 등이 그것이다. 이 가치요소들을 하나씩 뜯어보자.

1) 먹거리의 '고유한 맛' 가치

소비자들은 먹거리를 접할 때 맛을 첫째 조건으로 꼽는다. 하지만 맛을 느끼는 척도는 천차만별이다. 사람마다 맛을 느끼는 감도가 다르고 맛에 대한 취향이 다르기 때문에 맛을 한 가지 잣대로 말하는 것은 무망한 일이다. 그렇다고 먹거리 맛을 아무렇게나 주관적으로 말할 수 없다. 먹거리는 고래부터 사람이 취해온 생존 수단이자 문화의 꼭짓점 요소로서 면면히 흐르는 전형이 있다. 따라서 먹거리 맛 정체도 그 전형에 따라 알아보는 것이 타당하다.

흔히 맛있는 음식의 결정체는 요리하는 사람의 손맛이라고 말한다. 여러 식재료를 잘 조합하는 기술에 의해 맛이 더해지고 곱해져 지기 때문에 요리사의 능력과 맛이 비례한다는 것이다.

그런데 요리 고수들의 말은 다르다. 대부분 요리 고수들은 음식 식재료의 고유한 맛이 음식 맛의 80% 이상을 점한다고 말한다. 요리사의 손맛은 불과 20% 정도이므로 요리 고수일수록 식재료의 고유한 맛을 살리는 쪽으로 요리한다는 것이다. 때문에 좋은 식재료를 찾아 고르는 안목과 고유한 맛을 살리면서 식재료 간 궁합을 잘 맞추는 기술이 요리 고수의 으뜸 덕목이라고 한다.

그렇다면 좋은 식재료의 고유 맛 정체는 무엇일까?

2000년대 초 먹거리 이야기를 소재로 한 만화 '식객'이 인기를 끌었는데 거기서 단초를 찾아보자. 이 만화는 성찬이란 주인공 총각의 제철진미 기행기다. 성찬은 철마다 가치먹거리를 구해 그 가치를 알아주는 사람들에 공급하는 떠돌이 먹거리 상으로 등장하는데 지역에서 생산되는 갖가지 제철 가치먹거리의 진미를 이야기한다. '식객'만화는 제철진미를 먹거리 고유한 맛의 정체라고 말한다. 제철이라는 계절성과 진미를 나타내는 장소적 특성이 만나는 것이 제철진미란 것이다.

제철 먹거리는 계절의 변화 주기에 따라 생산되는 먹거리다. 계절변화는 지구가 공전하면서 낮과 밤의 길이가 달라지고, 태양복사열이 달라지는 것과 지형, 해발고도 등 지구조건에 의해 생긴다. 이로 인해 사람의 몸은 계절의 변화로부터 직접 영향을 받기 때문에 계절에 따른 먹거리가 건강에 이롭다는 논리가 형성되었다.

진미는 제철에다 산지의 특성이 더해지는 맛이다. 지역마다 기온, 일조량, 바람결, 강수량, 적설량, 만상일, 초상일이 다르고, 토양도 다르다. 때문에 여기에서 생기는 맛의 차이가 크기 마련이다. 바다의 자연조건은 육지보다 더 복잡하기 때문에 해산물 맛은 한 마을 건너 다르게 나타난다.

비닐하우스에서 생산한 봄 쑥과 거문도에서 해풍을 맞고 자란 봄 쑥은 맛과 향이 전혀 다르다. 상대적으로 시원한 강원도 고랭지의 배추나 가을 일교차가 큰 철원 쌀은 맛의 고유성이 확연하다. 요즘 일부 농가들이 먹거리의 맛을 올리려고 인위적인 자재를 사용하지만, 지역·자연적 특성의 가치를 넘지는 못한다.

먹거리 향유문화는 먹거리의 고유한 맛을 더해준다. 지역에는 그 지역 먹거리의 고유한 맛을 향유하는 고유문화가 전래된다. 이런 먹거리 향유문화는 고유한 맛을 내는 먹거리 문화 콘텐츠 자원이다.

2) 먹거리의 '안전성' 가치

현대인들은 수많은 공포거리에 겹쌓여 산다. 재해, 전염병, 전쟁 등과 함께 먹거리에 대한 공포심도 최상위권에 든다. 먹거리는 매일 일상 속에서 접하는 대상으로서 언제, 누가, 어떻게 피해를 당할지 모른다는 예측불가능 때문에 큰 공포로 작용한다.

소비자들 밥상이 날로 위험의 늪에 빠져들고 있는 가운데 1997년 환경농업육성법이 만들어졌다. 그런데 이 친환경농업 제도와 정책이 공해 대 비공해란 이분법적 잣대로 만들어져 지금껏 그 기조가 유지되고 있다. 공해 대 비공해란 잣대는 화학비료, 화학농약을 치는 농업과 그런 것을 안 치는 농업으로 구분 짓고, 화학비료, 화학농약만 안 치면 친환경농업이란 변질된 인식을 고착시켰다. 환경에 대한 사회적 관심은 공해문제에서 생태문제로, 기후위기와 지속가능성으로 바뀌고 있는데 친환경농업 잣대는 30년 전 논리에 포박돼 있는 것이다.

이런 이분법적 잣대로 만들어진 친환경농업 인증제는 화학비료, 화학농약을 안 쳤는지 따지는 결과 중심 인증제다. 이는 유기농업 본질과 거리가 멀 뿐만 아니라 생산 이력 같은 농업의 진실이 사장되고, 농자재의 오남용을 불러 토양오염을 양산 시키고 있다. 잘못된 제도가 친환경농업을 타락시켜 소비자들의 불안을 키우고 있는 것이다.

정부가 가치먹거리 시장에도 혼란을 주고 있다.

2023년 현재 농림축산식품부 관할 먹거리 인증표시는 유기농, 무농약, 저탄소, 지리적표시제, 전통식품, 식품명인, 우수 관리인증 등 13종에 이른다. 게다가 여러 시·도와 시·군들도 자체 인증브랜드를 사용하고 있기 때문에 농가의 한 품목 먹거리 포장재에 3~5개의 인증표시물이 붙어 있는 것이 흔한 모습이다. 이는 대부분 소비자들이 잘 모르는 인증표시물로서 인증의 변별력 효과를 떨어뜨릴 뿐만 아니라 인증 난립에 따른 소비자 불신을 키우고 있다.

이런 가운데 지난 2006년부터 농산물 생산단계부터 판매단계까지 농산물의 농약, 중금속, 유해생물 등 유해요소를 잘 관리하는 농산물에 우수농산물관리제도(GAP 인증제)를 부여하였다. 하지만 대부분의 소비자들은 이 인증을 친환경농산물 인증으로 오인하고 있어 정부가 먹거리 불신을 부채질하는 꼴이다.

먹거리 위험도가 높아갈수록 안전한 가치먹거리에 대한 소비자들의 간절함도 높아가고 있다. 요는 신뢰의 문제다. 겉만 그럴싸하게 분칠한 가짜 먹거리가 판치는 가운데 잔류농약검사만으로 소비자 마음을 살 수 없는 구조적 문제를 여하히 불식시키느냐가 관건이다.

소비자들은 잔류농약검사 결과라는 사실보다 앞뒤 정황이 읽히는 진실을 더 신뢰한다. 생산에 얽힌 이야기와 진실한 생산 이력에 공감하고, 생태와 농업인이 공생·공존하는 제철진미에 감동한다. 때문에 먹거리 안전성을 바라는 소비자의 마음은 가치먹거리의 더 큰 기회의 장이 되는 셈이다.

3) 먹거리의 '건강성(영양성)' 가치

오늘날 먹거리 소비자들은 먹거리의 맛, 안전성 못지않게 몸에 좋은 건강성을 많이 따진다. 몸에 좋다는 먹거리가 TV에 소개되면 그 먹거리가 불티나게 팔리고 한동안 유행 바람을 일으킨다. 코로나19 펜데믹을 겪으면서 사람들은 좋은 먹거리가 어떤 약보다 좋다는 것을 깨달았다.

몸에 좋은 먹거리에 대한 정보가 난립하면서 소비자들의 혼란의 골도 깊어져 가고 있다. 정보의 바다에는 커피가 몸에 이롭다는 정보가 있는가 하면 해로운 점이 많다는 정보도 있어 어느 장단에 춤을 출지 헷갈리기도 한다. TV 방송에서 유행하는 '먹방'은 영양성과 건강성에 엇나간 채 무분별한 사행성 방송으로 치닫고 있다.

이런 가운데 식품의약품안전처가 제공하는 식품영양성분 정보가 시대에 뒤떨어진 것이어서 효용성 논란을 불러일으키고 있다. 이 정보는 우리나라 단체급식 영양 식단 짜기 기초자료로 쓰이고 있다.

그런데 이 정보는 기본적으로 영양과부족시대 논리를 바탕에 깔고 있다. 일부 품목은 품종별, 계절별, 부위별 지표를 적용하고 있지만 아직도 많은 품목은 획일적으로 적용하고 있다. 또한 특성 조건을 적용한 것도 현실과 동떨어져 있다.

실제 먹거리 시장에서는 비닐하우스산과 노지산에 따라, 생산 계절에 따라, 친환경 유무에 따라 가치를 달리하고 있다. 게다가 흑산홍어, 무안낙지, 여주 고구마, 철원 쌀 같은 특산지에 따라 가치를 달리하고 있다.

요즘 시장에 나오는 신선채소는 비닐하우스산이 대세다. 하지만 비닐하우스산 채소와 노지산 채소의 영양성 차이는 매우 크다. 겨울 시금치의 경우 노지에서는 얼었다 풀렸다를 반복하는 가운데 해풍을 맞고 자란 시금치는 단맛이 높고, 식이섬유, 비타민, 철분, 베타카로틴 함량이 월등하다.

지역의 토양, 기온, 바람, 햇빛 등의 조건은 먹거리 영양에 큰 영향을 끼친다. 실제 2007년 전남대학교 식품영양학부가 해남군의 의뢰를 받은 '해남군 황토농산물 식품가공 가능성조사'보고서에 의하면 지역 먹거리는 환경적 특성에 의해 영양소의 유의성이 큰 것으로 나타났다. 이 보고서는 해남군 적황토지대에서 생산된 농산물은 철분 함량, 무기질 함량, 당도가 유의적으로 높다고 밝혔다. 또한 해남의 토종갓은 개량된 갓에 비해 안토시아닌과 항산화 활성이 탁월한 것으로 나타났다.

지역마다 산재한 건강 먹거리들은 가치중심 소비자들에게 좋은 매력거리다. 따라서 먹거리들이 지역적 특성에 따라 영양성의 어떤 유이성이 있는지 눈 들어 볼 일이다. 이런 영양성의 특성이 맛의 특성과 어떻게 궁합을 이루는지 조사하고 새로운 가치를 창안할 때다.

4) 먹거리 '착한 가격'의 가치

고래부터 소비자는 싸고 좋은 것을, 생산자는 비싸게 파는 것을 지향하는 속성을 가지고 있다. 하지만 시장에서 소비자와 생산자가 만족을 얻기란 극히 힘들다. 다단계로 형성된 유통과정과 수요와 공급 조건에 따라 롤러코스터를 타는 가격결정 조건이 소비자와 생산자 간 이해관계를 엇갈리게 만든다.

놀이터의 시소처럼 소비자든 생산자든 어느 한 편 조건에 쏠리는 것이 먹거리 시장의 모순구조다. 그렇기 때문에 생산자는 대박 옆에 쪽박을 차는 처지가 되었다. 우리나라는 선진국에 비해 유통과정이 다단계인 데다 자본과 결탁한 도매법인들 때문에 농산물 도매시장의 구조적 모순이 쉽사리 해소되지 않는다.

소비자는 알맞은 가격에 사고, 생산자는 생산비 기준의 제값에 팔 수 없을까? 양자 간 이런 고민 가운데 직거래시장이 만들어 졌다.

직거래시장은 질적 신뢰성과 착한 가격이 핵심요소다. 5~6단계를 거치는 기존 유통단계를 2~3단계로 줄이면서 절감된 유통비용을 생산자와 소비자가 나눌 수 있는 것이 큰 이점이다.

직거래시장에서는 생산자가 산출한 생산비와 도매시장의 평균 거래가격이 직거래 가격결정의 핵심 요소다. 여기에다 친환경 유무, 재배기술, 특이자재, 품의 등이 덧씌워지는데 대개는 큰 무리 없이 유지된다. 문제는 시장에서의 폭등과 폭락 소식이다.

소비자가 먹거리를 안정되게 공급받고, 생산자가 예측가능하게 생산하려면 가격과 공급량이 사전에 약정되어야 한다. 하지만 이를 제대로 이행하기 쉽지는 않다. 출하기 때 가격이 폭락하거나 폭등하면 생산자와 소비자의 마음이 흔들리기 쉽다. 시중 가격이 폭등하면 생산자 마음이 흔들리고, 폭락하면 소비자 마음이 흔들리기 마련이다. 때문에 생산자와 소비자가 더 넓게, 더 길게 보면서 서로의 마음 끈을 단단히 묶는 노력이 요구된다. 생산자는 다품목 농업을 통해 부족분을 상쇄시키고, 소비자는 다품목 소비와 지속적인 소비를 통해 손실분을 상쇄시킬 수 있다는 인식이 중요하다.

생협시장은 착한 가격 실현의 선도 사례다. 생협이 생산자와 소비자가 참여한 가운데 사전 약정을 체결하여 생산과 소비의 바른 실천을 도모한다. 착한 가격 실현을 위해서는 바른 소비의식을 가진 소비자들과 착하게 생산하는 농업인들의 가교역할을 하는 중간 매개체의 역할이 중요하다.

생산자와 소비자 간 착한 가격 실현은 상호 소통과 신뢰의 끈이 작용한 결과로서 양자 간 만족도 높은 가치중심시장이다.

5) 먹거리 '보람 있는 소비'의 가치

전통적인 가계 운영은 수입과 지출구조였다. 이때 살림살이는 돈벌이를 늘리고 씀씀이를 줄여 저축하는 것이 으뜸 덕목이었다. 때문에 가계 관리를 주도하는 부녀자는 알뜰한 소비를 자랑으로 여겼다. 적은 돈을 들이고도 좋은 물품을 사려는 마음에서 가성비[4]라는 신조어가 나왔다.

소비자들은 기대만큼의 만족도를 느끼려고 여러 경로로 소비정보 채널을 찾는다. 알려진 미디어에도, 좁게 흐르는 입소문에도 귀를 기울여 본

---

4) 가성비란 '가격 대비 성능비'를 줄인말로써 지불한 가격에 비해 얼마나 성능(만족감)이 높은지를 의미하는 신조어다. (출처 : 네이버사전)

다. 하지만 소비의 결과를 보면 만족을 느끼는 경우보다 불만족을 느끼는 경우가 더 많다. 특히 홈쇼핑, 온라인 시장 같은 싼 가격을 내세운 시장일수록 소비의 만족도는 낮게 나타난다.

그러나 어쩌다 신뢰도 높은 구매처를 만나면 소비의 만족도는 급상승한다. '잘 샀다'는 포만감은 소비의 만족감을 넘어 생활의 보람으로 이어진다. 이런 소비심리가 가심비[5]다. 값싼 시장에서 좋은 것을 찾으려는 가성비 소비의 단계를 넘어 정당한 가격을 주면서 소비 만족도를 누리는 가심비 소비로 발전한다. 때문에 가심비 소비는 가치중심시장과 가치중심 소비가 맞닿아 있다.

또한 소비자는 자신의 소비행위가 선한 행위로 귀결될 경우 그 소비활동은 일시적 보람을 넘어 삶의 행복으로 귀착된다. 이는 지속적인 가치중심 소비를 지향하는 소비자들에게서 나타나는데, 생협운동이 한 표상이다. 요즘 MZ 세대에서 일고 있는 미닝 아웃도 이런 흐름과 유관하다. 개인이 신념과 가치관을 통해 소비하는 풍조는 농촌에 대한 소비자의 능동적인 참여를 불러일으켜 향후 농촌 관계인구 확장의 기회가 될 것이다.

친환경 먹거리 소비자들은 점점 먹거리 안전성을 생각하는 범위를 넘어 농촌 생태환경 보전 쪽으로 눈을 돌리고 있다. 소비자가 철새와 농업인들이 공생·공존하는 생태 터전의 쌀을 구매하면서 생태보전의 보람과 생태 관광의 유익성을 함께 느낄 수 있다면 소비 만족도는 더욱 높아질 것이다.

이렇듯 가격만 좇던 소비풍조가 가격 대비 심리적 만족도를 중시하는 가심비 소비 쪽으로 변화되고 있다. 이런 변화 가운데 먹거리의 고유 맛, 안전성, 건강성을 매개로 착한가격 체계가 만들어 지면 소비의 보람은 한껏 상승할 것이고, 나아가 생산자와 소비자는 돈독한 먹거리연대로 발전

---

5) 가심비란 '가성비+마음 심(心)'의 합성어로써 가성비뿐만 아니라 심리적인 만족감까지 채워주는 소비형태를 의미함 (출처 : 네이버 오픈사전)

해 갈 것이다.

5. 이제는 가치농업이다

1) 왜 가치농업인가?

주지하다시피 2000년대 들어 농업·농촌을 둘러싼 환경에 큰 변화바람이 일었다. 농산물 생산지로만 인식되었던 농촌이 다원적 공익가치의 장으로 조명받고 있다. 가격중심시장 일색이던 먹거리 시장이 가치중심시장으로 대체되고 있다. 이로 인해 소품목다생산 농업이 다원시장에 발맞춘 다품목소량생산 농업으로 변화되고 있다. 지방분권 바람이 일면서 지역 특성에 의한 지역농업시대를 재촉하고 있다.

하지만 이런 변화기류를 능동적으로 타는 농촌지역들은 드물다. 때문에 가치중심시장의 열매는 소수 유기농가들만 차지하고, 강소농 정책 열매는 극소수 '스타농' 차지로 국한되고 있다. 농업·농촌의 다원적가치는 농업보호를 주장하는 논거 수준에 머무르고 있다. 농업의 공익적기능에 따른 직불제가 시행되고 있지만 공익적기능을 확대 재생산시키는 힘은 부친다. 농촌 사회적 경제는 생나무에 기름 붓는 당위적 사업에 머무르고 있다. 귀농의 물결이 일고 있지만 그들이 비빌 마땅한 언덕이 없어 좌절의 늪에서 헤매기 일쑤다. 가족 중·소농을 살려야 한다는 시대적 요구는 있지만 이들을 일으킬 마땅한 대안을 못 찾고 있다.

어떻게 하면 농업·농촌이 내재가치를 잘 살리고, 가치시대 바람을 잘 탈

수 있을까? 집 마당에 봄바람이 불고 화원이 펼쳐져 있을지라도 문을 열고 나가지 않으면 봄기운을 품을 수 없다. 요는 문고리다. 문이 있을지라도 손에 잡히는 문고리가 없으면 문이 열리지 않아 화원의 마당으로 나갈 수 없다. 그렇듯 지금 농촌에도 새 시대, 새 비전의 장으로 나아갈 문고리가 필요하다.

문고리는 문을 여닫을 사람에게 최적화 되어야 한다. 어린이방 문이라면 문고리 높이를 고려해야 하고, 노인방 문이라면 악력이 약한 조건이 고려되어야 한다. 그렇듯 지금 농촌에 필요한 문고리도 새 시대 새 비전을 품을 사람들에게 최적화되어야 마땅하다. 그 문고리가 곧 가치농업이다. 가치농업은 농업이 새로운 시대, 비전의 장으로 나아갈 최적화 문고리다. 가치농업은 농촌주민들이 쉽게 접근하여 열매를 딸 수 있는 주체적 농업이자 농촌밀물시대 물꼬 트기와 농촌활력을 가져올 지름길 농업이다.

2) 가치농업의 개념

오늘날 가치란 말이 유행하고 있다. 가치중심 경영, 가치중심 리더십, 가치중심시장 등 가치를 중심에 놓은 개념어들이 쏟아져 나오고 있다. 좋은 것, 값어치의 뜻을 가진 가치가 새롭게 바람을 탄 것은 시대변화와 밀접하다. 이는 포스트 포드주의 시대로의 변화와 디지털 발달에 따른 4차 산업혁명시대 진입과 유관하다.

오늘날 시대가 요구하는 핵심가치로는 해법중심 가치, 지속가능성 가치, 사회적 가치를 꼽는다. 이를 농업에 적용시켜 보자면 ▲가치중심시장에 최적화하는 가치 ▲농촌 어메니티 자원을 보존하고 확장하는 가치 ▲사회자본이 주민 행복으로 이어지는 가치가 시대가치와 잘 부합된다.

'꿩 잡는 것이 매다'라 듯이 모름지기 가치는 문제 해결의 해법을 추구한다. 때문에 먹거리 시장문제 해결을 위한 가치중심시장의 최적화 가치는 해법중심 가치와 부합된다. 농촌 어메니티 자원은 농촌다움의 표상으로서 지속가능성 가치와 부합된다. 주민생활 언저리에서 싹트는 농촌 사회자본은 사회적 가치와 부합된다.

이처럼 시대가치를 체화시킨 것이 가치농업이다. 때문에 가치농업은 가치시대 요구에 부응한 농업이고, 농촌의 내재자원과 농촌다움을 새롭게 최적화시킨 농업이다. 따라서 가치농업은 새로운 발상의 전환을 요구한다. 규모화경제를 좇던 생산중심주의 양적가치를 농촌 내재가치 중심의 질적가치로, 틈새 이익을 노린 부가가치 중심 가치를 농촌다움을 통해 블루오션을 항해하려는 본질적 가치로, 구호중심 추상적 가치를 손에 잡히는 실사구시 가치로 바꾸는 것이다.

그렇다면 가치농업은 누가, 어떤 가치를, 어떻게 구현할 것인가가 관건이다.

가치농업의 핵심주체는 가족 중·소농이다. 가족 중·소농은 가치농업이 요구하는 시대적 가치에 가장 부합된 농업이다. 또한 이들이 농업·농촌 다원적 기능의 핵심주체로서 농촌의 문화, 환경을 보전하고 사회적 가치를 실현할 지속가능한 농업의 동인이다.

가치농업이 담을 가치는 농촌의 내재가치다. 농촌의 토양, 기후 등 자연적 조건과 오랜 세월 퇴적된 문화, 농촌에 살아 숨 쉬는 자연·생태환경이 주된 가치원이다. 농촌의 자연·문화·생태 친화적 가치라야 자원끼리 유기하고, 융·복합하기 용이하다.

가치농업은 농촌 내재가치를 종잣돈 삼아 가치를 증식시키고 가치의 외연을 확장시킨다. 가치농업은 농촌 문화·환경적 특성의 토대에서 먹거리 개성과 다양성을 품고, 어메니티 자원을 키운다. 또한 농촌사회 순환경제와 내생적발전을 도모한다. 이런 일련의 기능은 공동체 가치와 연동된다. 가치와 가치를 잇고, 가치 그물코를 짓는 동력원이 공동체다. 공동체 가치는 스펀지처럼 흡수력과 보온성과 완충성을 발현하면서 가치 증식과 가치의 외연확장 기능을 한다.

그렇다고 가치농업은 쉽게 거저 얻는 것이 아니다. 가치농업의 기초를 쌓으려면 내재가치를 찾고 콘텐츠화하기까지 질 높은 조사·연구가 필요하다. 가치농업은 가치자원의 구슬 꿰기와 그물코 짓기 같은 일련의 공동체 활동을 요구하기 때문에 단계별, 과정별 공동체 역량을 잘 쌓아야 한다. 가치농업이 가치중심시장에 안착하고 좋은 브랜드로 성장하기까지 여러 계단을 하나씩 밟아 올라가는 수고도 필요하다.

그런데 만약 내재가치를 수박 겉핥기식으로 찾고, 입맛대로 왜곡하면 가치농업은 금세 빛이 바랜다. 또 가치농업의 구슬을 꿰지 않거나 씨줄 날줄을 만들어 그물코를 짓지 않으면 헛일이 된다. 또 가치농업이 가치중심시장의 성장 계단을 무시하면서 건너뛰기를 반복하면 말짱 도루묵이 된다.

정리하자면 가치농업은 가치중심시장의 대두에 따라 요구되는 가치시장재와 농촌다움을 나타내는 농촌 어메니티 자원, 농촌 내생적발전의 동력원인 사회자본을 융합한 개념이다. 이는 농업·농촌이 포스트 포드주의 시대환경에서 나타난 가치시장에 조응하고, 기후위기시대를 살아갈 지속가능한 농업상을 품으려는 농업이고, 미래농업을 담보할 가족 중·소농 살리기에 적합한 농업이다. 그런 점에서 가치농업은 가족 중·소농 살리기와 농촌공동체의 지렛대가 되고, 농촌밀물시대 물꼬를 트고, 지속가능한 농업의 발판이 된다. 뿐만 아니라 가치농업은 농촌과 도시를 잇는 끈이 되고, 농업인과 도시민이 연대하는 '같이농업'이 된다.

1. 가족 중·소농이 살아야 농촌이 산다

1) 시대 화두로 뜨는 가족농 살리기

2014년은 UN이 정한 '가족농의 해'였다. 나아가 UN은 2018년 '농업인과 농촌에서 일하는 사람들의 권리선언'을 채택했고, FAO(세계식량농업기구)는 2019년부터 2028년까지 10년을 '국제 가족농업 10년'으로 정했다.

세계가 가족농 살리기에 눈 돌리는 것은 산업화와 시장개방화가 세계 농업·농촌의 몰락을 초래한 데에 대한 반성의 의미가 크다. 농업을 공업중심의 산업화 체계에 편입시키려고 산업농을 육성하려고 했지만, 성과는 미미할 뿐 많은 폐단을 불러왔다. 산업농 중심의 농업정책이 도리어 식량의 생산성을 떨어뜨렸고, 먹거리 다양성을 파괴시켰고, 농촌의 환경 파괴를 불렀고, 농촌사회 붕괴를 부채질했다는 결론에 다다른 것이다.

때문에 FAO는 '세계 가족농의 해'를 촉진하기 위해 UN 체제에 든 정부기구, 국제 개발관련 기구, 농업관련 NGO들과 공동활동을 폈다. '세계 가족농의 해' 활동은 농촌지역 빈곤해소, 나라별 식량안보 유지, 먹거리 다양성 보전, 환경보전과 지속가능한 개발 등을 중점과제로 설정했다.

FAO가 가족농을 21세기 대안농업으로 든 것은 유럽농업에서 나타난 가족농 살리기의 성과도 기저에 깔려 있다. 유럽 나라들은 산업화 과정에서 가족농 중심의 상업농을 안착시켰고, 농업발전을 국가사회의 기단석으로 활용했다. 유럽의 상업농은 20세기 협동조합 발달에 힘입어 지역사회 유착형 농업으로 발전되었다. 오늘날 유럽이 농업의 다원적 기능과 농촌 어메니티 개발의 선진국인 것은 가족 중·소농 보호를 디딤돌로 삼았기 때문이다.

UN이 말하는 가족농은 누구일까? 가족농은 각국의 농업양식에 따라 다소 차이가 있지만 토지를 소유하지 않은 농업 노동자부터 영세소농을 포함하고, 고용된 노동력 등 타인 노동이 중심을 이루는 기업농이나 대농을 제외하는 것이 보편적이다. 영국에서는 가족농을 '가족노동력을 중심으로 소규모 농업을 하는 경영체'라 하고, 미국은 경영주가 가족노동을 농작업 대부분을 수행하며, 농업 수입만으로 가족을 부양할 수 있는 농업이라고 규정한다.

2) 가족농을 둘러싼 논쟁

국제사회가 가족농의 위상을 치켜세우자 국내에서 가족농을 둘러싼 논쟁이 일기 시작했다. 이 논쟁을 뜯어보면 크게 두 가지 논점이 떠올랐다. 하나는 시장주의 관점이고, 다른 하나는 공공주의 관점이었다. 시장주의는 농업을 산업적 관점에서 접근하는 생산주의와 궤를 같이한다. 공공주의는 농업을 농촌이란 사회적 관점에서 접근하는 인본주의와 궤를 같이한다.

■ 시장주의자들이 본 가족농

시장주의자[1]들은 1980년대부터 30여 년간 우리나라 농정을 주도했다. 이들이 산업화시대 농정의 기틀을 세웠다 해도 과언이 아니다. 지금은 예전에 비해 힘이 좀 빠졌지만, 아직도 농정의 한 축으로 건재하고 있다. 이런 시장주의자들이 가족농에 대해 목소리를 내기 시작했다.

시장주의 쪽 대표적 학자인 단국대 김태연 교수가 2023년 3월부터 5월까지 '한국농어민신문'에 두 차례 실은 가족농에 대한 칼럼을 간추려 본다.

김 교수는 '가족농, 미래농업의 주역일까?'란 칼럼에서 "20세기 초에는 가족농을 자급하는 소규모 농가로, 기업농은 상업적 농업을 수행하는 대규모 농가로 구분했지만, 기술발전, 경영규모가 확장된 오늘날에는 가족농을 기업농과 분리하지 않는다"라고 했다. "그런데도 전체 농가의 82%를 차지하는 중·소농을 가족농이라 특정하면서, 이들의 보호를 주장하는 것은 다분히 농업보호를 강조하려는 감성적 용어에 불과하다"면서 "때문에 가족농을 우리나라 농업발전의 주역으로 설정하고 향후 산업적 발전에 기여할 것으로 기대하는 주장은 문제가 있다"고 썼다.

김 교수는 '우리나라 농가 대부분은 가족기업농이다'라는 제목의 두 번째 칼럼에서 "기업의 개념은 이익을 목적으로 생산, 판매, 금융, 서비스 따위의 사업을 하는 생산 경제의 단위체 또는 그 사업이 주체로 정의 된다"면서 "현대 가족농은 대부분 판매를 목적으로 생산하기 때문에 가족기업농이다"라고 주장했다. "따라서 농업을 통칭하는 개념의 가족농이란 용어를 거두고 규모에 따라 중·소농과 대농으로 구분하여 각각이 수행할 수 있는 역량에 맞도록 정책을 추진해야 한다"고 강조했다.

---

1) 시장주의자는 농업을 자유시장경제논리로 보는 이들을 말한다. 우리나라에서는 1980년대 대 미국 유학파들을 중심으로 시장주의 그룹이 형성되어 증산·생산주의 농정을 이끌었다.

김 교수의 이 같은 논리는 UN이 말하는 가족농 개념과 큰 차이가 있다. 주지한 바와 같이 UN은 산업농을 지향한 각국 농업이 식량, 환경, 빈곤 문제를 일으켰기 때문에 이런 문제를 해소하고 지속가능한 농업을 유지하기 위해 가족농을 살려야 한다고 적시했다.

하지만 김 교수는 국제사회의 가족농 살리기 논거와 무관하게 산업농 육성만 강조하고 있다. 또 국제사회가 가족농을 농업·농촌 다원적 기능의 보루로 여기면서 미래농업의 대안이라 여기는 것에 대해 김 교수는 중·소농의 농업·농촌 다원적 기능을 지지·보상해 주는 식으로 접근하면 된다고 말한다. 중·소농에 의한 농업·농촌 다원적 기능을 매우 낮게 여긴 것이다. 게다가 김 교수는 UN이 든 산업농 중심 농정의 반성문은 아랑곳하지 않은 채 철 지난 생산주의 농업과 규모화 농업만 내세우고 있다.

■ 공공주의자들이 본 가족농

가족농 논쟁에 대해 공공주의자[2]들은 어떤가? 공공주의자들은 UN의 '가족농의 해' 제정을 반기면서 '국제 가족농 10년'의 의미를 높게 평가하고 있다. 이들은 산업농 육성정책의 폐해에 한목소리를 내면서 가족농 살리기에 목소리를 높이고 있다.

공공주의자들은 가족농 살리기의 당위적 주장에 목소리를 높이면서 국가(중앙정부)를 가족농 살리기 주체로 인식한다. 국가가 농업·농촌의 다원적 기능 지지정책을 펴고, 이를 위한 헌법, 법률 등 제도적 기틀을 만들어야 한다고 주장한다. 이를 토대로 농업인 기본소득과 생산, 문화, 환경과 연동된 직불금 제도를 만들면 가족농이 살고 농촌이 산다고 한다.

---

2) 공공주의자는 농업·농촌을 공공재 관점에서 접근하는 이들이다. 이들은 유럽이나 사회주의권 나라의 보장성 농업정책에 주목하면서 시장주의 농업정책과 대립각을 형성한다.

하지만 많은 공공주의자들의 가족농 살리기 대안은 국가중심주의다. 국가가 가족농을 살릴 제도와 정책을 만들면 가족농문제는 저절로 해결된다는 논리다. 때문에 농촌사회와 중·소농을 가족농 살리기 주체에서 빼 버리곤 한다. 게다가 시장논리를 배격하면서 가치중심시장을 평가절하하는 이들이 많다.

뿐만 아니라 공공주의자들은 가족농 살리기에 대한 사회적 공감대 만들기에도 소극적이다. 농업·농촌의 다원적 기능이 힘을 받으려면 이에 대한 사회적 관심과 공감을 불러일으켜야 한다. 전 인구의 4.2%에 불과한 농업인들이 농업·농촌을 지키는 데는 한계가 있기 때문에 국민이 지키는 국민농업의 당위를 주장해야 한다. 하지만 공공주의자들 중 이런 일에 관심을 두는 이는 별로 없다.

도시인을 비롯한 비농업인들의 동의와 합의를 통해야 농업인 기본소득도 직불금도 약발을 더 크게 받는다. 도시인들이 농업·농촌의 가치에 관심을 갖고 참여해야 가치중심시장과 관계인구 쪽 선순환구조가 만들어진다. 이게 모두 가족농 살리기와 일맥상통한다. 하지만 대부분 공공주의자들은 국가주의 농정에 천착한 나머지 이를 등한히 여긴다.

3) '가족농'을 '가족 중·소농'으로 규정해야 정체성이 산다

그렇다면 우리나라 가족농의 정체성을 어떻게 세울까? 이는 우리농업의 절대다수의 이해와 맞물려 있고, 우리 농업의 절대가치인 농업·농촌 다원적 기능이 포함되고, 우리 농업의 미래를 담보할 방향과 밀접한 관련이 있는 중대한 일이다. 때문에 앞서 살펴본 시장주의자 관점과 공공주의자 관점의 한계와 문제점을 간추려 보면서 대안점을 찾아보자.

시장주의자들은 가족 중·소농을 농업 주체로 여기지 않고 농촌에 사는 재촌 주민 정도로 본다. 대신 기존의 산업농 본위 정책을 고수하면서 나아가 농업에 진입하려는 대자본가에게 문을 열어 본격적인 기업농시대로 나가야 한다는 생각도 읽힌다. 이에 비해 공공주의자들은 시장경제에 대한 알레르기 반응을 보인 나머지 가치중심시장과 상업농의 존재가치를 평가절하한다. 나아가 이들은 농업·농촌의 공공성에 방점을 찍고서 국가가 이를 실현시켜줘야 한다고 여긴다.

따라서 가족농의 현재와 미래를 관통할 정체성을 세우려면 공공주의와 시장주의를 아우르는 쪽을 지향해야 옳다. 농업·농촌의 가치에 대한 사회적 공유를 바탕으로 가족농 중심의 상업농과 가치중심시장을 북돋우는 방향에다 깃대를 꽂는다. 이와 함께 가족농업의 본질인 자가노동의 가치를 중시한다. 이를 전제로 다음 두 가지 방향에서 가족농의 위상을 조명한다.

첫째, 가족농을 가치농업의 주체로 자리매김한다.

주지하다시피 가치농업은 가치중심시장의 대두에 따라 요구되는 가치시장재와 농업·농촌의 다원적 기능에서 나타난 농촌 공공재, 농촌 내생적 발전의 동력원인 사회자본을 포괄한 새로운 개념이다. 가족농은 농업·농촌의 가치중심시장과 농촌 공공재, 농촌의 사회자본을 언덕으로 삼고 있기 때문에 가치농업과 찰떡궁합이다. 가치농업은 농업의 현실 문제를 푸는 열쇠이자 지속가능한 농업의 비전으로서 가족농 살리기 동인으로 안성맞춤이다.

둘째, 자가노동 가치를 가족농의 본질과 등치시킨다.

서구 선진국들은 가족노동 중심, 소규모농업, 농업수입으로 가계를 꾸리는 농업을 가족농이라고 하면서 기업농과 구분한다. 하지만 오늘날 농업조건에서 소규모농업을 정의하기란 쉽지 않다. 비닐하우스 3,000평을 경영하는 농가를 소농이라고 할 수 없고, 3,000평당 60억 원을 호가하는 스마트농업을 소농이라고 할 수 없다. 반대로 기계화 비율이 90%에 달하는 3만 평 쌀생산농을 기업농이라고 할 수 없는 것이 현실이다. 때문에 가족농은 자가노동 비율을 기준으로 삼아 50% 이상의 자가노동을 하는 농업으로 규정하는 것이 타당하다. 부부작형3) 농업규모로 본다면 미작중심 농업은 30,000평 이하, 2모작 밭농사는 20,000평 이하, 유기농 밭농사는 15,000평 이하, 비닐하우스농은 1,500평 이하를 가족농이라 보는 것이 타당하다.

가족농을 자가노동 중심, 중·소농, 가족노작경영의 복합체라고 한다면 가족농을 가족 중·소농이라고 말하는 것이 타당하다. 이는 단순한 용어 차원을 넘어선 농업정체를 세우는 뜻 있는 일이다. 따라서 필자는 가족농을 가족 중·소농이라 부르면서 가치농업의 주체로, 자가노동 가치의 주체로, 농업·농촌 다원적 기능의 핵심 주체로 성격 짓는다.

4) 가족 중·소농은 왜 중한가?

■ 가족 중·소농은 농업 행복도를 높여준다

농업은 토지, 햇빛, 비, 바람 등 자연을 기반으로 하는 생산활동으로서 노동의 기계적 생산을 중심으로 하는 공업에 비해 가치척도가 크게 다르다. 분업이 발달된 공업은 일정한 틀에 짜인 단순노동의 반복이 많지만, 농업은 하루가 다르게 노동환경이 바뀌고, 같은 작물재배일지라도 노동환경과 노동감도는 해마다 다르다.

---

3) 부부작형은 부부의 노동력을 중심으로 짓는 농업이다. 이는 노동의 질이 높고, 자가노동비에 의한 소득률이 높기 때문에 농가의 삶의 질이 높은 농업으로 주목받고 있다.

가족 중·소농은 산업농에 비해 노동의 질이 크게 높다. 가족 중·소농은 타인 노동과 비교할 수 없는 책임감과 애착심 때문에 노동의 질이 높고, 숙련도도 높기 마련이다. 따라서 가족 중·소농의 산품은 산업농 산품에 비해 품질이 좋아 시장가격의 차이도 큰 편이다. 특히 단계마다 부가가치가 붙는 6차형 농업의 경우 가족노동의 가치는 더욱 빛을 발한다.

가족 중·소농은 가치창조적인 노동이 많기 때문에 산업농에 비해 노동의 가치가 비할 수 없을 만큼 높다. 노동가치란 느끼는 감도에 따라 노동의 행복도가 달라진다. 산업농은 해치우는 노동 중심이지만 가족 중·소농은 가치를 생산하는 노동이다. 때문에 산업농의 노동은 피로도가 높고 그만큼 생산력도 떨어지지만, 가족 중·소농의 노동은 가치창조적이어서 행복도가 높고, 그만큼 생산력이 향상된다.

가족 중·소농은 자가노동비 비율이 높아 산업농에 비해 농업소득율과 농가소득이 높다. 농업의 경영비 중 노동비가 차지하는 비율이 매우 높은데 자가노동이 타인노동보다 높으면 그만큼 경영비에 드는 돈이 줄어든다. 게다가 가족 중·소농이 다품목소량생산으로 노동력을 연중으로 분산시키고, 6차형 농업으로 경영단계의 폭을 넓히면 농가경영은 더욱 향상된다. 가족 중·소농은 자가노동 증대로 경영비를 절감하는 대신 질 높은 노동으로 산품의 질을 높이기 때문에 더욱 알진 농가살림을 꾸리게 된다.

뿐만 아니라 가족 중·소농은 노동부하를 줄이고 노동의 행복도를 높여준다. 산업농은 타인노동에 의지하면서 농장주는 타인노동 관리, 성과관리 등 1인 2,3역을 감당하기 때문에 노동부하가 심하게 걸린다. 하지만 가족 중·소농은 그날그날 건강조건에 따라, 일 능률도에 따라 탄력적으로 일하기 때문에 노동부하는 걸리지 않으면서 노동행복도는 높게 된다.

이렇듯 가족 중·소농의 자가노동력은 농가소득률을 높이고, 물품의 고

품질화를 이루고, 노동행복도를 높여주는 건강한 농장경영의 지렛대가 된다. 오늘날 부부작형 농업이 높은 경쟁률을 나타내는 것은 그만큼 자가노동의 가치가 높다는 것을 방증한다.

■ 가족 중·소농은 농촌공동체의 최후 보루다

가족 중·소농은 특성상 농촌의 다양한 인적 관계 속에서 존재한다. 가족 중·소농의 생산과정의 인적관계는 산업농과 확연한 차이를 보인다. 산업농들은 농기계나 외국인 노동자 등 타인노동력에 의지한데 비해 가족 중·소농은 자가노동 외 부족노동은 협업이나 마을주민들을 통해 충당한다. 가족 중·소농의 일은 수작업이 많은데다 상호소통이 요구되는 일이 많다. 가족 중·소농은 토지 이용과 노동의 효율성을 높이기 위해 밭작물을 선호하는데 밭농사는 논농사보다 농기계 의존도가 낮기 때문에 주민 간 노동 이용률이 높다.

가족 중·소농은 1차 생산에 머무르지 않고, 가공, 유통까지 아우르는 6차형 농업을 선호하는데 이들이 가공, 유통에 따른 부가가치를 창출하려면 협업이나 공유경제 활동을 취하기 마련이다. 이들이 꾸러미, 공동체형 밀키트 같은 공동 직거래를 하더라도 산물의 융·복합과 고객 관리에 따른 공동체 활동은 필수적이다.

산업농들은 인근 도시나 읍내에 거주하면서 농장으로 출퇴근하지만, 대다수 가족 중·소농은 농촌마을에 거주하면서 읍·면 단위 유대관계 속에서 살아간다. 가족 중·소농 중 노령농은 생활상 협동활동을 더 많이 한다. 노령농들은 대개 마을회관을 중심으로 유대관계를 쌓는데 이런 유대관계 속에서 공동체 치유·돌봄이 일어난다.

이렇듯 농촌의 다양한 협동관계 속에서 농업을 영위하는 가족 중·소농은 농촌공동체와 마을 유지의 최후 보루인 셈이다.

■ 가족 중·소농은 지속가능 농업의 원천이다

반세기 농촌썰물시대를 지내면서 고민점이 달라졌다. 과연 이대로 농업·농촌이 지속가능할 것인가? 노령화로 치닫는 마을들을 누가 지키고, 누가 논밭을 가꾸고 일굴까?

그러나 발상을 바꾸면 어두운 현실을 타개해 갈 길이 보인다. 지난 반세기 동안 꾸었던 산업농 허상의 꿈을 버리고 가족 중·소농 중심의 새로운 시대사조를 품는 것이 답이다. 이를 위해서는 기존에 가졌던 가족 중·소농상을 바꾸어야 한다.

그간의 가족 중·소농은 가족 중·소농의 본질 가치와 거리가 먼 통계 숫자일 뿐이었다. 농사 규모로는 중·소농이지만 해치우기 식 노동개념에 젖어 있고, 소품목다생산 방식에다 대농들 유통방식을 흉내 냈다. 이런 농업은 본질적으로는 가족 중·소농 성격과 거리가 멀 뿐 두엄 지고 장에 가는 변질농업이었다.

최근 귀농이 활성화되고, 가치시장이 확장되면서 가족 중·소농이 새롭게 움트고 있다. 최근 들어 베이비부머와 MZ세대들이 귀농의 붐을 일으키면서 친환경농업, 6차형 농업, 문화농업, 사회적 농업 등 다방면에서 가치농업의 기세를 올리고 있다. 게다가 새롭게 열리고 있는 관계인구시대가 가치농업의 질·량을 확장시켜주면서 가족 중·소농의 미래 전망을 밝게 하고 있다.

이런 가족 중·소농 신세대가 가치농업을 입으면 농촌에 많은 변화를 일으키게 된다. 가치농들이 일구는 가치중심시장은 삶의 질로 순환되는 지역경제를 촉진한다. 가치농의 협업과 공유경제 활동은 새로운 공동체문화를 싹트게 하고, 지역 순환경제와 내생적발전의 지렛대가 된다.

가족 중·소농은 농업의 상징이 되는 농업·농촌 다원적 기능을 떠받치는 핵심주체로 떠오른다. 이들은 친환경농업을 통해 땅 살리기의 주체가 되고, 공동체문화를 통해 농촌마을을 유지시키고, 어메니티 자원화를 통해 전통문화를 보전한다. 게다가 먹거리 다양성과 생물종 다양성의 지킴이가 되기도 한다.

■ 가족 중·소농은 식량위기의 해결사다

지구온난화로 기후위기가 높아진 가운데 세계 식량전선에 빨간불이 켜졌다. 기후변화로 가뭄, 고온, 저온, 고습이 번갈아 가며 농작물 재배 여건이 크게 저하되자 세계 곡물시장이 들썩이고 있다. 2023년 여름 세계 쌀 수출량의 40.5%를 차지하는 인도가 자국산 쌀 수출을 금지한다고 발표하자 한 달 만에 국제 쌀 가격이 3%, 1년 전 쌀 가격보다 11.5% 올랐다. 게다가 러시아-우크라이나 전쟁으로 인해 세계 5위 밀 수출국인 우크라이나의 밀 생산량이 감소한 가운데 세계 식량수출국들이 식량보호주의 움직임을 보이자 세계 식량문제가 더욱 난망하게 꼬이고 있다.

우리나라는 2021년 기준 곡물자급도가 20.9%로서 2022년 세계식량안보지수(GFSI) 순위 39위이고, OECD 국가 중 최하위를 기록했다. 그런데 이는 사막국가 등 기후 불리국가나 싱가포르 같은 도시국가보다 낮은 순위다.

이는 정부의 농정이 산업농 쪽으로 향한 40년 동안 식량자급률이 줄곧 떨어지고 있다는데 더욱 문제가 깊다. 1970년 79.5%이던 식량자급율이 2022년 32%까지 떨어졌다. 정부가 규모화 전문화를 통해 농업생산성을 높인다고 떵떵거린 것이 허상으로 드러난 것이다.

이 같은 우리나라 식량문제는 가족 중·소농 몰락과 유관하다. 가족 중·소농이 몰락하면서 농지 이용률이 떨어졌고, 생산력 저하로 이어졌다. 가족 중·소농은 산업농에 비해 농지 이용률이 높고, 단위 면적당 생산량이 더 높은데도 정부는 가족 중·소농을 몰락시켜 퇴행을 자초했다.

우리나라가 식량안보문제를 해결하려면 가족 중·소농 살리기가 필수불가결한 과제다. 가족 중·소농 중심의 유럽국가들이 세계식량안보지수 최상위국들인 것은 이를 증명 한다.

가족 중·소농은 또 하나의 식량문제인 먹거리 단순화 문제를 풀어 준다. 가족 중·소농은 다품목소량생산의 농업방식을 통해 먹거리 다양성을 유지시켜준다.

2. 가족 중·소농 죽이기 반세기

1) 산업농 육성에 목맨 중앙농정

1980년대 들어 중앙정부는 농촌을 산업화 구조에 편입시키려는 정책을 쏟아냈다. 농업구조를 상업농으로 바꾸기 위해 가격지지정책의 상징이던 이중곡가제를 폐지하고 농산물 가격을 시장 흐름에 맡기는 자유주의 농정으로 탈바꿈시켰다. 시장경제구조에서 농업이 순항하도록 축산과 경제작물을 권장했다. 1970년대 다수확 통일벼로 상징되는 증산 일변도 정책을 거두고 농가에게 돈이 되는 상업농시대를 열겠다는 뜻이었다. 이는 규모화 경제의 상징인 미국의 기업농 모델을 바탕에 깐 것으로서 수출주도형 산업화 정책과 결을 같게 하려는 꿈이었다.

이런 변화는 얼핏 보면 자본주의시대에 적합한 그럴싸한 정책 같아 보인다. 그러나 이는 우리나라 실정과 동떨어져 있었다. 대이농으로 인해 농업기반이 무너져 상업농으로 이행할 힘을 상실한 상태였다.

이런 가운데 전두환 정권 권력과 유착된 수입 소 파동이 일어났다. 1984년부터 3년 간 소값 파동에 이어 마늘, 고추값 폭락이 이어졌다. 이로 인해 정부정책을 믿고 농사지은 농업인들이 빚더미에 나앉게 되었다. 이에 정부는 융자금 상환연기, 농가부채 일부 경감 같은 유화정책을 내놓았다.

그러다가 1990년대 중반 국제사회에 농산물 수입자유화 물결이 일자, 중앙정부는 상업농 육성정책을 산업농 육성정책으로 바꾸었다. 수입자유화에 대비하기 위해 복합영농을 하는 가족 중·소농을 내치고, 경쟁력 있는 전업농을 육성하자는 것이었다. 이때 '10만 전업농에게 대한민국 농업의 비전을 맡기자'는 구호가 나왔다. 대신 가족 중·소농은 수입자유화시대의 걸림돌로 작용하지 않는 선에서 다스릴 요량이었다. 젊은 중·소농은 이·탈농시키고, 노령 중·소농은 복지로 다스리면 된다는 것이었다.

1993년 우루과이라운드 다자 간 무역협상이 타결된 후 정부는 농업구조개선을 한답시고 72조 원을 쏟아 부었다. 이 돈은 IMF 시절 2~3개 재벌에 준 공적자금 정도밖에 안 되지만 산술적으로는 농가당 6천만 원 꼴이니 적지 않은 규모였다. 하지만 이 많은 지원자금은 가족 중·소농들에게는 그림의 떡이었다. 40% 보조, 40% 융자, 20% 자부담이란 파격적인 지원사업들이 즐비했지만, 가족 중·소농들은 철저히 배제 당했다. 이렇게 10년이 지속되자 농촌은 산업농과 가족 중·소농으로 분화되었고, 가족 중·소농은 노령농업인들 차지가 돼 버렸다.

이런 가운데 가족 중·소농의 자립 기틀은 속절없이 무너졌다. 먹거리 유통구조가 규모화 경제체제로 편입되자 가족 중·소농의 다품목소량생산

농업은 경쟁에서 뒤떨어진 미개농업으로 전락되었다.

가족 중·소농들이 대농(산업농)들 뒤따라 소품목다생산 방식을 취하자 농업노동 구조가 바뀌었다. 가족 중·소농들은 양질의 자가노동을 경쟁력으로 삼아야 하는데 자가노동을 극소화 시키는 대농방식을 좇다 보니 섶 지고 불속으로 뛰어든 꼴이 되었다. 자가노동을 연중화 시키는 농업을 영위해야 할 가족 중·소농이 일을 해치우기 바쁜 산업농을 흉내 내려고 했다.

가족 중·소농은 먹거리에 가치를 더하고, 가치시장을 판로로 삼아야 하는데 이런 농가는 극소수에 불과했다. 대다수 가족 중·소농들은 산업농들의 포전거래 밭떼기 방식이나 톤떼기 방식을 취했다.

2) 가족 중·소농 본질과 엇박자 친 가족 중·소농 정책

2000년대 들어 농정에 변화가 생기기 시작했다. 농정 주도세력은 농업을 산업적 관점에서 접근하는 자유시장주의자 일색에서 농촌의 가치와 다원적 기능을 지지하는 쪽이 힘을 받기 시작했다.

이런 영향으로 유럽과 일본의 농업·농촌정책이 벤치마킹 되고, 친환경농업과 6차형 농업으로 대별 되는 가족 중·소농 지원정책이 고개를 들기 시작했다. 이때부터 제도적 농업 위상도 생산, 가공, 유통(서비스)을 아우르는 쪽으로 변화 되었다.

2011년 작지만 강한 소농을 의미하는 '강소농(强小農)'정책이 부상되었다. 농촌진흥청은 강소농을 '경영규모는 작으나 끊임없는 역량 개발과 차별화된 경쟁력을 통해 자율적인 경영혁신을 지속적으로 실천하는 중·소규모 가족농'이라고 성격 규정했다. 이때부터 시작된 강소농 육성사업은 지금껏 유지되고 있는데 2022년 현재 88,000농가가 이 정책에 참여하고 있다고 한다.

이처럼 10년 넘게 지속된 강소농 정책은 내건 목표에 비해 성공사례는 극히 드물다. 강소농 모델의 핵심요소를 6차형 농업으로 설정하고 있지만 이를 제대로 실행하는 사례가 많지 않은 것이다. 이 과정에서 일본 고향창 생운동을 벤치마킹한 상향식 농촌개발정책, 마을 만들기 정책, 사회적 경 제 정책 등을 강소농 정책과 연동 지으려고 했지만, 약발이 잘 통하지 않 았다.

농가들이 개별분산적인 조건에서 6차형 농업을 세우려는 것이 가당치 않았다. 생산, 가공, 유통(서비스) 등 여러 층위별로 협력과 보완 체계가 없 이 6차형 농업을 말하는 것이 모순이었다. 협업과 공유경제 구조 없이 강 소농을 만들겠다는 것은 무망한 일이었다.

스타농 만들기도 강소농 확장의 발목을 잡았다. 정책 당국은 강소농을 '독창적 아이디어와 기술로 고소득을 창출하는 농가'로 성격 규정했다. 남 이 안 하는 방식과 배타적인 기술로 나아가야 성공한다고 했다. 이는 가족 중·소농의 특성과 존재 이유를 모르는 발상이다. 가족 중·소농은 지역의 자연적, 인문사회적 특성과 여러 농가들과의 융합활동을 통해 튼튼해지고 독창적 지위를 누릴 수 있다는 것을 간과한 것이다. (6차형 농업의 문제는 3편 3장 '농업·농촌에 가치를 더하고 곱하기'에서 더 자세하게 다룬다.)

파행적 친환경농업 정책도 가족 중·소농 죽이기에 한 몫 했다. 앞서 살 펴본 바와 같이 우리나라 친환경농업 정책은 유기농업의 본류에서 벗어난 생태단절형, 요소투입형 농업을 키웠다. 친환경농업 인증관리 구조를 뜯 어보면 화학비료, 유기합성농약(화학농약)만 안 쓰면 친환경농업이라는 식 이다. 이 같은 친환경농업정책은 환경의 유기성, 지역농업, 가치시장과 곁

돌게 했다. 무분별한 지원에 의한 친환경농업은 유혈경쟁시장으로 내 몰렸다. 2020년 전후 생협시장, 공공급식, 로컬푸드 활성화로 친환경농업이 새로운 기회를 맞이하고 있지만 첫 단추를 잘 못 끼운 여파로 순풍을 못 타고 있다.

농촌자치단체들도 가족 중·소농을 외면했다. 정부정책 기조에 따라 산업농 육성 쪽으로 치우쳤던 자치단체들은 가족 중·소농의 문제는 거들떠보지 않았다. 1990년대까지 농촌자치단체들은 중앙정부 자원의 배달꾼에 불과했고, 2000년대 들어 지역 특성을 살린 농정을 편다고 했으나 가족 중·소농은 외면했다.

2020년대 들어 푸드플랜과 로컬푸드 바람이 불면서 가족 중·소농 지원 사업을 꾸린다고 했지만, 산업농과 가족 중·소농 정책을 뒤섞어 효과를 반감시켰다.

산업농과 가족 중·소농은 같은 농업이지만 성격은 크게 다르다. 산업농은 규모화를 전제로 하는 클러스터 전략과 다름을 위한 특화전략을 가지고 도·소매시장으로 나아간다. 이에 비해 가족 중·소농은 6차형 융합농업과 농촌 어메니티와 연동한 가치농업으로 관계시장으로 나아간다. 그런데 농촌자치단체들은 산업농과 가족 중·소농을 한통속으로 여겨 같은 잣대의 농정을 펴면서 서로 끌어내림의 문제를 야기 시켰다.

3. 가족 중·소농을 어떻게 살릴까?

1) 가족 중·소농을 가치바다에 배 띄운다
■ 가족 중·소농의 특·장점을 활용한다

가족 중·소농은 전통적으로 남 따라 장에 가는 농업으로 인식되었다. 내가 스스로 기획하기보다는 마을사람들이 철따라 농사짓는 것을 따라 하는데, 익숙해졌다. 그런데 자급자족농업시대가 상업농시대로 바뀌고 산업농이 대세를 이루자 가족 중·소농들은 특성을 망각한 채 산업농을 따라가기 바빴다.

배가 바다를 항해하려면 그 배의 특성에 따른 항해술을 익혀야 한다. 화물선이든 여객선이든 군함이든 낚싯배든 배의 항해목적과 특성에 따른 항해술이 다르기 마련이다. 한 척 배에 모든 기능을 다 담는 경우는 없다. 때문에 가족 중·소농에 맞는 경영방식을 채용하여 설계하고 그에 적합하게 경영해야 마땅하다.

가족 중·소농이 가치농업을 창안하고 가치중심시장으로 나아가려면 가족 중·소농 특성에 맞는 '자기다운 농업'을 설계해야 한다. '자기다운 농업'은 가족 중·소농의 보편적 특성을 토대에다 자기 농장의 특성을 인입하는 농업이다.

가족 중·소농의 특성을 살리려면 먼저 자가노동의 가치를 살리는 쪽을 선택해야 한다.

가족 중·소농의 노동가치가 살아난다는 것은 농업인들의 일할 맛이 살아난다는 것이고, 농업인들의 행복도가 높아져 간다는 것이고, 나아가 노동의 신성이 살아난다는 뜻이다. 가족 중·소농의 일할 맛은 자가노동비 만큼 농가소득이 쌓이고, 양질의 노동만큼 물품의 품의가 올라가고, 나아가 시장에서 정당한 가치를 인정받을 때 생겨난다.

그렇다면 가족 중·소농이 자가노동비를 늘리려면 연간 자가노동일수를 늘릴 수 있도록 농장을 설계해야 한다. 연간 노동일수를 효과적으로 늘리려면 생산에다 자가 선별·포장과 1차 내지 1.5차 가공을 더 할 궁리를 한다. 요즘처럼 농촌의 일손이 부족하고, 인건비가 비쌀 때는 자가노동을 잘 활용할 작부체계가 요구된다. 역설적으로 말하자면 인건비가 비싼 만큼 자가노동비와 자가노동가치가 높아져 산업농보다 경쟁력이 높아진다는 계산이 가능하다.

그 다음으로는 가족 중·소농이 다품목소량생산의 체계를 세운다.

2000년대 초까지만 해도 특용작물이 고소득농업의 대명사가 되었다. 오이, 고추, 참외, 인삼, 과수처럼 단작을 잘 꾸리면 고소득을 올린다는 인식이 팽배했다. 이는 정부의 전업농 육성 정책과도 맞닿아 있었다. 전문 단작농업은 기술 집약도를 높여 경쟁력을 유지하기도 하지만 연작해와 시장의 가격폭락 피해를 감수해야 했다.

이런 가운데 가치중심시장이 활성화되면서 다품목소량생산 농업이 활기를 띠기 시작했다. 특히 생협시장, 로컬푸드가 발전하면서 다품목소량생산을 위한 기획생산이 가능해져 더욱 활기를 띤다. 6,000평 밭농사로 15가지 내외 품목을 생산하여 1억 원 조수익을 올리는 가족 중·소농이 적지 않다. 다품목소량생산은 가격폭락과 재해의 위험을 줄이고, 과부화가 없는 자가노동이 가능해져 소득률을 높이고, 윤작농업으로 땅을 살리는 장점이 있다.

■ 가족 중·소농이 지녀야 할 필수 요소

첫째, 가족 중·소농의 전·후방 가치를 융·복합시킨다.

주지하다시피 '스타농 만들기'로 가족 중·소농의 희망 문이 열리지 않는다. 스타농은 상호 협동을 통한 상생을 배격하기 때문에 확장성과 지속가능성이 취약하다. 하지만 가족 중·소농은 협동을 통해 상생발전을 가져오고 확장성과 지속가능성의 지평을 연다.

가족 중·소농의 가치 융·복합은 자원 간 융합, 생산단계 간 융합, 가치시장의 융합을 통해 완성되어 간다.

자원 간 융합은 지역 특성에 따른 특화품목별로, 계절 조건에 따른 제철진미 먹거리들로, 기후조건에 따른 장소별 산품들로, 생태농업 협업공동체로 융합 짓는다. 자원 간 융합은 가치의 양적 질적 향상과 함께 생산의 유용성을 도모한다. 또한 친환경농업은 지역의 생태적 특성을 반영하는 생태농업의 가치를 입는다.

생산단계 간 융합은 1차, 2차 단계의 융합을 의미한다. 그간의 강소농 정책에서 한계를 드러냈듯이 가족 중·소농이 1차부터 3차까지 과정을 나홀로 융합하는 것은 쉽지 않다. 때문에 생산단계 간 융합 역시 가족 중·소농들이 모여 함께 꾸려야 한다. 2차(가공)단계의 경우 개별적으로 공장을 짓고, 개별적으로 운영하는 것은 대단히 무리기 때문에 1차 가공이나 1.5차 가공은 공유가공으로 융합하는 것이 좋다. 또한 제철진미 밀키트는 농가 참여형 가공으로 꾸려 구독경제와 크라우드 펀딩에 연계시키면 가치가 배가된다.

둘째, 가치시장 간 융합도 가치를 더욱 향상시킨다.

1인 가구 증가로 단품목 직거래가 힘이 떨어지고 있는데 몇 가지 가치품목을 융합하여 꾸러미를 지으면 단품목 직거래의 한계를 극복할 수 있다. 여기에 계절별 제철진미를 특화시켜 구독경제방식을 취하면 가치를 더욱 향상시키고, 기획생산 영역도 확장시킬 수 있다.

로컬푸드에다 생협시장 등 외지 가치중심시장을 연동시키면 로컬푸드는 가치중심시장을 확장시키는 진지역할을 하게 된다. 뿐만 아니라 온라인시장과 오프라인시장을 융합시키면 온라인시장이 유혈경쟁의 늪으로 빠지는 것을 막아 준다. 여기에다 생산농가들이 개별 직거래고객을 융합시키면 가치중심시장의 확장과 가치밀도를 높이는 효과를 거둘 수 있다. 고향사랑기부제의 답례품도 새로운 가치시장으로 창안한다.

셋째, 블루오션 길을 연다.

그간 우리 농업은 유혈경쟁시장에서 레드오션의 길을 걸었다. 1980년대부터 1990년대 중반까지는 농업에서도 규모화의 경제 논리가 어느 정도 통했다. 정부의 생산조절기능이 작동하지 않은 때 시장지배력이 강한 지역농산물부터 우점 서열이 서고, 단경기 전략이 통하기도 했다. 하지만 농산물시장 둑이 무너져 국제시장에 노출되면서 판도가 달라졌다. 단경기가 없어지고, 외국산과 국내산과의 큰 가격 격차 때문에 농산물시장은 오리무중에 빠져들었다.

이 때문에 농산물의 가격폭락 빈도수가 점점 높아져 갔다. 가을배추 시장만 하더라도 2, 3년 주기 가격상승 곡선이 3, 4년으로 늘어져 그만큼 위험도가 높아졌다. 때문에 농업인들은 수지맞는 작목 선택의 폭이 좁아진 만큼 위험성을 감수해야 했고, 그만큼 사행성 농업의 늪으로 빠져들었다.

이때 가족 중·소농들의 관심은 틈새시장 쪽으로 쏠렸다. 어디선가 새로운 소득작목이 떴다고 하면 너도나도 달려들었다. 복분자가 떴다고 하면

복분자 쪽으로 몰리고, 블루베리가 떴다고 하면 블루벨리 쪽으로 몰렸다. 때문에 틈새시장은 말처럼 생겼다가도 틈새가 금세 사라지는 반짝 시장이 되어갔다.

그러나 가족 중·소농이 가치농업의 레일위로 올라서면 블루오션의 지위를 누리게 된다. 먹거리가 지역 특성을 입고 가치소비시장 물결을 타면 유혈경쟁의 늪에 빠져들지 않는다. 먹거리의 블루오션은 한번 부상되면 그 지위가 쉽게 가라앉지 않는다.

넷째, 줄탁동시(啐啄同時) 힘을 입는다.

병아리가 알을 깨고 나오려면 어미닭의 도움이 필요하다. 병아리가 혼자 알 껍질을 깨기 힘들기 때문에 어미닭이 동시에 알 껍질을 쪼아주면서 부화율을 크게 높여주는데 이를 줄탁동시라고 한다. 줄탁동시는 가족 중·소농에게 매우 요긴한 요소다.

농가들이 가족 중·소농의 특·장점을 익히고, 가치농업과 가치중심시장의 힘을 입어 가치의 바다를 항해하려 하더라도 이를 혼자 감당하기란 극히 어렵다. 실이 엮여 베가 되려면 베틀이 씨줄, 날줄의 엮임을 도와주듯이 가족 중·소농에게도 가치농업이란 베틀이 필요하다. 가족 중·소농 지향농가들에게 교육·컨설팅, 협업생산 체계, 공유가공, 현장 기반 관계시장 등이 마련된다면 가족 중·소농이 크게 활기를 띨 것이다. 이런 줄탁동시 주체는 지역생협이나 유기농단체가 될 수 있고, 지역농협이나 주민자치회가 될 수 있고, 자치단체가 될 수 있다.

2) 귀농인을 가족 중·소농 전위대로 삼는다

■ 귀농을 버거워하는 도시인들

오늘날 귀농은 대세가 되었다. 2000년대 초까지만 해도 도시인들이 은퇴 후 고향으로 이주하거나 대도시 인근지역을 전원생활 터전으로 잡는 것이 많았다. 하지만 오늘날은 은퇴자는 물론 MZ세대들에게도 적지 않은 관심사가 되었고, 도시 인근부터 오지까지 선택지 폭도 크게 넓어졌다.

통계상 귀농·귀촌 인구는 해마다 오르락내리락하지만 2015년 이후부터는 꾸준한 상승기류를 타고 있다. 하지만 이런 현상을 뜯어보자면 여러 가지 고민점이 짚어지는데 특히 귀농인들에게 난제 거리가 많다.

귀농·귀촌 인구가 크게 늘고 있지만 실상 따져보면 귀농인구 비율은 현저히 낮다. 농촌경제연구원 조사에 따르면 2021년 귀농인구는 1만 9,800명으로 귀농·귀촌인구 51만 5,800명의 3.8%에 불과했다. 그도 귀농자들 70%가 농촌에 연고가 있는 U자형 귀농인이어서 순수 귀농인은 더 적다. 이는 농촌 부모의 상속 농지를 귀농의 토대로 삼거나 연고지 사람들과의 연계 속에서 귀농하는 사람들이 많다고 분석된다. 이처럼 낮은 귀농비율은 도시인들이 귀농에 대해 많은 부담을 느끼고 있다는 방증이다.

해마다 귀농생활에 실패하고 역귀농하는 사람들이 늘고 있다. 농촌경제연구원의 '2014~2018년 귀농·귀촌 정착 실태조사'에 따르면 2018년 역귀농률은 8.6%였다. 이 보고서는 역귀농 이유를 ▲생활을 위한 소득부족 37.8% ▲농업노동의 어려움 18.0% ▲가족의 농촌생활 불만 15.3% ▲의료, 교통 등 생활 불편 12.0% 등으로 꼽았다. 하지만 많은 분석가들은 조사에 드러나지 않은 역귀농 인구가 훨씬 많아 실제 역귀농률은 30%를 넘는다고 말한다. 그나마 농촌에 사는 많은 귀농인들은 농업을 통해 생활을 영위할 소득을 올리지 못한 채 도시에서 번 돈을 까먹으며 사는 형편이다.

■ 비빌 언덕이 없는 귀농인들

왜 수많은 귀농인들이 농업 연착륙에 실패하는 것일까?

이는 귀농인들이 낯설은 터전 문제를 비빌 언덕이 없기 때문이다. 귀농인들이 기존 농업인들 틈에 묻어 들어간다면 농업에 쉽게 뿌리내릴 것이다. 하지만 귀농인들이 기존 농업인들을 비빌 언덕으로 삼기에는 부적합한 것이 많다. 농촌에서 잘 나간다 싶은 농업인들은 대부분 규모화를 좇는 대농들인데 비해 대부분의 귀농인들은 중·소농이어서 서로 어울림이 생기기 어렵다. 특화 농업인이나 친환경농업인들을 비빌 언덕으로 삼자니 생산조건의 격차가 큰데다 판로의 벽도 높게 느껴진다.

요즘 농촌자치단체들이 귀농인들 유치에 쌍불을 켜고 있다. 귀농인들을 위해 살 집 마련을 도와주고, 농업정보를 제공해 주고, 소득작물을 재배할 기술과 돈까지 지원해 준다니 더할 나위 없는 기회다.

하지만 농촌자치단체들의 지원은 귀농인들이 농업인으로 정착하는 데 별 영양가를 발휘하지 못한다. 대부분 농촌자치단체들은 귀농인이 필요로 여기는 요소를 간파하지 못한 채 공급자 중심의 구태적 지원에 일관하는 편이다. 귀농교육은 귀농인들 실정과 동떨어진 획일적 주입식 교육이 태반이다. 도시생활에 젖어 살아온 귀농인에게 농촌생활의 의미가 무엇인지? 농촌생활의 순환구조는 어떻게 생겼는지? 귀농인들에게 적합한 농업경영 양식은 무엇인지? 귀농하는 지역의 역사적 뿌리와 인문·자연적 특성은 무엇인지? 귀를 밝혀주는 지역은 별로 없다. 3억 원짜리 창업지원자금을 받으려고 100시간 귀농교육을 이수해도 손에 잡히는 소득거리를 찾기란 어렵다.

■ 귀농인을 가족 중·소농 살리기 대안자원으로 여긴다

그렇다면 귀농인은 지역농업 비전과 엇나가는 허접한 존재일까? 귀농인의 가치를 가족 중·소농 살리기란 관점에서 재조명해보면 계산이 달라진다.

가족 중·소농은 우리 농촌의 앞날을 밝힐 핵심 주체지만 안타깝게도 농촌에는 가족 중·소농의 주체로 세울 인적자원이 빈약하다. 청년농은 대부분 산업농의 환상에 젖어 있다. 청년농을 육성하는 농업계 학교교육이 그쪽을 가리키고, 중앙정부나 자치단체의 지원도 그쪽에 치우쳐 있다. 중·소농의 대부분을 차지하고 있는 노령농은 가족 중·소농 살리기에 둔감하다. 농업 규모로는 중·소농이지만 그간의 탈 중·소농정책 때문에 중·소농의 본래 가치를 잊어버렸고, 그 가치를 복원할 의지도 빈약하다.

귀농인은 가족 중·소농과 불가분의 관계다. 귀농인 중 대규모 산업농을 꿈꾸는 이들은 극히 드물다. 귀농인들은 대부분 3,000평 안팎 중·소농들이고, 많은 이들이 지향하는 6차형 농업도 가족 중·소농 영역권이다.

귀농인이 가족 중·소농과 닮은꼴이란 점에 주목할 필요가 있다. 귀농인은 몰락한 가족 중·소농을 살릴 대안 자원으로서 잠재력이 높다. 귀농인은 산업농의 폐습에 물들지 않고 새로운 가치를 흡수하기 용이하다. 따라서 귀농인은 가치농업을 품고 가치혁신을 일으킬 가족 중·소농의 중추자원으로 육성할 가치가 높다.

귀농인을 가족 중·소농의 중추자원으로 육성하려면 귀농인을 인구 늘리기 대상으로 보던 농촌지역의 기존 관점을 전면 바꾸어야 한다. 귀농인을 지역농업 전략적 차원에서 들여다보고 그 가치에 맞는 정책을 개발해야 한다. 귀농인에 대한 이런 발상 전환은 더 많은 귀농인 유치의 동인이 되고, 귀농인을 농촌혁신의 활력원으로 삼기 때문에 꿩 먹고 알 먹는 셈이다.

■ 귀농인이 가족 중·소농 가치 꿈을 주체적으로 품는다

그렇다면 귀농인을 어떻게 지역혁신의 주체로 탈바꿈시킬까? 그것은 귀농인 스스로의 노력과 지역사회의 노력이 맞장구쳐야 가능하다.

귀농인 스스로 노력할 점은 무엇일까?

첫째, 귀농인이 객이란 의식에서 벗어나 농촌지역 주체로서의 마음가짐을 가져야 한다. 지역의 역사·문화유산과 지역 자연·생태의 특성과 가치를 능동적으로 수용한다. 지역의 뿌리를 이어온 재촌 주민들을 향해 가슴을 열고, 더불어 사는 공생관계를 북돋워간다.

둘째, 농업인의 삶에 대한 바른 이해를 갖는다. 농촌의 핵심 가치인 농업·농촌의 다원적 기능을 가슴으로 품는다. 농업·농촌이 생태의 순환고리인 점을 인식하고, 자연과의 공생가치를 터득한다. 주민들과의 상호 협력관계를 통해 삶의 질을 높이는 것을 희구하고, 공동체 돌봄과 치유의 지혜를 추구한다. 아울러 농업노동의 신성성을 올바로 이해하고 이를 생활화하면서 워라밸 귀농살이를 꾸린다.

셋째, 가족 중·소농 가치를 새 꿈으로 품는다. 가족 중·소농은 가족노작 경영과 소규모 농업이란 잣대로 설명할 수 없는 매력 있는 농업양식이다. 가족 중·소농은 농업·농촌의 최후 보루로서 지속가능한 농업의 미래를 짊어지고 있다. 아울러 가족 중·소농은 가치농업이란 배로 가치중심시장이란 바다를 항해할 기회의 농업이다. 따라서 가족 중·소농이 새로운 농업 비전과 삶의 질이 등치되도록 귀농의 농업을 촘촘하게 설계한다.

■ 귀농인을 지역농업 비전에다 포갠다

농촌사회가 귀농인들을 품을 바는 무엇일까?

첫째, 귀농정책을 가족 중·소농 살리기와 지역농업 비전에다 더한다. 인구 늘리기 귀농정책과 가족 중·소농 살리기의 결은 전혀 다르다. 기존 귀농정책은 귀촌이든 귀농이든 도시인들을 농촌으로 이주시키는 것이 목적이었다. 하지만 가족 중·소농 살리기를 위한 귀농정책은 귀농인들을 지역농업의 새로운 주체로 세우는 것을 우선시 여기는 일이다. 따라서 농촌지역은 귀농인을 가족 중·소농 중심의 지역농업 비전 세우기 주체로 자리매김한다.

둘째, 귀농인을 토대로 하는 가족 중·소농 살리기는 가치혁신 방식을 채용한다. 기존의 농정은 신발에 발을 맞추기식 지원이 대종을 이루었다. 공무원들이 그들의 편익에 따라 설정한 사업 메뉴를 풀어 놓고 따 먹으라고 하기 때문에 실패를 거듭하게 되었다. 때문에 귀농인 각자의 실정과 특성에 따라 맞춤형으로 지원해야 혁신이 일어난다. 또한 귀농인이 상호 협동과 협업을 통해 혁신생태계가 구축되도록 뒷바라지 한다.

셋째, 새로운 귀농정책은 관 일변도에서 벗어나 지역사회운동차원으로 승화되어야 한다. 관 중심 귀농정책은 행정이 공공자원을 뿌리고 귀농인들이 따 먹는 개념이었다. 때문에 공무원과 귀농인이 갑을관계로 퇴락되어 사람보다 사업이 우선시되어 갔고, 그 결과 귀농인의 정착과 겉도는 정책이 되었다. 앞으로 귀농정책은 행정지원과 주민자치운동을 접목한 민·관협치운동으로 혁신시킨다. 읍·면주민자치회가 귀농인의 연착륙을 돕고 나아가 관계인구 늘리기 운동과 가치중심시장 확장운동으로 발전시킨다.

3) 지역농업 밭에다 가족 중·소농 생태계를 일군다

■ 자치단체 농정 틀을 지역농업으로 바꾼다

지역마다 농사를 지을 기후조건이 다르고, 기후조건에 따라 재배 작물이 다르고, 흙을 일구고 작물을 가꾸는 기술이 다르기 때문에 지역마다 특색 있는 농업양식이 발달되었다. 그래서 선진외국들은 이런 역사적 토대를 살리면서 자본주의 시대에 맞는 지역농업으로 이행시켰다.

하지만 우리나라는 대대로 발전시켜온 수많은 농업양식을 뿌리째 뽑아버렸다. 1970년대에는 지역 특색에 따라 농사지으면 '녹색혁명의 국가시책에 반한 농업인'으로 찍혔다. 농업인은 스스로 종자를 선택할 권리마저 빼앗겼다.

이런 가운데 가족 중·소농의 농업양식이 폭격 맞은 듯 무너졌다. 증산위주의 농정이 지배적이고, 농업인들이 돈 되는 작물 위주로 농사지으면서 기후 등 지역특색에 맞는 농업을 멀리하게 되었다. 환경과 공생·공존하던 가족 중·소농들의 농업양식이 환경을 배격하고, 지력을 약탈하는 농업으로 치환되었다.

시장주의 농정이 극성이던 1990년대 농촌자치단체들은 중앙농정의 가족 중·소농 죽이기에 편승해 버렸다. 지방자치시대가 열렸지만, 자주적인 농정은 없었다. 산업농을 육성하려는 중앙농정 지침에 따라 모든 가족 중·소농은 지원 대상에서 배제시켰다. 농산물 유통혁신을 위한 수많은 산지 유통시설도 가족 중·소농에는 그림의 떡이었다. 농촌 각 시·군마다 세우는 농어촌 발전계획에서도 가족 중·소농은 자취조차 없었다.

2000년대 들어 친환경농업, 강소농 정책이 만들어졌지만 대부분 지역에서는 중앙정책을 대행하거나 수행하는 기능일 뿐 주체적 입장을 취하지 않았다. 친환경농업정책이나 강소농 정책은 가족 중·소농 육성정책으로 분류될 수는 있지만 자치단체들이 주체에 대한 명확한 인식을 갖지 않았기 때문에 국가정책사업의 편린으로만 존재했다. 2020년 전후 로컬푸드가 농촌지역에 붐을 타고 있지만 이를 가족 중·소농 살리기 명제로 삼는 지역은 극히 드물다.

　가족 중·소농을 살리려면 먼저 가족 중·소농 상을 명확히 하고, 그들의 특성에 맞는 정책을 일관되게 펴 가야 한다. 가족 중·소농들에게 시대 추세에 맞는 새로운 가치농업을 인입시켜 지속가능한 농업의 미래를 열어가야 한다. 이를 위해서는 농촌자치단체들이 농정 틀을 지역농업으로 바꾸어야 한다. 중앙농정의 집행기관이라는 구태를 벗고 지역 특성에 맞는 농업비전을 만들고 그 중심에 가족 중·소농을 세워야 한다.

■ 가족 중·소농을 지연농업화 시킨다

　지역농업 밭에다 가족 중·소농 씨를 어떻게 뿌릴까?

　가족 중·소농이 지역가치를 떠나면 앙금 없는 찐빵이다. 바꾸어 말하면 가족 중·소농을 지역과 연동 지으면 가치가 배가된다. 가족 중·소농을 지역이 배태한 가치와 묶는 것이 곧 지연농업(地緣農業)이다.

　그간 남해의 마늘, 창녕의 양파, 논산의 딸기, 진도의 대파를 자랑하면서도 왜라는 소비자의 의문부호에 답하는 지역은 거의 없었다. 그러나 가치중심 시대에는 토양이든, 바람이든, 기온이든, 기술이든 그 지역이 배태한 가치를 손에 잡히도록 드러내야 한다. 고유의 맛이든 건강성이든 타지역 산과의 다른 점을 찾는 작업이 중요하다.

　지역민들에게 '고향의 맛'을 되찾아 주는 일도 중요하다. 실상 많은 지역민들은 그 지역의 고유한 맛을 잊어버렸다. 50년 이상 광역화된 먹거리 시장에 도취 되어 그 지역 먹거리의 고유한 가치들을 잊은 것이다. 따라서 가족 중·소농은 지역민들에게 지역 먹거리의 다양성가치와 고유한 맛과 영양성을 일깨워 그 가치의 입소문 발판을 세운다.

　지역 먹거리에다 지역향기를 입힌다. 먹거리에도 감성언어가 대세다.

고향, 외갓집 같은 향수를 자극하는 언어에서부터 인심, 생태, 풍광 등 농촌 어메니티 요소들이 중요 요소로 떠오른다. 지역 먹거리에 감성 코드에 맞추는 이야기 짓기(Storytelling)와 생산과정의 진실성을 드러내는 생산이력 이야기도 요긴한 자원이 된다.

■ 가족 중·소농을 중심으로 지역농업 생태계를 일군다

우리나라는 오랫동안 중앙집권체제를 유지했기 때문에 지역농업이란 개념조차 생소하게 여긴다. 지방자치제가 시행되고 지방분권이 중요정책 의제로 떠올랐지만, 지역농업을 고민하는 지역은 찾아보기 힘들다. 지역마다 정기적으로 농어촌발전계획을 수립하지만 중앙정부 보고용일 뿐 지역농업 비전과는 무관한 실정이다.

지역농업이란 말은 2000년대 들어 중앙농정 판에 처음 떠올랐다. 이때 대두된 지역농업은 먹거리의 주산지 개념이었다. 즉, 중앙정부의 농산물 수급정책 시각에서 먹거리 주산지를 관리대상으로 보는 공급자 중심 개념 이었다. 때문에 주로 주산지의 유통체계 구축을 위한 사업 당위성을 들 때 지역농업이란 용어가 등장했다.

당시에는 클러스터[4]와 지역혁신시스템[5]이 지역농업의 핵심전략으로 대두되었다. 클러스터는 규모화경제 논리와 부합되고, 지역혁신체계는 기술혁신과 경영혁신에 부합된 전략으로서 모두 다 산업농을 지역농업의 주체로 여긴 터였다.

그렇다면 가족 중·소농을 주체로 하는 지역농업 비전을 어떻게 꾸릴까?

---

4) 클러스터란 영어로 "무리를 이루다 모이다"라는 뜻이다. 따라서 산업 클러스터를 직역하면 무리를 이룬 산업, 혹은 무리지은 산업이라고 할 수 있으며 국어로 번역하면 산업 집적지이다. (출처 : 나무위키)
5) 지역혁신시스템이란 상호작용적 학습의 적정 단위로서의 지역 내의 혁신 주체들 간의 신뢰(trust)와 호혜성(reciprocity)을 토대로 지식의 창출, 확산, 활용도를 높이기 위한 일련의 협력 시스템'이라고 정의할 수 있다(출처 : NABIS 정책용어사전)

첫째, 가치농업 구축을 위해 자원을 재배치한다. 지역에 내재된 가치먹거리 자원에 대한 영양학적, 생태적, 문화적 특성을 분석하고 콘텐츠화 시킨다. 가족 중·소농을 가치농업 동력원으로 조직하고 지역 가치농업의 비전을 공유한다.

둘째, 가치농업을 핵심전략으로 삼는 가족 중·소농 플랫폼을 구축한다. 먼저 생산, 가공, 유통(서비스)을 한통속으로 엮는다. 가치중심으로 협업하는 1차(생산), 공유가공을 중심으로 한 2차(가공), 가치중심시장을 향하는 3차(유통)가 그것이다.

셋째, 농촌 어메니티 자원을 실용화하고 확장하는 전략을 세운다. 생태보전과 등치되는 생태순환농업, 전통문화 보전과 등치되는 문화농업, 농업의 사회적 기능과 등치되는 사회적농업을 구축한다. 아울러 둠벙자치(순환경제+주민자치), 사회자본 확충을 가족 중·소농과 접합한다.

1. 이젠 농촌 가치혁신이다

1) 왜 가치혁신인가?

1990년대 중반 가치혁신(Value innovation)이란 말이 나왔다. 가치혁신은 자신의 특·장점을 살려서 새로운 시장을 창출해야 한다는 기업경영 전략이론으로 떴다. 프랑스 유럽경영대학원 인시아드의 교수인 한국인 김위찬 교수와 르네 마보안 교수가 공동으로 제창했고 우리나라에서는 '블루오션 전략'책이 출간되어 큰 반향을 일으켰다.

■ 역사 속 가치혁신 전략

따져보자면 가치혁신은 꽤 역사가 깊고, 폭넓게 인용되어왔다. 때로는 세상을 사는 지혜로, 때로는 전쟁의 병법으로 쓰이기도 했다.

'주역' 계사전에 '궁즉통, 통즉변, 변즉구(窮卽通, 通卽變, 變卽久)'란 말이 있다. 궁한 상태에 이르면 통하게 되고, 통하게 되면 변하게 되고, 변하게 되면 오래 간다 라는 뜻인데 가치혁신의 원리와 잘 부합된다.

궁즉통(窮卽通)에서 통(通)이란 변화를 위해 여는 마음 문을 뜻하는데 여기에는 궁(窮)이란 전제가 붙어 있다. 궁을 막다른 위기 상황으로, 달리 손 쓸 수 없는 상황으로 푸는데 혁신 관점에서 보자면 필요의식 또는 간절함으로 푸는 것이 더 적절하다. 즉, 개인이든 집단이든 필요의식의 정도에 따라 마음 문이 열려 혁신에 이르게 한다.

통즉변(通卽變)에서 통(通)은 기계적인 열림이 아니라 변(變)에 다다를 동기를 전제한다. 변화의 동기란 새로 부상한 가치로서 가치가 변화를 견인한다는 의미다.

변즉구(變卽久)란 혁신적 관점에서 매우 의미 깊다. 변화란 형상변화에서 질적변화까지 매우 폭넓은 개념인데 여기에서는 가치를 통한 변화에 방점을 찍는다. 형상변화는 상황에 따라 변하기 때문에 지속적일 수 없지만 가치를 통한 질적변화는 매우 오랫동안 지속된다. 변화의 지속성은 가치의 질과 비례하기 때문이다.

'손자병법' 군형에 승리하는 군사는 먼저 이길 수 있는 형세를 만든 뒤에 싸움을 구하고, 패하는 군사는 싸운 뒤에 이기기를 구한다 (勝兵, 先勝而後求戰, 敗兵, 先戰而後求勝)는 대목이 있다. 이른바 선승구전(先勝求戰) 이론이다. 선승구전이란 먼저 이길 수 있는 형세를 만든 뒤에 싸움을 구한다는 뜻이다.

역사적으로 보자면 조선시대 이순신 장군은 탁월한 가치혁신가였다. 23전 23승이란 불패 신화를 이뤄낸 이순신 장군 전법은 가치혁신이고 선승구전론이다.

그는 전쟁을 하기 전에는 지형과 바다 생김새를 살피고, 물때, 해류, 유속 등 바다 정보를 섬세하게 챙겼다. 아울러 첩자를 이용하여 적의 동태를 샅샅이 살폈다. 그러고는 아군의 역량과 알맞은 전략적 요충지를 택하여 전쟁을 벌임으로써 불패 신화를 쌓았다.

명량대첩은 이순신 장군 전법의 백미였다. 괴멸 직전의 13척 수군을 이끌고 133척의 일본군을 물리친 명량대첩 전법은 가치혁신 이론과 일치한다. 이순신 장군이 우리 수군에게 유리한 전선을 택한 점, 아군의 무기를 최적화하는 상황을 만든 점, 지형조건과 아군 무기에 최적화하는 진법을 쓴 점이 그것이다.

■ 가치혁신의 원리

가치혁신은 계란의 변화에 비유하면 쉽고 정확하게 이해할 수 있다. 계란이 병아리로 변하는 경우와 계란프라이로 변하는 것을 상정해보자. 병아리든 계란프라이든 계란의 가치보다 높게 변했다. 무생물체인 계란프라이는 사람이 먹음으로써 가치가 소멸된다. 그러나 병아리를 생명체 증식원리로 이용하면 가치시간은 무한대에 가깝다.

병아리와 계란프라이는 계란이 깨지는 다른 위치에 의해 결정된다. 병아리는 계란의 안쪽 힘에 의해 깨진데 비해 계란프라이는 계란 바깥쪽 힘에 의해 깨진다. 병아리는 스스로의 필요에 의해 깨져 생기고, 계란프라이는 계란의 의지와 무관하게 요리사의 필요에 의해 깨져 생긴다.

계란이 병아리와 계란프라이로 변화된 차이는 경제적 가치를 떠나 주체와 객체의 차이로, 변화 이후 지속가능성의 차이로 드러난다. 또한 두 변화는 생명 지속성과 생명 단절의 차이로 드러난다. 따라서 주체적 변화와 질적 변화를 이루는 병아리는 혁신에, 객체적 변화와 구조적 변화를 이루는 계란프라이는 개혁에 비유된다. 즉, 혁신은 자신의 필요에 의해 새롭게 변하는 것이고, 개혁은 객체의 필요에 의해 바꾸는 것이라 말할 수 있다.

계란이 병아리로 변화하는 것은 가치혁신이다. 계란 안에 있던 병아리씨가 부화 환경을 만나 병아리로 변한 것이다. 계란 안의 내재된 가치가 껍질을 벗어나 새롭게 변화되는 것으로서 가치혁신 원리에 딱 맞는다.

2) 농촌과 가치혁신

가치혁신은 주로 기업경영 전략으로 조명받았다. 기업이 생산가치와 소비가치혁신을 통해 블루오션에 이르는 전략으로 각광을 받았다. 무한경쟁의 시장판에서 싸우지 않고 1등 할 수 있다는 것은 퍽 매력적인 일이기 때문이다.

이 가치혁신을 농업·농촌에 적용하면 어떨까?

농촌은 본디 시장재보다 공공재가 많은 곳이다. 그래서 농업·농촌의 다원적 기능은 공익성에 초점이 맞춰져 있다. 농업·농촌을 통해 나타나는 문화적, 환경적, 사회적 기능은 대부분 공공재고 비시장적 요소다.

그러나 이런 공공재를 다른 시각에서 보자면 농촌다움 요소고, 장소적 특성과 다름의 요소다. 이런 농촌다움 요소와 장소적 특성의 요소를 가치혁신 관점에서 보면 매우 유용한 자원이 된다. 농촌다움 요소와 장소적 특성의 요소는 누가 훔쳐 갈 수도, 누가 모방할 수도 없는 고유한 자원이기 때문이다.

농촌다움 요소와 장소적 특성의 요소는 가치혁신의 샘이다. 이 샘은 아무리 퍼내도 마르지 않고, 수많은 농촌자원과도 궁합이 맞다. 농촌에서 생산된 먹거리도 이들 요소와 만나면 가치먹거리가 된다. 때문에 가치혁신은 농촌과 잘 어울리는 찰떡궁합 관계다. 농촌의 비시장적 요소가 가치혁신을 만나면 독보적 블루오션으로 탄생한다는 것이다.

가치혁신은 내 안에 내재된 가치를 새로운 희망재 가치로 끌어내는 것이 핵심 원리다. 따라서 자각된 의지로 내재된 가치를 찾아 발견하고 재조명하는 일이 첫째고, 내재가치를 주체적 역량으로 콘텐츠화 시키는 것이 둘째고, 이를 가치중심시장에 안착시키는 것이 셋째다.

이를 하나씩 뜯어보자.

농촌에는 내재된 가치가 수없이 널려있다. 기후조건에 따라, 지형과 토양조건에 따라, 계절에 따라 다른 자원들이 많고, 이를 활용하는 기술과 향유하는 문화도 가지가지다. 이를 가치중심시장 관점에서 투사하고, 과학적 시각에서 재조명한다. 먹거리 자원이라면 맛과 영양의 특성을 찾는다.

내재된 가치에서 의미 있는 자원을 발굴했으면 구체적인 생산가치혁신 단계로 넘어간다. 생산가치혁신 단계에서는 먼저 자원을 쓸모에 맞게 분류한다. 1차 먹거리용, 1.5 혹은 2차 가공용, 체험이나 관광용, 병풍 기능용 등이다. 그다음에는 농촌다움과 장소적 특성에 맞는 품목과 상품을 개발한다. 아울러 자원의 유기성을 활용하는 융·복합 자원 개발과 매력 있는 이야기 짓기도 요긴한 일이다.

생산가치를 혁신했으면 그다음에는 소비가치혁신 단계로 넘어간다. 좋은 식재료는 음식으로 지어져야 맛이 살아나고, 맛있는 음식은 알맞은 식기에 담겨 식탁에 차려져야 제 가치가 살아난다. 그렇듯 생산가치자원은 그 가치를 인정해 주는 소비자를 만나야 하고, 소비자에게 매력 있는 가치로 다가가야 한다. 이를 위해 가치중심시장을 통해 가치소비자를 만나고, 그들에게 가치의 내용(Value Contents)을 전달한다.

내재된 가치를 찾고, 매력 있는 콘텐츠를 개발하고, 가치중심시장으로 나아가는 일이 말처럼 쉽지 않다. 때문에 이런 일련의 일을 함께 벌이고, 서로 지지하는 일이 중요하다. 이럴 때 줄탁동시의 기능이 요긴하다. 주민자치사업이든 사회적 경제사업이든 농촌협약이든 농업인들에게 줄탁동시를 해준다면 농촌 가치혁신의 효과는 더욱 극대화된다.

3) 농촌 가치혁신은 어떤 영양가가 있는가?

첫째, 농촌가치혁신은 누구나 쉽게 접근할 수 있다.

실상 농촌주민들이 느끼는 자존감은 바닥세다. 최고·최대만이 생존할 수 있다는 적자생존의 논리에 주눅 들고, 패배 의식에 젖어 있다.

그러나 농촌가치혁신은 이미 쌓여진 자연환경, 문화의 토대에다 현재의 농업을 더하는 일이기 때문에 매우 쉽고, 실용적이다. 농촌가치혁신은 남의 생각에 의해 퇴색되고, 남의 의지에 의해 왜곡된 것을 바로잡아 올바른 주체를 세우는 일이기 때문에 마음만 먹으면 누구나 가능하다. 이는 변화를 위해 많은 시간을 들일 필요도, 남의 기술을 빌려다 연마할 필요도 없다. 이는 내 주체를 세우는 일이기 때문에 자존감을 높이고, 일의 보람을 느낀다.

농촌에는 작고 다양한 자원들이 널려져 있어 농촌가치혁신에 적용할 일거리들이 널려져 있다. 바람길로 불리는 호젓한 언덕이든, 옛사람들이 쓰던 토굴이든, 정자나무에 서린 이야기든 다 귀한 자원들이다. 농촌의 친환경적이고, 친문화적인 토착 자원들은 오랜 세월 동안 다듬어지고 검증된 것이 많아 쉽고 다양한 쓰임으로 활용할 수 있다.

둘째, 농촌가치혁신은 저비용 고효율적이다.

세상에는 칼자루를 쥔 싸움과 칼날을 쥔 싸움이 있다. 그런데 대부분 사람들은 칼날을 쥔 싸움에 익숙해 있다. 남에 비해 열등한 점을 고치려고 애쓰는 사이에 자신도 모르게 칼날을 쥐게 된다. 농업인들은 전·후기 산업화시대를 거치면서 칼날을 쥐는 것을 운명처럼 여겨왔다.

그러나 자기 장점을 무기로 삼는 사람은 칼자루를 쥐기 때문에 승패의 우위 조건에 서게 된다. 농촌가치혁신은 나의 다움, 나의 장점을 주 무기로 삼기 때문에 일의 준비과정이 복잡하지 않고 비용이 적게 들어 칼자루를 쥐기 용이하다.

농촌가치혁신은 오랜 세월 쌓인 농촌다움에 기반하기 때문에 자원개발에 많은 돈이 들지 않고 쓰임새에 적용하기도 어렵지 않다. 게다가 그 기반은 고유성이 강하기 때문에 누구한테 빼앗기거나 모방당할 걱정도 없다. 그 지역의 기후, 환경, 문화 배타적 고유한 자원을 활용하면 단점을 보완하려는 방식보다 훨씬 저비용적이고 고효율적이 된다.

셋째, 농촌가치혁신은 지속가능성이 뛰어나다.

가치혁신과 틈새시장을 혼동하는 사람들이 많다. 틈새시장은 글자 그대로 틈새를 잠시 파고드는 시장이기 때문에 오래 지속되지 못한다. 톡톡 튀는 아이디어들은 대부분 틈새시장류여서 금세 유혈경쟁의 늪에 빠지고 만다.

하지만 농촌가치혁신은 지속가능성이 뛰어난 특징이 있다. 지속성의 힘은 가치의 힘에 비례한다. 고유성이 강한 가치일수록 혁신의 생명력이 오래오래 지속되기 마련이다. 고유성이 강한 농촌자원들은 대부분 비경쟁 자원이다. 이 자원들은 농촌다움 같은 공공재자원이거나 공공재자원과 연동된 자원들로서 이들을 가치혁신 시키면 싸우지 않고 1등을 하게 된다.

농촌자원과 가치혁신이 만나면 증폭기를 단 듯 가치를 크게 확장시킨다. 가치혁신은 농촌자원들로 그물코를 짓고, 씨줄 날줄을 엮어 가치생태계를 만들면 가치 확장력이 더욱 커지게 된다. 이런 결과물이 가치중심시장을 만나면 지속가능성은 더욱 배가된다.

넷째, 농촌가치혁신은 자원의 전후방연관기능을 활성화 시킨다.

농촌에는 최고·최대 판으로 나갈 자원을 찾아보기 힘들다. 대신 구석구석 주민들 생활언저리에서 싹튼 소담한 자원들이 대종을 이룬다. 그런데 이 자원들은 최고·최대 자원처럼 홀로 빛내지는 못하지만 여럿이 함께 빛내는 특성을 가지고 있다. 꽃가게에 진열된 꽃처럼 화려하지는 않지만, 무리를 지은 들꽃처럼 '떼창 멋'을 낸다. 고유성이 강한 농촌자원은 지역 풍토에서 꽃피기 때문에 그 풍토에서 나온 다른 자원들과 잘 어우러진다.

하지만 농촌은 전·후기 산업화 과정에서 자원들을 분절시켜 버렸다. 작고 다양한 농촌자원들을 분절시켜 버리면 자원들이 먼지처럼 되어 작은 바람 앞에서도 맥을 못 춘다.

농촌가치혁신은 농촌자원들의 유기성에 힘을 실어준다. 여러 자원들의 유기적 결합을 도모하여 자원 간 순환과 시너지효과를 높인다. 1차, 2차, 3차 농업 층위가 융합하고, 자원과 자원이 융·복합하고, 자원들이 지역사회 순환경제를 일으키고, 사회자본을 융성시키게 된다. 게다가 관계인구는 농촌자원의 다원·다층적 결합력을 요구하기 때문에 농촌가치혁신의 밑불로 작용한다.

2. 농촌자원의 특성과 가치혁신

1) 농촌 가치자원은 작고 다양함이 특징이다

산업화시대에는 규모경제 논리가 우리 사회를 휩쓸었다. 그래서 어디서든 최고·최대가 으뜸 가치가 되었다. 이때 농촌에서도 최고·최대가 득세했다. 단위 면적당 생산량을 늘리기, 더 넓은 농지를 확보하기가 주민들 의식을 지배했다.

막상 농촌에서 최고·최대 꺼리를 찾기란 쉽지 않다. 그래서 찾고 찾는다는 것이 관의 힘을 동원한 행·재정적 사업이다. 타 지역보다 더 웅장하고, 더 높은 탑을 쌓으려고 하고, 더 큰 관광단지를 조성하려고 한다. 그러나 최고·최대를 지향하는 풍조는 주민들 마음을 이반시켰다. 주민들 삶의 터전과 동떨어진 최고·최대 지향 풍조는 주민들을 주눅 들게 할 뿐이다.

눈 돌려 보자면 농촌에는 작고 다양한 자원이 널려져 있다. 문화 종 다양성, 생태 종 다양성은 세계 어느 나라 보다 뛰어나다. 우리나라는 땅이 작지만, 온대와 난대기후를 낀 반도 국가여서 지역에 따라 기후, 토양, 바람, 햇빛, 지형 등 다양한 자연조건을 품고 있다. 때문에 대대로 자연조건을 지지대로 삼은 농촌은 다양한 자원을 이용할 수 있었다. 게다가 우리나라는 수천 년간 미작중심사회를 영위하면서 촌락문화를 발전시켰기 때문에 마을마다 다양한 문화를 품게 되었다.

농촌의 작고 다양한 자원은 관계인구시대에 물 만난 고기다. 관계인구는 개성 있고, 향기 나는 자원에 이끌린다. 농촌 골골의 대부분 자원은 농촌향기를 내는 어메니티 자원으로서 쓸모를 구성하기 편하고, 상용하기도 경제적이다.

2) 농촌자원은 서로 지지하는 유기성을 품고 있다

작고 다양한 농촌자원들이 따로 떨어져 있으면 어떻게 될까? 바람 앞에 먼지처럼 금세 흩어져 버릴 것이다. 그런데 농촌자원은 작고 다양한 특징과 함께 자원들끼리 서로 당기고 지지하는 성질을 가지고 있다. 이는 농촌이 자연의 순환구조 속에서 존재하고, 사람들 간의 유기적 관계 속에서 유지하는 특성과 유관하다.

우리 농촌의 역사는 자원 간의 유기성의 역사라 해도 과언이 아니다. 자연과 주민이 공생하는 생태문화와 주민들이 더불어 사는 공동체문화가 자원 간 유기성을 높여준 것이다.

농촌자원은 생산환경은 물론 이를 향유하는 문화적 특성도 유기성으로 작용한다. 전북 고창에서는 선운산에서 나는 나물들로 산채비빔밥을, 전남 장흥에서는 지역특산품인 한우, 표고버섯, 키조개가 삼합요리로, 전남 해남에서는 김장배추, 겨울배추, 봄동, 토종갓이 남도김치로 융합된다. 전남 신안군 도서지역의 시금치, 쑥, 봄동은 해풍을 맞고 자란 특성으로, 산청군의 나물, 약초, 버섯은 지리산 기운을 품은 동질성으로 나타난다. 경남 통영에서 잡힌 봄도다리는 섬에서 캔 봄 쑥이랑, 부안의 풍부한 갯벌자원은 천일염, 젓갈이랑 궁합을 이룬다. 들판의 봄 아지랑이, 작물들이 이루는 꽃 잔치, 빗질한 모습의 밭이랑, 눈 쌓인 겨울배추, 일렁이는 황금들판도 장소적 특성과 계절이 융화한 자원인 셈이다.

농촌은 규모화경제 논리에 따라 광작, 단작 쪽으로 치달았지만, 친환경 농업이 확장되는 추세에 따라 농촌환경에 변화가 생기고 있다. 생물다양성관리계약에 따라 철새도래지에 무논이 조성되고, 철새와 농업인이 공생하는 생태농업이 시도되고 있다. 유기축산과 유기농업을 잇는 생태순환농업도 농업의 유기성회복의 맹아로 작용하고 있다. 귀농인의 증가와 로컬푸드 활성화에 따라 다품목소량생산의 기류가 살아나고, 6차형 농업 활성화에 따라 자원의 융·복합에 대한 관심도 높아가고 있다. 여러 품목을 결합하는 꾸러미 직거래가 커가고, 제철진미를 결합한 마을형 밀키트가공도 유기성을 나타낸다.

산촌은 기후, 숲, 토양, 햇빛 등의 조건에 따라 다양한 자원들이 친화력을 띤다. 봄에는 쑥, 두릅, 방풍, 머위, 고사리, 취, 달래, 냉이 등 나물류가 유기성을 띤다. 여름, 가을에는 약초, 버섯, 산 열매들이 가치의 조화를 이룬다. 산촌 경관, 숲의 가치, 체험·교육거리, 생활문화들도 유기적 끈이 된다.

어촌은 해류, 조수간만의 차, 갯벌, 해풍 등의 조건에 따라 자원들이 서로 지지한다. 겨울과 봄에는 파래, 감태, 김, 미역, 톳, 다시마 등 해조류들이 겨울철 면역력 볼륨을 높여준다. 갯벌에서는 미생물과 플랑크톤, 해조류에 지지하는 저서생물, 갑각류. 패류들이, 그리고 치어들과 그 위의 어류들까지 생태 사슬을 이룬다. 어촌에는 다양한 어업양식, 향유문화, 풍어제 등 유기적 자원들이 널려져 있다.

3) 농촌 공공재는 농촌자원의 볼륨을 크게 높여준다

농촌 공공재는 농업·농촌 다원적 기능과 통한다. 이는 농업·농촌이 사회 유지에 필요한 농촌 공공재를 제공하기 때문에 국가는 농촌 공익적기능의 직불제로 조응한다.

농촌 공공재를 눈 돌려 보면 농촌 가치혁신의 효자라는 것을 알 수 있다. 농촌 공공재는 직접 팔 수 있는 것은 아니지만 농촌자원의 가치 볼륨을 한층 높여주는 효자다.

농촌 공공재는 농촌의 생태, 기후, 지질 등 자연자원과 역사, 문화 등 인문자원을 포괄하는데 농촌 가치중심시장에 매우 큰 영향을 끼친다. 먹거리의 고유한 맛과 영양은 농촌의 토양, 바람, 햇빛, 기온 등 자연조건에 크게 영향을 받기 때문에 이를 잘 활용하는 것이 농업의 으뜸 기술이다. 지역의 숲, 갯벌, 철새, 갈대밭은 생태관광, 생태농업, 도농 가치교류 등의 지렛대가 된다. 지역의 역사, 전통문화, 공동체문화는 농촌관광과 교류, 스토리텔링 등 문화콘텐츠의 기초자원이 된다.

지역 간 경쟁이 커지면서 지역마다 꽃 잔치 소식이 빈번하다. 벚꽃, 유채꽃, 국화 등 철마다 형형색색의 꽃으로 관광객을 유치하려고 규모의 전쟁을 벌인다. 하지만 규모와 관계없이 입소문을 끄는 곳이 있다. 제주도 일출봉과 연계된 유채꽃, 월출산 비경과 연계된 영암 유채꽃, 굽이굽이 섬진강 따라 핀 벚꽃 길 등은 타 지역과 비교대상에서 벗어난다. 지역의 공공재자원과 연계하는 힘 때문이다.

3. 가치농업 융·복합과 가치혁신

농촌의 작고 다양한 자원은 개별·분산적으로는 별 힘이 없다. 작고 다양한 자원이 힘을 받고 생명력을 유지하는 유일한 길은 자원 간 융·복합이다. 농촌자원은 서로 지지하는 강한 유기성을 띠고 있기 때문에 이 성질을 활용하면 놀라운 가치혁신을 맛보게 된다.

지금부터는 농촌자원 유기성에 생명력을 불어 넣을 바를 살펴본다.

1) 시대 트렌드로 뜨고 있는 융·복합

일본 사람들은 인도에서 유래된 카레 조리방법에다 밥을 얹어 카레라이스를 고안했다. 서양에 정착한 흑인들은 서양악기에다 그들 고유의 즉흥

음악을 실어 재즈음악을 만들었다. 문화든 기술이든 한 곳에서, 하나의 방식으로 고정되지 않고 서로 섞여 융합하면서 발전을 거듭한다.

21세기 인류는 융·복합의 신기원을 열고 있다. 무선전화기에 LCD 기술을 적용하면서 사진, 게임 등 멀티미디어 기기로 진화되었고, 인터넷을 넣어 컴퓨터 지원형인 스마트폰을 만들었다. 정보·통신의 발달과 융·복합 기술 발달은 생산 중심의 기업이 주름답던 재계 지형을 바꾸었다. 네이버, 카카오 등 정보통신에 기반한 플랫폼 서비스 사업체들이 재계 상위 순위에 들고 있다.

융·복합은 과학과 기술 범주를 넘어 새 문명의 트렌드로 자리 잡아 가고 있다. 융·복합화로 기술과 예술이 만나고, 국방과 소방이 만나고, 인문대학과 과학대학이 만나 새로운 가치를 창출한다. 또한 융·복합화는 기술과 기술 간 상호작용과 정보통신기술의 진화를 불러 4차 산업혁명시대로의 이행을 촉진하고 있다. 시대 흐름이 이렇다 보니 컨버전스(Convergence), 퓨전(Fusion), 하이브리드(Hybrid), 크로스오버(Crossover), 통섭(Consilience), 통합(Integrated), 콜라보레이션(Collaboration) 등 융·복합적 의미의 개념들도 함께 뜨고 있다.

이런 가운데 농촌 융·복합 산업화 정책이 뜨고 있다. 이는 생산(1차), 가공(2차), 유통·서비스(3차)를 더하여 부가가치를 내는 6차형 농업을 뜻한다. 6차형 농업은 2000년대 들어서 가족 중·소농 살리기의 상징으로 떴고, 강소농 육성정책의 꼭짓점으로 여겨왔다. 최근에는 정부가 6차산업 사업자 인증제까지 시행하고 있다.

농촌진흥청은 해마다 '지역 특산자원 융·복합 기술지원 공모사업'을 벌이고 있다. 2021년 품목 융·복합, 기능 융·복합, 종합형 등 세 가지 대표적인 성과사업을 홍보하고 나섰다. 품목 융·복합은 지역에서 생산된 서로 다른 품목을 결합해 상품을 개발하는 유형으로서 경기도 이천시가 쌀, 복숭아, 고구마를 활용한 복고빵을 들었다. 기능성 융·복합은 비슷한 기능을 가진 품목을 하나로 묶어 새로운 융·복합 상품을 개발하는 유형인데 충북 청주시가 사과, 딸기, 쌀을 활용한 쌀빵 디저트를 들었다. 종합형은 여러 개의 품목과 동일한 기능의 상품을 결합하여 상품을 개발한 유형인데 사과, 토마토, 오미자를 활용한 장수군의 장수식품을 들었다.

2) 농촌 융·복합 전선은 왜 실패를 거듭할까?

그런데 농촌 융·복합 산업화 정책이 그다지 약발을 받지 못하고 있다. 수많은 농가들이 강소농이 되고자 가공공장을 짓고, 체험시설을 갖추고, 온라인 유통의 채비를 했지만, 성공사례 소식을 접하기 힘들다. HACCP 인증시설까지 4, 5억 원을 들여 가공공장을 짓지만 정상 가동하는 경우는 극히 드물고, 수년간 방치하는 체험시설들이 수두룩하다. 온라인 유통을 시작했다가 1, 2년 만에 손을 든 경우도 비일비재하다.

다른 산업에서 활기를 띠는 융·복합이 왜 농업·농촌에서는 실패를 거듭하는 것일까?

■ 몰락을 자초한 6차형 농업 정책

6차형 농업이 실패를 거듭한 것은 가족 중·소농을 주체로 세우지 못한 정책적 오류 때문이다.

농촌 융·복합 선진국인 유럽은 산업화, 도시화로 농업·농촌에 드리울 그늘을 해소하려고 애썼다. 농업·농촌의 공익적기능의 지지정책과 농촌 어메니티 개발 정책을 통해 농촌 관계인구의 물꼬를 터주었다. 이런 가운데 가족 중·소농이 농촌 지킴이로 성장했고, 협동화와 융·복합 농업의 기반을 구축했다.

이에 비해 우리나라는 유럽과 상반된 길을 걸어왔다. 우리나라는 농업을 산업화, 도시화의 희생양으로 삼았다. 농촌공동체문화를 파괴시키고, 농촌의 버팀목인 가족 중·소농을 말살시켰다.

이렇듯 유럽과 우리나라는 6차형 농업의 토대가 달랐다. 유럽에서는 1970, 80년대부터 농촌 어메니티 개발과 가족 중·소농 살리기 정책의 토대에서 융·복합형 농업을 싹틔웠다. 이에 비해 우리나라는 융·복합의 초석인 가족 중·소농과 공동체문화가 붕괴되고, 농촌 어메니티 개발이 자리 잡지 못한 상태에서 6차형 농업의 엑셀페달을 밟았으니 그 결과가 오죽할까? 신실한 주체가 없는 가운데 펼친 6차형 농업정책은 밑 빠진 독에 물 붓는 꼴이었다.

■ 융·복합 힘을 빼는 '각계 약진' 정책

농업인들의 개별·분산적 참여가 6차형 농업의 실패를 불렀다.

6차형 농업은 생산, 가공, 유통(서비스)을 한 통으로 엮어야만 농업인이 가공과 유통과정의 부가가치를 맛 볼 수 있다. 그러나 한 농가가 생산, 가공, 유통을 하고 농·도교류(농촌관광)까지 조직하고 운영한다는 것은 말처럼 쉽지 않다.

가공에 드는 노력은 장난이 아니다. 가공자로서 갖추어야 할 관리·운영·기술을 터득하고, 인·허가 과정을 밟기까지 시간과 노력을 경주한다. 또 상품을 기획· 개발하고 시장에 진입하는 과정도 만만치 않다. 게다가 HACCP 인증시설까지 거금을 들여야 하고, 투자대비 수익을 올리려면 연중 120일 이상 가동할 수 있어야 한다.

유통은 주로 온라인 판매를 권장하기 때문에 농가별로 별도 온라인 홈페이지를 구축·운영한다. 망망대해 같은 온라인 장에서 직거래망을 구축하기까지 고객을 확보하고, 사후 관리하는데 많은 시간을 쏟는다. 소비자들에게 상품을 어필할 콘텐츠를 구축하여 수시로 업데이트하는 것도 간단한 일이 아니다.

소비사들과 교류하면서 정기적으로 체험프로그램을 운영하는데 일손이 많이 든다. 한 농가가 프로그램 기획, 홍보, 운영을 한다는 것은 여간 힘든 일이 아니다.

이런 일만 있는 것이 아니다. 6차형 농가들은 대외 활동에 많은 시간을 쏟는다. 농업기술센터를 비롯한 여러 교육에 연간 60일~100일을 들이고, 자치단체 등의 축제나 직거래장터마다 단골로 동원된다.

이런 일련의 일들을 농가들이 개별·분산적으로 꾸려가야 하기 때문에 몇 년 못 가서 손들어 버리는 것이다.

■ 유혈경쟁 늪으로 빠져드는 6차농들

6차형 농업인들이 가격중심시장에서 유혈경쟁의 늪에 빠지는 경우가 태반이다.

6차형 농업인들은 처음 2, 3년간 의욕에 차 있다. 강소농 교육과 여러 선진사례를 접하면서 미지의 꿈에 부푼다. 교육, 연수 활동의 결과는 공공보조 사업으로 귀착되는데 건물, 시설, 온라인 시스템까지 구축하는데 2,3년이 훌쩍 간다. 그러고는 6차형 농업의 종착역인 시장 진입 단계에 접어든다.

6차형 농업인은 온라인 직거래장, 온라인 유통 플랫폼, 도·소매시장, 오프라인 직거래장터, 쇼핑몰, 대형마켓, 백화점, 로컬푸드 등을 두루 살펴면서 내게 적합한 시장 찾기에 나선다. 하지만 금세 시장의 높은 벽을 느낀다. 아무리 좋은 상품을 만든들 마땅한 판로가 없으면 무망하다는 것을 알게 된다.

대다수 6차형 농업인들이 접하는 시장은 가격중심시장이다. 수요와 공급, 유통의 다단계 조건에서 결정되는 먹거리의 평균가격은 생산비에 훨씬 못 미친다. 6차형 농업인이 만든 먹거리 가공품은 품질이 천차만별이어서 시장에서 자리 잡기까지 많은 시간을 요한다. 이 과정에서 틈새시장이란 막연한 환상에 빠지기도 하고, 홈쇼핑, 대형마트, 백화점 벤더들의 사냥감이 되기도 한다.

먹거리 가격중심시장은 규모화와 원가(Cost) 싸움판이기 때문에 연중판매화의 조건이 갖추어지지 않은 개별 농가들이 스스로 경쟁력을 유지하기 어렵다. 게다가 1인 가족들이 늘어나면서 단품목 직거래가 시들해지고 있어 보완적 매대 시장이 없는 농가들은 그만큼 힘든 조건으로 치닫게 된다.

3) 가치농업에 가치 곱하기

그간 6차형 농업 만들기와 농촌자원 융·복합 정책은 몇몇 '스타농' 만들기에 쏠려 있었다. '스타농'을 통해 사례의 저변을 넓히려는 의도라지만 이는 본질과 먼 시대착오적 발상이다. '스타농'은 만들기도 쉽지 않지만, 융·복합력이 떨어진 데다 배타성이 강해 확장력이 떨어진다. 게다가 한 농가가 생산, 가공, 판매(서비스)를 모두 수행한다는 것은 큰 무리수였다. 각 층위별 기능의 융·복합력이 떨어진 6차형 농업은 생산도, 가공도, 판매도 질이 약화되는 뺄셈 방식이다.

그렇다면 6차형 농업에 생명력을 불어넣을 방법은 무엇일까?

첫째, 6차형 농업을 가족 중·소농 살리기에 초점을 맞춘다. 6차형 농업에서 융·복합기능을 빼면 시체다. 생산, 가공, 유통(서비스)의 층위와 생산과정, 가공과정, 유통과정도 융·복합과 밀접한 특성을 가지고 있다. 이런 일련의 융·복합은 가족 중·소농의 성질과 잘 부합되기 때문에 6차형 농업을 가족 중·소농 살리기 관점에 꾸려야 제힘을 낼 수 있다.

둘째, 6차형 농업을 농업노동 가치향상의 기회로 삼는다. 농업노동은 농업의 핵심 가치다. 하지만 농업이 분업·분절화 되면서 농업노동은 농업인을 짓누르는 짐이 되었고, 소득 기회의 일탈을 가져왔다. 그러나 가족 중·소농이 6차형 농업을 품으면 농업노동의 가치를 크게 향상시킬 수 있다. 가족 중·소농의 6차형 농업은 농업노동을 다원화시키고 연중화 시킨다. 이는 노동의 질과 산품 질의 향상으로 이어져 농가소득 향상을 도모한다.

셋째, 6차형 농업은 가치농업 콘텐츠와 짝짓는다. 6차형 농업은 가치농업 창안의 필수 요소이고, 가치농업은 6차형 농업을 통해 가치를 확장시킨다. 때문에 6차형 농업은 가치농업을 통해 가치중심시장에서 제빛을 발휘한다. 따라서 6차형 농업은 가치콘텐츠라는 길을 통해야만 가치중심시장에 굳건히 설 수 있다. 제철진미든 생태농업이든 먹거리 특산품을 가치로 조명하여 개념화시킨다.

넷째, 생산 협업체계를 구축한다. 가족 중·소농은 횡적 협력체계를 통해 힘을 받는다. 1차 생산은 관계시장에 통한 기획생산을 지향한다. 기획생산은 여러 생산자들끼리 품목을 꾸리는 협업을 통해 이루어진다. 한 면단위에서 100개 품목을 기획생산하려면 최소 10농가 이상이 협업체계를 이루어야 한다. 귀농인끼리 단지형 협업농장을 꾸리면 더욱 효과적이다. 이같은 협업생산 체계 안에서 먹거리 콘텐츠의 다양화, 자주관리 시스템으로 이어질 수 있다.

다섯째, 판매 협업체계를 구축한다. 6차형 농업의 판매협업은 생산협업의 토대에서 이루어진다. 다품목 기획생산은 연중판매(주년화)할 판로와 연관되어 있다. 때문에 6차형 농업은 생산자 농업인들의 상호 협력활동을 통해서 좋은 판로를 구축할 수 있다. 판매협업은 로컬푸드 같은 낮은 단계부터 온라인직거래, 구독경제, 크라우드 펀딩 단계를 거쳐 독자적 브랜드 단계로 발전할 수 있다.

여섯째, 공유가공 체계를 구축한다. 대부분의 가족 중·소농은 가공사업에서 크게 절망한다. 개별분산적인 가공사업은 적자 운영의 늪으로 빠지기 십상이다. 때문에 1차 가공, 1.5차 가공 같은 단순가공은 공유가공을 한다. 요즘 농촌자치단체들이 공유가공공장을 많이 짓고 있는데 이를 권역별, 읍·면별로 확장하면 6차형 농가들이 충분히 활용할 수 있다. 1차 가공, 1.5 가공의 성과를 바탕으로 2차 가공에 도전하면 된다.

일곱째, 6차형 농업의 지원체계를 갖춘다. 6차형 농업은 1차, 2차, 3차 각 층위별 가치와 각 층위를 융합시키는 가치가 가치농업의 질을 결정짓는다. 하지만 개별농가가 가치농업 생산체계와 가공체계와 유통체계를 한꺼번에 구축하는 것은 무리다. 때문에 층위별 협업과 지원체계가 필수적이다. 생산공동체들의 협업, 가공의 공유경제 활동, 가치중심시장을 통한 유통 협업을 한 통으로 조직하는 것이다.

많은 농가들은 6차형 농업을 떼돈 버는 농업으로 착각한다. 생산, 가공, 유통단계마다 부가가치가 발생하고, 여기에 상큼한 아이디어를 더하면 손쉽게 고소득을 올릴 수 있다고 착각한다. 이런 환상을 가지고 6차형 농업에 접근한 농업인들은 금세 벽에 부딪혀 후회한다.

자신의 특·장점이 배인 자기다운 농업이 가장 신나는 농업이다. 자신의 특·장점이 배인 농업은 자연환경과 기술, 노동력 등 경영조건과 이를 지지해 주는 사회적 환경과 여기에 적합한 경영방식이 맞아 떨어져야 힘을 얻는다. 가족 중·소농은 여기에다 1차, 2차, 3차 층위별 융·복합의 힘을 입으면 날개를 달 수 있다.

가족 중·소농이 층위별 융·복합을 이루려면 비슷한 조건의 농가들과 협업을 하고, 공유경제의 체계를 만들어야 한다. 그래야만 가치의 사슬이 엮이고, 가치농업의 가치가 승수 물결을 타게 된다. 때문에 따로국밥식 6차형 농업을 협업과 공유경제에 의한 '더불어 6차형 농업'으로 바꾸어야 한다. '더불어 6차형 농업'은 농촌 가치혁신의 백미다.

4. 가치농업과 CCC 마케팅전략

1) 농업인이 주도하는 블루오션 시장은 없을까?

2000년대 들어 6차형 농업과 강소농 지원정책이 활기를 띠면서 직접 유통전선에 뛰어든 농가들이 많았다. 생산, 가공, 유통(서비스, 관광)을 한 통으로 엮어 부가가치를 높이겠다는 뜻이었다. 하지만 생산과 가공의 끈을 잇는 것도 어렵지만 유통의 고개까지 넘은 농가들은 극히 드물다. 농가들이 정부 지원에 의존하여 브랜드와 고급 포장재를 만들었지만 마땅한 판로를 찾지 못했다. 이때 '스타농가'들이 백화점, 대형마트, 홈쇼핑의 입점 문턱을 넘기도 했지만, 대부분은 마땅한 성과를 거두지 못하고 희망의 날개를 접었다.

왜일까? 농가들이 유통을 만만히 보고 달려들었다가 큰코다친 결과였다. 농가들이 스스로 구축한 브랜드의 힘이 없이 백화점이나 대형마트에 진입하는 것은 그쪽 상술의 이용물이자 벤더들 먹잇감일 뿐이었다. 홈쇼핑도 유혈경쟁의 늪이다. 브랜드 힘이 없는 농가들이 시장진입을 할 때 홈쇼핑의 유혹에 끌리기 십상이다. 단기간에 홍보효과를 맛볼 수 있고, 비교적 쉽게 매출을 올릴 수 있지만 백화점, 대형마트보다 유통비용이 훨씬 많이 들어 앞으로 남고 뒤로 밑지는 시장이다. 홈쇼핑을 통해 브랜드 홍보효과를 누린다지만 과한 출혈을 통해 얻는 브랜드 가치는 '싸구려 상품'이라는 낙인이어서 실효성이 떨어진다.

이명박 정부는 한때 '돈 버는 농업'을 농림부의 슬로건으로 내건 적 있었다. 세계 자유시장의 먹구름이 농업·농촌에 드리운 가운데 '돈 버는 농업'이란 슬로건은 매우 도전적이고 도발적으로 느껴졌다.

이때 나온 핵심정책이 '1시·군 1유통회사 만들기'였다. 자치단체가 농업인들과 먹거리 유통회사를 만들고 지역 브랜드를 지어 농산물유통전선에 뛰어들어야 한다는 것이었다.

이때는 2010년 전후로서 농산물시장 축이 도매시장에서 대형마트 등 소매시장으로, 직거래시장으로 이행하던 시기였다. 때문에 농촌지역 먹거리 브랜드가 소매시장에 똬리 틀면 상당한 시장지배력을 가질 수 있고, 나아가 국제경쟁력도 가질 수 있다는 뜻이었다. 그런데 이 깃발을 든 정운천 장관이 광우병 사태를 맞아 단명하였다. 결국 그 정책은 유야무야 폐기 되었고, 이때 만들었던 수많은 시·군 유통회사들은 날개를 펴보지도 못한 채 문 닫았다.

비록 풀잎의 이슬처럼 사라진 정책이지만 복기해 볼 필요가 있다. 먹거리 생산지역들이 유통회사를 만드는 것은 의미 있는 일이다. 농업인들이 개별·분산적으로 소매시장에 뛰어들면 자본의 먹잇감이 되기 때문에 지역 중심의 먹거리 둑을 쌓는 건 타당하다. 지역의 특성을 앞세워 브랜드 힘을 일으키는 것은 이미 선진국에서 검증되었다.

그러나 지역 유통회사의 추진체계는 아니었다. 품목별, 작부 특성별 생산조직들과 무관하게 농업인들을 무작위로 참여시키고, 자치단체가 자본금을 출연하는 방식이 대부분이었다. 마치 시·군유통회사를 통해 농산물 유통문제가 단기에 해결될 것처럼 하는 것은 만병통치를 외치는 거리의 약장수나 다름없었다. 이렇게 만든 시·군유통회사는 농업인의 판매 수치가 제고와 무관한 지역 유통회사들 잔치판으로 변질될 우려가 컸다. 게다가 생산의 유형, 규모, 품목에 따라 성격이 다양한 지역 먹거리를 한통으로 엮는다는 발상은 어리석었다.

그렇다면 농업인이 주도하는 지속가능한 블루오션 시장은 없을까? 콘텐츠(Contents), 커뮤니티(Community), 커머스(Commerce)를 순차적으로 묶는 CCC 마케팅전략이 그 대안이다. CCC마케팅전략은 가치중심시장을 확장시키고, 가치농업의 지속가능성을 담보한다는 데 방점이 찍힌다.

2) CCC 마케팅전략의 특성

가격중심시장에서의 먹거리 마케팅전략은 안정된 판로를 개척하고 나아가 시장지배력을 높이는데 목표를 둔다. 하지만 누구에 의한, 누구를 위한, 누구의 마케팅전략이냐에 의문부호가 찍혔다. 중앙정부나 자치단체들은 농산물 유통 주도권을 생산자 농업인이 아닌 유통 기술자나 유통업자에게 맡기는 방식이 많았다. 그러다 보니 농업인들 호주머니에 돈 채워주기(판매수취가 높이기)와는 거리가 멀었다. 결국 유통업자의 시장을 확장시켜 주고, 그들의 배불려 주는 전략으로 변질됐고, 생산자 농업인은 들러리로 전락 되었다.

CCC마케팅전략은 생산자 농업인의 참여를 통해 먹거리 시장가치를 높이고, 생산자 농업인이 지속적으로 열매를 따 먹는 전략이다. 이를 위해 먹거리에 내재된 가치를 마케팅의 콘텐츠로 삼고, 생산자와 소비자 간 유대관계(커뮤니티)를 돈독히 하여 먹거리 공급(커머스)에 이르는 개념이다. CCC마케팅전략은 먹거리 콘텐츠, 생산자-소비자 간 유대, 상거래를 한통으로 엮는 방식이다. 이는 상거래를 통해 단골손님을 모으고, 상품의 가치성을 드높이는 일반적인 마케팅전략과 차이가 있다.

CCC 마케팅전략에서 가치먹거리 콘텐츠, 가치먹거리 커뮤니티, 가치먹거리 커머스는 어떤 성격을 지녔을까?

가치먹거리 콘텐츠란 먹거리에 내재된 가치로서 가격보다 가치를 우선 조건으로 삼는다.

가치먹거리 콘텐츠는 먹거리에 내재된 고유의 맛, 안전성, 건강성, 착한 가격 같은 가치는 필요조건이고, 이를 위한 신뢰, 고유 향기, 유통의 편리성은 충분조건이다.

고유의 맛은 '무조건 맛있다'가 아니라 먹거리의 제철가치와 장소적 특성에 따른 관능적 특징을 말한다. 안전성은 먹거리가 식품으로써 갖출 절대적 조건이다. 때문에 유기인증 같은 공적인증보다 생산과정의 진실성을 더 중시 여긴다. 생산자 조직이 실천하는 자주관리 시스템과 그에 의한 자주인증, 투명한 생산이력 등이 그것이다. 건강성은 먹거리가 사람에게 주는 보편적 건강성을 말한다. 먹거리의 제철가치와 영양학적, 보건학적 타당성을 갖추는 것이 필요하다. 착한가격은 생산자의 생산비와 유통비에 근거한 가격을 말한다. 이는 가격이 싸고, 비싸고의 조건을 넘어 먹거리 가치에 따른 신뢰의 척도가 된다.

생산자의 인심, 지역의 향기, 사회적 가치도 빼놓을 수 없는 콘텐츠 요소다. 가치중심시장은 알음알음 시장의 연장으로서 생산자의 인심은 먹거리 가치의 신뢰성을 담보한다. 생산자 개개인의 인심을 넘어 생산자 조직이 지향하는 사회, 환경, 문화 의식이 가치지향적 소비자들의 마음을 움직인다. 지역향기는 먹거리 가치를 돋보이게 하는 병풍과도 같다. 농촌의 역사, 문화, 생태환경은 먹거리의 고유성을 높이고 먹거리 향유가치를 더욱 풍부하게 한다. 사회적 가치는 먹거리의 생산, 소비를 둘러싼 사회적 의의로서 소비자들에게 소비의 보람을 주는 요소다. 먹거리 산지의 생태환경 보전이나 농촌 사회자본 꾸리기는 소비자들의 구미를 당긴다.

가치먹거리 커뮤니티란 생산자와 소비자 간의 연대관계와 상호 소통을 의미한다.

장사는 뜨내기손님을 대상으로 박리다매하는 방식과 단골손님의 재 구매력을 일으키는 방식으로 나뉜다. 뜨내기손님 대상 방식은 대량생산에 의한 대량소비 시대에 성행했지만, 고객들의 재 구매력을 일으키지 못하면 말짱 도루묵이 된다. 때문에 고객들의 재구매를 일으키기 위해 쿠폰을 사용하기도 하고, 관계관리 시스템(CRM, Customer Relationship Management) 등을 통한 고객 사후관리에 많은 공을 들인다.

가치소비가 늘어나면서 생산자와 소비자와의 커뮤니티 관계가 더욱 중요한 요소로 떠오르고 있다. 가치소비자들은 먹거리에 내재된 가치를 구체적으로 뜯어보고 확인한다. 가치소비는 기본적으로 일회적 소비나 뜨내기 소비를 배격하기 때문에 반복적인 단골 소비조건을 따지기 마련이다. 고유 맛과 안전성을 담보할 콘텐츠, 투명한 생산이력, 착한가격 구조 등을 통해 신뢰성이 움트면 지속적인 관계소비로 이어진다.

그렇다면 가치생산자와 가치소비자 간 신뢰는 어떻게 싹틀까? 소비자들의 먹거리 시장 신뢰도는 직거래, 재래시장, 소매시장 순이다. 소비자의 신뢰도는 생산자와 소비자 간 관계거리에 비례한다. 소매시장보다는 재래시장이, 재래시장보다는 직거래가 더 가까운 관계거리를 나타낸다. 때문에 관계거리를 여하히 좁히고, 관계밀도를 지속가능하게 하는가가 CCC 마케팅전략의 핵심과제다.

가치먹거리 상거래란 생산자와 소비자가 가치를 매개로 지속적인 공급관계가 되는 것을 의미한다.

가격중심시장에서 생산자는 파는 자고, 소비자는 사는 자다. 여기에서 생산자는 더 비싼 값에 팔고자 하고, 소비자는 더 싼 값에 사려고 하는 줄다리기 판이다. 대박을 꿈꾸는 생산자는 경쟁산지 생산자가 망하기를 바라고, 가성비를 기대하는 소비자는 과잉생산 소식에 귀 기울인다.

가치중심시장에서 생산자는 물품을 파는 입장을 넘어서는 가치먹거리 공급자를, 소비자는 구매자 입장을 넘어서는 먹거리 연대자를 지향한다. 때문에 소비자는 먹거리에 베인 가치요소를 꼼꼼히 살피면서 반복적이고 지속적인 소비를 지향 한다. 가치먹거리 콘텐츠와 가치먹거리 연대관계를 수반한 상거래는 가성비보다 가심비에 초점을 맞춘다. 가심비 있는 소비관계는 일회적인 거래를 넘어 단골 같은 지속적인 거래를 지향하고, 나아가 생산자와 소비자가 공생하는 먹거리 연대관계로 발전한다.

이렇듯 가치중심시장에서 상거래 개념은 기존 가격중심시장의 상거래 개념과 다르다. CCC 마케팅전략은 가치먹거리라는 콘텐츠와 가치먹거리의 연대관계를 수반한 상거래를 요구한다. CCC 마케팅전략은 경제적 가치와 문화적 가치와 사회적 가치를 포괄한 개념이다.

3) CCC 가치먹거리 마케팅 꾸리기

일반적인 가격중심시장에서는 가격경쟁력을 바탕으로 출혈경쟁을 하면서 시장에 진입한 후 자기 고객을 확충하여 개성 있는 브랜드로 성장하는 모델을 추구한다. 하지만 가치중심시장에서는 가격중심시장의 역순전략이 요구된다. 먹거리 콘텐츠를 앞세워 먹거리 가치전선을 편 후 가치중심 소비자를 규합하고 공감의 장을 구축하여 지속가능한 마케팅(커머스)에 이르는 방식이다.

이렇듯 CCC 먹거리 마케팅전략은 문제에 접근하고, 문제를 푸는 방식이 기존과 다를 수밖에 없다.

그렇다면 먹거리 콘텐츠를 어떻게 만들까?

먹거리 시장에서는 먹거리 콘텐츠가 한 가지 요소이거나 분절적인 모양새가 대종을 이룬다. 예컨대 친환경인증은 관행 먹거리에 대한 비교우위성은 있지만 장소적 특성과는 거리가 멀다. 스테비아를 친 먹거리는 당도 면에서는 다름이 있지만 인위성 합성 감미료에 대한 거부감도 있다. 또한 먹거리 콘텐츠는 '산 좋고, 물 좋고'처럼 집에 둔 금송아지를 자랑하는 식의 자의식인 내용이 많다.

먹거리 콘텐츠는 생산자 쪽의 공급자 중심이 아니라 소비자가 느낄 수 요자 중심의 가치여야 한다. 때문에 먹거리 콘텐츠는 가치에 따른 타당한 근거와 논리를 수반해야 한다. 가능한 과학적 근거면 좋지만 그렇지 못할 경우 설득력 있는 정황증거가 제시되어야 한다. 진실이 내포되어야 한고 소비자의 가슴에 울림이 있는 콘텐츠라야 가치가 높다.

먹거리 커뮤니티는 먹거리 내재가치에 대한 공유관계로서 돈독한 유대 관계 속에서 쌓여진다. 때문에 농업인들이 가치중심시장의 흐름에 조응 하기 위해 소비자와의 관계거리를 좁히고, 관계밀도를 높이는 일이 요구 된다. 먹거리 커뮤니티는 낯설은 뜨내기 관계를 끈적끈적한 단골관계로, 단골관계를 상호 이해가 통하고 공생·공존하는 연대관계로 발전시킨다. 이는 생산자가 먹거리를 소비자에게 파는 관계를 넘어 소비자의 먹거리 문제를 해결하는 도우미 역이 되는 것이다.

생산자는 소비자에게 제철진미를, 보다 안전한 먹거리를, 소비자들 건 강을 살펴주는 먹거리를 제공하는 입장이 된다. 아울러 농촌의 풋풋한 인 심과 농촌 경관으로 회색빛 도시생활에 멍든 소비자의 가슴을 어루만져 준다.

소비자는 농업인들이 생산한 먹거리를 반복적으로, 지속적으로 소비해 주고, 농촌가치의 융성을 돕는다. 또한 소비자는 연대소비와 함께 농촌공 간을 공생·공존의 공간으로 삼는다. 단발적 행사에 그치는 농도교류나 동 정심을 유발하려는 일들은 도리어 가치먹거리 커뮤니티를 해친다.

서울에서 전국을 무대로 가치먹거리 시장을 운영하려는 사람들은 커뮤 니티의 높은 벽을 느낀다. 각 지역의 진귀한 가치먹거리를 서울 판으로 끌 어들일 수는 있지만 산지와 소비자를 잇는 커뮤니티를 구현하기는 어렵다. 농촌산지 향기를 벽에 걸린 그림처럼 표현하거나 방향제를 뿌리는 모양일 뿐 풋풋한 현장성을 드러내지 못한다. 산지기반의 커뮤니티의 힘이 그만큼 세고 중요하다는 의미다.

　가치먹거리 콘텐츠와 생산자-소비자 간 먹거리연대(커뮤니티)의 결과는 좋은 상거래(커머스)로 귀결된다. 하지만 시장에서 좋은 상거래를 지속화하기란 녹록지 않다. 생산자의 이해 조건과 소비자의 이해 조건이 서로 달라서 양자의 이해 조건을 합치시키는 일은 매우 어렵다.

　CCC 마케팅전략에서는 세 가지 기본조건이 필요하다.

　첫째, 가치중심적 관계시장을 만든다. 생산자와 소비자가 가격중심시장에서 만나면 머나먼 상대지만 가치를 매개로 만나면 양자 간 거리가 한결 가까워진다. 생산자는 가치를 통해 스스로의 가치를 드높일 수 있고, 소비자는 가치를 통해 소비의 보람을 얻는다. 따라서 CCC 마케팅전략에서는 가치생산과 가치소비를 잇는 가교가 중요하다.

　둘째, 관계거리와 관계밀도를 중요 과제로 여긴다. 앞서 살펴본 것처럼 소비의 신뢰는 관계거리와 밀접하다. 소비의 신뢰를 높이려면 관계거리가 가까운 쪽부터 접근하고, 관계밀도를 높여가는 것이 순서다. 관계거리가 가장 가까운 곳은 지역이고 로컬푸드다. 따라서 로컬푸드를 발판으로 삼아 외지로 진출하는 것이 효과적이다.

　셋째, 가치중식적 시장체계를 지향한다. 가격중심시장에서는 유통이 생산자와 소비자를 지배한다. 달리 말하자면 생산과 소비는 유통업자의 돈벌이 수단이 된다. 그러나 가치중심시장에서는 생산자와 소비자가 직접 만나 유통업자의 농간을 배제시킨다. 하지만 시장은 늘 효율성을 추구하는 속성이 있기 때문에 CCC 마케팅전략에서는 이를 극복하기 위한 가치중식적 체계 만들기가 요구된다.

생협에서는 가치먹거리를 '생활재'라고 부른다. 시장에서의 상품은 이윤 실현의 수단으로서 교환가치만 부각 된다. 그러나 가치먹거리는 생활에 필요한 소재이자 생산자와 소비자 간 약속의 산물이기 때문에 '생활재'라고 부른다. 이익을 위해 상품을 판매하는 기업과 달리 생협들은 소비자 조합원의 요청에 따라 생활에 필요한 소재를 공급하는 것이다.

5. 현장중심 직거래 플랫폼과 가치혁신

1) 현장가치를 싣는 것이 답이다

산업화시대 농산물시장은 변화를 거듭했다. 1970년대부터 1980년대까지는 도매시장이 선도적인 역할을 했다. 이때까지는 먹거리의 얼굴이 잘 드러나지 않았다. 먹거리 질을 상, 중, 하로 표기하거나 이를 9단계로 세분화하는 식이었다. 그러다 점점 주산지 개념이 등장했고, 1990년대에는 소매시장이 활개 치면서 산지가 먹거리의 얼굴이 되었고, 먹거리 브랜드 시대가 열리기 시작했다. 2000년대 들어 1대1 직거래, 생협시장이 활성화되었고, 2020년대 들어 플랫폼 시장이 활기를 띠면서 산지의 가치가 중요하게 대두되었다.

도매시장에서 소매시장으로, 관계시장으로, 플랫폼 시장으로의 변화는 먹거리의 가치와 소비자가 만나는 과정의 변화다. 도매시장에서는 시장이 정한 경매가가 가치의 상징이었다면 소매시장에서는 산지 브랜드가 가치의 상징이었다. 관계시장과 플랫폼 시장에서는 생산자와 소비자 간 거리가 더욱 좁혀졌고 그만큼 산지 가치가 크게 부각 되었다. 이런 흐름은 가치의 추가 점점 산지 쪽으로 옮겨진 것을 보여준다.

먹거리 시장은 소비자가 보다 쉽고 편리하게 구매하는 쪽으로 진화되고 있다. 온라인 구매로 시장가는 수고를 덜게 되었다. 밀키트 산품으로 요리의 고민도 덜게 되었고, 새벽배송으로 시간의 문제도 해소되었다. 하지만 기존 관계형 시장과 플랫폼 시장이 제아무리 발달 되어도 그들이 범접하지 못하는 지점이 있다. 그게 바로 생산현장에서 우러나는 현장 가치다.

그렇다면 가치먹거리의 현장가치를 어떻게 구현할 수 있을까?

주지하다시피 사람들이 '좋아하는 맛'은 기억의 산물이다. 맛을 느꼈던 기억이 '좋아하는 맛'의 기준이 된다. 때문에 맛의 기억이 적은 사람은 가치먹거리란 말이 가슴에 와 닿지 않는다. 반면 맛의 기억이 많거나 지역 맛의 DNA가 통하는 사람들은 지역의 제철진미 가치를 쉽게 느끼고, 쉽게 흡수한다.

혀와 코와 귀는 익숙한 것을 좋아하고, 눈은 새로운 것을 좋아한다. 때문에 '기억의 맛'과 '지역 맛의 DNA'가 통하는 사람들은 먹거리가치를 혀와 코와 귀를 통해 흡수하고, 그 경험을 통해 입소문을 일으킨다. 이에 비해 '기억의 맛'과 '지역 맛의 DNA'가 공유되지 않은 사람들은 먹거리가치를 눈을 통해 흡수한다. 이들의 눈에 편하게 다가가는 것은 관계거리가 가까운 쪽에서 발원된 입소문이다. 그 입소문은 인지가치를 형성시키고, 소비라는 지불가치로, 입소문의 증폭기로 발전된다.

먹거리 가치 입소문은 부채살처럼 퍼진다. 관계거리가 가까운 쪽에서 먼 쪽으로 흐르는 것이다. 그 먹거리 가치를 쉽게 느끼는 사람으로부터 호응을 받으면 입소문 나래를 쉽게 펼 수 있다.

제아무리 현장가치가 요긴하다고 한들 소비자의 손에 잡히지 않으면 말짱 도루묵이다. 소비의 편리에 젖어 사는 소비자에게 보다 더 가까이 다가설 방법을 찾는 것이 상수다.

도매시장이 주도하던 때 농업인들은 산지유통 일과 소비지유통 일을 구분했다. 산지에서는 먹거리를 한데 모으고(집하), 상품화 시키고(1차가공), 소비지로 보내는(물류) 일을 했고, 소비지유통 일은 시장의 몫으로 돌렸다. 농업인들이 소비지에서 판매망을 펴는 것은 쉽지 않기 때문이다. 1990년대 자치단체와 농업인들에 의한 대도시 직거래장들이 대부분 실패했다.

하지만 이제 상황이 달라졌다. 로컬푸드와 발달 된 온라인 장을 활용하고, 거기에다가 가치농업을 끌어들이면 현장가치를 소비자에게 실어 나르기 용이 하다. 게다가 농촌자치단체마다 공유가공공장이 들어섰기 때문에 1차, 1.5차의 다양한 가공품과 공동체형 밀키트 사업도 용이 해졌다.

하지만 가격시장 논리에 빠진 로컬푸드와 자치단체 주도의 먹거리 쇼핑몰은 아니다. 이런 로컬푸드와 먹거리 쇼핑몰을 가지고서는 고무다리 침놓기에 불과하다. 때문에 가치농업과 가치중심시장을 아우르는 새로운 플랫폼이 요구된다.

농업인들은 시장을 통해 생산안정, 소득향상, 비용절감, 지속시장을 바라는데 비해 가치소비자들은 고유 맛, 안전성, 건강성, 편리성, 착한가격을 바란다. 이처럼 서로 상이한 입장을 녹여 상호 공생하는 현장기반 플랫폼이 요구된다.

현장가치란 지역의 고유한 제철진미, 농촌다움이 배인 지역향기, 고향 같은 인연의 관계를 들 수 있다. 이 현장가치 3종 세트를 통해 먹거리 가치를 확장시키는 것이 현장중심 먹거리 가치중심시장의 요체다. 이 현장가치 3종세트를 장착할 수 있는 가치중심시장이 현장중심 직거래 플랫폼이다.

2) 현장중심 직거래 플랫폼의 원리와 원칙

현장중심 직거래 플랫폼 다음과 같은 원리와 원칙을 세운다.

첫째, 생산자와 소비자가 가치중심시장의 원리와 원칙 가운데 만난다.
생산자가 비싼가격에 의한 대박농사를, 소비자가 싸고 좋은 가성비를
추구하면 현장중심 직거래 플랫폼이 발전하지 못한다. 서로가 발 앞의 이
익보다는 넓게, 멀리 보는 자세를 가져야 한다.
생산자와 소비자가 물품을 사고판다는 차원을 넘어 상호 연대하는 개념
을 채용한다. 생산자는 소비자에게 밥상문제의 해법과 마음의 고향을 제
공하고, 소비자는 생산자에게 기획생산과 지속가능한 농업의 단초를 준다
는 자세다. 이는 산발적인 소비를 약정소비와 구독경제로 발전시키고, 생
산자의 무작위 생산을 기획생산으로 변화시킨다.

둘째, 현장가치를 내세운다.
현장중심 직거래 플랫폼은 기존의 가격중심시장, 중앙중심 생협시장과
질을 달리한다. 기존 가격중심시장은 과대한 포장, 현란한 광고에 의존하
는 일방적 구조지만 현장중심 직거래 플랫폼은 생산현장 가치와 소비자의
밥상이 직접 소통하는 구조다. 중앙중심 생협시장은 광역단위 물류체계
를 취하기 때문에 현장가치를 드러내기 힘들지만, 현장중심 직거래 플랫
폼은 현장의 풋풋한 가치를 직접 공급한다.
하지만 기후조건에 따른 계절의 생산한계와 1인 가족 같은 소비조건의

한계가 현장가치를 싣는데 장애를 일으킬 수 있다. 때문에 1차, 1.5차 가공과 밀키트를 통하고, 다품목 기획꾸러미 등 통하면 그런 한계를 극복할 수 있다.

셋째, 온·오프라인 장을 융합시킨다.

2000년대 초반까지만 해도 온라인 직거래는 가치시장에 가까웠다. 그러나 온라인시장이 활기를 띠면서 먹거리 온라인시장은 점차 가격중심시장으로 변해갔다. 그럼에도 SNS 온라인 장은 가치정보를 나르기 요긴하다. 때문에 가치 정보를 확장시키고, 접근시키는 일이나 결제구조, 구매후기(Review), 단순 커뮤니티 등은 온라인 장을 활용한다.

아울러 로컬푸드 같은 현장 매장을 통해 온·오프라인 장을 병행한다. 오프라인 장은 먹거리 현장가치를 생생하게 느끼도록 하고, 가치구현을 실제화하고, 보다 밀도 있는 커뮤니티를 실행하는데 꼭 필요하다. 따라서 오프라인 장에서는 현장 매장을 통한 근접성, 제철진미 체험·관광 등을 구현한다. 이렇듯 온·오프라인 장을 병행해야만 가치중심시장을 지속적으로 유지할 수 있다.

넷째, 먹거리·어메니티 정보 중심 미디어를 활용한다.

어떤 농촌에 제아무리 빼어난 가치자원이 있다고 한들 소비자들 시야에 벗어나 있으면 별 볼 일 없는 존재에 지나지 않는다. 농촌현장은 전국 수천 군데라서 어디에 어떤 가치자원이 있는지 분간하기 어렵다. 때문에 현장 중심 직거래 플랫폼은 소비자들과 물리적 거리를 좁히는 일이 중요하다.

미디어 매체는 농촌현장과 가치소비자들을 잇는 요긴한 존재다. 온라인 신문, 유튜브 방송, 인터넷 라디오 등을 통해 가치먹거리의 진실성을 나타내고, 제철진미와 어메니티 자원의 가치를 드러낸다. 이런 미디어 매체를 통해 생산자와 소비자가 소통하고 끈끈한 정을 나눈다. 미디어 매체는 또 먹거리, 관광·체험 등 현장정보와 온라인 거래를 포괄하는 지역 포털사이트로 발전할 수 있다.

다섯째, 비전과 로드맵을 착실하게 밟아간다.

현장기반 관계시장은 단숨에 만들어지지 않는다. 생산의 협동·협업체계가 다져지고, 생산자와 소비자 간 신뢰를 쌓는 과정을 거치면서 관계가 숙성되고 농익은 맛을 낸다.

그러나 현장운동과 체계적인 사업추진을 통하여 시간을 단축시키고, 성과를 더욱 확장시키는 것이 필요하다. 이를 위해 현장중심 직거래 플랫폼의 비전과 로드맵을 설정한다. ▲지역 특성에 따른 가치를 찾고, 먹거리 콘텐츠를 개발하기 ▲생산공동체 만들기(공유가공체 구축) ▲생산 층위별 공동체 그물코 만들기 ▲로컬푸드부터 가치시장 기반 다지기 ▲공유직거래체 만들기(브랜드 개발) ▲도시생협, 기업형 플랫폼 시장 등으로 진출 등 향후 발전 전망을 나타낸다.